U0620168

丝绸之路经济带
甘肃河西走廊新型城镇化战略研究

甘肃省住房和城乡建设厅
中国科学院地理科学与资源研究所　著

科　学　出　版　社

北　京

内 容 简 介

　　本书以河西走廊地区武威、张掖、金昌、酒泉、嘉峪关5个地级城市以及白银市和兰州市为研究区域，系统分析了该地区在丝绸之路经济带建设中的空间竞争优势与战略地位、城镇化发展态势、资源承载力和生态环境格局，提出了河西走廊新型城镇化的总体战略与模式，明确城镇空间结构和体系优化、城镇组团和区域合作、城市产业与循环经济发展、生态型基础设施建设、城镇可持续发展等重点战略任务。在此研究基础上提出了关于"加快推进河西走廊新型城镇化，建设丝绸之路经济带空间战略支撑体系"的咨询建议。

　　本书可供城乡建设和区域规划相关部门工作人员，区域经济、人文地理、城市地理等科研部门研究人员参阅及大专院校相关专业师生借鉴和参考。

图书在版编目（CIP）数据

丝绸之路经济带甘肃河西走廊新型城镇化战略研究／甘肃省住房和城乡建设厅，中国科学院地理科学与资源研究所著 . —北京：科学出版社，2017.6
　　ISBN 978-7-03-052274-0

Ⅰ . ①丝… 　Ⅱ . ①甘…②中… 　Ⅲ . ①城市化–发展战略–研究–甘肃
Ⅳ . ①F299. 274. 2

中国版本图书馆 CIP 数据核字（2017）第 053098 号

责任编辑：周　杰　杨逢渤／责任校对：彭　涛
责任印制：肖　兴／封面设计：铭轩堂

科 学 出 版 社 出版

北京东黄城根北街 16 号
邮政编码：100717
http://www.sciencep.com

中国科学院印刷厂 印刷
科学出版社发行　各地新华书店经销

*

2017 年 6 月第 一 版　　开本：787×1092　1/16
2017 年 6 月第一次印刷　　印张：19 3/4
字数：500 000

定价：**180.00 元**
（如有印装质量问题，我社负责调换）

关于"加快推进河西走廊新型城镇化　建设丝绸之路经济带空间战略支撑体系"的建议

河西走廊正处于全面建成小康社会和推进新型城镇化的决胜时期，重新认识和科学确定河西走廊的战略地位，积极融入"一带一路"战略，加快推进新型城镇化，培育西北新兴增长极和发展轴，驱动河西走廊绿色崛起，建设甘肃国家级生态安全屏障，必将为丝绸之路经济带提供空间战略支撑体系，同时有力地促进甘肃省全面建成小康社会和建设华夏文明传承创新示范区。

一、河西走廊在"一带一路"战略中的独特地位和比较优势再认识

（一）区位优势和战略地位凸显

1. 河西走廊是连接丝绸之路经济带咽喉要道和我国向西开放的战略大通道，具有不可替代的战略地位

河西走廊扼守我国西北地区东进西出、北上南下之要冲，是连接我国中东部与新疆并通向中亚各国最直接、最便捷安全的陆路通道，是国家西电东送、西气东输、西煤东运、西粮东调的战略通道和重要基地。

河西走廊是丝绸之路经济带的必经之地和咽喉要道。国务院《推动共建丝绸之路经济带和21世纪海上丝绸之路的愿景与行动》确定的丝绸之路经济带"中国经中亚、俄罗斯至欧洲（波罗的海），中国经中亚、西亚至波斯湾两大战略方向以及"新亚欧大陆桥和中国—中亚—西亚"两大经济走廊都经过河西走廊。"一带一路"战略进一步凸显和提升了河西走廊的战略地位，使之由边缘地区上升为近核心地区（新疆为丝绸之路经济带核心区）。第二条亚欧大陆桥是陆上丝绸之路经济带的核心带。河西走廊是丝绸之路经济带第二亚欧大陆桥的中部通道枢纽段。比起北部戈壁沙漠和南部青藏高原，河西走廊战略大通道具有不可替代的绝对优势。在我国国防安全、对外开放和区域协调发展中占据不可替代的战略地位。

2. 河西走廊是丝绸之路经济带生态安全屏障和生命线

河西走廊是我国生态安全屏障。其南部的祁连山国家级自然保护区、北部国家级防风固沙带以及中部的黑河等内陆河流及绿洲，共同构成了丝绸之路经济带生态安全和可持续发展的生态屏障及生命线。

3. 河西走廊是稳疆固藏维护民族团结的战略高地

河西走廊地势平坦，土地肥沃，绿洲连片，交通发达，城镇密集，为藏区提

供了丰富的粮食等生活物资保障，把新疆、西藏与祖国内地连为一体，是维护民族地区社会稳定和国防安全的战略要道和高地。

（二）区域比较优势独特

1. 世界级自然和文化旅游资源丰富多彩，类型多样，组合良好

河西走廊历史文化遗产十分丰富，是丝绸之路历史文化遗产宝库和丝绸之路文化传承创新试验田和核心区。自然景观独特，高山、绿洲、河流、沙漠、草原、森林、丹霞、雅丹、冰川等形成了多彩多姿的生态旅游资源。自然和文化旅游资源组合良好，利于建立丝绸之路国际性生态文化旅游目的地。

2. 资源环境综合承载力较强

河西走廊地域广阔，土地资源、太阳能、风能资源丰富，为新型城镇化、农业现代化和新型工业化提供了良好的资源基础和物质支撑。据统计，区内开发难度较小的宜农荒地资源达 2860 km^2；水、土和大气洁净，具备发展绿色有机农业的条件；年太阳总辐射量为 5800 ~6400MJ /m^2，年日照时数为 2800 ~3300 h，平均风速大于 3.0m/s，是我国建设光伏电站成本最低、条件最好的地区，并具备开发建设成为大型风电基地的优越条件；河西走廊周边地区及俄蒙、中亚国家能源、矿产资源丰富，依托丝绸之路经济带建设战略机遇，发挥区位、通道和资源利用技术优势，构建开放型的资源保障体系，疆煤东运可有力配套支撑区内新能源产业发展。河西走廊三大内陆河流域是西北干旱地区水资源条件相对较好的区域，节水潜力较大，经测算，如普及高效节水农业，建设节水型社会，河西走廊地区人口承载力可提高 200 万人。

3. 绿色经济基础良好

2012 年河西走廊地区规模以上工业总产值共 2607.27 亿元，占甘肃省的 37%，并高过青海全省的 2199.81 亿元，接近于宁夏回族自治区的 3024.00 亿元。

河西走廊地区冶金和有色金属材料、石化工业在全国具有较大优势。嘉峪关钢铁、酒泉新能源及装备制造基地、金昌市有色金属位居全国前列。

河西走廊地区是全国最大的制种基地、啤酒花产量占全国一半以上。药材资源 9500 多种，居全国第二位。武威是河西地区重要的商品粮油基地，也是全省瓜果蔬菜生产基地和肉类繁育基地。

河西走廊绿洲农业、绿色能源、新材料、旅游业等绿色经济发展势头迅猛，形成了新型城镇化的产业支撑。作为我国西北地区最主要的商品粮基地和经济作物集中产区之一，它提供了甘肃省 60% 以上的商品粮、几乎全部的棉花、90% 以上的甜菜、40% 以上的油料和瓜果蔬菜，它还是我国三大农业育种基地之一。绿洲农业发展为广大农牧区脱贫致富奔小康奠定了坚实的基础。河西走廊千万千瓦级太阳能、风能基地初具规模，堪称"陆上三峡"。白银铜都、金昌镍都基础

上形成的新材料产业基地,为我国国防航天科技和产业的发展发挥着重要支撑作用。以敦煌为龙头的大景区建设加快推进,大旅游产业逐渐成为河西发展的重要动力产业。

依托以上优势,在甘肃省委、省政府的正确领导下,近年来河西走廊城镇化成就显著,常住人口城镇化率已达到55%,明显高于甘肃省平均水平,但仍存在诸多问题,制约着河西走廊的城镇化发展和绿色崛起。主要表现在:城镇体系不够合理,区域空间支撑能力严重不足;城镇化质量不高,城镇功能不够完善;城市创新能力不足,对外开放水平较低;体制机制问题制约区域发展,改革创新刻不容缓;生态环境形势依然严峻,亟须寻求工业化和城镇化新模式。

二、优先加快推进新型城镇化,驱动河西走廊绿色崛起,加快建设丝绸之路空间战略支撑体系

(一) 战略定位

根据国家丝绸之路经济带建设战略需求以及河西走廊空间竞争优势,河西走廊的战略定位如下。

1. 丝绸之路经济带空间战略支撑体系和西北新型增长极

河西走廊以丝绸之路经济带战略大通道及区域枢纽、西北新型增长极、丝绸之路国际生态文化旅游带、绿色生态城镇带、绿色产业密集带、生态屏障带,形成对丝绸之路经济带空间战略支撑体系。

2. 西北内陆地区对外开放战略新高地

融入丝绸之路经济带战略,扩大向西、向北及向南全面开放、建设开放型经济和城镇,实现开放发展,将把河西走廊建成我国西北内陆对外开放的又一战略新高地。

(二) 总体思路

深入贯彻党的十八届三中、四中和五中全会精神,坚持"四个全面"及创新、协调、绿色、开放和共享发展理念,以创新驱动为动力,优先推进新型城镇化战略,优化建设兰州特大城市和兰-白都市圈,使其成为国家西部区域增长极和丝绸之路经济带战略性中心城市,重点建设武威、张掖、金昌、酒泉、嘉峪关和敦煌,使其成为丝绸之路经济带区域节点城市和区域增长极,积极建设中小城镇,优化城镇布局,坚持点-轴推进,组团发展,驱动河西走廊绿色城镇、智慧城市和产业密集带快速成长,实现绿色崛起,着力构建丝绸之路经济带空间战略支撑体系,加快丝绸之路经济带向西推进,向北、向南扩展,向东联动;实施互联网+战略,建立互联网创新信息网络和政府创新服务网络,突破创新障碍,优化创新环境,吸引、凝聚资本、技术、人才和管理等短缺要素,厚植土地、绿色

能源、矿产资源、生态环境、旅游文化等地域优势要素，大力培育绿色城镇化新动力；加快壮大兰州新区、循环经济产业园区、高科技产业园区和保税物流园区，积极建设自由贸易区，建成一批内陆开放型经济试验基地；坚持绿色发展、低碳发展和循环发展，推进生态文明先行示范市建设，加快交通枢纽城市向宜居、宜业、宜游绿色生态城市转型，着力建设河西走廊绿色工业化和绿色城镇化双轮驱动的丝绸之路经济带战略新高地；传承、弘扬、创新中华文化、丝路文化、民族文化、红色文化、生态文化，推进华夏文明传承创新示范区建设，着力打造敦煌等一批丝绸之路国际文化旅游名城和丝路名镇，建设丝绸之路经济带重要节点城市、丝绸之路国际文化生态旅游带；坚持城乡统筹，全面发展，着力构建以工促农、以城带乡、工农互惠、城乡区域协调的新型城乡关系，开创以人为本、四化同步、布局优化、绿色发展、生态文明、文化传承、具有丝绸之路特色的河西走廊新型城镇化道路。

(三) 战略任务

1. 优化城镇体系，建设丝绸之路经济带空间战略支撑体系和新型增长极

在千里河西走廊地区，仅有武威、金昌、张掖、酒泉和嘉峪关五个区域性城市，其中仅武威市区常住人口达到 20 万人以上，其他四城市区常住人口均小于 20 万人，缺少 50 万～100 万人口规模的大城市和中小城镇，城市数量、城市规模难以辐射带动广袤的河西走廊区域快速发展，城镇体系不够合理，更难以支撑国家区域经济布局梯度拓展和丝绸之路经济带建设向西推进。因此，亟须优化城镇体系，加强组团发展，培育新的区域中心城市和大城市作为西北区域增长极。

实施"一核一轴，四大组团，点轴辐射，协调发展"的城镇化空间战略。即以兰（兰州市区、兰州新区）白（银）都市圈为核心，以酒（泉）嘉（峪关）、金（昌）武（威）、敦煌和张掖四大城镇组团为支撑，以兰新铁路、兰新二线（高铁）和连霍高速为一级发展轴，连通河西城镇群——兰白都市圈。组团发展，点轴辐射，轴带推进，推动河西走廊城镇群（带）快速崛起，打造丝绸之路黄金段城镇空间结构战略支撑体系（空间骨架）。带动酒（泉）嘉（峪关）城市极核、敦煌国际旅游城市扩容升格、金（昌）武（威）区域经济一体化建设和张掖绿洲绿色发展，在西北地区发挥"率先、带动、辐射、示范"的中心作用，引导民族地区、贫困地区和边缘地区实现跨越式发展，成为国家"两横三纵"城镇化战略格局的西北增长极。

2. 扩大开放，建设内陆开放型经济新高地和丝绸之路经济带战略大通道

地处内陆腹地的河西走廊，集聚科技和人才等创新要素的吸引力不足，参与全球经济大循环的对外开放意识不够。统计数据比较分析显示，河西走廊地区综合科技创新能力、信息化水平和资本潜力明显不及全国平均水平，近年来出现人口外流趋势，成为制约区域和城市可持续发展的重要因素。因此，需要充分发挥河西走廊区位和通道优势，扩大开放，加强合作，着力构筑对外开放新格局，打造内陆开放型经济新高地。充分利用外部资源、资本、人才、技术和经验，促进新型城镇化战略实施。

实施开放型资源替代战略，促进国际产能合作，加快资源型城市转型升级。加强与周边地区和国家的资源合作，特别是与新疆、中亚、俄罗斯能源宝库的合作，与青海、蒙古、中亚的有色金属合作，扭转区内资源濒临枯竭的严峻形势，建立国家级资源储备基地，充分利用区外替代资源促进河西走廊玉门、金昌、嘉峪关等资源型城市转型升级，以及与周边国家建立国际产能合作市场。

实施开放型科技人才和产业战略，建设创业创新城镇。积极吸引发达地区科技、人才和先进技术，主动承接东部先进高科技扩散转移。借鉴中国科学院白银高技术产业园建设经验，加强同中国科学院等知名科研机构紧密合作，利用"外脑"，促进技术创新和产业化，推进高科技支撑的新材料、新能源、生物育种等战略性新兴产业跨越式发展，促进创业创新城市建设，增强城市综合竞争力。

实施文化旅游市场开放战略，建设国际旅游经济特区。抢抓丝绸之路世界文化遗产保护机遇，进一步开放文化旅游市场，申请简化出入境旅游程序，加强与丝绸之路沿线国家交流合作，共建丝绸之路国际文化生态旅游产业带，以敦煌国际旅游目的地建设为支撑，打造丝绸之路国际旅游经济特区。

实施对外开放基地建设战略，建设内陆开放型经济新高地。在城市新区、航空港、物流园区等区域开辟出口加工区、保税港、保税物流园区等对外开放基地，重点建设兰州中川国际机场、兰州综合保税区、兰州国家一级综合物流园区和武威保税物流园区，逐步建成自由贸易区，建设内陆开放型经济新高地。

实施跨境物流通道建设战略，建成丝绸之路经济带战略大通道及区域枢纽。提升河西走廊城镇群（带）综合交通运输能力，构建连接中亚、俄蒙、中东、南亚、东南亚、俄蒙、欧洲的战略大通道，建成丝绸之路经济带的大动脉和纽带桥梁。重点建设甘肃–青藏—南亚大通道、甘肃–青海–南疆—中亚西亚大通道、西陇海兰新—中亚–中东–欧洲大通道、甘川渝—西南大通道和甘宁蒙俄—向北开放大通道。努力把兰州建设成为丝绸之路经济带黄金段连接东西、沟通南北的国家区域枢纽城市、国家能源和应急保障物资储备基地、物资供应和转运基地，以及与中亚各国和欧亚大陆桥沿线国家合作发展的国际物流中心、国际民族特色产品交易及文化交流中心，把白银、武威、金昌、张掖、嘉峪关、酒泉建成区域战略支点和区域枢纽城市，把敦煌建成国际旅游目的地和枢纽城市。加强铁路与公路、民用航空与地面交通等枢纽衔接建设，实现多种运输方式"无缝连接"，完善跨境物流通道，提高物流效率。建设丝绸之路经济带河西走廊跨境电子交易平台，建设线上线下互动融合的国际物流网络。

3. 加强生态文明建设，打造丝绸之路绿色生态城镇带

河西走廊生态脆弱敏感，自然环境抗干扰能力弱，在全球气候变暖和人类活动作用下，生态环境形势依然严峻，加强河西生态文明建设，建设生态城市是河西新型城镇化的必然选择。

推进丝绸之路经济带河西走廊生态文明建设。在城镇化进程中，以自然保护

区等形式保护生态空间为基本前提，以良好的生态环境为重要支撑，以繁荣的城镇生态经济为发展动力，以先进的生态文化为思想指引，以完善的生态制度为重要保障，建设高品质的生态人居，构建六位一体的丝绸之路生态文明体系。以生态文明战略为统领，推进河西走廊生态城镇建设和循环经济体系构建，促进河西交通城市向宜居宜业城市转型发展。

"六城四级"推进丝路绿色生态城镇建设。以兰州一级中心城市和酒嘉、金武、张掖、敦煌等区域中心城市为重点，六城（安全之城、循环之城、便捷之城、绿色之城、创新之城、和谐之城）、四级（生态中心城市—生态小城市—生态小城镇—生态社区）推进生态城镇体系建设。突出资源高效、绿色发展、整体和谐理念，重点建设生态城镇循环产业体系、生态人居环境体系、低碳基础设施和生态文化体系。因地制宜开展美丽乡村和新牧区建设，集中整合偏远分散聚落，统筹城乡协调发展。

4. 加快特色城镇化，建设稳疆固藏战略新高地

建设民族特色和地域特色鲜明的丝路城镇群（带）。秉承地域特色与文化特色，走甘肃特色多样城镇化道路，建设一批富有丝路特色的低碳、绿色、宜居、智慧新型城镇，建成一批丝绸之路经济带绿色支点城镇。重点打造兰州丝绸之路枢纽中心城市，白银、金昌、玉门等典型资源型城市，武威、张掖等绿洲绿色经济型城镇，敦煌国际旅游城市、酒泉、嘉峪关等历史文化名城和旅游重镇，阿克塞、天祝等少数民族城镇，永昌、武南镇等交通物流城镇等。

建设民族团结、稳疆固藏与特色城镇化有机协调的战略新高地。建设丝绸之路经济带黄金段新型经济增长极，带动藏区等民族地区、贫困地区和边远地区实现跨越式发展。选择典型地区，建设民族团结、和谐发展模范区，巩固稳疆固藏前沿阵地，引领西部乃至全国民族地区和谐发展。发挥区位枢纽和战略大通道优势，建设国家战备基地、灾备基地和我国战略大后方。弘扬丝路文化、民族文化、宗教文化和生态文化，挖掘地域文化资源，建设国家华夏文明传承创新试验区文化产业和国际旅游先行示范区。

5. 加快体制机制改革创新，推进酒嘉合并及敦煌升格

历史上形成的部分城市行政区划问题阻隔了城市与腹地内在的有机联系，导致城市间行政壁垒和要素流动不畅等严重后果长期存在。城市行政区划与城市客观的腹地不匹配，导致流域水资源、土地资源、能矿资源和生态环境在城市间的分配不够合理，导致自然资源权属纠纷时有发生；相邻城市画地为牢，相互掣肘，如嘉峪关和酒泉两座极其临近的城市各修建 1 个高铁站，造成资源浪费；城市功能定位与城市行政级别不符，如县级行政级别的敦煌市难以集聚资源支撑其建成国际旅游名城；广袤的国土空间里城镇布局分散，城镇间距大，较低的人口密度与多层级的行政管理体制导致行政成本高。因此，亟须加快行政区划调整，推进体制机制改革创新，提高城镇管理效率。

抢抓丝绸之路经济带建设战略机遇，打破新型城镇化的机制体制障碍，依据

流域地理格局和自然资源管理的完整性，结合各城市功能需要，按照优化资源配置和空间结构，提高行政效率的基本原则，以改革开放为动力，合理调整优化河西走廊部分城市行政区划。为突出敦煌在丝绸之路建设中的特殊战略地位，推进敦煌升格为地级市，除包括现有管辖区外，其腹地还包括瓜州、阿克塞和肃北，以整合资源，扩大腹地，增强城市资源环境承载力和综合竞争力，建设丝绸之路经济带国际旅游中心城市。

根据酒泉市和嘉峪关市地理区位的近邻性、空间辐射范围高度重叠的客观实际以及满足二城对城市发展腹地和辐射动力的相互需求，为优化城市空间结构，建议尽快推进酒泉和嘉峪关市撤并，推进酒嘉"双核"城市空间结构高效融合，一体化发展，把酒嘉市建成为仅次于兰州市的区域中心城市和河西走廊最大城市，在甘肃丝绸之路黄金段承担区域增长极和战略支撑点的功能，以其强大的辐射扩散效应带动周围区域快速崛起，驱动河西走廊新型城镇化建设。

根据区域城市人口规模和空间范围，以降低行政成本，提高行政效率为目的，建议积极开展"撤县建市、市管社区"扁平化行政管理试点。

三、对策建议

为实现上述战略目标，建议甘肃省加强组织领导，统筹规划，协调政策，保障河西新型城镇化工作顺利开展。

（一）加快户籍制度改革，完善农业转移人口市民化配套政策

以推进农业转移人口市民化为重点，分类指导，阶段推进户籍制度改革。在白银、金昌、武威、张掖、酒泉和嘉峪关全面放开户籍限制。2017年完成六市人口户籍信息数据转换，取消农业户口与非农业户口性质划分，统称为"居民户口"。打破原有的迁移落户限制，调整为以"具有合法稳定职业或合法稳定住所（含租赁）"为基本条件，以"经常居住地登记、人户一致"为基本原则的户口登记制度，实现本市籍农村居民进城落户"零门槛"。户口制度改革后，对暂不具备落户条件或不愿落户的新居民实施居住证制度。对外地农民工或产业工人，持居住证在子女教育、医疗等领域可享受本地居民同等待遇。在兰州市积极探索建立积分落户制度。

在户籍制度改革的基础上，与其他试点工作和体制机制创新相衔接，积极稳妥推进与户籍制度改革相关的社会保障、养老、医疗、教育、住房等综合配套制度改革，以居住证为载体，建立健全与居住证相挂钩的基本公共服务提供机制，加快城镇人口服务管理由户籍人口为主向常住人口为主转变。从2018年起，省财政设立专项资金，市县设立配套资金，用于建立城乡一体化的养老、医疗、教育、就业、住房等公共服务体系，着力提升城市的吸引力和承载力，有效吸纳更多的农业转移人口进城就业生活和产业移民，按照"就高不就低"的原则，逐步实现城乡公共服务的均等化。

（二）创新投融资体制机制，破解城镇化资金难题

加大公共财政投入，设立专门城镇化投资引导基金和城镇化投资基金，重点保

障人口市民化所需的基本公共服务设施建设资金需求。充分发挥国有投融资公司在城镇化建设主力军作用，通过项目融资、发行债券、担保贷款等多种途径筹集城市建设资金，完善地方融资平台。积极吸收社会资金，开展民营经济在城市照明、排污、道路、供暖等建设领域 PPP 模式试点。适时开展土地流转信托试点、农业农村资产抵押贷款试点，盘活城乡存量资产。研究调动公积金在城镇化建设中的作用，服务公共租赁住房、廉租房等保障房建设。

（三）制定并细化土地流转政策，切实保护农民权益

加快土地确权登记工作，明晰集体土地财产权，加快推进农村集体土地确权登记发证工作。适时探索集体土地内商业用地直接上市交易模式，对城镇边缘地区，鼓励集体土地内尝试规划建设公共租赁住房。允许农业转移人口进城后继续持有或以市场化方式流转其农村资产，并继续享受国家强农惠农扶持政策。鼓励农业转移人口将土地流转给政府、信托公司规模化经营。

（四）实施开放型科技和人才战略，促进创业创新城市建设

实施智力引进工程，积极吸引发达地区科技、人才和先进技术，主动承接东部先进高科技扩散转移。积极开展小微企业创业创新基地城市试点，抢抓张掖市被列为"全国首批小微企业创业创新基地城市"示范机遇，从"创业创新基地建设、公共服务体系完善、投资融资机制创新、科技支撑与人才保障"四个方面推进"大众创业，万众创新"。各城市建设小微企业集群注册与融资平台，促进小微企业和社会公众无门槛、低成本创业创新，培育科技小巨人企业和小微企业集群，提升城市产业就业支撑和人口集聚能力。

（五）强化产业支持政策，促进新能源和大旅游产业尽快形成支柱

积极对接国家电力部门，促进分布式光伏发电、太阳能和风能发电企业与国家电网的衔接，切实破解新能源入网难题，突破新能源产业瓶颈。对于变电设施缺失的区域，建立合理的投资模式，使太阳能和风能发电尽早纳入国家电网系统；出台电价结算优惠政策，对电网与新能源发电站实行实时结算政策。积极构建清洁能源核算机制，探索清洁能源与碳权交易机制，促进绿色能源产业发展。

举全省之力办好丝绸之路（敦煌）国际文化博览会，申报创建国家级文化产业示范园区、国家级旅游综合改革试验区、国家级文化生态保护实验区和国家级生态文明建设示范区。由省委省政府争取国家层面优惠政策，支持敦煌建设国际航空口岸和综合保税区，在文化"走出去、引进来"方面先行先试；落实文化旅游产业税收政策，在建设用地、财政专项资金安排、重大基础设施建设等方面给予倾斜；支持开展智慧城市、新型城镇化、大景区体制等省级层面改革和试点工作，形成推动国际文化旅游名城建设的政策叠加优势。

（六）创新行政管理模式，提高行政效率

积极推进撤县建市、撤乡建镇、村改居工作，积极探索建立"市直管社区"

扁平化管理新型设市模式,在条件成熟的地区将行政管理层级由原"县、镇、村"三级变为"市直管社区"模式。探索建立"两级四化"新型社区服务管理体制,两级为县级市、社区。四化包括网格化管理、精细化管理、信息化管理、规范化管理,提高城乡管理效率。

建议人:
杨咏中 甘肃省住房与城乡建设厅厅长
董锁成 中国科学院地理科学与资源研究所首席研究员、博士生导师,国家二级研究员,区域生态经济研究与规划中心主任,中国生态经济学会副理事长,国家科技基础资源调查专项首席科学家
梁文钊 甘肃省住房与城乡建设厅副厅长
任春峰 甘肃省住房与城乡建设副巡视员
张 睿 甘肃省住房与城乡建设厅处长
李 宇 中国科学院地理科学与资源研究所副研究员,硕士生导师,资源经济与能矿资源研究室副主任
李泽红 中国科学院地理科学与资源研究所副研究员,硕士生导师
董晓峰 北京交通大学城市规划设计研究院副院长,教授,博士生导师

《丝绸之路经济带甘肃河西走廊新型城镇化战略研究》

专家顾问组

孙鸿烈　中国科学院院士，中国科学院原常务副院长，中国科学院地理科学与资源研究所研究员、博士生导师，中国循环经济中长期发展规划学科带头人

孙九林　中国工程院院士，中国科学院地理科学与资源研究所研究员、博士生导师，中国信息化学科带头人，智慧城市研究专家

李文华　中国科学院院士，中国科学院地理科学与资源研究所研究员、博士生导师，中国生态学学科带头人，生态城市研究专家

陆大道　中国科学院院士，中国地理学会理事长，中科院地理科学与资源研究所研究员、博士生导师，国务院"十二五"规划专家组成员，区域与城镇化规划专家

秦玉才　国家发展和改革委员会西部开发司司长，区域经济专家

李　铁　国家发展和改革委员会城市和小城镇改革发展中心主任，城镇发展政策专家

杨咏中　甘肃省住房和城乡建设厅厅长，城镇化专家

梁文钊　甘肃省住房和城乡建设厅副厅长，城市规划专家

Gerhard O. Braun　德国柏林自由大学原副校长、教授，博士生导师，国际著名城市规划与区域发展专家

陈宣庆　国家发展和改革委员会地区司副司长，巡视员，区域经济和城镇化专家

陶宝祥　中国科学院国际学术交流中心主任助理，高级工程师，资源型城市可持续发展资深专家

任春峰　甘肃省住房和城乡建设厅副巡视员，城市规划专家

专家组组长

董锁成　中国科学院地理科学与资源研究所首席研究员、博士生导师、国家二级教授，区域生态经济研究与规划中心主任，中国生态经济学会副理事长，国家科技基础资源调查专项首席科学家

专家组副组长

李　宇　中国科学院地理科学与资源研究所副研究员、硕士生导师，生态城市研究专家

李泽红　中国科学院地理科学与资源研究所副研究员、硕士生导师，资源经济与循环经济专家

石广义　中国科学院地理科学与资源研究所高级工程师，投融资和重点项目专家

专家组主要成员

叶舜赞　中国科学院地理科学与资源研究所研究员、博士生导师，著名城市规划资深专家

李荣生　地理科学与资源研究所研究员、博士生导师，著名生态农业资深专家

魏晓东　中央社会主义学院教研部主任，教授，政策专家

李志刚　西安交通大学人居环境学院教授，城市规划专家，硕士生导师

李　岱　中国科学院地理科学与资源研究所副研究员，工业城市研究专家

董晓峰　北京交通大学教授、博士生导师，副院长，生态城镇专家

万永坤　兰州财经大学副教授、硕士生导师，产业经济专家

张　伟　北京城市系统工程研究中心副研究员，博士，区域规划专家

李富佳　中国科学院地理科学与资源研究所副研究员，博士后，循环农业专家

李　飞　中国科学院地理科学与资源研究所助理研究员，博士后，环境保护专家

张颖熙　中国社会科学院财经战略研究院副研究员，中国科学院地理科学与资源研究所博士后，现代服务业专家
赵中平　中国科学院地理科学与资源研究所博士后，生态环境专家
黄永斌　安徽大学经济学院讲师，城市空间结构方向
吴永娇　中国科学院地理科学与资源研究所博士后，土地资源专家
张　权　中国科学院地理科学与资源研究所博士后，城市规划方向
刘星光　兰州大学资源环境学院博士研究生，城市规划方向
于会录　中国科学院地理科学与资源研究所博士研究生，鲁东大学资源与环境工程学院讲师，城市产业方向
郭　鹏　中国科学院地理科学与资源研究所博士研究生，旅游方向
王　喆　中国科学院地理科学与资源研究所博士，GIS与空间分析方向
程　昊　中国科学院地理科学与资源研究所博士后，城市规划方向
朱少卿　中国科学院地理科学与资源研究所研究助理，陕西师范大学硕士
谷莹莹　中国科学院地理科学与资源研究所研究助理，陕西师范大学硕士
王　芳　兰州大学国际文化交流学院讲师
郑　毅　兰州大学硕士
石丹丹　兰州大学硕士

丝绸之路经济带
甘肃河西走廊新型城镇化战略研究撰写组

主　笔

　　　　杨咏中　　董锁成

副主笔

　　　　李　宇　　梁文钊　李泽红　　任春峰　　董晓峰

前　言

自"一带一路"战略提出以来，甘肃省省委、省政府积极响应，抢抓这一重大战略机遇，提出打造丝绸之路经济带黄金段的战略定位和部署。甘肃省住房和城乡建设厅率先行动，贯彻落实国家《推动共建丝绸之路经济带和 21 世纪海上丝绸之路的愿景与行动》和甘肃省省委、省政府战略部署，以丝绸之路经济带战略为契机，以新型城镇化和美丽乡村建设为抓手，积极制订规划，及早部署试点，总结经验推广示范，取得了显著成效和可喜进展。一个以城市为战略支点和增长中心，以交通干线为纽带和通道，连点成线，点轴推进，建设甘肃丝绸之路经济带黄金段的良好局面在陇原大地蓬勃兴起。甘肃河西走廊作为丝绸之路经济带黄金段的核心部分，其区位优势十分突出，在丝绸之路经济带建设中它连通东西的走廊和通道功能具有不可替代的战略地位。其自然资源丰富，经济发展势头良好，文化底蕴深厚，但城镇基础设施薄弱、生态环境脆弱等问题依然突出。积极依托丝绸之路经济带战略新平台，通过新型城镇化提升城市综合功能和实力，转变传统发展模式，完善基础设施，加强生态环境建设，改善和优化人居环境，通过城镇群、增长极和发展轴辐射带动全省社会经济快速发展，对甘肃尽快融入国家"一带一路"大战略，扩大对外开放，开拓海外市场，输出优质产能，集聚增长要素，加快经济社会发展，全面建成小康社会不仅具有极其重要的战略意义，而且已经成为当前甘肃省建设丝绸之路经济带黄金段紧迫的核心课题。为此，2014 年以来甘肃省住房和城乡建设厅与中国科学院地理科学与资源研究所联合开展丝绸之路经济带甘肃河西走廊新型城镇化战略研究。

本书研究范围包括河西五市（武威、张掖、金昌、酒泉、嘉峪关）和兰州、白银两市。该区域面积为 30.77 万 km^2，2013 年总人口为 1018 万人。本书在综合分析河西走廊水土资源承载力和生态环境容量的基础上，提出了把河西走廊建成丝绸之路经济带黄金段新型增长极、战略大通道及区域枢纽的设想，提出丝绸之路经济带甘肃河西走廊新型城镇化战略为"以点带面，点轴辐射，轴带推进，协调发展"，建设生态城镇、循环经济、华夏文明传承创新区、国际丝绸之路旅游经济带四位一体的战略目标，突出对外开放、城乡统筹、生态文明、合理分工、区域协作和特色发展理念，深化河西走廊新型城镇化内涵，为"丝绸之路经济带黄金段"提供空间结构战略支撑。希望读者能够通过本书对甘肃河西走廊新型城镇化建设对接国家"一带一路"战略有一个较为全面、系统、深入的认识和了解。

本书共分 12 章，其协作分工如下：第 1 章，李宇、王喆、杨咏中撰写；第 2 章，黄永斌、李泽红撰写；第 3 章，李泽红、赵中平、吴永娇撰写；第 4 章，赵中平、董锁成撰写；第 5 章，董锁成、杨咏中、梁文钊、石广义撰写；第 6 章，董晓峰、张伟撰写；第 7 章，李宇、李志刚、黄永斌撰写；第 8 章，李岱、万永坤、李宇撰写；第 9 章，李泽红、黄永斌、赵中平撰写；第 10 章，董晓峰、刘星光撰写；第 11 章，赵中平撰写；第 12 章，董锁成、张权、任春峰撰写。李飞、李富佳、于会录、朱少卿、郑毅、谷莹莹负责数据收集与分析；程昊、王喆负责制图、修图。书中关于"加快推进河西走廊新型城镇化，建设丝绸之路经济带空间战略支撑体系"的建议由杨咏中、董锁成、梁文钊、任春峰、李宇、李泽红、董晓峰等人共同完成。全书由董锁成、杨咏中、李泽红统稿。

在本书写作过程中，甘肃省住房和城乡建设厅协调各市、州政府和甘肃省有关部门提供了大量基础性研究资料，国家科技基础性工作专项重点项目"中国北方及其毗邻地区综合科学考察"（批准号：2007FY110300）襄助了大量很有价值的文献资料。甘肃省住房和城乡建设厅杨咏中厅长、梁文钊副厅长、任春峰副巡视员对深入甘肃实地调研给予了极大的支持，并对初稿、中期稿件和出版稿件都提出了宝贵的修改意见。中国工程院院士孙九林先生、中国科学院地理科学与资源研究所葛全胜所长对本研究给予了大力支持。国务院发展研究中心原部长李善同教授、国家发展和改革委员会地区司原巡视员陈宣庆教授、北京师范大学吴殿廷教授、中国科学院地理科学与资源研究所叶舜赞研究员、李荣生研究员、方创琳研究员等专家对研究成果的完善提出了具有建设性的修改意见。在此感谢以上各单位和专家对本研究的支持。

本书在写作过程中，由于资料收集等困难和作者能力所限，难免有疏漏之处，望读者不吝赐教。

作　者
2016 年 7 月 7 日

目　　录

第1章　河西走廊在丝绸之路经济带的空间竞争优势与地缘战略地位

丝绸之路经济带建设为河西走廊地区的城市发展带来了新机遇。本章评价了与周边其他区域相比河西走廊地区城市的竞争优势，分析了随着历史演进河西走廊地区的兴衰变化，并对河西走廊地区当前所占据的重要战略地位进行总结。

1.1　空间竞争关系及优势

从城市综合竞争力、产业竞争与合作、城市空间影响范围和比较优势四大角度，判断河西走廊地区城市与周边区域的竞争关系及优势。

1.1.1　河西走廊城市竞争力综合评价

城市竞争力是通过对多个城市进行角逐或比较而体现出来的综合能力，是一种相对指标，用于衡量每个城市在基础竞争力、经济竞争力、环境竞争力以及综合竞争力方面与其他城市相比所具备的优势和劣势（王发曾和吕金嵘，2011；许学强和程玉鸿，2006）。通过吸取现有城市或区域竞争力研究的特点，建立科学的指标体系，将河西走廊的武威、金昌、张掖、酒泉、嘉峪关与西北其他同级别城市进行比较，将兰州与西北其他省会城市进行比较，判断7个城市在不同方面的相对优劣势和综合竞争水平。

1. 指标体系构建

区域竞争力是由区域基本要素系统构成的相互影响、密切配合、协调统一的有机整体，是一个综合系统。需要根据科学性、目的性、综合性等原则，构建一个层次分明、结构完整、可比性强的评价指标体系。同时，还需重点考虑数据的可获取性。指标体系的建立过程如下。

1）设立总指标1个，即城市竞争力的综合性指标，是评价一个城市综合竞争力的最终标准。

2）构建城市竞争力评价系统的子系统和基本变量层。根据河西走廊地区城市发展特点，将城市竞争力评价系统划分为以下几个子系统。

基础竞争力，用于衡量基本的城市规模和经济水平。其中，城市规模包括人口规模和空间规模，经济发展水平通过经济强度、产业结构先进水平、经济增长水平和经济效益来评价。

开放竞争力，用于衡量城市参与经济全球化的程度以及与其他区域联系的强度。在这里，通过进出口贸易和外商投资数据衡量城市参与全球经济市场的程度，通过国际、国内旅游收入和客货运总量衡量城市与外界的联系是否密切。

自然资源与环境竞争力，用于衡量城市的自然环境质量和资源保障能力。在西北地区，水资源是影响城市化发展的重要因素，在这里选择水资源总量作为评价指标，判断承载城市发展的资源保障力度。城市环境质量的评价通过建成区绿化覆盖率、空气质量达到二级以上天数比例、污水处理厂集中处理率、工业固体废物综合利用率指标来完成。

城市生活质量竞争力，用于衡量城市居民日常生活的便捷、舒适和丰富程度。主要涉及社会环境和基础设施水平。

市场竞争力，用于衡量城市是否拥有繁荣的市场经济大环境和一定的高素质劳动力规模，这些指标能够体现出城市对投资创业者的吸引力。

最终，形成的城市竞争力评价指标体系见表1-1。

表1-1 河西走廊城市竞争力综合评价指标体系

总目标	子系统	要素	基本变量
城市综合竞争力	基础竞争力	城市规模	总人口
			建成区面积
		经济强度	国内生产总值
			规模以上工业企业总产值
			公共财政预算总收入
		经济结构	非农产业占国内生产总值比重
		经济增长水平	国内生产总值增长率
		经济效益	人均国内生产总值
			经济密度（单位建成区面积GDP）
	开放竞争力	全球化程度	进出口货物总额
			外商直接投资
		对外联系强度	国际旅游外汇收入
			客运总量
			货运总量
		可达性	70km范围内机场每周航班数量
			与最近省会城市的高速公路距离
			距离丝绸之路经济带铁路干线空间距离
	自然资源与环境竞争力	城市环境质量	建成区绿化覆盖率
			空气质量达到二级以上天数比例
			污水处理厂集中处理率
			工业固体废物综合利用率
			生活垃圾无害化处理率
		资源保障能力	人均水资源量

续表

总目标	子系统	要素	基本变量
城市综合竞争力	城市生活质量竞争力	社会环境	万人拥有卫生机构人员数
			每百人公共图书馆藏书
			剧场、影剧院数
		基础设施水平	人均道路面积
			互联网宽带普及率
			每万人拥有公共汽车数
	市场竞争力	市场环境	人均社会消费品零售总额
			城镇居民人均可支配收入
			恩格尔系数
			城镇登记失业率
			固定资产投资
		人才规模	普通高等学校在校学生数

2. 数据来源

基于 2012 年的年度数据，构建河西走廊地级城市竞争力综合评价系统。其中，社会、经济领域的数据取自《中国区域经济统计年鉴 2013》、《中国城市统计年鉴 2013》及甘肃、陕西、宁夏、内蒙古、青海、新疆各省（自治区）的省级统计年鉴，水资源总量数据收集自各省（自治区）水利厅发布的 2012 年年度水资源公报。与最近省会城市的高速公路距离通过地图测量得到。定义与丝绸之路经济带铁路干线的空间距离为每个城市与陇海—兰新铁路重要节点的空间距离，通过地图测量得到。

3. 计算方法

首先，在对数据进行标准化处理后，运用加权平均的方法，分子系统计算每个城市在 5 个单项方面的竞争力，并进行标准化处理，使所有数值位于 0 ~ 1000，竞争力最强的城市的竞争力指数为 1000，竞争力最弱的城市的竞争力指数为 0。然后，对 5 个单项的竞争力指数进行加权平均，得出每个城市的综合竞争力指数。根据指标的重要性程度，分别对基础竞争力、开放竞争力、自然资源与环境竞争力、城市生活质量竞争力、市场竞争力赋予权重 0.2、0.25、0.2、0.25、0.1。

4. 评价结果

西北地区城市综合竞争力得分如图 1-1 所示。①省会城市综合竞争力指数大于 300（西宁除外），在西北所有地级城市中处于第一梯度水平，综合竞争力依次为西安、乌鲁木齐、兰州、银川和西宁；②咸阳、榆林、宝鸡、嘉峪关、酒泉、渭南、汉中的综合竞争力较强，城市综合竞争力指数处于 150 ~ 300，在西北地区地级城市中处于第二梯度水平；③张掖、金昌、武威、白银、铜川、安康、延安、商洛、乌海、天水、定西、石嘴山、吴忠城市综合竞争力指数小于 150，在西北地区地级城市中处于第三梯度水平。

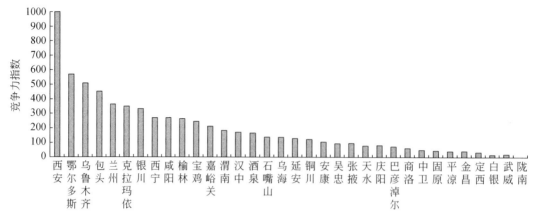

图 1-1 西北地区城市综合竞争力比较

单项竞争力方面，河西走廊地区城市的基础竞争力、开放竞争力得分在西北地区处于中等水平，如图 1-2 所示。表明目前河西走廊地区参与全球经济市场和与外界的经济联系程度不够高，区域协作机制尚未得到很好的建立，距离发展外向型经济还有较大的差距。

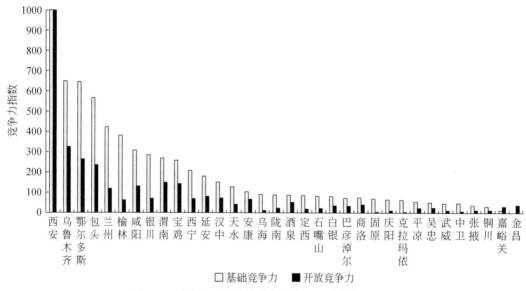

图 1-2 西北地区城市基础竞争力和开放竞争力比较

市场竞争力方面，河西走廊 5 个地级市（武威、张掖、金昌、酒泉、嘉峪关）与周边甘肃省、青海省、新疆、内蒙古地级市相比，具有较好的资源环境和开发潜力，如图 1-3 所示。自然资源与环境竞争力方面，酒泉、张掖和嘉峪关在城市污染物治理方面卓有成效，如图 1-3 所示。

城市生活质量竞争力方面，嘉峪关在西北地区排名前列，如图 1-4 所示。嘉峪关在城市基础设施建设和丰富城市居民文娱生活方面在西北地区处于较高水平。

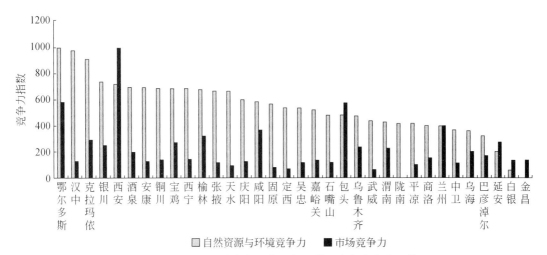

图 1-3　西北地区城市自然资源与环境、市场竞争力比较

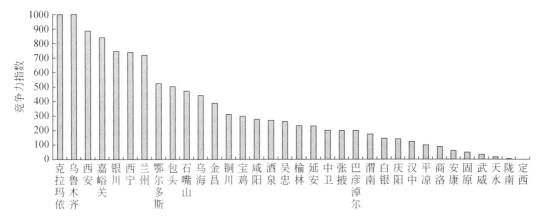

图 1-4　西北地区城市生活质量竞争力比较

经济发展与生态环境。生态保护虽然在城市发展初级阶段对城市竞争力提升的贡献不大，但从长远角度考虑，随着城市经济规模日益扩大，良好的宜居环境将成为城市与城市之间竞争的核心因素之一。对于河西走廊城市，当城市发展到一定阶段，经济水平对城市竞争力的贡献日益降低，此时再想通过生态发展从而提升城市竞争力难度很大，导致城市竞争力很难再有实质性提升。因此，在未来提升城市竞争力的发展实践中，必须协调好城市经济发展、规模扩大与保持良好生态环境的关系。

1.1.2　产业竞争与合作态势分析

"丝绸之路经济带"战略提出将重塑河西走廊空间竞争合作关系，各城市的区域分工和角色定位将更加明确，城市与城市的对话也将日益增多。当面对有限的市场规模时，为了争夺更多的市场份额和投资、人才等要素流入，激烈的竞争就会在邻近的城市之间发生。产业竞争是城市竞争力的重要外在表现。基于错位竞争策略，根据自身的资源优势和所处外界环境选择区别于竞争对手的功能定位和重点产业，有利于减少区域之间的恶性竞争，实现共同繁荣（陈绍愿等，2006）。而过于趋同的产业结构则会使区域竞争加剧，导致发展受阻和资源浪费（陆大道，2003）。

产业结构趋同是指各地区的产业结构在发展演变过程中所表现出来的某种共同倾向性，主要表现在产业的地域特点不明显，地区之间主导产业的选择、产业组织规模和技术水平的确定以及产品结构安排等方面存在雷同现象，主要行业和产品生产的空间分布均匀化，集中度下降，相互间缺乏应有的分工与合作（朱晓明和许山白，2007；贺灿飞等，2008）。通过分析区域之间的产业结构趋同度，可判断丝绸之路经济带沿线省份的相互竞争关系与潜在合作方向。这里采用联合国工业发展组织国际工业研究中心提出的产业相似系数来测量2011年河西走廊各城市间的工业结构相似系数以及各城市与甘肃省的产业结构相似系数。计算公式如下：

$$S_{ij} = \frac{\sum\limits_{k=1}^{n} x_{ik}\, x_{jk}}{\sqrt{\sum\limits_{k=1}^{n} x_{ik}^2 \sum\limits_{k=1}^{n} x_{jk}^2}} \qquad (1\text{-}1)$$

式中，S_{ij} 表示 i 区域和 j 区域间的产业结构相似系数，介于 0 和 1 之间；x_{ik} 和 x_{jk} 分别表示 i 区域和 j 区域的 k 产业的产值（朱晓明和许山白，2007）。

区位商是指一个地区的特定产业部门的产出在地区总产出中所占比重与背景区域的该产业产出占其总产出比重之间的比值，用于衡量某一地区的某一产业在更大区域范围内是否具备相对优势。区位商的计算公式如下：

$$Q_{ij} = \frac{Y_{ij}/Y_i}{Y_j/Y} \qquad (1\text{-}2)$$

式中，Q_{ij} 表示 i 区域 j 产业的区位商；Y_{ij} 表示 i 区域 j 产业的产出；Y_i 表示 i 区域的总产出；Y_j 表示背景区域 j 产业的总产出；Y 表示背景区域总产出。若 $Q_{ij}>1$，可认为 i 区域的 j 产业在背景区域具有相对优势，该产业具备较高的专业化水平，生产的产品除了满足本地区需求之外，还会输出到其他地区。若 $Q_{ij}<1$，则 j 产业是 i 区域的自给性产业（朱晓明和许山白，2007）。

1. 全行业产业结构相似系数及各产业区位商

根据2011年甘肃省及河西走廊各城市的分行业生产总值数据，通过式（1-1）计算不同城市之间的产业结构相似系数及各城市与甘肃省的产业结构相似系数（表1-2），以甘肃省和全国为背景区域计算各城市各行业的区位商（表1-3、表1-4）。

表1-2　2011年河西走廊城市产业结构相似系数矩阵

相似系数	甘肃	嘉峪关	酒泉	张掖	金昌	武威
甘肃	1.000					
嘉峪关	无数据	1.000				
酒泉	0.989	无数据	1.000			
张掖	0.918	无数据	0.882	1.000		
金昌	0.945	无数据	0.962	0.765	1.000	
武威	0.938	无数据	0.909	0.991	0.799	1.000

表 1-3　2011 年河西走廊城市各产业区位商（以甘肃省为背景区域）

产业	嘉峪关	酒泉	张掖	金昌	武威
农林牧渔业	0.097	0.906	2.068	0.407	1.816
工业	2.072	1.138	0.747	1.747	0.775
建筑业	0.281	0.964	1.008	0.979	1.400
交通运输、仓储和邮政业	0.722	0.951	1.057	0.374	1.299
信息传输、计算机服务和软件业	0.604	0.453	0.597	0.206	0.334
批发和零售业	无数据	0.970	0.907	0.476	0.746
住宿和餐饮业	无数据	0.890	0.599	0.439	0.331
金融业	0.498	0.728	0.635	0.737	0.289
房地产业	0.414	2.273	0.950	0.035	1.335
租赁和商务服务业	无数据	1.250	1.307	0.993	0.892
科学研究、技术服务和地质勘查业	0.057	0.653	0.361	0.087	0.518
水利、环境和公共设施管理业	无数据	2.241	1.327	0.326	1.250
居民服务和其他服务业	无数据	0.775	0.488	0.075	0.190
教育	无数据	0.551	1.035	0.411	1.205
卫生、社会保障和社会福利业	无数据	1.469	0.858	0.422	0.976
文化、体育和娱乐业	无数据	1.163	0.712	0.322	0.566
公共管理和社会组织	无数据	0.364	1.025	0.857	1.005

表 1-4　2011 年河西走廊城市各产业区位商（以全国为背景区域）

产业	嘉峪关	酒泉	张掖	金昌	武威
农林牧渔业	0.131	1.221	2.785	0.548	2.446
工业	1.993	1.095	0.719	1.680	0.745
建筑业	0.376	1.291	1.349	1.311	1.875
交通运输、仓储和邮政业	0.850	1.120	1.245	0.440	1.530
信息传输、计算机服务和软件业	0.797	0.598	0.788	0.272	0.440
批发和零售业	无数据	0.740	0.692	0.363	0.570
住宿和餐饮业	无数据	1.131	0.761	0.558	0.421
金融业	0.273	0.399	0.348	0.404	0.159
房地产业	0.196	1.074	0.449	0.017	0.630
租赁和商务服务业	无数据	0.649	0.679	0.516	0.464
科学研究、技术服务和地质勘查业	0.050	0.582	0.322	0.077	0.462
水利、环境和公共设施管理业	无数据	2.873	1.702	0.418	1.603
居民服务和其他服务业	无数据	0.720	0.453	0.069	0.176
教育	无数据	0.650	1.220	0.485	1.420
卫生、社会保障和社会福利业	无数据	1.617	0.945	0.465	1.074
文化、体育和娱乐业	无数据	1.014	0.621	0.280	0.494
公共管理和社会组织	无数据	0.531	1.494	1.249	1.464

　　如表 1-2 所示，河西走廊各城市之间的产业结构呈现出高度趋同的特征。金昌与张掖、武威与金昌的产业结构相似系数介于 0.765 ~ 0.799，张掖与酒泉的产业结构相似系数为 0.882，其他各城市之间的产业结构相似系数均为大于 0.9 的极高值。酒泉、张掖、金

昌、武威 4 城市的产业结构与甘肃省整体的产业结构也存在非常高的趋同性。

表 1-3 和表 1-4 反映了各个产业在河西走廊地区 5 个城市是否具备相对优势。将区位商大于 1 作为筛选条件,能够得出每个城市与甘肃省相比的优势产业以及与全国相比的优势产业。嘉峪关作为传统工业城市,工业是其最大的优势产业,在甘肃省和全国的区位商分别达到 2.072 和 1.993。酒泉的优势产业包括工业,房地产业,租赁和商务服务业,水利、环境和公共设施管理业,卫生、社会保障和社会福利业,文化、体育和娱乐业。其中,酒泉的水利、环境和公共设施管理业在全国的区位商达到 2.873。张掖的农林牧渔业在全国范围内具备非常大的优势,区位商达到 2.785,其他优势产业包括建筑业,交通运输、仓储和邮政业,租赁和商务服务业,水利、环境和公共设施管理业,教育,公共管理和社会组织。金昌的优势产业包括工业,建筑业,公共管理和社会组织。武威的农林牧渔业同样具备非常大的优势,在全国的区位商达到 2.446,其他优势产业包括建筑业,交通运输、仓储和邮政业,水利、环境和公共设施管理业,教育,卫生、社会保障和社会福利业,公共管理和社会组织。

较高的区位商意味着该产业的产出除了满足地区内部需求之外,还能有剩余部分参与更高一级区域内的市场经济竞争,因此,地区之间的市场竞争更容易发生在双方都具备优势的产业领域。如表 1-5 所示,河西走廊各地市间容易形成激烈竞争的产业领域主要包括工业、建筑业等。

表 1-5 河西走廊各地级市之间可能形成激烈竞争关系的产业

城市	嘉峪关	酒泉	张掖	金昌	武威
嘉峪关					
酒泉	①工业				
张掖		①租赁和商务服务业 ②水利、环境和公共设施管理业			
金昌	①工业	①工业	①建筑业		
武威		①房地产业 ②水利、环境和公共设施管理业 ③卫生、社会保障和社会福利业	①建筑业 ②交通运输、仓储和邮政业 ③水利、环境和公共设施管理业 ④教育 ⑤公共管理和社会组织	①建筑业 ②公共管理和社会组织	

2. 规模以上工业结构相似系数及各行业区位商

根据 2011 年甘肃省及河西走廊城市的规模以上工业各部门总产值数据,通过式(1-1)计算不同城市之间的工业结构相似系数及每个城市与甘肃省的工业结构相似系数(表 1-6),

分别以甘肃省和全国为背景区域计算各城市的各工业部门的区位商（表1-7、表1-8）。

表1-6　2011 年河西走廊城市规模以上工业内部结构相似系数矩阵

相似系数	嘉峪关	酒泉	张掖	武威	金昌	兰州	甘肃
嘉峪关	1.000						
酒泉	0.073	1.000					
张掖	0.235	0.168	1.000				
武威	0.068	0.095	0.897	1.000			
金昌	无数据	无数据	无数据	无数据	1.000		
兰州	0.174	0.635	0.271	0.181	无数据	1.000	
甘肃	0.460	0.577	0.408	0.289	无数据	0.845	1.000

如表1-6 所示，除武威和张掖之间的相似系数（0.897）及甘肃和兰州之间的相似系数（0.845）较高之外，矩阵中其他城市之间相似系数均较低，说明河西走廊地区在工业领域总体上处于较好的区域分工协作状态。

表1-7　2011 年河西走廊城市规模以上工业部门区位商（以甘肃省为背景区域）

产业	嘉峪关	酒泉	张掖	武威	金昌	兰州
煤炭开采和洗选业	0	0.313	1.090	2.809	无数据	0.300
石油和天然气开采业	无数据	无数据	无数据	无数据	无数据	无数据
黑色金属矿采选业	0.174	8.876	7.475	0.248	无数据	0
有色金属矿采选业	0	2.980	5.493	0	无数据	0
非金属矿采选业	0	7.846	5.387	0.564	无数据	0.082
农副食品加工业	0.071	0.395	8.583	10.800	无数据	0.266
食品制造业	0	0.235	6.289	11.059	无数据	0.576
饮料制造业	0.156	0.378	5.652	3.570	无数据	1.123
烟草制造业	0	0	0	0	无数据	2.840
纺织业	0	0	0	14.242	无数据	1.088
纺织服装、鞋、帽制造业	0	0	0	0	无数据	0.412
皮革皮毛羽毛及其制造业	0	0	0	0	无数据	0.700
木材加工及木、竹、藤、棕、草制品业	0	0	3.937	0	无数据	3.265
家具制造业	0	10.861	0	0	无数据	0
造纸及纸制品业	0	0	2.782	2.016	无数据	0.494
印刷业及记录媒介的复制	0	0	0	0	无数据	2.925
石油加工、炼焦及核燃料加工业	0	1.353	0.049	0	无数据	1.644
化学原料及化学制品制造业	0.072	0.566	0.873	1.309	无数据	3.139
医药制造业	0	0.461	0.162	0.570	无数据	1.618

产业	嘉峪关	酒泉	张掖	武威	金昌	兰州
化学纤维制造业	0	7.188	7.862	0	无数据	0.388
橡胶制品业	0	0.835	0	22.813	无数据	0
塑料制品业	0.106	1.671	1.996	1.476	无数据	1.334
非金属矿物制品业	0.818	0.432	1.272	1.943	无数据	1.368
黑色金属冶炼及延压加工业	6.501	0.191	0.587	0.158	无数据	0.434
有色金属冶炼及延压加工业	0	0.024	0	0.124	无数据	0.476
金属制品业	0.723	5.325	0.594	0	无数据	1.152
通用设备制造业	0	0	0	0.147	无数据	1.626
专用设备制造业	0	0.235	0	0.073	无数据	4.271
交通运输设备制造业	0	0	0	0	无数据	1.823
电气机械及器材制造业	0.025	7.716	0	0	无数据	0.680
通信设备、计算机及其他电子设备制造业	0	0	0	0	无数据	0.281
仪器仪表及文化、办公用仪器制造业	0	0	0	0	无数据	2.894
工艺品及其他制造业	0	8.775	0	2.030	无数据	0.054
废弃资源和废旧材料回收加工业	8.657	0	0	0	无数据	0
电力、热力的生产和供应业	0.425	0.687	1.982	0.874	无数据	1.038
燃气生产和供应业	0	0.256	0	0	无数据	3.233
水的生产和供应业	0	0.247	0.837	1.942	无数据	23.352

表1-8　2011年河西走廊城市规模以上工业部门区位商（以全国为背景区域）

产业	嘉峪关	酒泉	张掖	武威	金昌	兰州
煤炭开采和洗选业	0	0.356	1.241	3.197	无数据	0.341
石油和天然气开采业	无数据	无数据	无数据	无数据	无数据	无数据
黑色金属矿采选业	0.080	4.098	3.451	0.114	无数据	0
有色金属矿采选业	0	4.810	8.868	0	无数据	0
非金属矿采选业	0	4.297	2.950	0.309	无数据	0.045
农副食品加工业	0.049	0.270	5.861	7.375	无数据	0.181
食品制造业	0	0.124	3.312	5.824	无数据	0.304
饮料制造业	0.182	0.442	6.605	4.172	无数据	1.312
烟草制造业	0	0	0	0	无数据	5.434
纺织业	0	0	0	1.146	无数据	0.088
纺织服装、鞋、帽制造业	0	0	0	0	无数据	0.017
皮革皮毛羽毛及其制造业	0	0	0	0	无数据	0.143
木材加工及木竹藤棕草制品业	0	0	0.008	0	无数据	0.007

产业	嘉峪关	酒泉	张掖	武威	金昌	兰州
家具制造业	0	0.035	0	0	无数据	0
造纸及纸制品业	0	0	0.327	0.237	无数据	0.058
印刷业及记录媒介的复制	0	0	0	0	无数据	0.354
石油加工、炼焦及核燃料加工业	0	6.009	0.218	0	无数据	7.299
化学原料及化学制品制造业	0.047	0.368	0.567	0.851	无数据	2.041
医药制造业	0	0.263	0.092	0.325	无数据	0.923
化学纤维制造业	0	0.501	0.548	0	无数据	0.027
橡胶制品业	0	0.033	0	0.901	无数据	0
塑料制品业	0.029	0.464	0.554	0.410	无数据	0.370
非金属矿物制品业	0.576	0.304	0.896	1.369	无数据	0.964
黑色金属冶炼及延压加工业	12.093	0.354	1.092	0.295	无数据	0.807
有色金属冶炼及延压加工业	0	0.089	0	0.466	无数据	1.789
金属制品业	0.310	2.282	0.254	0	无数据	0.494
通用设备制造业	0	0	0	0.028	无数据	0.306
专用设备制造业	0	0.084	0	0.026	无数据	1.525
交通运输设备制造业	0	0	0	0	无数据	0.117
电气机械及器材制造业	0.017	5.216	0	0	无数据	0.460
通信设备、计算机及其他电子设备制造业	0	0	0	0	无数据	0.015
仪器仪表及文化、办公用仪器制造业	0	0	0	0	无数据	0.126
工艺品及其他制造业	0	8.598	0	1.989	无数据	0.053
废弃资源和废旧材料回收加工业	0.844	0	0	0	无数据	0
电力、热力的生产和供应业	0.765	1.236	3.565	1.572	无数据	1.868
燃气生产和供应业	0	0.177	0	0	无数据	2.234
水的生产和供应业	0	0.219	0.744	1.726	无数据	20.755

表 1-7 和表 1-8 反映了河西走廊各城市在甘肃省范围内和全国范围内各工业部门的区位商。将区位商大于 1 作为筛选条件，能够得出每个城市与甘肃省和全国相比的优势工业部门。作为工业发展强劲的地区，河西走廊的部分工业部门在甘肃省和全国范围内具备较大的优势。例如，在全国范围，嘉峪关的黑色金属冶炼及延压加工业的区位商达到12.093；酒泉的金属矿（黑色金属和有色金属）和非金属矿采选业的区位商均大于 4，石油加工、炼焦及核燃料加工业的区位商达到 6.009，电气机械及器材制造业的区位商达到5.216，工艺品及其他制造业的区位商达到 8.598；张掖有色金属矿采选业的区位商达到8.868，农副食品加工业的区位商达到 5.861，饮料制造业的区位商达到 6.605；武威的农

副食品加工业、食品制造业和饮料制造业的区位商分别达到 7.375、5.824、4.172。

通过判断各城市优势工业部门的交集，能够得出地区之间容易形成激烈竞争关系的工业部门（表 1-9）。

表 1-9 河西走廊各城市间可能形成竞争关系的工业部门

城市	嘉峪关	酒泉	张掖	金昌	武威
嘉峪关					
酒泉					
张掖	①黑色金属冶炼及延压加工业	①黑色金属矿采选业 有色金属矿采选业 ②非金属矿采选业 ③塑料制品业 ④电力、热力的生产和供应业			
金昌					
武威		①塑料制品业 ②工艺品及其他制造业 ③电力、热力的生产和供应业	①煤炭开采和洗选业 ②农副食品加工业 ③造纸及纸制品业 ④电力、热力的生产和供应业 ⑤食品制造业 ⑥饮料制造业 ⑦塑料制品业 ⑧非金属矿物制品业		

综上所述，河西走廊各城市在产业结构上呈现出较高的趋同特征。鉴于数据来源中对产业的分类主要针对第三产业的细分，因此分析结果揭示的全行业高产业结构趋同度主要体现在各城市在第三产业方面的高度趋同，城市之间的直接竞争也主要在第三产业。优势产业产品的市场竞争易发生在水利、环境和公共设施管理业，建筑业，公共管理和社会组织等行业。对于各城市想要发展的非优势产业来说，如果产业结构趋同的现象长期持续，各城市在人才引进、投资吸引方面都面临相似的需求，因此也将面临较激烈的竞争。相比之下，规模以上工业内部的趋同度较低，呈现出城际专业化生产、分工协作、走错位竞争路线的特征。

表 1-10 说明，区域内部的竞争与合作态势往往经历不同的发展阶段，可以分为初级阶段（对抗竞争）、中级阶段（竞争合作）和合作阶段（合作共赢）。通过产业领域的竞争与合作态势分析结果可以看出，目前河西走廊各市在第三产业领域的竞争合作发展尚处于对抗竞争阶段，城市间对抗性强，存在不平衡，都将邻域城市视为对手。在工业领域，河西走廊各城市呈现出竞争合作的特点，并具备较强的向合作共赢方向发展的潜力。

表 1-10　区域竞争合作发展阶段特征

区域协作 发展阶段	主要发展 特征	基本发展特征
初级阶段	对抗竞争	①城市间对抗性强，存在不平衡，都将邻域城市视为对手 ②编制战略规划，集中优势力量，制订竞争战略 ③"分税制"使城市在政治经济中变得"实在化"，城市政府在追求财政收入或政绩的动力驱使下展开了对人才、资金、技术、市场等各种资源的全方位的竞争
中级阶段	竞争合作	①城市之间的联系紧密，迫切要求城市之间展开对话、协商、合作，寻求有效解决对策和共赢的发展路径 ②经济发达、产业集群度高的地区城市之间相互利用对方优势来培育自己的外部环境，同时突出自身核心竞争力，以期在更高的视野下、更大的市场中获益 ③既承认对方对自己有利，又担心在竞争中利益溢出
合作阶段	合作共赢	①城市由过去的竞争对手变为战略性合作伙伴；对手的竞争优势资源是自身优势，共同分享各自的优势，同时提升区域的吸引力，降低区域的开发成本和运行成本 ②通过区域空间重构、产业重组、资源共享、交通共建等方式实现区域合作，消除城市间的恶性竞争和资源浪费等内耗现象，强化城市间经济要素的流动和配置效率，强调城市间资源共享，发展共荣，风险共担 ③构建全方位、多层次的分工协作格局，区域一体化发展

1.1.3　城市影响范围分析

1. 河西走廊的聚集发展

河西走廊作为陇海兰新经济带和黄河上游多民族开发带的重要区域，面临难得的发展机遇和广阔的发展空间，从集聚和辐射功能来看，其集聚强度较大。2012 年兰州市的总人口为 321.5 万人，GDP 达到 1563.82 亿元，但集聚效率差距较大，表现为总人口和 GDP 的极其不均等。金昌市仅有人口 46 万人，GDP 为 243.4 亿元，集聚效率差别较大（表 1-11）。

表 1-11　2012 年河西走廊各城市人口和 GDP

项目	兰州市	嘉峪关市	酒泉市	金昌市	白银市	武威市	张掖市
总人口（万人）	321.5	19.8	105	46	175.7	186	130.8
GDP（亿元）	1563.82	269.15	98.68	243.4	433.77	340.5	291.93

2. 各城市空间辐射

分别量算兰州市、嘉峪关市、金昌市、白银市、武威市和张掖市及其周边主要城市的公路距离，应用康弗斯（P. D. Converse）断裂平衡点公式，基于 2012 年不同城市总人口、城市 GDP 分别计算的 6 个主要城市与其他城市间断裂平衡点，加权取城市综合断裂平衡点（谷景祎等，2014）。根据式（1-3），计算兰州市、嘉峪关市、金昌市、白银市、武威市和张掖市现状城市经济空间辐射范围。

$$B = \frac{d_{ij}}{1 + \sqrt{\dfrac{P_i}{P_j}}} \tag{1-3}$$

式中，B 表示断裂平衡点距离（km）；d_{ij} 表示相邻两个城市间距离（km）；P_i 表示 i 城市总人口（标准化处理后）×0.45+国内生产总值（标准化处理后）×0.55；P_j 表示 j 城市总人口（标准化处理后）×0.45+国内生产总值（标准化处理后）×0.55。

兰州市辐射断裂平衡点如图 1-5 所示，可知兰州市综合辐射范围基本处于最强状态，发送周围所有城市的辐射，无论公路距离的远近，兰州市辐射都较大。

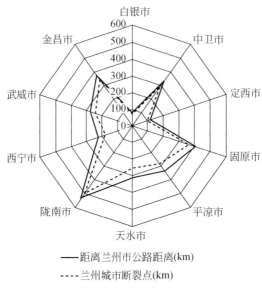

图 1-5 兰州市与周边城市综合断裂平衡点

嘉峪关市辐射断裂平衡点如图 1-6 所示，可以看出总人口和 GDP 的加权断裂平衡点在公路距离较近的酒泉、玉门、张掖、敦煌等城市辐射较强，而对于距离较远的金昌市和武威市则受到辐射较多。

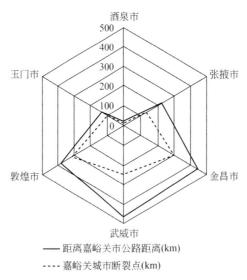

图 1-6 嘉峪关市与周边城市综合断裂平衡点

金昌市辐射断裂平衡点如图 1-7 所示, 可以看出金昌市在周边城市的辐射和反辐射效应中处于平衡状态, 只对于位于其东南方向的武威市显示出明显的辐射, 但受到银川市、兰州市、西宁市的较强辐射。

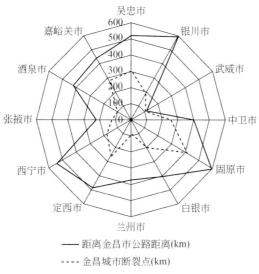

图 1-7　金昌市与周边城市综合断裂平衡点

白银市辐射断裂平衡点如图 1-8 所示, 可以看出白银市在周边城市的辐射和反辐射效应中更加平衡, 对于南北城市有较强的辐射作用。

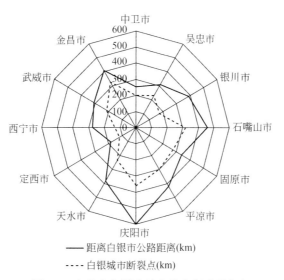

图 1-8　白银市与周边城市综合断裂平衡点

武威市辐射断裂平衡点如图 1-9 所示, 可以看出武威市处于较不平衡的断裂点状态, 对于南北两侧的银川、兰州等城市, 受到较明显的辐射, 而对于位于其东部的中卫、吴忠等城市又显现出较强的辐射性。

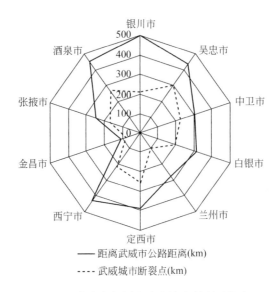

图 1-9　武威市与周边城市综合断裂平衡点

　　张掖市辐射断裂平衡点如图 1-10 所示，可以看出张掖市的综合辐射断裂平衡点有较强的规律性，除了中卫市和白银市，张掖市基本受到周围各个城市的辐射，特别是南部的辐射尤为明显。

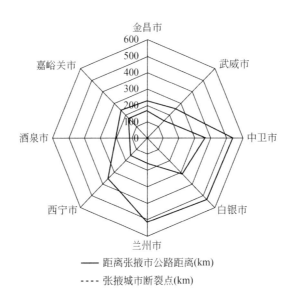

图 1-10　张掖市与周边城市综合断裂平衡点

　　酒泉市辐射断裂平衡点如图 1-11 所示，可以看出酒泉市受兰州市、武威市辐射影响较大，与张掖市、敦煌市、玉门市相比具有一定的辐射优势。

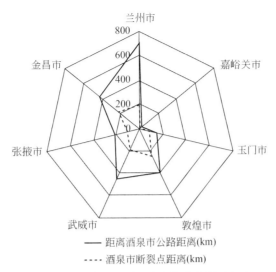

图 1-11　酒泉市与周边城市综合断裂平衡点

1.1.4　河西走廊在丝绸之路经济带的比较优势

1. 丝绸之路经济带新欧大陆桥的中部通道枢纽段

河西走廊是丝绸之路经济带新欧大陆桥的中部通道枢纽段，其地势平坦，绿洲连片，交通网络发达，城镇化水平高，与北部戈壁沙漠和南部青藏高原通道相比具有不可替代的绝对优势。中国陇海和兰新铁路与哈萨克斯坦铁路接轨的新亚欧大陆桥（第二亚欧大陆桥）是目前丝绸之路经济带连接亚欧大陆最为便捷的通道，沿线分布中国连云港、徐州、商丘、开封、郑州、洛阳、西安、宝鸡、天水、兰州、白银、武威、金昌、张掖、嘉峪关、酒泉、敦煌、乌鲁木齐，哈萨克斯坦铁路沿线城市，白俄罗斯、波兰、德国铁路沿线城市，荷兰鹿特丹等城市带（Wang et al.，2015）。

新亚欧大陆桥北部正在建设新疆哈密至内蒙古额济纳、临河、哈密至将军庙（乌鲁木齐附近）的通道，南部通道是新疆库尔勒至青海格尔铁路，而河西走廊通道居中，有兰新铁路、兰新高铁、312 国道、连霍高速以及航空等交通网络，四通八达。如图 1-12 所示，通过相对条件比较可看出，与南部通道和北部通道相比，中部通道河西走廊基础最好，生态支撑保障度高，沿线地区经济发达，城镇带状布局，体系完善，人口稠密，基础设施水平较高，对外经济联系更为便捷和重要。

尽管南部通道和北部通道也具备一定优势，但综合经济职能不如中部通道（表 1-12）。首先，河西走廊地区地形为一条狭长的平地，海拔较低，地形平坦，植被丰富，更易通行。其次，随着商贸的发展，河西走廊地区逐渐形成诸多城镇，与北部通道和南部通道相比，商业更加发达，人口更加稠密，经济社会发展和交通线路的优势相互促进。因此，河西走廊是西部最重要的交通物流枢纽和文化交流要道，承东启西、连南通北的区位优势十分显著，是西北地区重要的战略通道和物资集散地。综上所述，在丝绸之路经济带战略中，河西走廊地区更具发展潜力，应予以优先建设。

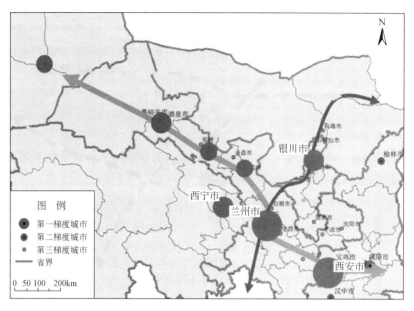

图 1-12 新欧亚大陆桥北部通道、南部通道、中部通道走向

表 1-12 丝绸之路经济带新欧大陆桥北部通道、南部通道、中部通道比较

竞争力		北部通道	南部通道	中部通道
生态环境支撑力	地形地貌	平均海拔为 900～1400m	平均海拔高，地形差异显著，起伏变化较大；东北部山脉地区平均海拔为 4000m 以上，柴达木盆地海拔为 2600～3000m	地形平缓，由南而北倾斜的狭长地带，海拔为 1000～1500m
	水土条件	沙漠面积辽阔；生态环境极度脆弱，属国家生态环境保护和治理的重点区域；水资源严重缺乏；阿拉善盟年水资源总量仅 3.67 亿 m³	荒漠化严重，水资源缺乏	武威石羊河流域综合治理工程、黑河流域湿地保护工程基础好，生态保障功能强；绿洲农田水利工程发达，武威绿洲、张掖绿洲国家商品粮基地
经济发展竞争力	经济实力	北部经济水平较低，2012 年阿拉善盟 GDP 仅 425.76 亿元	经济水平较落后，地广人稀；2012 年西宁以西地区 GDP 共 768.29 亿元	沿线城市经济实力较强，河西走廊 5 地级城市 2012 年 GDP 共 1718.64 亿元，高等学校数量多于北线和南线区域
	产业特征	2012 年三次产业比例为 2：82：16；依托煤矿资源，以煤化工业为主导产业	工业化水平较低，2012 年西宁以西地区三次产业比例为 13：67：20	绿洲农业发达，金属工业和石化工业为主导产业
	城镇发展	缺少经济发达、人口集聚度高的中心城镇	格尔木、德令哈等县级城市	武威、张掖、金昌、白银、嘉峪关、酒泉人口集聚度高；2012 年总人口为 483.5 万人，城镇化率达 43%

竞争力		北部通道	南部通道	中部通道
经济发展竞争力	基础设施	临策—策哈铁路、京新高速公路；路网覆盖程度较低，缺少高等级道路；公路养护成本高	格尔木和德令哈拥有支线机场；高海拔高寒地区，公路养护难度大，成本高	城镇基础设施较完善；兰新第二双线高速铁路、渝新欧国际铁路联运大通道、连霍高速公路基础好，养护成本相对较低；兰州、嘉峪关、敦煌有国际机场；酒泉、张掖、武威有支线机场

2. 世界级自然和文化旅游资源丰富多彩，类型多样，组合良好

河西走廊旅游资源极其丰富，自西向东分布着敦煌、张掖和武威3座中国历史文化名城。境内享誉世界的旅游景点和文物古迹众多。历史古迹包括我国石窟文化的象征——敦煌莫高窟、敦煌古城、塞外雄关嘉峪关等。其中，敦煌莫高窟是现存洞窟中规模最大、艺术价值最高、内容最丰富的石窟，并享誉全球。张掖大佛寺内拥有全国室内第一卧佛。武威市出土的东汉年间艺术珍品"马踏飞燕"被国家旅游局确定为中国旅游标志。除了璀璨的文物古迹外，河西走廊还因祁连山横贯其间，地质地貌景观和植物景观的纬度地带性分布十分强烈，形成了丰富多样的壮丽的自然景观。绿洲、戈壁、大漠、森林、草原、雪山、冰川、雅丹、丹霞等各式地貌景观散布走廊地带。例如，张掖拥有全国最大的宫殿式雅丹地貌，敦煌的鸣沙山-月牙泉景观被誉为沙漠奇观，壮阔的祁连山雪山沿交通线可见。除了历史文物古迹和自然景观外，现代工业发展也为河西走廊地区赋予了新的特色旅游资源。酒泉卫星发射中心驰名中外，武威被誉为"中国葡萄酒的故乡"。除此之外，独特的少数民族民俗文化旅游资源，如民族服饰、生活习俗、特色建筑、民族节庆、民族歌舞以及民族风味饮食，也极大地提升了河西走廊地区的吸引力（焦世泰，2010）。

总体来看，河西走廊地区的旅游资源具备较高的质量和丰度。与丝绸之路经济带中其他区域相比，河西走廊地区的文化旅游资源具有稀有性。独特的人文景观和自然景观是欧洲、中亚以及中国的中原地区和东部沿海地区所不具备的，因而能够满足大量来自其他地域游客对异域风情的体验需求。因此，合理开发旅游资源、大力发展旅游业是河西走廊地区提升地区竞争力的重要途径。

3. 矿产、土地和绿色能源资源基础较好，具有显著的竞争优势

河西走廊地区的自然资源竞争优势主要体现在矿产资源、土地资源、绿色能源方面，见表1-13。

表1-13　河西走廊地区自然资源优势

资源领域	河西走廊地区现状	在丝绸之路经济带中的意义
矿产资源	金昌市镍矿储量丰富，列世界同类矿床第3位，被誉为中国镍都；铜矿储量居中国第2位；镍和铂族金属产量占全国的90%以上，是国内最大的镍钴生产和铂族贵金属提炼中心。白银市是中国铜都	丝绸之路经济带内铜矿、铝土矿具有产区和消费区不一致的特征，河西走廊地区的矿产资源分布与欧洲、西亚地区的消费需求形成互补

资源领域	河西走廊地区现状	在丝绸之路经济带中的意义
土地资源	地势平坦，光热资源丰富，是全省绿色食品最佳产区之一，尤其适宜发展酿造葡萄酒，产量占全省的65%；张掖市境内河流众多，阳光充足，土地肥沃，灌溉便利，可利用水资源为 26.5 亿 m³，灌溉面积为 360 万亩①，是国家现代农业示范区，也是全国最大的玉米制种区和重要的粮食、蔬菜、瓜果、油料及牛羊肉生产基地	肥沃辽阔的土地资源是周边的中亚地区、青藏高原地区所不具备的，在此基础上有望形成区域性的特色农作物产地和农产品加工中心
绿色能源	酒泉市风能资源的理论总储量达 1.5 亿 kW，可开发量 4000 万 kW 以上。风能资源可开发利用面积近 1 万 km²，占全市总面积的 5.15%。酒泉市具有建设大型风电场的良好资源条件，是全国最具开发潜力的清洁能源基地	建设光伏发电和风能发电站，可以推动我国的能源结构调整，扩大内需，成为一个新的经济增长点

注：1 亩≈666.67m²。

4. 绿色经济基础良好

工业是拉动区域经济增长的主导力量。总体来看，河西走廊地区的工业发展水平较低，非农产业比重为 85.48%，低于全国和甘肃省平均水平。但与周边部分城市相比，河西走廊的工业基础具有一定优势。如图 1-13 所示，2012 年河西五市规模以上工业总产值共 2607.27 亿元，占甘肃省的 37%，并高过青海省的 2199.81 亿元，接近于宁夏回族自治区的 3024.00 亿元。

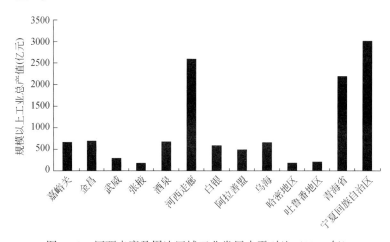

图 1-13 河西走廊及周边区域工业发展水平对比（2012 年）

河西走廊地区工业门类齐全，冶金和有色金属材料、石化工业在全国具有较大优势。嘉峪关钢铁产业在国内外市场享有广泛声誉，产品先后用于长江三峡水电站、黄河小浪底水电站、青藏铁路、北京奥运主场馆、西北风电基地、高铁工程等国家重点建设工程。酒泉是全国重要的新能源及装备制造基地，是全国首个千万千瓦级风电基地和第一个大型光伏并网发电项目所在地。2012 年酒泉市风光电发电量达到 85.6 亿 kW·h，占全市发电量的 64.2%。2012 年金塔县被中国国际贸易促进委员会评为"中国新能源最佳投资环境城市"。金昌市有色金属产业发展水平位居全国前列。

农业方面，河西走廊地区是全国最大的制种基地，其中玉米制种占全国的 40% 以上，啤酒花、大麦的种植面积、产量和加工能力均居全国首位，啤酒花产量占全国一半以上。药材资源丰富，达 9500 多种，居全国第二位。特色农业发展迅速，武威是河西地区重要的商品粮油基地，也是甘肃省瓜果蔬菜生产基地和肉类繁育基地。

1.2　历史演变

1.2.1　古代丝绸之路商贸必经之路，明朝开始逐步衰落

得天独厚的自然条件和地理环境，决定了在海运兴起之前，丝绸之路一直都是中原通往西亚国家的必经之路。受特有的地理位置、自然环境和水运技术条件的限制，东面的大海成为当时不可逾越的天然屏障，西南的青藏高原和北方的大漠也不易通行。再加上西南、东北和北方长期以来被彪悍的少数民族占领，人口定居点过于分散，不易供给，因此各中原王朝对外扩张或向外交往发展的空间唯有通过河西走廊到达西域、中亚的丝绸之路。另外，丝绸之路的东端是富庶的中国中原地区，西端则是热衷高档消费的希腊、罗马与大食帝国，中间地带的中亚地区正是商业民族粟特胡人的故乡，诸多原因使得过河西走廊的丝绸之路成为中古时期的国际交通大道，在河西沿途有大大小小的绿洲便于联络供给。因此，在自然条件的制约、政治扩张的需求、国际交通的吸引等各种客观因素的主导下，向西的天然通道河西走廊即成为历代中原王朝极力经营的地区。

从汉朝出兵河西击败匈奴开始，河西地区正式并入中原王朝的版图，汉文化也成为河西地区的主导文化。因频繁的商贸交流使河西地区的社会经济获得了极大的发展。公元 1 世纪时期，随着汉代"通西域"之举，在政治、军事、经济各方面均产生了邮驿的需求，以亭障、烽燧为主要形式的邮驿通信从东向西迅速扩展。邮驿路线的选择、邮站的选择均在重要的交通线上。从长安途经武威、张掖、高台、酒泉、玉门、安西至敦煌的邮驿路线逐步发展成为融交通、商业、军事及城镇为一体的通道。这些特点推动了河西走廊地区人口的集聚，从而为河西走廊城镇的发展创造了条件，在河西走廊上逐渐形成了诸多重镇，商业发达，人口稠密。唐朝时敦煌人口为 1.6 万，成为"华戎所交一都会"。宋朝以前，河西走廊在中国的地位仅仅次于长安、洛阳等政治文化经济中心地区。

因南北朝时期中原地区常年战争，经济文化遭到严重破坏，唯独西北一角的河西地区政治安定，经济富庶，因此大量的中原世家大族选择河西作为躲避政治灾难的首选地。大量的中原移民为河西带来了先进的文化，使河西地区学者云集，人才辈出。因此，河西地区的儒学传统没有中断。

宋朝以后，伴随着丝绸之路整体上趋向衰落，河西走廊地区也逐渐失去了发展的生命力。主要原因有三个：一是政治、经济、文化中心的南移，二是繁荣的海上丝路贸易替代了陆上丝绸之路的地位，三是中央的闭关锁国政策。北方地区各民族政权的分裂、对立，使丝路贸易安全难以保障，丝绸之路因此逐渐衰落。北宋覆灭，南宋定都临安，政治中心的南移对经济中心南移产生了重要影响。与北方相比，南方相对和平稳定，南方经济得到突飞猛进的发展，棉纺织技术的提高、造船技术的进步以及商品经济的发展和海外贸易的

繁荣,都是北方所不能企及的。此时,全球贸易大环境也发生了巨大的变化,亚洲成为许多欧洲人向往的一片繁荣富裕的文明国度,东西海上往来逐渐频繁。元朝时期中国官方积极经营对外贸易和允许私人出海贸易的开放政策进一步促进了海上丝绸贸易的繁荣。海上运输成本更低,运量更大,更加安全,而相比之下陆上行程周期长且条件更艰苦,不能辅之以先进的交通工具。因此,海上贸易逐渐取代了陆上贸易,成为中国与欧洲国家间贸易的主要形式。此外,河西走廊地区城镇的衰落也与当时王朝的闭关锁国政策相关。明朝长城修建后,嘉峪关等关塞阻塞了中西方交流的通道(沙武田,2014)。

1.2.2 气候变化和人类活动导致生态环境逐步恶化

历史上的河西走廊生态良好,但受农耕、游牧人口生产及生活方式的影响,中后期逐步变得脆弱。在秦至西汉时期,我国气候处于物候时期第二个温暖期。河西走廊内的气候温暖湿润,河网密布,资源丰富。但在两汉交替期间和东汉期间,河西走廊的生态环境开始恶化。主要原因,既包括气候和水文因素的变化,也包括政策和民众生产生活方式的变化(王政林和王永芳,2007)。

首先,到东汉时代,我国天气有趋于寒冷的趋势。严寒使河西走廊祁连山雪线下降,融水补给的河流流量骤减,下游开始缺水,河西频发旱情。河流流量的减少使得一些屯区耕地难以灌溉,局部生态环境恶化。

其次,传统的游牧式畜牧方式使草场植被能够在畜群游走后得到恢复,而西汉时期战乱频发,开始了移民实边,扩展农耕区,河西地区形成了农业为主、兼营牧业的生产方式。屯田本来就已对河西走廊内的植被造成直接破坏,兼营的畜群固定放养,又加大了对农耕生态涵养区的破坏,降低了生态系统抗气候干扰的能力。休牧生产方式的放弃让游牧民族的牧区范围缩小,畜群啃食后的植被难以得到恢复,植被的种类减少,旱生、沙生植物渐多,生态系统的调节功能也相应降低。气候的变化使河西地区部分生态脆弱的地区已不再适宜发展农牧业,但东汉政府依然大力推行屯田制,使生态恶化的区域遭受进一步破坏。

1.2.3 "丝绸之路经济带"战略通道新机遇

图1-14对河西走廊地区从秦朝时期到现在的历史演变过程以及在"丝绸之路经济带"战略实施后的21世纪的未来发展趋势进行了展示。从图中可以看出,河西走廊地区的经济实力在隋唐达到最高峰,而在宋朝以后由于北方地区战争频繁以及全国政治经济文化重心南移,河西走廊的经济地位逐渐下滑。国防地位方面,秦汉时期北方匈奴猖獗,西域各国尚未和中原王朝建立良好的关系,因此河西走廊地区在军事安全方面的地位十分重要。随着汉朝征服匈奴,河西走廊地区正式并入中原王朝的版图,日益和平稳定。河西走廊地区的生态环境水平在秦汉时期处于最优状态,气候湿润,水草丰茂。但由于气候变化及人为影响,河西走廊地区的生态环境日益脆弱。21世纪"丝绸之路经济带"战略的提出,为河西走廊地区的发展带来了新的历史机遇,其独特的区位优势将提升河西走廊的经济发展水平,经济发展方式的转变也将推动河西走廊地区生态环境的治理,国际地缘政治大环境的变化,也使河西走廊地区的国防地位更加重要。

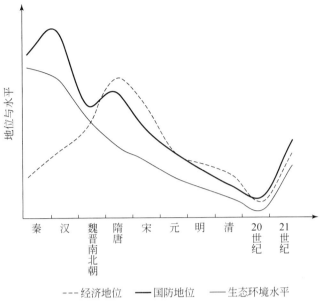

---经济地位　——国防地位　——生态环境水平

图 1-14　河西走廊地区历史演变示意图

1.3　战略地位

丝绸之路经济带经济发展水平呈现东部、中部和西部三大梯度，产业发展互补性强，亟待建立便捷的国际经济走廊，实现经济互补发展。丝绸之路经济带东边连接着快速发展的亚太经济圈，西边连接着发达的欧洲经济圈，中间的中亚、南亚地区之间形成了一个经济凹陷带，东中西区域间差异显著（表 1-14）（董锁成等，2014；Dong et al.，2015）。

表 1-14　三大板块区域经济发展差异表

区域		人均收入（美元）	人均 GDP（美元）	GDP 占比（%）	非农经济比重（%）	经济增长率（%）
西部板块发达国家		高收入	37 419	48.9	98	0.34
东部板块新兴经济体		中高收入	7 210	31.6	90	5.32
中部板块	中东石油国家	高收入	43 939	4.2	99	4.99
	其他发展中国家	低收入	4 955	15.3	86	3.55

资料来源：根据世界银行数据整理。

东部板块：中国、俄罗斯、印度等新兴经济体，国家规模较大，进入工业化中期，依靠体制改革与扩大开放，持续高速增长。

中部板块：呈现出两种发展类型，一类为资源型高收入国家，如中东石油输出国家；另一类为资源型欠发达国家，如中亚等资源型国家，处于较低的工业化阶段，国家依靠资源贸易，处于欠发达阶段，经济增长缓慢。

西部板块：欧盟等发达国家，已经进入后工业阶段，表现为技术驱动为主的经济增长模式，经济总量大，受国际金融危机影响，经济增长相对缓慢。

东中西三大板块发展互补性强。①东部板块东亚作为全球制造工厂，具有相对完备的产业体系，资金、劳动力、技术资源丰富，是最为瞩目的制造加工品输出地，大部分产业处于全球产业"微笑曲线"研发、制造、品牌中端。同时中国部分产业产能严重过剩，促进产业转型升级，还需要广阔的海外产品和投资市场。②西部板块欧洲国家科技先进，工业发达，占据产业"微笑曲线"研发和制造、品牌和知识产权高端，牢牢地掌握着全球化下高附加值的收入链。但是其主要自然资源缺失，迫切需要对外拓展发展空间。③中部板块中东、北非和中亚地带主要依靠石油输出发展经济，西亚、中亚经济水平相对落后，产业体系单一，总体处于产业"微笑曲线"传统制造、资源输出低端，但是能源、矿产等资源富集，这也是与丝绸之路经济带其他国家合作发展的重点领域（图1-15）。

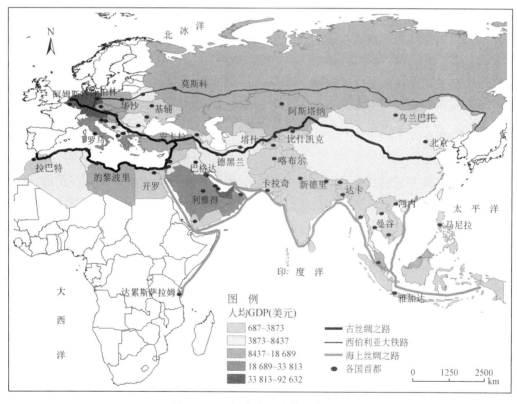

图 1-15　丝绸之路经济带经济格局

1.3.1　河西走廊是连接丝绸之路经济带的咽喉要道和我国向西开放的战略大通道

河西走廊扼守我国西北地区东进西出、北上南下之要冲，是连接我国中东部与新疆并通向中亚各国最直接、最便捷安全的陆路通道，是国家西电东送、西气东输、西煤东运、西粮东调的战略通道和重要基地。

河西走廊是丝绸之路经济带的必经之地和咽喉要道。国务院《推动共建丝绸之路经济带和 21 世纪海上丝绸之路的愿景与行动》确定的丝绸之路经济带"中国经中亚、俄罗斯至欧洲（波罗的海），中国经中亚、西亚至波斯湾两大战略方向以及"新亚欧大陆桥和中国—中亚—西亚"两大经济走廊都经过河西走廊。"一带一路"战略进一步凸显和提升了河西走廊的战略地位，使之由边缘地区上升为近核心地区（新疆为丝绸之路经济带核心区）。新亚欧大陆桥是陆上丝绸之路经济带的核心带。河西走廊是丝绸之路经济带新亚欧大陆桥的中部通道枢纽段。比起北部戈壁沙漠和南部青藏高原，河西走廊战略大通道具有不可替代的绝对优势，在我国国防安全、对外开放和区域协调发展中占据不可替代的战略地位。

1.3.2　河西走廊是丝绸之路经济带黄金段的核心组成部分

在整个丝绸之路经济带中，甘肃具备打造丝绸之路经济带黄金段的优势和基础。其中，河西走廊地区因其重要的运输通道的功能可被视作"黄金段中的黄金段"。绿色能源和矿产资源开发、现代物流业、现代农业、旅游业等领域在全省乃至全国的战略地位突出。在现代物流业领域，河西走廊地区能够与新疆维吾尔自治区及中亚国家展开密切合作。在农业领域，农作物种植条件相对较好的河西走廊地区能够在一定程度上对周边青海省和内蒙古自治区的县域进行粮食供给。在旅游业领域，河西走廊地区可以充分开发丰富的文化资源，提升旅游价值，吸引西亚、欧洲各国游客。

1.3.3　河西走廊是丝绸之路经济带的生态安全屏障和生命线

河西走廊地区的生态地位主要体现在：河西走廊是甘肃省重要农业区之一，是西北最主要的商品粮基地和经济作物集中产区。该区域提供了甘肃省 2/3 以上的商品粮、几乎全部的棉花、9/10 的甜菜、2/5 以上的油料和瓜果蔬菜。但土地盐碱化和荒漠化以及水资源的减少将造成农产品土地生产能力下降，影响周边地区的商品粮和经济作物供给（包锐和罗斌，2008）。同时，生态环境的恶化不利于旅游业的发展，不利于甘肃省"华夏文明传承创新区"的建设。除对甘肃省的重要生态意义以外，河西走廊对周边省份甚至整个西北地区的生态环境同样有着重要的意义。祁连山是我国西北地区重要的水源涵养林区，每年涵养调蓄石羊河、黑河、疏勒河三大内陆河 72.6 亿 m³ 水源，关系到内蒙古及宁夏的水资源保障。此外，河西走廊对青藏高原东北部地区也起着生态屏障作用。

1.3.4　河西走廊是稳疆固藏维护民族团结的战略高地

河西走廊地势平坦，土地肥沃，绿洲连片，交通发达，城镇密集，为藏区提供了丰富的粮食等生活物资保障，把新疆、西藏与中部及东部地区连为一体，是维护民族地区社会稳定和国防安全的战略要道和高地。

河西走廊地区是我国重要的多民族聚居区。从古至今，由于特殊的地理区位和独特的人文景观，千百年来有众多民族来此驻足、定居。在多样性民族实体介入的同时，多样性的民族文化也随之进入了河西走廊地区。河西走廊的社会经济和城镇化发展，关系到民族地区的繁荣与稳定，也是维护国防安全的重要保障。

1.3.5 河西走廊是保护人类历史文化遗产，传承丝绸之路文明的文化资源、宝库和核心区域

河西走廊作为东西方文化交流史上和商业贸易史上具有重要意义的地区，长期以来留下许多宝贵的文化遗产。其中，属国家级的历史文化遗产共 33 处，占甘肃省的 45.8%。省级古遗址 80 处，古墓葬 43 处，古建筑 31 处，石窟寺和石刻 19 处，近现代重要史迹及代表性建筑 7 处，分别占甘肃省的 31.9%、58.9%、32.3%、32.8% 和 25.9%（蒋兴国，2011）。文化遗产是丝绸之路的文化载体，它具有时代性、不可再生性和不可替代性，具备重要的社会价值、经济价值、旅游价值和科研价值。河西走廊新型城镇化建设应紧密结合历史文化遗产的发扬与保护。

第2章　　　发展背景与城镇化现状

河西走廊地区具有独特的自然地理环境、自然资源本底和历史文化底蕴，奠定了区域工业化和城镇化及社会经济发展的基本格局。

2.1 自然环境和资源概况

河西走廊东起乌鞘岭，西至古玉门关，南北介于南山（祁连山和阿尔金山）和北山（马鬃山、合黎山和龙首山）间，长千余公里，宽数公里至近百公里，海拔 1000~2600m，为西北—东南走向地势相对平坦的狭长地带。祁连山横亘河西走廊南部，海拔较高，山区降水较多，冰川发育，形成地表径流，是河西走廊大小 50 余条内陆河的发源地，每年能向干旱的走廊平原区输送 70 亿 m³ 的地表水资源，是山前平原绿洲发生发展的必要条件。河西走廊北山系长期剥蚀的中低山和残山，降水不足，很难形成地表径流。河西走廊平原区内的大黄山和黑山两座低山把走廊平原分成三个相互独立的内陆河流域，即石羊河流域、黑河流域和疏勒河流域。沿河冲积平原形成武威、张掖、酒泉等大片绿洲。其余广大地区以风力作用和干燥剥蚀作用为主，戈壁和沙漠广泛分布，尤以嘉峪关以西戈壁面积广大，绿洲面积更小。

河西走廊平原区为温带半荒漠和荒漠气候，气候干旱，降水稀少（50~200mm），蒸发强烈（大于 2000mm），但光热条件好，土地资源丰富。若能解决水源问题，该区是灌溉农业发展潜力较大和较理想的地区。目前该区依靠祁连山冰雪融水，灌溉农业较为发达。

河西走廊地区矿产资源较为丰富，特别是有色金属矿产占优势地位，曾是镍、铜、钴、铂族、钨等有色金属，铁、铬、钒等黑色金属，以及贵金属金、石油与化工原料（芒硝、重晶石、磷）等矿产富聚集区，近年来因长期开采，部分矿种濒临枯竭。河西走廊风能与太阳能组合优势明显，分布相对集中，且靠近能源消费市场，开发潜力巨大。河西走廊地区历史悠久，地域辽阔，景观独特，多民族聚居，汉唐以来就成为东西方文化交流和贸易的重要通道，丝绸之路贯穿全境，留下了许多珍贵的文化遗产和名胜古迹，旅游资源丰富而独特。丰富的矿产资源、新能源和旅游资源为河西地区的城镇发展提供了得天独厚的资源基础。

因气候干旱，降水稀少，河西走廊生态脆弱敏感，自然环境抗干扰能力弱。在全球气候变暖和人类活动作用下，生态环境形势严峻。在河西走廊东部，巴丹吉林和腾格里沙漠有合拢趋势，给楔子一样镶嵌其中的民勤绿洲带来巨大压力；在西部，库木塔格沙漠正以 4m/a 的速度逼近敦煌。有专家断言，倘若任由形势恶化，河西走廊生态环境有可能在 50 年内全面恶化。为改善和适应河西走廊自然环境，扭转区域生态恶化趋势，必须寻求城镇化和工业化的新型模式。

2.2 社会经济基础

研究区现有常住人口 1018 万人，民族构成主要有汉族、蒙古族、藏族、裕固族、哈萨克族、回族、满族等。人口以汉族为主，主要在绿洲区从事农业生产。藏族、裕固族、哈萨克族、蒙古族则主要从事牧业。

2.2.1 处于工业化中期阶段，资源经济是工业化和城镇化的主要动力

2012 年河西走廊人均 GDP 为 36 486.93 元，处于工业化中级阶段。资源开发导向型的传统经济特征突出，服务业发展严重滞后。近年来，甘肃省开展循环经济示范区建设，一定程度上促进了河西走廊资源型经济的转型发展，各地市循环经济发展初见成效。在资源开发基础上形成的资源型工业经济体系是推动城镇发展的主要动力，具有举足轻重的作用。

1. 工业经济快速发展，有力推动城镇建设

河西走廊各市工业经济发展较为迅速，促进了地区大中小城镇的快速发展。1981 年，河西走廊各市工业增加值为 23.7 亿元，占甘肃全省 31.33 亿元工业增加值的 75.64%；2012 年河西走廊各市工业增加值增至 1594.58 亿元，占甘肃省 2070.24 亿元工业增加值的 77.02%，河西走廊工业增加值快速提高，迅猛的工业发展不断推动农村人口向城镇集聚，进而推动了河西走廊各市的城镇化建设（图 2-1）。

1981 ~ 2012 年，河西走廊工业增加值增长了 50 倍，工业纵向发展较快，但横向比较优势并不突出。与西北各省市比较，1981 ~ 2012 年河西走廊工业增加值年均增长率为 0.222，高于甘肃省的 0.22，但低于陕西、宁夏、新疆、青海等省份（图 2-2、图 2-3）。工业经济的发展不如周边地区迅猛，主要是因为河西走廊地区产业结构不合理。河西地区以资源开发导向型的传统经济为主导，主要生产初级加工产品，缺少高科技高附加值产品，经济发展模式效益低下粗放，城镇经济发展需要新的支撑与推动力。

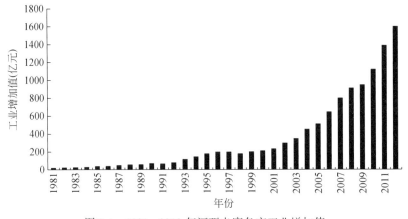

图 2-1　1981 ~ 2012 年河西走廊各市工业增加值

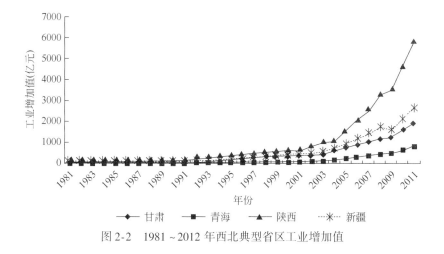

图 2-2　1981～2012 年西北典型省区工业增加值

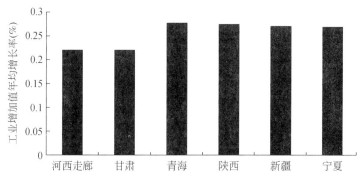

图 2-3　1981～2012 年河西走廊工业增加值年均增长率与西北各省区比较

河西地区第三产业亟待发展。产业结构效益水平不高，整体产业市场化、社会化水平低。产业结构的失衡，不仅影响了服务业产业素质的提升，也制约了工业效率乃至国民经济整体效益的提高。从服务业内部结构看，传统行业占主导地位，但竞争力弱、规避风险能力相对较差；现代服务业比重较低，产业结构亟待升级。其中，金融保险业增加值为114.8 亿元，房地产业增加值为 124.2 亿元，分别占服务业比重的 6.32% 和 6.83%。而传统服务业中仅批发和零售贸易业一项增加值就为 325.6 亿元，占服务业比重的 17.91%。旅游等新型行业未形成引领态势。由于缺乏明确的主导产业，以低附加值的传统行业仍然占据着服务业的主要地位（张广裕，2013）。

2. 处于工业化中期阶段，循环经济发展初见成效

河西走廊人均 GDP 由 2001 年的 7560.52 元增长到 2012 年的 36 486.93 元，处于工业化发展的中级阶段，但总需求结构倾向于初级产品和制造业产品，服务业产品较少（表 2-1），这是因为河西走廊地区为资源开发导向型的传统经济模式，重化工业城市较多，如白银市、金昌市属于典型的资源型城市，嘉峪关市、兰州市为重化工业城市，且高加工度工业比重偏低，产业链条短，附加值低，先进制造业和高技术产业比重小，这些城市的发展会产生大量的工业废料、矿物废料与工业污染，城市经济发展需要解决资源投

入、资源保护、资源再利用与污染治理的关系，而循环经济的发展为河西各地市提供了较好的资源经济发展路径。目前，河西走廊各地市循环经济发展初见成效，其中张掖、武威、金昌三市取得较大的突破。以金昌市为例，构建起了以有色金属、冶金、硫化工、磷化工、氟化工、氯碱化工、煤化工等为主的循环经济产业链，形成了企业小循环、产业中循环、区域大循环的循环经济发展格局。2012 年，金昌市各循环产业链上的化工产品产量达 500 万 t 以上，矿石回采率达到 96.73%，远高于全国 50% 的平均水平，粉煤灰利用率达到 100%，工业用水重复利用率达到 91%，工业固体废物综合利用率提高到 17%。

表 2-1　钱纳里人均经济总量与经济发展阶段的关系

经济发展阶段		人均 GDP		总需求结构		
		1970 年（美元）	2008 年（美元）	初级产品（%）	制造业产品(%)	服务业产品(%)
准工业化阶段		140～280	750～1500	38	15	47
工业化实现阶段	工业化初级阶段	280～560	1500～3000	21	24	55
	工业化中级阶段	560～1120	3000～6000	9	36	55
	工业化高级阶段	1120～2100	6000～11 000	4	34	62
发达经济阶段	发达经济初级阶段	2100～3360	11 000～18 000			
	发达经济高级阶段	3360～5040	18 000 以上			

资料来源：根据钱纳里《工业化和经济增长的比较研究》（上海三联书店，上海人民出版社 1995 年出版）第 71 页、72 页、75 页表整理；根据美国官方统计数据，以 1970 年为 100，2008 年的 GDP 价格平减指数约为 535%。按照世界银行的研究报告，人民币对美元的购买力平价约为 4。

2.2.2　绿洲灌溉农业较为发达，但农业节水任务艰巨

河西走廊地区地势平坦，土地肥沃，光照充足，具有发展特色优势农业的自然条件。目前，河西走廊的耕地主要分布在山前平原上，冲积扇中部和下部组成物质以沙土为主，多辟为耕地。冲积平原土质较细，组成物质以亚砂土、亚黏土为主，也是开耕的主要区域。河西走廊共有可耕地面积 2 万 km²，宜耕地面积约 6666.67km²，约占全省耕地的 18.7%，其中水浇地为 5133.33 km²，占全省灌溉总面积的 67.8%（李含琳，2014）。

河西走廊灌溉农业较为发达，是我国西北地区最主要的商品粮基地和经济作物集中产区，提供了甘肃省 2/3 以上的商品粮、几乎全部的棉花、90% 以上的甜菜、40% 以上的油料和瓜果蔬菜，它还是我国三大农业育种基地之一。绿洲农业发展为广大农牧区脱贫致富奔小康奠定了坚实的基础，当地农牧民收入普遍较高。

水资源是河西地区工业化和城镇化的第一制约因素，也是农业开发的最大制约因素。河西走廊的农业用水量占当地整个用水量的 87.3%，亩均灌溉用水量高达 500～800m³。节水灌溉面积为 27.838 万 hm²，仅占耕地面积的 5.415%。其中，喷灌面积仅为 0.707 万 hm²，微灌面积仅为 1.651 万 hm²，低压管灌面积仅为 4.204 万 hm²。大部分农田仍以大水漫灌为主，这与河西地区干旱缺水、生态恶化的现实极其不符。因此，做好河西地区节水型社会建设的一个重要环节是农业节水（表 2-2）（金彦兆，2012）。

表 2-2　河西地区农田灌溉现状情况

地区	灌溉面积（万 hm²）	有效灌溉面积（万 hm²）	节水灌溉面积						节灌面积所占比例（%）
			喷灌（万 hm²）	微灌（万 hm²）	低压管道（万 hm²）	渠道防渗（万 hm²）	其他节水（万 hm²）	合计（万 hm²）	
疏勒河	9.231	7.161	0.048	0.521	0.191	2.449	0.137	3.347	3.625
黑河	23.405	19.904	0.317	0.724	2.589	7.311	0.475	11.416	4.878
石羊河	18.778	17.181	0.342	0.406	1.422	9.277	1.629	13.075	6.963
合计	51.414	44.246	0.707	1.651	4.202	19.037	2.241	27.838	5.415

2.2.3　通道优势明显，交通运输和物流业发展潜力大

河西走廊历来就是我国东部通往西域的咽喉要道，目前亦为沟通中西方干道的重要地带，是丝绸之路经济带的黄金段，通道优势明显。公路、铁路、航空运输线路与西电东送的电网和西气、西油东送的管线构成了五大通道，形成了通往甘肃、新疆、青海、西藏、内蒙古及中亚、西亚的物流大通道。近年来，随着交通基础设施建设的力度逐步加大，综合运输能力不断提高，交通运输业发展潜力巨大。

1. 通道优势明显，基础设施建设逐步完善

良好的区位优势和通道优势，为河西走廊地区城镇发展提供了众多发展机遇。

物流通道。312 国道、连霍高速公路、兰新铁路、兰新二线高速铁路横贯东西，与数十条国际、国内航空线与 6 个民用、军地两用机场构成了立体的物流通道。敦格公路（国道 215）和敦格铁路（建设中）、酒航公路、213 国道等构成了河西"丰"字形结构的交通网络，形成了甘肃、新疆、青海、西藏、内蒙古及中亚、西亚的物流大通道，特别是进疆物资和新疆的石油、天然气、煤炭、棉花等物资流动通道。

油气通道。西气东输工程是西部大开发的标志性工程，一线、二线两条管线并行通过河西走廊。西气东输一线工程设计年输气能力为 120 亿 m³，最终输气能力为 200 亿 m³，已于 2004 年 10 月 1 日全线贯通并投产。西气东输二线工程主气源由土库曼斯坦阿姆河右岸 130 亿 m³ 勘探开发项目和中国石油与土库曼斯坦国家天然气康采恩签署的 170 亿 m³/a 购销天然气协议两部分组成，工程于 2011 年完工通气。

电力通道。2010 年 9 月底，河西 750kV 双回路超高压输电线路工程告竣，金昌、酒泉、敦煌 3 座 750kV 超高压输变电站 330kV 设备开始进入带电调试运营阶段，加上之前的 3 条纵向平行的 330kV 高压输电线路，与新疆电网连接后，将成为名副其实的电力大通道。另外，河西走廊正负 800kV 特高压直流外送工程规划研究工作目前已全面启动。

随着各类通道的建设，河西走廊各市基础设施建设日臻完善，这为城镇发展打下了良好的物质基础。与西北各地市相比，河西走廊各市人均道路面积、公交系统效率与建成区道路面积等指标皆高于西北地市平均水平，城市基础设施建设日新月异（图 2-4）。

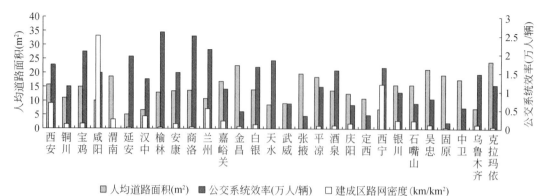

■ 人均道路面积(m²)　■ 公交系统效率(万人/辆)　□ 建成区路网密度(km/km²)

图 2-4　2012 年西北各地市人均道路面积、公交系统效率与建成区路网密度比较

2. 交通运输能力进一步增强

近年来，随着交通基础设施建设的力度逐步加大，综合运输能力不断提高。2012 年甘肃省交通运输、仓储和邮政业实现增加值 319.66 亿元，比上年增长 10.60%。各种运输方式完成货物周转量 2401.15 亿 t·km，旅客周转量 666.41 亿人·km，完成客运量和货运量分别为 6.45 亿人和 4.64 亿 t。公路运输客运量和货运量分别占到各种运输方式的 96.11% 和 86.39%，而铁路货物周转量和旅客周转量分别占 62.18% 和 55.58%，公路运输在短途运输中优势愈加明显，而铁路运输在长途运输中仍占优势（图 2-5、图 2-6）。

全省交通建设投资持续增长，交通基础条件不断改善，综合运输网络初步形成。仅 2012 年全省交通固定资产投资完成 545 亿元，其中，铁路 188 亿元、公路 350 亿元、民航 7 亿元。初步形成以兰州枢纽为中心，以陇海、兰新为主轴，北接包兰，西连兰青、青藏的铁路网；以高速公路为骨架，国省干线为次骨干，县、乡、专用道路为支脉，兰州为中心、市州为节点的多级公路网；以兰州为中心，东西各支线机场为两翼，连接全国 30 多个大中城市的机场航线网络。

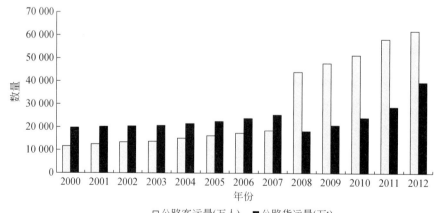

图 2-5　甘肃省公路客运与货运量

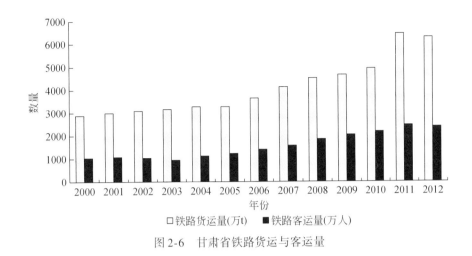

图 2-6　甘肃省铁路货运与客运量

2.2.4　农业转移人口市民化进程较好，城乡二元结构有所缓解

河西走廊地区农业转移人口市民化进程较好，陇东、临夏地区等外地移民以生态移民政策迁入，迁入形式以家庭迁移为主。当地农业转移人口市民化进程，需依靠河西走廊各市开发健康住房，对农业转移人口提供公共均等服务。河西走廊各市农业人口市民化进程在家庭迁移、人力资源资本化方面表现突出，但在家庭生活社区化、公共服务均等化等方面进展缓慢。以人力资源资本化为例，该地区教育事业有了较快的发展，居民文化水平有所提高，各类科技人员不断增加，现有大专院校四所，全区每千人中拥有大学文化程度6.2 人，高中文化程度91.4 人，人力基础相对较好，人口素质逐步提高。

河西走廊地区从业人员大部分集中在农业、工业和传统服务业领域，核心技术和管理人才相对缺乏，而且人员素质参差不齐，经营观念比较落后，服务效率和人均增加值不高。在服务业从业人员中，有专业特长的技术人员较少，特别是从事国际贸易、金融、保险、国际劳务合作、国际旅游、咨询、信息、广告、会计、中介服务等方面的优秀管理人才相对短缺（图 2-7、图 2-8）。

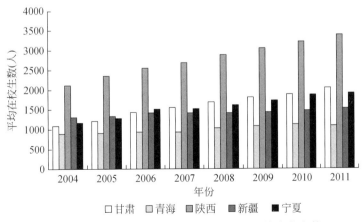

图 2-7　西北各省区每十万人口高等学校平均在校生数

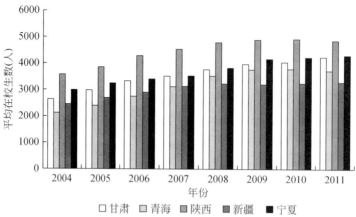

图 2-8 西北各省区每十万人口高中阶段学校平均在校生数

2.3 城镇化现状

2.3.1 城镇化质量构建理念

目前，对城镇化质量的评价方法有状态空间法、单指标评价法和多指标综合评价法等。本书采用多指标综合评价法、状态空间法和单指标评价法，可为多指标综合评价法提供相关的理论支撑，以全面将城镇化质量的相关因素纳入指标体系。

根据经济、社会和资源环境协调有序发展的基本理念与多指标综合评价法的范式要求，构筑河西走廊城镇化质量的评价指标体系，形成指标项、指标集和评价指标 3 个层级。其中，指标项包括城市发展质量指数、城镇化效率指数和城乡协调指数 3 个，指标集包括经济发展质量、社会发展质量、空间发展质量、经济社会效率、生态环境效率、收入消费协调、公共服务协调 7 个二级指标 34 个三级指标（表 2-3）。

表 2-3 城镇化质量评价的综合指标体系　　　　　　　　　　　（单位：%）

指标项	指标集	评价指标	权重
城市发展质量指数（40）	经济发展质量（30）	GDP 总量	20（+）
		全市人均 GDP	20（+）
		全市非农产业比重	20（+）
		城镇居民人均可支配收入	20（+）
		市辖区人均地方财政一般预算内收入	20（+）
	社会发展质量（35）	城镇恩格尔系数	25（−）
		城镇登记失业人口比重	25（−）
		科教文卫：	
		市辖区人均财政科技支出	6（+）
		市辖区人均财政教育支出	6（+）
		市辖区百人公共图书馆藏书	6（+）

指标项	指标集	评价指标	权重
城市发展质量指数（40）	社会发展质量（35）	全市千人拥有病床数	7（+）
		基础设施： 市辖区万人拥有公交车辆数	8（+）
		市辖区万人互联网用户数	8（+）
		市辖区人均生活用水量	9
	空间发展质量（35）	生活： 市辖区居住用地占城市建设用地面积比重	17
		市辖区人均居住面积	18
		生产： 市辖区人均道路与交通面积	18
		工业用地占城市建设用地面积比重	17
		生态： 建成区绿化率	7（+）
		生活垃圾无害化处理率	7（+）
		城镇生活污水处理率	8（+）
		工业固体废物综合利用率	8（+）
城镇化效率指数（30）	经济社会效率（50）	单位劳动力实现的 GDP	25（+）
		单位固定资产投资实现的 GDP	25（+）
		单位建成区面积实现的 GDP	25（+）
		单位建成面积吸纳的城镇人口数量	25（+）
	生态环境效率（50）	单位 GDP 耗电量	33（−）
		单位 GDP 耗水量	33（−）
		单位 GDP 二氧化硫排放量	34（−）
城乡协调指数（30）	收入消费协调（50）	城乡居民收入差异系数	50（−）
		城乡恩格尔系数差值	50（−）
	公共服务协调（50）	市辖区与全市中小学师生比的比值	33
		市辖区与全市人均公共图书馆藏书的比值	33（−）
		市辖区与全市人均床位数之比	34（−）

注：指标体系架构参考中国社会科学院《城镇化质量评估与提升路径研究》创新项目组《中国城镇化质量综合评价报告》（2013）；各指标相应数据来源于历年《甘肃发展（统计）年鉴》、《甘肃水资源公报》和《中国城市建设统计年鉴（报）》。

2.3.2　城镇化质量评价方法

1. 指标权重的确定

层次分析法（AHP）是一种实用的多准则决策方法，以其定性与定量相结合的处理各种决策因素的特点，在社会经济领域内得到了广泛的重视和应用。但是 AHP 综合评判各因素权重分配时通常凭经验根据因素的重要性直接给出权重值，或者仅考虑了专家判断的两种可能极端情况，难以做到客观准确。鉴于此，本研究引入了模糊集合及一致性矩阵，运用模糊数学原理及层次分析计算方法，计算各个指标的权重。具体方法如下：首先采用德尔菲法，邀请专家针对河西走廊城镇发展状况，选择出最重要的指标作为定性的信息基础。然后，将各组因素建立比较矩阵，请专家进行两两比较打分，在符合一致性的条件下求出各指标因素的权重。随后，再邀请专家对各因素进行评价，建立模糊评语集。最后，利用模糊评语集，对由层次分析法获得的指标权重进行模糊数学处理，即可得到最终评价指标权重。

2. 数据的标准化处理及评价结果的计算

假设评价指标数据样本集为 $\{x_{ij} \mid i=1, \cdots, m; j=1, \cdots, n\}$，其中，$x_{ij}$ 为第 i 个样本的第 j 个指标值；m、n 分别为样本数量和指标个数。

对越大越优的指标，标准化公式为

$$x'_{ij} = (x_{ij} - \min_i x_{ij}) / (\max_i x_{ij} - \min_i x_{ij})$$

对越小越优的指标，标准化公式为

$$x'_{ij} = (\min_i x_{ij} - x_{ij}) / (\max_i x_{ij} - \min_i x_{ij})$$

式中，$\max_i x_{ij}$、$\min_i x_{ij}$ 分别为第 i 个指标的最小值和最大值，则标准化后的数据集为 $\{x'_{ij} \mid i=1, \cdots, m; j=1, \cdots, n\}$。

在完成原始数据标准化处理及各指标权重的确定后，即可利用线形加权和函数（$P = \sum w_i x'_{ij}$，$i=1, \cdots, m; j=1, \cdots, n$，$w_i$ 为各指标权重）计算各城市城镇化质量，计算结果见表 2-4。

表 2-4 河西地区城镇化质量评价结果

地区	城镇化率（%）	城镇化质量	城市发展质量	城镇化效率	城乡协调指数
兰州市	78.34	0.4994	0.6217	0.2081	0.6271
张掖市	37.11	0.4449	0.5115	0.1963	0.6031
白银市	41.54	0.3898	0.5764	0.1594	0.3714
武威市	30.88	0.4601	0.5040	0.3026	0.5590
金昌市	64.12	0.4714	0.5616	0.1974	0.6251
嘉峪关市	93.38	0.5177	0.5816	0.2461	0.7041
酒泉市	52.15	0.4878	0.5488	0.2945	0.7332

3. 城镇发展阶段判断方法

对于城镇化与经济发展水平关系的判断和识别，目前主要的方法是基于系数方法，利用对城镇化水平与人均 GDP 水平或者非农就业的产业比重、就业比重数据，对其时间序列的演进进行比较，从而判断关系。这种时间序列比较有助于加深对两者演进协同的认识，但是也存在值得商榷之处，时间序列数据比较分析大多依据数字变化特征来进行判读，可能会忽略两者底数的差异以及关系的非线性模式。陈明星等（2010）提出象限图的分类识别方法，其优点是以世界多国的城镇化与经济发展水平关系为客观判断标准，对关系识别有一定的启示和借鉴意义。

数据处理的方法如下。

1）选取目标年份世界多国的两个指标，人均 GDP（GDPP）和城镇化水平指标（URBAN）。

2）将两个指标 GDPP、URBAN 的数据进行标准化处理，生成两个新的变量 ZGDPP、ZURBAN。标准化处理的目的有两个，一是消除量纲的影响；二是坐标原点平移到样本中心位置，这对于识别类型划分和动态演变尤为关键。

标准化方法选用抽样标准差法，即

$$Z = (x_i - \bar{x})/S$$

式中，i 表示样本观测值（1，2，…，n）；$\bar{x}$ 表示 x_i 的平均值，$\bar{x} = \sum x/n$；S 表示抽样标准差，$S = \sqrt{\sum (x_i - \bar{x})^2/(n-1)}$。

3）利用标准化处理以后的新变量数据列，ZGDPP 为 X 轴，ZURBAN 为 Y 轴，不同国家的人均 GDP 和城镇化水平形成一个点集（ZGDPP，ZURBAN），在坐标轴绘制出散点样式的象限图。

下面介绍关系判别的原理。

准则 1，ZGDPP-ZURBAN 的符号。ZGDPP 表征样本点在散点图中偏离 GDPP 样本的中心位置程度，ZURBAN 表征样本点在散点图中偏离 URBAN 样本的中心位置程度，符号正负实际表征就是两者偏离程度的协同性。当某一城市数据经过标准化处理映射到象限图上时，如果 ZGDPP-ZURBAN<0，即坐标点（ZGDPP，ZURBAN）落入第①类区域，表明该城市是城镇化超前类型；反之，如果 ZGDPP - ZURBAN > 0，即坐标点（ZGDPP，ZURBAN）落入第②类区域，表明该城市是城镇化滞后类型；当 ZURBAN-ZGDPP=0，即坐标点（ZGDPP，ZURBAN）落在斜率为 1 且过原点的直线上时，城镇化与经济发展水平完全协调，与世界多国经验规律同步（图 2-9）。

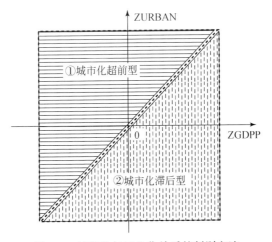

图 2-9 城镇化与工业化关系的判别方法

准则 2，ZGDPP-ZURBAN 的绝对值大小。这里的差值绝对值实际表征的是样本点的 ZURBAN、ZGDPP 两者偏离各自样本中心程度的协同程度。如果 $0 \leqslant |ZGDPP-ZURBAN| \leqslant 0.1$，城镇化与经济发展水平之间关系为基本协调；如果 $0.1 < |ZGDPP-ZURBAN| \leqslant 0.5$，城镇化与经济发展水平之间关系为轻微偏离；如果 $0.5 < |ZGDPP-ZURBAN| \leqslant 1$，为中度偏离；如果 $|ZGDPP-ZURBAN| > 1$，城镇化与经济发展水平之间关系为严重偏离。

据此，理论上可以将城镇化与经济发展水平关系划分为以下 7 种类型：城镇化严重超前、城镇化中度超前、城镇化轻微超前、基本协调、城镇化严重滞后、城镇化中度滞后、城镇化轻微滞后。

2.3.3　河西走廊各市城镇发展阶段判别

与世界 199 个国家相比，河西走廊各市城镇发展阶段各异。资源型、重化工业城市城镇化超前发展，如嘉峪关市城镇化严重超前，金昌市城镇化中度超前，兰州市城镇化严重超前，酒泉市城镇化轻微超前；其余城市城镇化滞后发展，武威市城镇化中度滞后，张掖市城镇化中度滞后，白银市城镇化轻微滞后（图 2-10）。

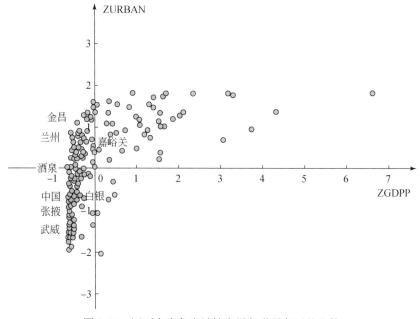

图 2-10　河西走廊各市城镇发展与世界各国的比较

对于资源开发导向型的重化工业城市，城镇建设应更加注重经济与社会效益产出，如嘉峪关市、金昌市、兰州市等应着力有效扶持资源替代型产业，激活社会经济活力，大力提高居民收入水平，使城镇发展与经济发展相协调；而对于城镇发展滞后的武威、张掖等市，可通过基础设施建设推动城镇建设。

2.3.4　矿产城市城镇化率较高，张武农业驱动型城市城镇化率较低

如图 2-11 所示，嘉峪关、兰州、酒泉、金昌等城市城镇化率较高，其中，嘉峪关市城镇化率高达 93.38%，兰州市次之，为 78.34%。白银、武威、张掖等市以工业和绿洲

农业为主要驱动力，其城镇化速度较慢，城镇化率低于全国水平，其中武威市城镇化率最低，为30.88%，张掖市为37.11%，两市城镇化率有较大的提升空间。

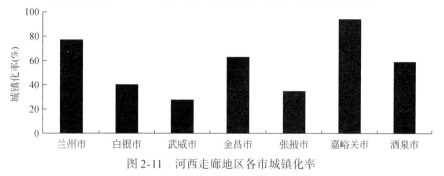

图2-11 河西走廊地区各市城镇化率

2.3.5 "酒嘉"[①] 组团城镇化质量较高，利于空间协同发展

城镇化质量与城市发展质量的结果显示，嘉峪关与酒泉两市高于其他各市，其中，酒泉市城镇化质量达到0.5295，嘉峪关市为0.5177，而酒泉市城市发展质量为0.7011，嘉峪关市为0.5816。两市城镇化质量较高，有利于双方在区域利益上协同合作，更好地发挥"桥头堡"作用，推动兰新铁路经济带和新丝绸之路经济带的建设（图2-12）。

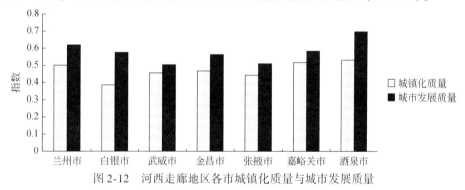

图2-12 河西走廊地区各市城镇化质量与城市发展质量

2.3.6 "金武"[②] 组团城乡协调发展，"兰白"[③] 组团主副结构明显

如图2-13所示，武威市、金昌市与张掖市的城乡协调指数较为均衡，其中，金昌市城镇化效率达到0.6251，张掖市为0.6031，而武威市城市发展效率为0.559。均衡的城乡协调指数为促进农业转型发展，实现工农协同发展，推动金武一体化建设提供了有力的保障。而兰白都市圈主副结构明显，兰州市与白银市城镇化效率皆较低，且兰州市城乡协调指数远远高于白银市，白银市城乡发展脱节，不利于兰白都市圈的建设。

---

① "酒嘉"即酒泉和嘉峪关两市。
② "金武"即金昌和武威两市。
③ "兰白"即兰州和白银两市。

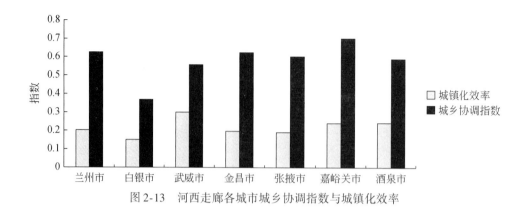

图 2-13　河西走廊各城市城乡协调指数与城镇化效率

第 3 章   资源承载力研究

合理开发利用自然资源是河西走廊新型城镇化的重要基础，水、土、能源和矿产等自然资源的承载力状态是合理确定河西走廊城镇发展规模和城镇化模式选择的重要依据。丝绸之路经济带建设将推动河西走廊新型城镇化和新型工业化，随着人流、物流和产业的集聚，人类活动对河西走廊资源环境的压力将趋于上升，但也将促进河西走廊建立更为开放的社会经济体系和更为节约高效的资源利用体系，这为提高区域的人口承载能力提供了可能。

3.1 水资源承载力综合评价

水资源是河西走廊城镇化的重要影响因素。研究区涉及黄河流域和内陆河三大流域（石羊河、黑河和疏勒河）等地区。其中，兰州和白银属黄河流域，金昌和武威属石羊河流域，张掖、嘉峪关、酒泉肃州区和金塔县属于黑河流域，酒泉市下属的玉门、瓜州、敦煌、肃北、阿克塞属于疏勒河流域。由于黄河干流流经兰州和白银，水资源不是其城镇化的最大制约资源，本部分重点分析河西走廊内陆河三大流域的水资源承载力。

3.1.1 近50年气候趋于暖湿化，但长远面临水资源危机

在全球气候变化背景下，我国西北地区总体呈暖湿化趋势，河西走廊地区气温趋于上升，降水有所增加。受气温上升影响，祁连山雪线明显上升，从长远看，面临着生态危机。

1. 全球气候变暖背景下，我国西北地区气候由暖干转向暖湿化

全球气候变化已成为不争的事实，政府间气候变化专门委员会（Intergovernmental Panel on Climate Change，IPCC）第四次评估报告指出，1906~2005年全球地表气温升高约0.74℃，而近50年来的变暖率几乎是近100年的两倍，到21世纪末全球气温预计升高1.1~6.4℃，但气候变化存在着明显的区域差异（图3-1）。全球干旱半干旱区是近100年来增温最显著的地区，特别是北半球中纬度干旱半干旱区增温是全球陆地年平均增温的2~3倍，对全球陆地平均增温的贡献率超过50%。近50年实测记录显示，我国西部特别是西北（陕、甘、宁、新）干旱半干旱地区变暖的强度高于全国平均值，以0.2℃/10a的趋势升温，尤其是20世纪80~90年代升温迅速（秦大河等，2002）。相对于全球温度的普遍升高，降水量的区域差异更加明显。近40~50年，中国年降水量呈减少趋势，但在西部干旱半干旱地区近50年却是400年来年降水量最丰沛的时期，多雨主要发生在气候剧烈变暖的20世纪最后30年，西北气候由暖干向暖湿转型明显（施雅风等，2002）。

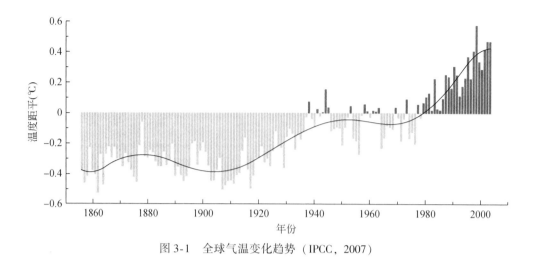

图 3-1　全球气温变化趋势（IPCC，2007）

西北地区气候变化对区域水资源危机、沙漠化加剧、绿洲持续发展等带来复杂的后效影响，产业和城市发展亟须寻求新模式。

2. 河西走廊气温趋于升高，降水总体有所增加

河西走廊气候干旱，降水稀少，蒸发强烈，属于典型资源型缺水地区，是气候变化极度敏感区。研究显示，河西走廊地区的气温在过去 57 年呈显著上升趋势，升温率是 IPCC 第四次评估报告中近 50 年变暖率的两倍，达 0.27℃/10a，并且在 1986 年发生增温突变。河西走廊年降水量在过去 57 年呈显著增加趋势，降水增率为 3.95mm/10a，但各个流域增加趋势并不显著，年降水量未发生突变（孟秀敬等，2012）。河西走廊温度升高，降水量增加，总体向暖湿化发展，这种变化对该地区水资源脆弱性的影响较为复杂。

3. 祁连山冰川退缩、雪线上升，潜伏着严重的水资源危机

随着气候变暖，祁连山冰川急剧萎缩。中国科学院祁连山冰川与生态环境综合观测研究站的监测表明，祁连山最大的山谷冰川——透明梦柯冰川（又叫老虎沟 12 号冰川），以年均 6m 以上的速度在退缩。50 余年中，这个冰川退缩了 300 余米。甘肃省气象局的监测分析也表明，气温升高导致祁连山雪线上升，冰川和积雪面积缩减。冰川局部地区的雪线正以年均 2~6.5m 的速度上升，有些地区的雪线年均上升竟达 12.5~22.5m。预计祁连山雪线会继续升高，将由 2000 年的 4400~5100m 上升到 4900~5600m。冰川冰面将继续减薄，冰川的萎缩态势也将继续。专家预计，面积在 2km² 左右的小冰川将在 2050 年前基本消失，较大的冰川也只有部分可以勉强支持到 21 世纪 50 年代以后。

祁连山一些地方的积雪面积也呈减少趋势。根据卫星遥感资料对比分析，2007 年 1 月 29 日与 2006 年 1 月 31 日相比，祁连山东段积雪面积减少了 6.5%，中段减少了 8.7%，西段减少了 18.6%。

冰川退缩、雪线上升除自然气候的因素外，另一个主要原因是人口膨胀、超载放牧、过度开垦，破坏了冰川区域的生态环境。这也是导致河西走廊沙漠化，该区成为中国沙尘暴策源地的原因之一。

祁连山冰川冰雪融化成为石羊河、黑河、疏勒河三大水系，是河西走廊绿洲的水源基础，是维系河西走廊 500 万人民生存的命脉所在。但近年来祁连山冰川融水已经比 20 世纪 70 年代减少了大约 10 亿 m³。祁连山冰川消失，将对河西走廊绿洲生存带来灾难性后果。

3.1.2　三大内陆河流域生态需水较大，地下水超采严重

受降水变化和祁连山冰川融水影响，河西走廊三大内陆河流域水资源总量小幅波动，受流域中游地区水资源过度开发影响，下游来水量减少。河西走廊地区生态需水较大，社会经济用水过度开采地下水，导致地下水位下降严重。

1. 三大内陆河流域出山口水资源总量随降水量变化波动，但下游来水量明显减少

在历史上，河西走廊曾是水草茂盛、城镇林立、商贸繁华之地，但随着人口剧增、人类活动加剧，尤其是流域中游地区的过度开垦，加上气候变化等客观原因，三大流域水循环紊乱，出现了生态恶化、城镇衰落、沙进人退的后果。从近 50 年三大流域出山口径流变化趋势来看，总体水资源量并未明显减少，主要受降水量影响而波动，但下游河流径流量却明显降低。可见，河西走廊三大内陆河流域面临的水资源危机和生态危机主要由人类活动引起。

以石羊河流域为例，随着上游武威绿洲对石羊河流域水资源利用量的增加，进入民勤绿洲的水资源量迅速减少（图 3-2、图 3-3）。通过对下游红崖山水库历年来水量和上游 8 条主要河流（分别是西大河、东大河、西营河、金塔河、杂木河、黄羊河、古浪河、大靖河）历年天然来水量的相关分析，可以发现，红崖山水库来水量的变化可以分为两个阶段：①1972 年以前，主要跟自然因素有关；②1972 年以后，自然因素对水库的来水量并不明显影响，在 20 世纪 70 年代中期以后，民勤绿洲的来水量主要受人为因素的影响（尽管存在气候变干影响的可能），中游凉州区人类活动加剧带来用水量的增加是下游民勤绿洲来水量减少的主要原因。这些人类活动主要包括：①人口总量的绝对增长带来的对水资源利用量的增加；②农业扩张对水资源的大量占用；③城镇化带来的非农业用水的增加。

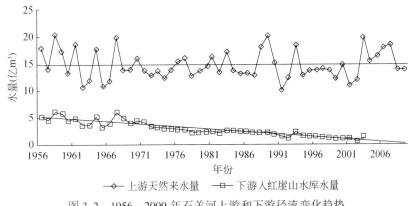

图 3-2　1956~2009 年石羊河上游和下游径流变化趋势

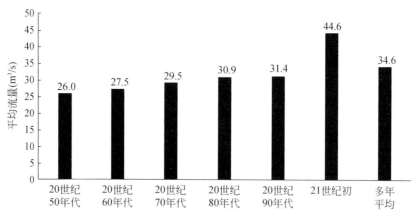

图 3-3　20 世纪 50 年代~21 世纪初疏勒河昌马堡站出山口径流变化趋势

黑河、疏勒河流域同样存在类似的规律。因此，河西走廊三大内陆河流域的水资源问题实质上是流域上中下游水资源的合理分配问题。

2. 三大内陆河流域生态需水较大，现状生态用水明显不足

据甘肃省城镇体系规划及国内相关学者对河西走廊内陆河流域生态需求和缺水量计算，疏勒河、黑河、石羊河的生态需水量分别为 11 亿 m³、13.13 亿~15.6 亿 m³、10 亿~10.93 亿 m³，生态缺水量分别为 1.8 亿 m³、8.93 亿~11.4 亿 m³ 和 1.1 亿~2.03 亿 m³。河西走廊合计生态缺水 11.83 亿~15.23 亿 m³，见表 3-1。

表 3-1　河西走廊内陆河流域生态需水量及缺水量结果

流域分区	总径流量（亿 m³）	引水量（亿 m³）	退水量（亿 m³）	直接生态用水量（亿 m³）	生态可利用量（亿 m³）	生态需水量（亿 m³）	缺水量（亿 m³）（均值）	缺水量相当于流域总用水量比重（%）
疏勒河	24.6	17.4	3.0	6.2	9.2	11*	1.8	8.64
黑河	24.4	21.7	1.5	2.7	4.2	13.13~13.6；-15.6（王根绪和程国栋，2002）	8.93~11.4（10.16）	34.69
石羊河	26.3	22.9	5.5	3.4	8.9	10（王根绪和程国栋，2002）；10.46（王化齐等，2009）；10.93（陈乐等，2014）	1.1~2.03（1.56）	6.18
总计	75.3	62	10.0	12.3	22.3	34.13~37.53	11.83~15.23（13.53）	17.95

*数据来源于《甘肃省城镇体系规划》（2013~2030）。

目前，河西走廊在大量超采地下水的条件下，尚难以保障生产和生活用水需求，生态

用水更是严重缺失，尽管近几年生态用水有所提高，但离保障生态安全所需要的水资源量相差甚远。生态用水严重缺失主要表现在河流特别是内流河流的普遍断流，湖泊水面萎缩乃至干涸，荒漠和沙漠化加剧等。

近年来，河西走廊各地区生态用水逐步提高，但仍难以满足生态需水。据不完全统计，2003～2012 年，生态用水量总体呈上升趋势，这是河西走廊很大一部分国土生态的脆弱性和维护生态稳定的重要性决定的。为保护河西走廊重要生态安全屏障，未来生态用水量应持续提高（表 3-2）。

表 3-2 生态用水变化趋势 （单位：亿 m³）

年份	酒泉市	嘉峪关市	张掖市	金昌市	武威市	兰州市	白银市
2003	0.007	0.018	0.021	0.023	0.009	0.051	0.022
2004	0.007	0.018	0.021	0.023	0.009	0.051	0.022
2005	0.930	0.180	0.790	—	0.836	0.232	—
2006	0.283	0.229	0.296	0.126	0.640	0.928	0.004
2007	0.296	0.240	0.310	0.132	0.670	0.971	0.070
2008	0.306	0.254	0.314	0.133	0.676	0.982	0.070
2009	0.308	0.257	0.316	0.135	0.683	0.990	0.071
2010	0.312	0.260	0.320	0.136	0.691	1.003	0.072
2011	0.308	0.256	0.315	0.134	0.682	0.988	0.071
2012	0.308	0.257	0.316	0.135	0.683	0.990	0.071

3. 社会经济用水过度开采地下水，导致地下水位下降严重

河西走廊总体水资源短缺，尤其在河西走廊东北缘等广大的干旱和半干旱地区水资源供给十分有限。20 世纪末工农业发展大量开采地下水，导致地下水位明显下降，区域生态退化严重。近年来，实施流域综合治理工程，强制关闭了一大批机井，一定程度上减缓了地下水位的下降速度（表 3-3）。

表 3-3 平原区地下水位降落漏斗

漏斗名称	所属行政区名称	漏斗周边水位埋深（m）			漏斗面积（km²）			漏斗中心水位埋深（m）		
		2003 年年末	2005 年年末	2012 年年末	2003 年年末	2005 年年末	2012 年年末	2003 年年末	2005 年年末	2012 年年末
酒泉市总寨降落漏斗	酒泉市	2.04～24.22	2.61～27.3	2.53～21.38	161	192	211.8	24.22	27.3	29.7
高台骆驼城降落漏斗	张掖市	10.36～40.0	10.47～41.03	10.34～41.7	534	543	625.6	56.9	57.63	63.3
山丹县城关镇降落漏斗	张掖市	16.0～126	17.6～131.4	16.02～127	589	599	602.4	126	131.4	131.8
双湾—昌宁降落漏斗	武威市	8.66～35.77	8.25～56.68	8.82～55.14	632	687	672.1	48.45	56.68	58.0

漏斗名称	所属行政区名称	漏斗周边水位埋深（m）			漏斗面积（km²）			漏斗中心水位埋深（m）		
		2003年	2005年	2012年	2003年年末	2005年年末	2012年年末	2003年年末	2005年年末	2012年年末
水源—朱王堡降落漏斗	武威市	10.22～18.63	9.60～20.46	8.31～19.07	460	486	437.3	18.63	20.46	15.5
武南—黄羊镇降落漏斗	武威市	3.38～64.92	2.58～67.12	2.08～65.8	1130	1165	1105.1	64.92	67.12	67.4
民勤大滩降落漏斗	武威市	4.69～25.94	3.6472～29.20	4.42～26.68	110	142	129.4	25.94	29.2	30.0

3.1.3 用水总量趋于稳定，但水资源供需形势依然严峻

1. 水资源总量随降水量变化维持区间波动，人均水资源量区域差距大

1）河西走廊地表水资源量、地下水资源量和水资源总量维持区间波动。水资源量变化主要受降水量变化影响。其中，2001年因降水量较少，七地市水资源总量仅为64.485亿 m³，2007年因降水量较多，水资源总量达到87.236亿 m³，丰水年与枯水年水资源总量相差1/3。区域内部差异较大，嘉峪关市因区域面积小，自产水资源少，水资源总量非常小（表3-4、表3-5）。

表3-4　2000～2012年各地区水资源总量变化　　　　　　　　（单位：亿 m³）

年份	酒泉市	嘉峪关市	张掖市	金昌市	武威市	兰州市	白银市
2000	25.561	0.171	32.670	0.690	11.373	2.195	1.871
2001	19.963	0.160	29.281	0.838	10.838	2.113	1.292
2002	29.185	0.182	31.509	0.662	10.849	1.898	1.781
2003	24.537	0.021	30.971	0.991	16.248	2.318	2.576
2004	21.694	0.020	27.604	0.918	14.171	2.511	2.126
2005	25.483	0.079	34.238	0.880	15.233	2.753	2.383
2006	25.536	0.078	34.687	0.847	14.722	2.134	2.200
2007	27.778	0.083	38.674	0.889	15.138	2.167	2.507
2008	22.954	0.074	30.662	0.709	10.097	1.024	1.908
2009	23.824	0.066	33.678	0.754	9.383	0.947	1.960
2010	31.239	0.075	34.626	0.815	9.773	1.036	1.935
2011	26.297	0.069	30.173	0.740	9.712	1.038	2.255
2012	25.334	0.065	32.028	0.834	14.953	1.608	2.213

表 3-5　2012 年行政分区水资源总量

地级行政分区	降水量（mm）	降水量[①]（亿 m³）	地表水资源量（亿 m³）	地下水资源量（亿 m³）	重复计算量（亿 m³）	水资源总量（亿 m³）	人均水资源量（m³）	亩均水资源量（m³）
酒泉市	88.6	169.206	23.841	19.557	18.064	25.334	2294	8.8
嘉峪关市	125.0	1.623	0.011	0.745	0.691	0.065	28	3.3
张掖市	250.3	102.471	30.570	20.815	19.357	32.028	2652	52.2
金昌市	229.7	17.314	0.499	2.197	1.861	0.834	178	7.4
武威市	253.3	84.183	13.423	9.405	7.875	14.953	821	30.0
兰州市	347.2	47.071	1.344	0.532	0.269	1.608	44	7.9
白银市	284.9	57.016	1.035	1.790	0.612	2.213	129	7.4

①将降水转化为水资源量表示。

2）降水量自东向西递减。酒泉市除 2007 年外降水量在 100mm 以下，嘉峪关市降水量在 76.1～191.2mm，兰州市降水量为 241.4～408.6mm，其他城市降水量在 173～339.4mm（表3-6）。受降水影响，地表水资源量兰州市、武威市 2007 年以来有所减少，到 2012 年有所回升。

表 3-6　2000～2012 年各地区年降水量　　　　（单位：mm）

年份	酒泉市	嘉峪关市	张掖市	金昌市	武威市	兰州市	白银市
2000	77.2	132.5	251.2	192.9	223.6	306.0	218.7
2001	49.0	99.7	204.5	173.0	206.0	274.4	257.6
2002	92.0	191.2	256.0	208.5	255.9	288.5	273.7
2003	76.3	84.3	271.1	211.7	276.6	375.3	302.8
2004	66.9	76.1	220.6	185.3	220.2	276.1	198.7
2005	84.2	96.1	268.7	194.5	187.0	296.2	180.5
2006	70.9	108.4	248.9	210.3	210.2	262.0	191.6
2007	120.1	166.9	339.4	275.7	268.5	408.6	340.1
2008	48.8	85.1	241.7	220.1	221.5	317.1	242.3
2009	52.1	103.2	260.2	283.7	189.4	241.4	184.6
2010	86.4	183.7	296.7	230.2	201.1	263.0	218.2
2011	69.5	97.1	235.1	253.3	261.5	280.0	249.9
2012	88.6	125.0	250.3	229.7	253.3	347.2	284.9

3）兰州市地下水资源量明显减少。导致地下水资源量波动的直接原因是降水量的变化。目前学术界对这一地区降水量变化的原因尚无定论，一般认为，自然界存在着不同尺度的降水变化周期，不能以短尺度的变化推测长尺度的变化，但全球变暖可能对河西走廊降水量和祁连山冰川的变化有影响，而人类活动打破自然状态下的水循环模式则可能是局部地区降水量变化的原因。总之，在河西走廊地区，降水量的变化具有一定的复杂性和较大的不确定性，是影响区域水资源总量，进而影响供给能力的重要不确定性因素（表3-

7）。

表 3-7　2000~2012 年各地区地下水资源量变化　（单位：亿 m³）

年份	酒泉市	嘉峪关市	张掖市	金昌市	武威市	兰州市	白银市
2000	25.519	0.762	21.231	2.062	10.611	1.905	2.801
2001	25.770	0.150	16.950	1.530	9.050	1.720	1.450
2002	33.760	0.230	15.140	0.900	7.790	1.560	2.470
2003	17.324	0.366	19.990	3.623	9.725	1.030	1.554
2004	16.738	0.366	19.127	3.649	8.548	1.001	1.328
2005	20.703	0.423	21.222	1.807	9.088	1.165	1.262
2006	20.625	0.422	24.209	1.880	9.113	1.099	1.306
2007	22.779	0.430	26.416	2.244	10.039	1.035	1.627
2008	19.229	0.643	23.007	1.968	7.103	0.559	1.191
2009	21.106	0.783	25.321	2.122	6.686	0.542	1.069
2010	24.458	0.913	21.080	2.201	8.261	0.677	1.103
2011	20.045	0.695	20.071	2.145	7.822	0.636	1.520
2012	19.557	0.745	20.815	2.197	9.405	0.532	1.790

4）各地区人均水资源量差异非常大，2012 年，七地市人均水资源量平均只有878 m³，其中嘉峪关市、金昌市、兰州市、白银市人均水资源量不足 200m³，远低于联合国提出的人均1000 m³ 的水资源安全警戒线（表 3-8）。

表 3-8　2012 年各地区人均水资源量和供水量　（单位：m³）

地区	人均水资源量	人均供水量
酒泉市	2294	2613
嘉峪关市	28	809
张掖市	2652	1941
金昌市	178	1393
武威市	821	944
兰州市	44	405
白银市	129	540

由于兰州市、白银市位于黄河上游地区，地表水资源多为河流过境水源，地表水资源的利用受到河流取水许可指标的条件限制。

5）水资源供给主要依靠地表河流引水和蓄水工程。2012 年供水总量约为 101.91 亿 m³，其中地表水源供水量为 79.93 亿 m³，约占总供水量的 79%。地表水源供水主要依靠河流的引水工程，其次是蓄水工程和提水工程，甘肃省金昌和武威少量依靠石羊河流域调水工程。未来区域供水能力的提高主要依靠河流引水量的提高和蓄水工程的加强，满足新增需水主要依靠河流引提水或区域调水（表 3-9）。

表 3-9　2012 年各地区供水总量与结构　　　　　（单位：亿 m³）

| 地区 | 地表水源供水量 | | | | | | 地下水源供水量 | 其他水源供水量 | | | 总供水量 |
| | 蓄水 | 引水 | 提水 | 跨流域调水 | | 小计 | 全为浅层水 | 污水处理回用 | 雨水利用 | 小计 | |
				调入量	调出流域名						
酒泉市	12.8073	9.3106				22.1179	6.7315	0.0128		0.0128	28.8622
嘉峪关市	0.4081	0.8839				1.2920	0.5830	0.0204		0.0204	1.8954
张掖市	7.2356	9.9231	0.0372			17.1959	6.1572	0.0061	0.0845	0.0906	23.4437
金昌市	4.8278	0.5734		0.2745	黄河	5.6757	0.8080	0.0285		0.0285	6.5122
武威市	8.1684	2.1756	0.0215	1.9598	黄河	12.3253	4.7872	0.0204	0.0672	0.0876	17.2001
兰州市	0.0732	8.2609	4.4596			12.7937	1.8033	0.1069	0.0096	0.1165	14.7135
白银市	0.1029	0.3998	8.0270			8.5297	0.7348	0.0163		0.0163	9.2808
疏勒河	12.4208	5.0018				17.4226	3.4111				20.8337
黑河	8.5050	13.1274	0.0295			21.6619	7.4956	0.0385	0.0848	0.1233	29.2808
石羊河	11.3933	3.5164	0.0089	2.2343	黄河	17.2429	7.8916	0.0566	0.0587	0.1153	25.2498

2. 用水总量基本稳定，用水效率有所提高，用水结构趋于优化

1）七地市总用水量维持在 100 亿 m³ 左右。其中武威市、兰州市和白银市总用水量趋于下降，其他城市趋于上升。三大流域中，疏勒河流域用水量上升明显，黑河总用水量趋于降低。人均用水量酒泉市和张掖市最高，兰州市和白银市最低，武威市下降最为明显（表 3-10、表 3-11）。

表 3-10　各地区用水量变化　　　　　（单位：亿 m³）

年份	酒泉市	嘉峪关市	张掖市	金昌市	武威市	兰州市	白银市
2000	26.963	1.362	21.403	5.785	21.496	17.347	8.743
2001	28.755	1.437	18.203	5.760	20.208	16.726	10.783
2002	26.758	1.400	21.845	5.768	20.978	17.049	9.112
2003	28.609	1.375	18.521	5.667	20.708	16.651	10.151
2004	28.624	1.639	18.315	6.327	20.758	14.794	10.679
2005	24.004	1.791	23.525	6.682	21.130	16.382	9.628
2006	23.678	1.841	23.377	6.854	21.037	16.937	9.644
2007	23.800	1.810	23.708	6.797	20.912	16.563	9.604
2008	23.753	1.881	23.579	6.657	20.665	16.644	9.156
2009	23.676	1.550	23.777	6.335	19.144	15.980	9.056
2010	26.697	1.611	23.541	6.358	17.671	16.003	9.115
2011	27.834	1.682	23.312	6.331	17.424	16.030	9.104
2012	28.862	1.895	23.444	6.512	17.200	14.714	9.281

表 3-11　甘肃省行政分区人均用水量　　　　　　　（单位：亿 m³）

年份	酒泉市	嘉峪关市	张掖市	金昌市	武威市	兰州市	白银市
2000	2835	853	1702	1279	1164	591	462
2001	3003	892	1440	1264	1051	567	622
2002	2989	832	1430	1258	1084	575	619
2003	2961	795	1455	1231	1073	555	581
2004	2946	913	1433	1366	1075	485	610
2005	2494	1007	1858	1456	1104	542	556
2006	2409	906	1839	1472	1110	518	552
2007	2349	759	1855	1367	1123	460	548
2008	2344	896	1840	1408	1081	503	523
2009	2324	735	1846	1332	998	481	515
2010	2436	695	1963	1370	974	443	533
2011	2529	721	1935	1359	958	443	531
2012	2613	809	1941	1393	944	405	540

2）用水效率有所提高，对水需求增长具有一定缓解作用。其中，占用水比重最大的农田灌溉用水效率提高约4%；第二大用水户工业用水效果提升快，万元工业增加值用水量平均降低了2/3。尽管居民生活用水量有所上升，但总体占比重较小。总体而言，未来用水效率提升还有一定空间，节水潜力较大，在一定程度上可以缓解水需求增长过快的压力（表3-12）。

表 3-12　用水效率变化对比

指标	单位	2005 年	2010 年	2012 年
人均用水量	m³/人	1646	1611	1594
万元 GDP 用水量	m³/万元	1516	608	441
万元工业增加值用水量	m³/万元	195	64	57
亩均农田灌溉用水量	m³/亩	700	689	676
城镇居民用水量	L/（人·d）	115	186	176
农村居民用水量	L/（人·d）	60	72	73

3）农田灌溉用水量缓慢下降，农业仍为第一需水大户。2010～2012年，农田灌溉用水量总体呈缓慢下降趋势。12年间共下降约2亿 m³。下降趋势最明显的地区为武威市。从各年份用水结构变化趋势来看，农田灌溉用水一直为第一用水大户，尽管用水比重有所降低，但仍高达60%，这一比重在未来较长一段时期内仍将保持缓慢下降趋势，但农田灌溉用水量仍将保持第一用水大户的位置（表3-13、表3-14）。

表 3-13　2012 年分地区用水结构及总量　　　（单位：亿 m³）

地级行政区	农田灌溉用水量	林牧渔畜用水量	工业用水量	城镇公共用水量	居民生活用水量	生态环境用水量	总用水量
酒泉市	23.4133	1.9659	2.7164	0.1320	0.3266	0.3080	28.8622
嘉峪关市	0.3933	0.0548	1.0576	0.0407	0.0924	0.2566	1.8954
张掖市	20.0990	1.9712	0.5815	0.1060	0.3705	0.3155	23.4437
金昌市	5.0686	0.2431	0.8296	0.0598	0.1766	0.1345	6.5122
武威市	14.4156	0.2965	1.2107	0.1157	0.4788	0.6828	17.2001
兰州市	6.1361	0.2656	5.1606	0.6694	1.4918	0.9900	14.7135
白银市	7.4200	0.1337	1.0215	0.1391	0.4955	0.0710	9.2808

表 3-14　农田灌溉用水量变化趋势　　　（单位：亿 m³）

年份	酒泉市	嘉峪关市	张掖市	金昌市	武威市	兰州市	白银市
2000	23.598	0.563	18.434	4.199	19.538	6.691	5.837
2001	25.163	0.570	15.190	4.066	18.575	6.085	7.778
2002	23.413	0.570	18.904	4.075	19.262	6.089	6.056
2003	25.062	0.562	15.495	4.019	18.997	6.006	7.150
2004	25.072	0.563	15.001	4.020	19.005	6.008	7.653
2005	19.735	0.673	20.179	5.294	18.452	6.330	7.964
2006	19.811	0.674	20.266	5.322	18.534	6.318	7.979
2007	19.878	0.670	20.530	5.286	18.409	6.275	7.925
2008	19.730	0.689	20.372	5.199	18.090	6.161	7.729
2009	19.750	0.396	20.440	4.874	16.806	6.106	7.506
2010	22.629	0.395	20.109	4.819	15.289	5.900	7.498
2011	23.013	0.393	19.999	4.719	15.016	6.136	7.420
2012	23.413	0.393	20.099	5.069	14.416	6.136	7.420

4）工业用水总量变化得益于循环经济的实施，部分城市下降较为明显，并随经济周期而波动。工业为第二大用水行业，2000 年七地市工业用水量为 14.83 亿 m³，到 2009 年下降到 11.13 亿 m³，2010~2012 年又有所反弹，上升到 12.58 亿 m³。其中，兰州市、白银市、金昌市工业用水量总体呈下降趋势；酒泉市、嘉峪关市、武威市和白银市近年来因煤化工等重化工业项目的实施，工业用水量趋于上升。工业化阶段、经济周期和循环经济实施是影响工业用水量变化的重要因素（图 3-4、表 3-15）。

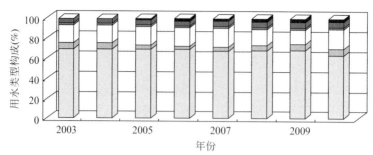

图 3-4　用水结构图

表 3-15　各地市工业用水变化趋势　　　　　　　　（单位：亿 m³）

年份	酒泉市	嘉峪关市	张掖市	金昌市	武威市	兰州市	白银市
2000	1.247	0.663	0.500	1.113	0.662	8.612	2.035
2001	1.438	0.726	0.455	1.131	0.460	8.080	1.940
2002	1.215	0.689	0.412	1.118	0.550	8.384	1.988
2003	1.152	0.654	0.392	1.068	0.521	7.987	1.923
2004	1.045	0.920	0.512	1.699	0.534	6.062	1.919
2005	1.005	0.715	0.480	0.982	0.739	7.738	1.098
2006	0.986	0.701	0.470	0.963	0.724	7.533	1.077
2007	0.929	0.661	0.443	0.908	0.683	7.099	1.015
2008	0.977	0.684	0.432	0.843	0.706	7.213	0.742
2009	1.062	0.717	0.436	0.844	0.740	6.617	0.719
2010	1.135	0.765	0.466	0.902	0.770	6.686	0.768
2011	2.057	0.847	0.516	0.999	0.833	6.525	0.850
2012	2.716	1.058	0.582	0.830	1.211	5.161	1.022

5）居民生活用水总量较小，但增速较快。居民生活用水量总体上升较为明显，十余年间生活用水总量约增长了 1 亿 m³，居民用水量的增加主要是由于人口数量的增长，但更重要的原因是在城镇化的过程中，随着人民生活水平的提高，居民对水的消费需求总体是上升的，尤其是在从温饱走向小康的阶段，这一规律更为明显。在未来较长一段时期内，河西走廊地区居民生活用水量仍将保持较快的增长速度，但生活需水量占总需水量的比重不大（表 3-16）。

表 3-16　居民生活用水变化趋势　　　　　　　　（单位：亿 m³）

年份	酒泉市	嘉峪关市	张掖市	金昌市	武威市	兰州市	白银市
2000	0.232	0.068	0.255	0.124	0.378	0.941	0.365
2001	0.275	0.071	0.290	0.136	0.403	1.132	0.402
2002	0.268	0.062	0.278	0.144	0.397	1.148	0.406
2003	0.269	0.077	0.302	0.146	0.392	1.167	0.411

年份	酒泉市	嘉峪关市	张掖市	金昌市	武威市	兰州市	白银市
2004	0.274	0.072	0.312	0.151	0.408	1.197	0.426
2005	0.477	0.122	0.358	0.112	0.875	1.238	0.386
2006	0.487	0.125	0.366	0.114	0.894	1.264	0.394
2007	0.491	0.126	0.369	0.158	0.900	1.274	0.397
2008	0.510	0.137	0.383	0.164	0.937	1.320	0.412
2009	0.307	0.082	0.356	0.160	0.480	1.316	0.478
2010	0.322	0.090	0.367	0.173	0.478	1.452	0.491
2011	0.322	0.090	0.367	0.173	0.478	1.452	0.491
2012	0.327	0.092	0.371	0.177	0.479	1.492	0.496

3. 丝绸之路经济带建设将推动河西走廊新型城镇化建设，生产生活用水需求将增长

随着丝绸之路经济带上升为国家战略，区内工业化、城镇化水平将保持较快的增长速度，这将直接带来水需求的快速增长，尤其是流动人口将明显增加，工业需水和居民生活需水将出现大幅上升的可能，将对其他行业的用水形成一定的挤占，在总供水量有限的条件下，水资源供需矛盾将日益突出。

3.1.4 水资源开发潜力有限，但节水潜力较大

总体而言，不管是地表水，还是地下水，可供利用的水资源很有限，随着水资源日益短缺，依靠提高水利基础设施标准提高供水能力的难度会越来越高。河西走廊地区水资源开发程度已经很高，水资源开发潜力有限，但水资源利用效率不高，节水潜力较大，是缓解水供需矛盾，提高水资源承载力的重要途径。

1. 河西走廊水资源开发潜力有限

河西走廊降水量少、蒸发量大、气候干旱，祁连山区出山口河川径流是流域国民经济用水的主要水源，开发利用程度高。当地地表水资源开发率达到94.2%，平原区浅层地下水开发率达到41.3%，水资源利用消耗率达到78%。在流域三大水系中，石羊河流域地表水和地下水开发率均为最高，分别达到116.8%和61.8%。地下水存在超采现象（表3-17）。

表3-17　河西三大内陆河水资源开发利用程度分析表（2003～2012年）

独立水系或一级支流	地表水			平原区浅层地下水			水资源总量		
	供水量（亿 m³）	水资源量（亿 m³）	开发率（%）	开采量（亿 m³）	水资源量（亿 m³）	开发率（%）	用水消耗量（亿 m³）	水资源总量（亿 m³）	水资源利用消耗率（%）
	(1)	(2)	(3)=(1)/(2)	(4)	(5)	(6)=(4)/(5)	(7)	(8)	(9)=(7)/(8)
内陆河	57.34	60.9	94.2	17.63	42.7	41.3	51.86	66.49	78.00
石羊河	17.71	15.16	116.8	6.09	9.85	61.8	16.42	16.98	96.70
黑河	22.01	27.08	81.3	7.01	21.29	32.9	20.21	29.41	68.72
疏勒河	17.63	18.66	94.5	4.53	11.57	39.1	15.23	19.67	77.43

利用水资源负载指数进一步分析水资源开发利用前景。该指数反映了区域水资源与人口和 GDP 决定的水资源需求量的关系，可以反映水资源的利用水平并判断今后水资源开发的难易程度。计算公式为

$$C = K(PG)^{1/2}/W \qquad (3-1)$$

式中，C 为水资源负载指数；P 为人口；G 为 GDP；W 为水资源总量；K 为与降水有关的系数。当降水量 R 小于 200mm 时，$K=1$；当降水量 R 大于 200mm 且小于 400mm 时，$K=1-0.1(R-200)/200$；当降水量 R 大于 400mm 且小于 800mm 时，$K=0.9-0.2(R-400)/800$。

水资源负载指数分级评价标准见表 3-18。

表 3-18 水资源负载指数分级评价标准

级别	C 值	水资源利用程度	今后水资源进一步开发评价
Ⅰ	>10	很高，潜力不大	需要外流域调水
Ⅱ	5~10	高，潜力不大	开发条件很困难
Ⅲ	2~5	中等，强力较大	开发条件中等
Ⅳ	1~2	较低，强力大	开发条件较容易
Ⅴ	<1	抵，潜力很大	兴修中小水利工程，开发条件容易

对河西走廊各地市的水资源负载指数测算结果见表 3-19。2012 年，河西走廊地区水资源负载指数大多大于 10，反映出该地区总体上水资源开发利用程度高，开发潜力不大，开发条件困难；张掖市和酒泉市负载指数相对较低。

表 3-19 河西走廊各地市水资源负载指数

地区	水资源量（亿 m³）	人口（万人）	GDP（亿元）	降水量（mm）	K	负载指数
酒泉市	25.334	110.44	574.57	88.6	1	9.94
嘉峪关市	0.065	23.43	269.24	125	1	1223.80
张掖市	32.028	120.76	291.89	250.3	0.9749	5.71
金昌市	0.834	46.74	244.87	229.7	0.9852	126.33
武威市	14.953	182.16	341.55	253.3	0.9734	16.24
兰州市	1.608	363.05	1564.41	347.2	0.9264	434.24
白银市	2.213	171.92	434.36	284.9	0.9576	118.26

2. 河西走廊节水潜力较大，农业节水潜力可观

尽管河西走廊地区水资源利用效率已有较大提高，但农田灌溉亩均用水量等指标仍远高于甘肃省和全国平均水平（表 3-20），农业节水潜力较大，节水是未来新型城镇化建设过程中水资源保障的重要途径。

表 3-20　甘肃省各地区主要用水指标对比

地区（流域）	人均用水量（m³/人）	万元 GDP 用水量（m³/万元）	农田灌溉亩均用水量（m³/亩）	城镇居民人均生活用水量[L/(人·d)]	农村居民人均生活用水量[L/(人·d)]	万元工业增加值用水量（m³/万元）
酒泉市	2613	502	800	105	55	130
嘉峪关	809	70	758	104	164	62
张掖市	1941	803	641	132	56	74
金昌市	1393	266	697	130	56	50
武威市	944	504	543	95	62	106
兰州市	405	94	499	131	47	90
白银市	540	214	515	108	59	47
河西走廊内陆河	1594	441	676	117	73	57
甘肃黄河流域	247	122	402	117	48	86
甘肃长江流域	105	109	255	102	53	20
全省	478	218	551	116	53	74
全国	454	118	404	216	79	69

　　"十一五"期间，甘肃省农田灌溉亩均用水量从 593m³ 降低到 559m³，减少了 34m³，如果大力推广滴灌和喷灌，逐步取代大水漫灌，未来有望进一步降低单位面积灌溉需水量。如果亩均农田灌溉用水量降低 30m³，河西走廊各地市仅农田灌溉这一项就可节水约 4%，约 4 亿 m³。平均每亩农田灌溉用水量降低 1m³，河西走廊可节约农业用水 1000 万 m³。

　　2012 年河西走廊地区农田灌溉用水有效利用系数约为 0.52，按照甘肃省水资源综合规划，到 2020 年，农业灌溉水有效利用系数有望达到 0.6，到 2030 年农业灌溉水有效利用系数达到 0.63，即在保持农田面积不扩大的前提下，到 2020 年单位面积灌溉用水将可节约 10%，到 2030 年单位面积灌溉用水可节约近 15%。此外，通过产业结构调整，适当压缩灌溉农业耕作比重，还可减少一部分农田灌溉用水。以此计算，到 2020 年农业灌溉用水可在 2012 年的基础上节约水资源约 8 亿 m³，到 2030 年农业灌溉用水可在 2012 年的基础上节约水资源约 12 亿 m³。这将在很大程度上缓解河西走廊地区生态需水问题，并在一定程度上解决工业用水量、城镇居民生活用水量上升的难题。

　　目前河西走廊地区主要节水灌溉方式有喷滴灌、微灌、低压管灌、渠道防渗等，各种节水灌溉农田面积见表 3-21。其中采用渠道防渗节水灌溉面积最大，该灌溉方式亩均灌溉用水约 500m³，其主要节水原理是通过田间沟渠的硬化措施防止灌溉水下渗，此灌溉方式虽然降低了灌溉水输送过程中的水损失，提高了农田灌溉水有效利用系数，但也阻碍了地表水下渗和对地下水的补给，是一种推广成本低廉、节水效果一般且生态效益较差的节水灌溉方式。河西走廊地区采用喷滴灌方式节水灌溉面积目前最小，但其是节水效果最好，该灌溉方式成本高昂，每亩农田使用滴灌设备固定投资就接近 3000 元，高成本很大程度上阻碍了该项高效节水灌溉方式的推广和普及，目前主要用于一些示范类项目或苗木花卉、有机蔬菜等高端农产品的生产，大田作物的应用较少。

表3-21　2013年河西走廊各地市主要节水灌溉农田面积　　　（单位：万亩）

地区	节水灌溉面积					
	喷滴灌	微灌	低压管灌	渠道防渗	其他节水	合计
酒泉市	1.82	27.49	9.04	131.64	9.59	179.58
嘉峪关市	0.12	0.24	0.15	2.75	0.00	3.26
张掖市	4.35	9.58	61.32	95.60	4.60	175.45
金昌市	4.85	2.58	9.30	40.19	14.64	71.56
武威市	3.80	28.11	31.34	192.67	19.56	275.48
兰州市	4.17	0.77	5.93	118.82	3.50	133.17
白银市	3.45	7.17	8.03	117.71	27.89	164.25

近年来我国西北地区建成了一批以以色列节水灌溉技术（主要是喷滴灌和微灌技术）推广应用的示范工程，从节水灌溉示范效果来看，亩均灌溉用水量可降低到360 m^3。如果在河西走廊地区普及以色列喷滴灌技术，把农业节水从以往渠道防渗为主提升到以喷滴灌和微灌为主，河西走廊地区年农田灌溉用水总量可从77亿 m^3，降低到44亿 m^3，仅农业节水就可达到33亿 m^3，各地区人均用水量可降低30%左右，这是河西走廊地区农业节水的极限值。考虑到推广滴灌技术的成本和农产品市场限制，河西走廊不可能全面推广这一技术，近期建议在张掖等地开展一批示范工程，重点发展面向国际市场和国内高端市场的有机高附加值农产品，如有机蔬菜、瓜果、花卉等。中远期逐步推广。

有学者认为河西走廊地区水资源利用效率不高的原因除了高效灌溉技术应用成本太高，无法普及以外，农民的节水意识不够也是用水浪费的重要原因。作者于2006年11月和2008年10月底两次赴石羊河流域考察，对当地农民和农村节水协会等社会组织进行过访谈，认为这一观点值得商榷。在石羊河这一极度干旱地区，农民对节约用水的认识远高于水资源富集地区，越是在河流下游缺水最严重的地区，农户的节水意识越高，因为恶劣的环境迫使他们具有很高的节水积极性，从节水意识上升到节水行动。

综合以上分析可知，案例区河西走廊是一个水资源量少而用水量较大，用水效率不高的地区，缺水与水浪费同时存在，节水潜力大。

3. 外流域调水是缓解水供需矛盾的重要途径之一

由于区内水资源的分布和需求很不均匀，使得部分地区只有通过外流域调水才能满足水资源的需求，如金昌市和武威市所在的石羊河流域中下游主要依赖外流域调水，兰州市、白银市则在很大程度上依赖黄河引水和提水。可以说，在地下水有限，降雨量基本稳定的条件下，外流域调水和从地表河流取水成为很多地区水资源持续利用和保障水资源供需平衡的重要途径，调水量和河流取水量指标的变化很大程度上决定了区域水资源利用态势。由于河流取水量指标受到全流域协调发展的要求，指标的年度变化不大，因此，在区域可供水量不可能大幅提高的前提下，提高水资源承载力主要依靠用水效率的提高。

3.1.5　水资源人口承载能力不足，亟待建立更为高效的节水体系

水资源承载力研究，应该首先树立水资源量的人均意识，确定地区人口、资源与环境协调发展应保持最基本的人均可供水资源量。也就是在确定人均综合用水定额的基础上，结合区域水资源量以及调水和取水工程，对区域可容纳的人口数量进行估计，以此权衡未来人口规模的合理控制问题。

不同地区、不同城市、不同流域的用水定额分析表明，人均综合用水量具有良好的稳定性，其发展变化的趋势也非常明显。随着人们对水资源短缺认识的不断深入，对生存环境的忧患和保护意识的增强，以及科学文化水平的提高，工农业用水效率会不断提高，生活用水也会更加节约，人均综合用水量会相对稳定并在总体上呈现出缓慢降低的变化趋势。以全国为例，1949 年全国人均用水量为 190m³，1965 年增加到 378m³，1980 年达到最高值 450m³，随后在 410～450m³ 波动，人均综合用水量相对稳定，并未随着人均 GDP 的增加而增加，总体上呈现出缓慢降低的变化趋势。近十年来甘肃省人均用水量维持在 450～550m³，高于全国平均水平，未来这一指标总体应呈现降低的趋势。

因此，结合各地市现状人口、可利用水资源量、现状人均用水量和水资源开发利用程度，根据人均用水指标，初步判断各地市水资源的人口承载力。

水资源人口承载力的预测，首先确定地区人口、资源与环境协调发展应保持基本的人均综合用水量，然后在确定人均综合用水定额的基础上，结合区域水资源量以及调水和取水工程，对现有供水条件下区域可以容纳的人口数量进行估计，以此权衡未来人口规模的合理控制问题。水资源承载力预测的公式如下：

$$P_U = W_D / R_{DU} \tag{3-2}$$

式中，P_U 为可承载的人口（万人）；W_D 为区域可供水总量（万 m³）；R_{DU} 为人均综合用水量（m³/人）。区域可供水总量是根据近 10 年区域供水总量的均值来确定，扣除保证生态需水后即为可供生产生活需要的用水量（表 3-22），人均综合用水量是综合考虑近 10 年各区域人均综合用水量的变化趋势以及科学文化水平的提高、节水社会的全面推行等因素，设定高效节水模式和常规节水模式两种情景，进而预测两种情景下的区域水资源可承载人口。

表 3-22　各地市水资源人口承载力分析与测算

地区	可供水总量（亿 m³）	保证生态需水前提下可供生产生活用水量（亿 m³）	高效节水模式下均用水量（m³/人）	高效节水模式可承载人口极限值（万人）	常规节水模式人均用水量（m³/人）	常规模式合理承载人口（万人）	现状人口（万人）
酒泉市	28.86	22.16	1600	139	2350	94	110.44
嘉峪关市	1.9	1.64	600	27	750	22	23.43
张掖市	23.44	18.36	1200	153	1800	102	120.76
金昌市	6.51	6.45	900	72	1300	50	46.74
武威市	17.20	15.7	700	224	940	167	182.16
兰州市	14.71	14.01	350	400	400	350	363.05
白银市	9.28	8.8	420	210	500	176	171.92

高效节水情景：按照以色列喷滴灌节水灌溉技术推广普及推进区域农业节水，农田灌溉亩均用水量控制在 360 m^3 的理想状态，进而降低各地区的人均用水量。

常规节水情景：根据过去 15 年各地区人均用水量变化趋势（图 3-5），对于波动性地区取最低值，对于下降趋势地区按趋势预测未来人均用水量。

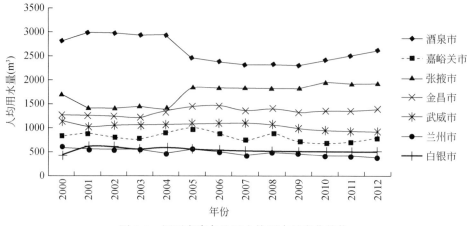

图 3-5　河西走廊各地区人均用水量变化趋势

根据各地区可供水量现状，扣除生态需水量，可得到各地区生产生活可供水量，按照两种情景下的人均用水量指标测算水资源人口承载力。结果见表 3-22。例如，优先保证各地区生态需水，在常规节水情景下，只有金昌市和白银市两个资源型城市的现状人口在合理承载人口范围以内，其他城市均出现人口超载，说明在常规节水模式下无法解决河西走廊新型城镇化的水资源制约问题。在以以色列节水技术普及为先决条件的高效节水模式下，各地区可承载的极限人口量尚有一定的富余。其中省会城市兰州的人口承载极限值为 400 万人，富余较小，金武地区的人口承载极限值为 300 万人，"酒嘉"地区的人口承载极限值为 200 万人，张掖的人口承载极限值约为 150 万人，河西走廊七地市的人口承载极限值为 1225 万人。通过对比得知，河西走廊地区只有建立最为严格的节水体系，大幅提高各地区人口承载力，才能缓解地区水资源短缺压力。

3.1.6　内陆河流域水自净能力弱，需严防水污染

河西走廊是我国西北天然生态屏障，在"祁连山地—内陆河流域绿洲—荒漠"地理格局和生态格局下，水资源格局和区域水循环具有一定的地域封闭性，水自净能力较弱，内陆河及地下水环境一旦遭到污染，将难以恢复，并将威胁河西绿洲的生存。水资源是维系区域生态系统平衡和社会经济可持续发展的第一自然因素，也是限制人类活动的最大制约因素。维护地区水资源平衡，保持良好水环境是关乎河西走廊可持续发展和维护西北乃至我国东中部地区生态安全的重要保障。

从 2012 年河西走廊主要地表河流水质情况（表 3-23）来看，水质总体较好，但部分河流氨氮、化学需氧量超标较多，主要由于农业面源污染和城市生活污水排放所致，今后应加强此类污染物的治理。

表 3-23　2012 年河西走廊主要地表河流水质情况

（单位：km）

河流名称	全年期分类河长								汛期分类河长								非汛期分类河长							
	评价河长	Ⅰ类	Ⅱ类	Ⅲ类	Ⅳ类	Ⅴ类	劣Ⅴ类	主要超标项目	评价河长	Ⅰ类	Ⅱ类	Ⅲ类	Ⅳ类	Ⅴ类	劣Ⅴ类	主要超标项目	评价河长	Ⅰ类	Ⅱ类	Ⅲ类	Ⅳ类	Ⅴ类	劣Ⅴ类	主要超标项目
疏勒河	228	115	113						228	115	98	15					228	115	113					
党河	273.0		210.0	63.0					273.0		210.0			63.0			273.0		273.0					
石油河	90.0	25.0			65.0				90.0	25.0				65.0			90.0	25.0		65.0				
黑河	476.9	21.2	272.9	182.8	0.0	0.0	0.0	0.0	476.9	21.2	455.7	0.0	0.0	0.0	0.0	0.0	476.9	0.0	294.1	182.8				0.0
山丹河	25.0						25.0	氨氮、化学需氧量	25.0						25.0	氨氮、化学需氧量	25.0						25.0	氨氮、化学需氧量
梨园河	118.0		118.0						118.0		118.0						118.0		118.0					
马营河	87.0	87.0							87.0	87.0							87.0	87.0						
洪水河	38.5	38.5							38.5	38.5							38.5	38.5						
大诸马河	31.0	31.0							31.0	31.0							31.0	31.0						
讨赖河	130.0		107.5	22.5					130.0		107.5		22.5				130.0		107.5	22.5				
石羊河	60.0				11.0	18.0	31.0	氨氮、化学需氧量	60.0				11.0	18.0	31.0	氨氮、化学需氧量	60.0				11.0	18.0	31.0	氨氮、化学需氧量
红水河	54.0				54.0			石油类	54.0				54.0			石油类	54.0				54.0			石油类
黄羊河	45.0		45.0						45.0		45.0						45.0		45.0					
金川河	8.5			8.5				BOD₅	8.5				8.5			BOD₅	8.5					8.5		BOD₅
西营河	76.5		76.5						76.5			76.5					76.5		76.5					
杂木河	60.0			60.0					60.0				60.0				60.0			60.0				

为此需要加强河西走廊水环境监测与管理，严格控制新上高耗水项目和高污染排放项目，积极实施高效节水战略，维护区域水循环平衡，恢复河西自然生态，为丝绸之路经济带河西新型城镇化建设提供基本的资源环境与生态保障。

3.2 土地资源承载力评价

土地资源是人类生存与发展不可脱离的物质基础，也是生态系统结构的组成部分。随着人口增长、经济发展和城市化进程的加快使得城市土地资源越来越紧缺，城市发展对土地的需求却仍在不断扩大，由此所产生的一系列城市问题，如交通堵塞、拥挤、污染加剧、环境恶化、成本攀升、生活空间减少等，几乎都与城市的发展规模以及城市土地承载力密切相关（张月平等，2004；原华荣等，2007；杨亮等，2010）。

伴随着人口的持续增长和经济的快速发展，土地资源将会一直是河西走廊城市可持续发展重要基础之一。因此，探讨和研究河西走廊城市土地承载力的状况对于合理规划利用有限的土地资源，实现人口、资源、经济和环境的协调发展，具有十分重要的理论意义和现实意义。

3.2.1 河西走廊各城市土地利用现状分析

河西走廊土地资源面积广大，未利用土地资源丰富。总土地面积为 27.8 万 km^2，占甘肃省土地总面积 60.4%。一方面，河西走廊土地资源面积广大，未利用土地资源丰富，2011 年未利用地面积达 180 601km^2，占区域内总面积的 73.9%，能够在不占用耕地资源的情况下为大型工业和能源输送通道供应低成本的用地，为城镇空间发展提供保障。另一方面，河西走廊是甘肃省最重要的综合性商品农产品基地之一，年产商品粮 4.8 亿 kg 以上，占甘肃省商品粮总产量的 70%，农业区集中于河西走廊的绿洲（胥宝一和李得禄，2011）。区域内耕地在 2011 年为 12 354km^2；同时在其丰富的未利用土地资源当中，宜农一、二等荒地资源就达 4520km^2，开发难度较小的有 2860km^2，且河西及陇中北部还有 200多万公顷沙地所在地区光照充足，热量较丰富，也可发展沙产业。

河西走廊耕地集中，区位优势明显，是甘肃省农业生产和农村经济发展最快、经济社会发展的重点区域。

1. 土地利用结构变化分析

随着社会经济的不断发展，河西走廊土地利用类型结构发生了比较大的变化，见表 3-24。到 2011 年，森林面积为 6647km^2，占河西走廊总面积的 2.7%；草地面积为 42 386km^2，占总面积的 17.3%；水域面积为 948km^2，占总面积的 0.4%；建设用地面积为 1601km^2，占总面积的 0.7%；耕地面积为 12 354km^2，占总面积的 5.1%；未利用地面积为 180 601km^2，占总面积的 73.9%（刘海龙，2014）。

其中，1985～1995 年，耕地面积和未利用地面积增加。国家商品粮基地建设和人口的快速增长，导致大量的林地和草地转变为耕地。同时，由于耕地的面积的迅速增加，农业用水挤占生态用水，引发草场和森林面积退化，加之草场严重超载导致其大面积退化，未利用地面积快速增加，草地面积比重减少 2.0%；期间由于经济发展缓慢，建设用地变化幅度不大。

表 3-24　河西走廊土地利用类型　　　　　　（单位：km^2）

年份	森林	草地	水域	建设用地	耕地	未利用地
1985	7 559	28 814	1 024	935	10 748	175 457
1995	6 819	43 899	1 000	1 015	11 295	180 509
2000	6 445	40 850	1 004	1 084	11 850	183 304
2011	6 647	42 386	948	1 601	12 354	180 601

资料来源：《甘肃省统计年鉴》（1986，1996，2001，2012）；刘海龙等，2014。

1995 ~ 2000 年，耕地面积仍然以较快的速度在扩大。粗放的水资源利用方式延续，使得大量的生态用水被快速增加的农业用水挤占，导致林草地退化不断加剧，林草地面积继续以较快的速度减少。大面积林草地仍然在以较快的速度退化，导致未利用地面积以较快速度增长。水域面积与上一时段相比变化不大。

2000 ~ 2011 年，随着国家一系列生态建设政策的实施和开发方式的转变，林草地面积减少的趋势得到遏制，面积有较小幅度的增加。随着西部大开发等国家战略的持续推进，经济快速发展，城镇建设步伐加快，城镇建设用地面积迅速增加，在 2000 年的基础上增幅达 44%。耕地面积仍然在增加，但受到国家政策和区域产业结构调整的影响，增长速度已大幅下降。受林草地逐步恢复及部分未利用地开发为建设用地和耕地的影响，未利用面积小幅减小。水域面积有一定程度的下降。

2. 土地利用存在的问题分析

根据《甘肃省土地利用总体规划（2006—2020 年）》，结合河西走廊的土地资源和生态环境特征以及社会经济发展状况，河西走廊是甘肃省的重点开发区。近几年，土地利用朝着合理的方向发展，土地利用率和土地利用的综合效益逐步提高。但是，土地利用结构和布局依然未达到理想的状态，主要表现在以下几个方面。

（1）土地利用结构与布局不尽合理，土地利用效益偏低

长期以来，土地利用缺乏统筹规划和综合协调，土地利用结构与布局随意性较大。从河西走廊的土地利用看（图 3-6），2011 年农业用地中耕地、林地比例小，其比重总共只有 7.79%，未利用地面积大，其比重达到了 73.83%。中低产田面积大，耕地单位面积产量较全国平均水平低 47%。近年来，果园发展较快，由于种植结构单一，品种老化，造成果品滞销，价格下跌。城乡建设也存在各自为政、分散建设、布局不合理的现象。陇海、兰新铁路沿线集中了较多的城市和集镇，各业用地矛盾较为突出，而南北部基础建设投资少，交通不发达，经济发展缓慢。

（2）重利用轻保护，土地生态环境脆弱

河西走廊内陆河流域水土资源开发利用不尽合理，常出现上游盲目开荒超量用水，下游耕地撂荒，缺水而弃耕的农田受到沙化的威胁；井灌区过度开采地下水，使地下水位大幅度下降，沙生植被枯死，生态环境进一步恶化。近年来，工业"三废"污染土地事件时有发生，甘肃全省每年耕地受灾面积约 140 万 hm^2，成灾面积达 100 万 hm^2 左右。

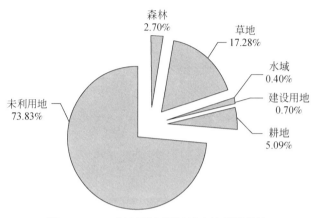

图 3-6　2011 年河西走廊区域土地利用结构

（3）土地整治投入不足，基础条件改善缓慢

甘肃自然环境较差，要从根本上改变土地生产力低的现状，必须加大对土地整治的资金、物质、科技投入，努力改善基础条件，提高土地质量等级。多年来各级政府逐年加大投入，使基础条件有了很大的改善，但与全国的建设水平仍有很大差距。其一，农业用地灌溉设施投入不高及使用程度不高。水资源是区域产业发展的重要因素之一，而且目前区域内水资源短缺与利用效率偏低共存。对于亩均农业灌溉用水，有 40.5% 的农户反映灌溉设施良好，有灌溉设施但经常不用的占了 33%，无灌溉设施占了 21.6%。灌溉的主要方式还是大水漫灌，占了 66.1%，而滴灌、喷灌等现代节约的灌溉方式少之又少，灌溉方式还比较落后，这将会制约节水农业的发展。其二，农业基础设施管理方式不科学。相当一部分的农业基础设施是"有人建、无人管"的状况，重复建设的现象普遍存在。如农村道路建设，由于排水设施的不配套和道路后续维护跟不上，不出几年时间已经出现了坑洼不平，损毁严重的现象。农田灌溉设施也是这样的情形。其三，土地资源浪费严重。在大中小城市当中，城镇居民住宅建筑混乱，不仅浪费土地资源，而且给未来城市设施配套、旧城改造增加了难度。

3.2.2　河西走廊农用地承载力评价

土地资源承载力是指在一定时期、一定空间区域和一定的社会经济、生态环境条件下，土地资源所能承载的人口规模及人类各种活动的规模和强度的阈值（乔盛等，2011）。基于土地资源承载力提升的目标与要求，根据土地资源的构成及内涵，主要是基于农村和城市两大系统进行土地资源承载力评价。

农业用地包括耕地、园地、林地、牧草地和其他农用地。农业用地承载力水平反映了农业用地利用水平及与其他资源配置的合理程度，可以表示农业生产中农业用地资源的价值实现程度。农用地承载力越高，说明农地与各种投入之间配置较为合理、资源使用充分，农业用地价值得到了很好的实现，因此农业用地利用的水平也就越高。基于区域的实际情况，主要是对于耕地利用和草地利用的承载力进行评价。

1. 耕地资源丰富，具有良好的发展潜力，但产出效率偏低

首先，河西走廊耕地资源丰富，地势平坦，土壤肥沃，机耕条件好，光照充足，隔离条件得天独厚，具有良好的农业发展潜力。2011 年人均耕地达到 0.254hm²，远高于我国当前人均耕地面积 0.11hm²，而且超过世界人均耕地面积 0.24hm² 水平。同时，还具有大量的未利用地可用来发展农业。其中宜农一、二等荒地资源就达 45.20 万 hm²，开发难度较小的有 28.60hm²，且河西及陇中北部还有 200 多万公顷沙地，所在地区光照充足，热量较丰富，如在解决区域水资源问题的情况下，可大力发展沙产业。

其次，区域耕地产出生态效率偏低且城市差异较大（图 3-7）。单位耕地第一产业增加值却只到全国平均的 68.77%，同时，区域耕地产出效率差异大，嘉峪关市和酒泉市的单位耕地第一产业产出指数高于全国平均水平，而其他市却远低于国家平均水平，特别是金昌市，仅为全国水平的 35%。

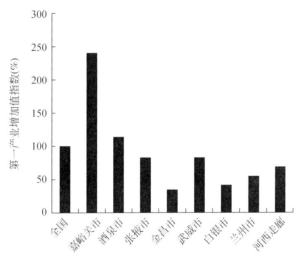

图 3-7　2012 年各区域单位耕地第一产业增加值指数

同时，区域农地流转率不高，规模经营偏低是区域内耕地效率不高的一大制约（图 3-8）。农地规模经营是推动我国农业进步的新途径。由图 3-8 可知，2012 年，河西走廊整个区域的土地流转率为 12.72%，仅为全国平均水平的 59%。应加大土地流转措施，促进区域农地规模经营，提高产出效率。

最后，水土资源匹配不均，是区域内农业发展的又一重要制约因素。该区域内的水资源短缺与利用效率不高并存。在人均水资源量远低于全国平均水平的前提下，2012 年河西走廊亩均农业用水量高达 676m³，远高于全国 404m³ 的平均水平，农业用水效率极低。

2. 草地资源丰富，为畜牧业等奶品加工业的发展提供了有力的保证

区域内草地资源丰富，为生态环境保护和畜牧业及奶品等加工业的发展提供了重要的物质基础和保证。据统计数据，区域内在 2012 年的草地面积达 1129.85 万 hm²，占甘肃省草地面积的 63.23%。人均草地面积达 1.1hm²，远高于全国人均水平，为区域发展畜牧业和相关的后续产业提供了有力的资源保证。

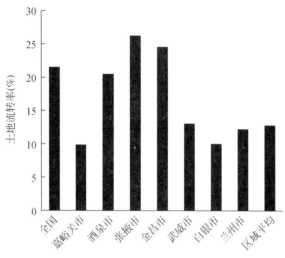

图 3-8　2012 年区域土地流转率

区域内畜牧业生产持续发展，草地生产能力明显提高，但生态经济效益仍是偏低。自 2000 年以来，国家投入巨额资金实施草原保护建设工程，在一定范围内草原生态明显改善。

首先，草原植被得到明显恢复，草原生态环境持续恶化的势头得到初步遏制。

其次，草原畜牧业生产经营方式加速转变，畜牧业综合生产能力明显提高。甘肃草食畜牧业保持了快速发展，其牛羊存栏在全国的位次分别上升至第 11 位和第 5 位，草食畜牧业增加值 2013 年占全省畜牧业增加值的比重达到 53%，对农民收入增加贡献份额逐年增加，2013 年农民人均从牛羊产业中获取现金收入的比重超过 20%。牛羊产品在满足本省消费需求的基础上，每年还外调牛羊肉超过 12 万 t，成为西北重要的牛羊肉生产供应基地。

最后，草地生态利用效率不高。随着社会经济的发展和人口的增加，部分区域大规模开垦草原，特别是质量高的草地，致使优质草原面积不断减小，较为平坦的草原变为耕地。例如，在金昌市境内的毁草开垦面积由 1962 年的 162 hm² 增加到现在的 6.66 万 hm² 左右，开垦范围已延伸到西大河水库边缘，且仍在继续。加之煤矿及其他矿产的开采，导致生态环境不断恶化，直接威胁区域生态经济的可持续发展。

3.2.3　河西走廊城市土地资源承载力评价

综合城市土地资源承载力评价指标体系，主要包括 5 个部分：土地人口承载力、土地经济承载力、土地生态承载力评价、社会承载力和综合承载力（齐亚彬，2005；郭艳红，2010）。

1. 城市土地人口承载力分析

依据河西走廊自然地理条件，城市性质及其未来发展目标。根据《城市用地分类与规划建设用地标准》（GB 50137—2011）和《建筑气候区划标准》（GB 50178—93），确定河西走廊各城市不同城市空间范围的人均用地标准。

区域内人口承载力低效，城市土地扩张蔓延。由表 3-25 和表 3-26 可知，区域内人口密度高于全国水平的主要有兰州市和武威市。同时，平均的人口密度为 0.7856 万人/km²，小于全国的平均水平。相比较而言，区域人口承载力水平低下，城市土地扩张存在蔓延现象。同时根据《建筑气候区划标准》（GB 50178—93）规定的建成区内的人均建设用地，武威市、嘉峪关市和酒泉市的人均建设用地高于国家规定的标准，说明其城市用地集约性不高。

表 3-25　2012 年河西走廊城市建成区人口承载力

区域	人口密度（万人/km²）	人均城镇建设用地（m²/人）
全国	0.967 389	
国家标准		65～110
嘉峪关市	0.399 524	154.18
酒泉市	0.842 927	122.70
张掖市	0.492 432	99.93
金昌市	0.493 077	66.40
武威市	1.022 581	144.59
白银市	0.694 483	82.81
兰州市	0.997 588	69.57
区域平均	0.785 641	

表 3-26　河西走廊城市人口与用地规模（2012 年）

区域	全市人口（万人）	市区人口（万人）	城区人口（含暂住人口）（万人）	建成区面积（km²）
全国	127 250.3	40 317.6	34 470.96	35 633
嘉峪关市	30	19.8	25.17	63
金昌市	46.7	23.1	19.23	39
白银市	175.7	49.2	40.28	58
武威市	181.02	58.54	31.7	31
张掖市	130.8	51.5	18.22	37
酒泉市	98.8	40.7	34.56	41
兰州市	321.5	206.4	198.52	199

2. 城市土地经济承载力分析

土地资源经济承载力表达的是在一定的经济技术条件和城市区位条件下，城市土地的经济价值产出能力，它从土地资源角度反映了城市的经济规模和增值潜力。评价土地资源经济承载力的重要指标是地均 GDP、地均固定资产投资等。

从统计数据来看，河西走廊区域各城市在 2012 年的地均 GDP 远低于国家平均水平。

由图 3-9 可得出如下认识。

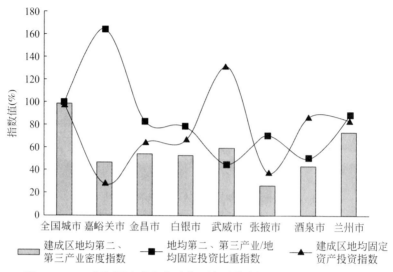

图 3-9　2012 年河西走廊各市地均经济承载力评价（以全国为基数）

1）区域内地均第二、第三产业发展水平远低于国家的平均水平，特别是张掖市，不到国家的 30%，最高的是兰州市，也仅为全国平均水平的 74.71%。地均产值低效，说明区域内各城市土地投入要素产出的平均效益相对偏低，表明各城市的土地要素投入与其他的投入要素配置低效，同时也说明土地利用结构不合理，土地利用集约度不高。

2）区域内各城市的地均固定资产投资指数偏低，基本上都低于全国的平均水平，表明区域内各城市的土地与固定资产投资投入要素配置低于全国的平均水平，说明区域内单位土地上的固定资产投资相对不足；但武威市地均固定资产投资指数高于全国的水平，达到了 132.08%，表明武威市的固定资产投资相对充裕。

3）区域内地均第二、第三产业/地均固定资产投资比重指数除嘉峪关市外基本上都低于全国的平均水平，表明区域内单位土地上的固定资产投资产出效率不高，揭示该区域内土地投入要素和固定资产与其他投入要素配置不佳，并未达到一个相对较优的结构状态，反而是处于一个相对低效的状态，区域内嘉峪关市的地均固定资产要素的投入产出效益较高，高于全国的平均水平，揭示区域内的固定资产要素投入的产出相对有效。同时，也反映了区域内固定资产投资与土地要素投入的配置，表明固定资产投资相对不足，其土地上可承载的固定资产要素投入并未达到一个最优的规模，应加大固定资产要素的投入。

综合可知：区域内各城市的土地经济承载力水平相对偏低，表明各城市内的土地要素投入、固定投资要素与其他资源要素投入处于一个相对低效的状态；单位土地固定资产投入要素不足与产出效率相对低效同时并存；武威市固定资产要素投入充裕，土地要素产出效率偏低；嘉峪关市土地投入要素产出效率偏低与固定资产投入要素产出效率偏高并存，表明区域内的土地发展潜力较大，应加大固定投资投入要素。

3. 城市土地生态环境承载力分析

土地生态环境承载力是生态系统承受外部扰动的能力的客观属性及其结构、功能优劣的反映。基于土地生态环境承载力的内涵，主要选择了以下主要因子进行分析（表3-27）。

表3-27　城市土地生态承载力水平（2012年）

区域	建成区绿化覆盖率指数	人均公共绿地面积（m²）	万元二、三产业增加值用水量（万元/m³）	单位工业废水排放量产出的工业产值（万元）	单位二氧化硫排放量产出的工业产值（万元）	工业固体废物综合利用率（%）	污水处理厂集中处理率（%）	城市生活垃圾无害化处理率（%）
全国	0.42	11.8	0.071 582	0.431 4	0.527	59.13	67.7	77.01
嘉峪关市	0.384	96.11	0.072 569	0.476 9	0.140 8	28.89	100.00	100.00
酒泉市	0.395	46.86	0.073 153	0.191 8	0.268 4	90.00	80.00	91.00
张掖市	0.306	62.14	0.042 918	0.098 1	0.065 6	68.76	56.38	97.58
金昌市	0.321	65.10	0.069 979	0.392 2	0.069 1	16.98	60.39	70.12
武威市	0.288	28.16	0.091 241	0.342 7	2.131 1	86.82	59.77	83.00
白银市	0.302	43.49	0.026 309	0.618 9	0.060 5	50.00	58.57	74.35
兰州市	0.306	30.67	0.053 022	0.434 2	0.297 1	99.00	77.30	100.00

1）区域内各城市第二、第三产业水资源使用效率相对全国来说效率偏低。区域内除了嘉峪关市、酒泉市略微高于全国的平均水平，武威市最高，达0.091 24万元/m³，最低的为白银市，水资源使用于第二、第三产业的产出平均使用效率仅为0.26万元/m³，其余城市的水资源使用效率都是低于全国的平均水平，即区域内水资源使用低效与水资源短缺并存。

2）由区域内的单位工业废水排放量产值和其指数可知：区域内单位工业产值的废水排放量普遍高于全国；其中，嘉峪关市、兰州市的单位工业产值的废水排放量要略微优于全国的平均水平，白银市单位工业产值废水排放量远优于全国的平均水平。

3）单位二氧化硫排放量产出的工业产值指标分析发现，除了武威市高于全国平均水平，其他城市均低于全国平均水平，表明区域内大气污染物排放量较大。

4）废物综合利用和污染物处理方面，酒泉市、张掖市、武威市和兰州市工业固体废物综合利用水平明确显高于全国平均水平；嘉峪关市、酒泉市、兰州市污水集中处理率明显高于全国平均水平；河西走廊城市生活垃圾无害化处理率总体高于全国平均水平。

5）由人均绿地面积和城市绿化率水平可知，区域内的绿化水平低于全国的水平。同时，区域内的人均绿地面积大于全国的水平，揭示区域内的土地人口承载力水平是低效的。

4. 城市土地社会承载力分析

城市土地社会承载力可反映土地上承载的人口所享受的幸福水平。基于城市土地社会承载力的内涵和现有文献资料的参考，主要选取万人医院床位（居民享有的社会公共服务）、城镇人均可支配收入（居民富裕程度）以及城市地均就业人口数（就业状况）来反映（表 3-28）。

表 3-28 城市土地社会承载力（2012 年）

区域	医院床位（张/万人）	城镇人均可支配收入（元）	城市地均就业人口数（万人/km²）
全国	65.69	26 959	1.04
嘉峪关市	74.646	22 006	0.31
酒泉市	57.69	22 389	1.01
张掖市	46.796	14 395	1.22
金昌市	55.065	23 295	0.61
武威市	45.53	17 138	3.20
白银市	67.094	18 532	0.82
兰州市	87.326	18 443	1.02

本书研究区域内的社会公共设施水平（万人医院床位），相对于全国的平均水平，相对高效的为嘉峪关市、白银市和兰州市，兰州市水平最高；低效的为酒泉市、张掖市、金昌市、武威市，其中，武威市最低，仅为 45.53 张/万人。

区域内城市富裕程度偏低，城镇人均可支配收入全部低于全国的平均水平，特别是张掖市，仅为 14 395 元，最高的为酒泉市，但也低于全国的平均水平。

而从城市地均就业人数可知，区域内土地利用优于全国平均水平的有张掖市和武威市，其余都未达到国家的平均水平。

5. 城市土地资源综合承载力状态评价

综合区域内的各准则层和指标层，本书主要利用层次分析法定量计算区域内城市建成区土地资源综合承载力各准则层和指标层因子的权重，见表 3-29。同时，在指标数据处理时，全都以 2012 年全国的平均水平作为基数，以便能够较好地跟全国的平均水平进行比较，则最终得到 2012 年河西走廊各城市土地承载力水平评价，见表 3-30。

表 3-29 各准则层和指标层之间权重

目标层	准则层	指标层	权重
城市土地综合承载力水平	人口承载力（0.0737）	人口密度	0.500
		人均建设用地	0.500

目标层	准则层	指标层	权重
城市土地综合承载力水平	经济承载力 （0.3895）	地均二、三产业密度	0.3750
		第二产业产值比重	0.0417
		第三产业增加值比重	0.1250
		人均城市道路面积	0.2083
		地均固定资产投资额	0.2500
	生态环境承载力 （0.3895）	万元非农业产值用水量	0.2368
		单位工业废水排放量产出的工业产值	0.1842
		单位二氧化硫排放量产出的工业产值	0.1316
		工业固体废物综合利用率	0.0789
		污水处理厂集中处理率	0.1579
		城市生活垃圾无害化处理率	0.0789
		绿化率	0.1316
	经济社会承载力 （0.1473）	万人医院床位（张）	0.2000
		地均就业人口数	0.3500
		城市人均可支配收入	0.4500

表 3-30　2012 年河西走廊各城市土地承载水平评价

区域	人口承载力	经济承载力	生态环境承载力	社会承载力	综合承载力
全国	0.0378	0.3895	0.3902	0.1399	0.9574
嘉峪关市	0.0156	0.2603	0.3707	0.0967	0.7432
酒泉市	0.0326	0.3678	0.3514	0.1249	0.8767
张掖市	0.0193	0.2139	0.2334	0.1129	0.5796
金昌市	0.0197	0.3179	0.2964	0.1056	0.7396
武威市	0.0394	0.3009	0.5480	0.2164	1.1047
白银市	0.0272	0.2873	0.2898	0.1113	0.7155
兰州市	0.0388	0.3216	0.3597	0.1300	0.8501

　　由表 3-30 可知，区域各城市土地综合承载力除了武威市外其他城市均低于全国的平均水平。同时，由各准则层的承载力和综合承载力指标可得出如下认识。

　　1）区域内除了武威市的综合承载力水平高于全国的平均水平，其他城市都低于全国的平均水平，特别是张掖市，其综合承载力水平仅为全国的一半左右。表明区域内城市土地利用低效，发展潜力较大。

　　2）区域各城市的人口承载力水平高于全国的主要有武威市和兰州市，其他城市均低于全国的水平，揭示了区域除武威和兰州市，其他城市扩张相对于全国来说，是比较粗放和低效的；最粗放和低效的是张掖市和金昌市，揭示了区域内各城市土地蔓延比较严重，同时人口扩张的潜力较大。

3）从经济承载力水平来看，全区各个城市的土地生产力水平较低，土地利用方式不合理，土地的集约度低。同时，区域经济实力较低，基础设施不全，产业结构中存在较多的缺陷，区域土地经济产出的发展潜力较大。可通过进行产业结构优化，土地利用结构类型调整，加大固定资产投资和基础设施的建设以促进城市土地的经济承载力水平。

4）由生态环境承载力水平指数可知，武威市的生态承载力水平高于全国的平均水平，说明武威市相对于全国水平来说，城市土地的生产服务功能基本能够满足区域城市人口和经济发展的水平，生产潜力的空间较大。其他城市均低于全国的平均水平，说明其他城市用地相对全国水平来说土地的生产服务功能遭破坏，生产潜力的空间较大，土地利用方式和布局有待优化，土地的集约度有待提高。

5）社会承载力水平表明，区域内城市人口的生活质量低于全国平均水平，除了武威市的指标值高于全国平均水平，其他区域全都低于全国平均水平，特别是嘉峪关市，社会承载力水平最低，说明区域内社会承载力水平发展空间较大。

3.2.4　城市土地资源可持续利用的对策和建议

为提高区域土地的承载力水平，充分发掘区域土地的发展潜力，提出以下优化对策和建议。

1. 农村用地系统

区域农业用地承载水平低下，发展潜力较大。

第一，优化区域农村用地结构，发展节水型农业，区域水土配置不均是制约区域农业发展的重要因素。

第二，加快区域耕地的流转速率，农业用地规模化经营是目前提高农业用地产出效率的一个重要措施和手段，特别是研究区域的耕地比较丰富，地势平坦，更加适合于规模化经营。

第三，加大农业基础设施建设。

第四，提高草地利用效益和减少草地利用的负外部性。加大资金和技术支持，有效地激励区域草地利用者积极有效地保护草地，加大力度扶持区域牧业等相关产业的发展。

2. 城市用地系统

区域内城市用地承载力水平整体低下，具有较好的发展潜力，为提高区域城市土地的承载力水平和充分挖掘区域城市用地的发展潜力，本书提出以下相应的对策和建议。

首先，严格禁止区域城市土地的扩张和蔓延。区域城市人口承载力水平普遍低下，除了武威市和兰州市相对高于全国的平均水平外，其他城市土地的人口承载水平都低于全国，说明区域城市人口与土地扩张并不匹配，城市用地扩张蔓延比较严重。

其次，加大区域固定资产和优化区域产业结构，加大城市产业之间的合作。区域城市土地利用经济承载力水平低下，表明区域城市土地要素投入与固定资产要素和其他要素投入配置不均。武威市城市土地固定资产投资充足，应该对区域产业进行优化，优化土地的使用类型。其他城市应加大固定资产投资，并进行产业结构的调整。

再次，优化产业结构和加大区域的环保意识。区域城市生态承载力水平除了武威市，其他城市都低于国家平均水平，表明区域内的城市土地生态系统服务遭受一定的破坏，居民环保意识较差，应调整产业结构发展和治污水平，特别是发展节水型产业。

最后，加大区域的公共服务设施的建设。区域城市土地社会承载力水平低下，表明区域内居民的生活水平不高，公共服务设施建设不足。

3.3　太阳能与风能评价

河西走廊太阳能、风能等可再生能源开发潜力巨大，发展风/光电产业具有得天独厚的综合优势。太阳能和风能产业现已在河西走廊具备良好基础。

3.3.1　太阳能资源

河西走廊风能资源、太阳能资源储量巨大，风能和太阳能在时间上具有很好的互补性。

1. 太阳总辐射的分布

太阳能资源通常用年太阳总辐射量表示。甘肃省各地年太阳总辐射值在 $4700 \sim 6350 \mathrm{MJ/m^2}$（图3-10），其地理分布有自西北向东南递减的规律。河西走廊大部分地区年太阳总辐射 $> 6000 \mathrm{MJ/m^2}$，这里降水稀少，空气干燥，晴天多，非常有利于太阳能的利用；另外民勤武威一带也是太阳总辐射高的地区（钱莉等，2011）。

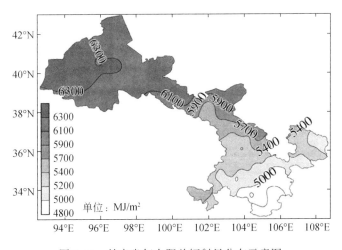

图3-10　甘肃省年太阳总辐射量分布示意图

2. 日照时数的分布

甘肃省各地年太阳日照时数在 $1631 \sim 3319 \mathrm{h}$，分布趋势亦由西北向东南逐渐减少（图3-11）。河西走廊及祁连山中西部北坡浅山区，大部分在 2900h 以上；兰州市、武威市、白银市以北超过 2600h。可见，年日照时数高、低值区位置和年太阳总辐射高、低值区位置相一致。

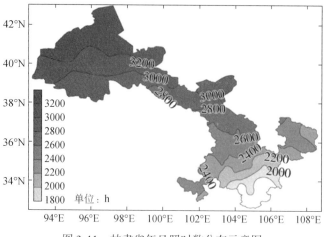

图 3-11　甘肃省年日照时数分布示意图

3. 日照百分率的分布

日照百分率是实际观测的日照时数与理论天文日照时数的比值,该值越大说明该地区日照越稳定,受天气变化影响越小,太阳能资源越稳定,越有利于太阳能资源的开发利用。甘肃省各地年太阳日照百分率在 37% ~ 75%, 由西北向东南逐渐减小 (图 3-12)。

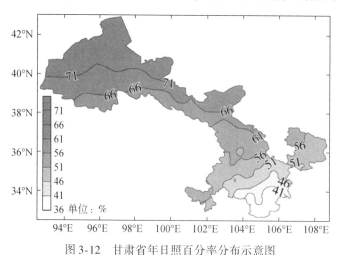

图 3-12　甘肃省年日照百分率分布示意图

4. 各地每年日照时数>6 h 天数分布

该项指标是太阳能评估的重要指标之一, 该值越大说明该地区日照越充裕、越稳定, 受天气变化影响越小, 越有利于太阳能资源的开发利用。由甘肃省 79 个站 1971 ~ 2008 年实测的日照时数资料得到各地每年太阳日照时数>6h 的天数在 150 ~ 320d, 尤其河西走廊的酒泉市、张掖市、嘉峪关市, 每年日照时数>6h 的天数在 290d 以上, 非常有利于太阳能的开发 (图 3-13)。

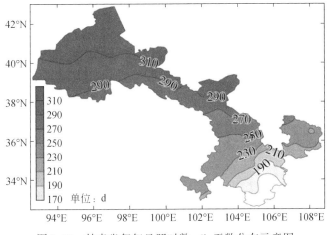

图 3-13 甘肃省每年日照时数>6h 天数分布示意图

5. 各地日照稳定度分布

太阳能资源评估方法中，太阳能资源稳定程度用各月的日照时数>6h 天数的最大值与最小值的比值表示：

$$K = \max(\text{day}1，\text{day}2，\cdots，\text{day}12) / \min(\text{day}1，\text{day}2，\cdots，\text{day}12) \tag{3-3}$$

根据式（3-3），由实测资料计算各站 1971～2008 年每年表征太阳能资源稳定程度指标 K 值，然后再对结果进行平均，得出甘肃省各站 K 值的多年平均值。按照标准，$K<2$ 的站有 25 个，占 31.6%；K 在 2～4 的站有 50 个，占 63.3%；$K>4$ 的站只有 4 个，占 5.1%。表 3-21 是太阳能资源稳定程度等级。由图 3-14 说明甘肃省大部分地区的太阳能资源稳定程度属于稳定和较稳定。

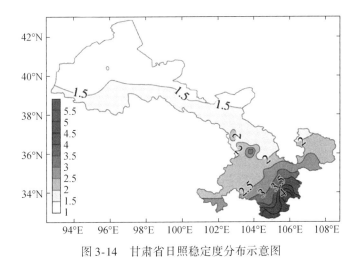

图 3-14 甘肃省日照稳定度分布示意图

表 3-31 太阳能资源稳定程度等级

太阳能资源稳定程度指标 K	稳定程度
<2	稳定
2~4	较稳定
>4	不稳定

6. 甘肃太阳能资源初步划分

按照国家标准，将甘肃省太阳能回归计算结果划分如下（图 3-15）。

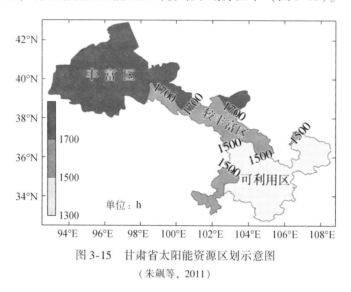

图 3-15 甘肃省太阳能资源区划示意图

（朱飙等，2011）

1）太阳能资源丰富区。包括河西走廊的酒泉市、张掖市、嘉峪关市全部。该区年太阳总辐射量>6100MJ/m²，年日照时数为 2900~3319h，日照百分率>64%，每年太阳日照时数>6h 的天数在 290d 以上，太阳能资源稳定。

2）太阳能资源较丰富区。包括金昌市、武威市、民勤县的全部，古浪、天祝、靖远、景泰的大部，定西市、兰州市、临夏州部分地区，环县部分地区及甘南藏族自治州玛曲的部分地区。该区年太阳总辐射量在 5400~6100MJ/m²，年日照时数在 2600h 以上，日照百分率>58%，每年太阳日照时数>6h 的天数在 260d 以上，该区大部分地区太阳能资源稳定，个别地区属资源较稳定区。

3）太阳能资源可利用区。包括天水、陇南、甘南地区大部。该区年太阳总辐射量在 4700~5400MJ/m²，年日照时数<2600h，日照百分率<58%，每年太阳日照时数>6h 的天数在 150d 以上，该区大部分地区太阳能资源较稳定，个别地区资源不稳定。

经估算，甘肃省年太阳总辐射达 70.45 万亿 kW。如果利用甘肃省太阳能丰富区的 1%安装太阳能光伏发电系统，折算装机约达 1.2 亿 kW，按平均每年额定功率运行 1000h 计算，相当于 1.5 座三峡水电站的年发电量。其中，河西走廊是太阳能资源富裕地区。

3.3.2　风能资源

由于河西走廊的狭管效应，形成风多沙大、小风不断的气候特点。

1. 风速的地理分布

风速是代表风能资源的最重要的指标。对大型风电场来说，有效风速即风力发电机从启动到切出，能用来发电的风速范围，一般为 4.0～25.0m/s，以往一般以 3.0～20.0m/s 作为有效风速范围进行统计计算，本书以后者作为依据叙述甘肃省的风能资源。以年平均风速为例，甘肃省年平均风速大于 3.0m/s 的地区主要为河西地区，包括安西、玉门、金塔、肃北、民乐、永昌、古浪和天祝等县，其中肃北的马鬃山、玉门的玉门镇、金塔的梧桐沟、天祝的乌鞘岭和松山等气象台站，实测多年平均风速均在 4.0m/s 以上。由于气象台站大多设在县城或镇上，房屋建筑和树木严重影响风速的大小，因此，风速代表性较差，一般实际风速比气象站实测风速大得多，甚至超过 2 倍，所以实测年平均风速超过 3.0m/s，可认为风能资源比较丰富（表 3-32）。

表 3-32　甘肃省部分气象台站多年平均风速

县名	气象站	多年平均风速（m/s）
肃北	马鬃山	4.6
安西	安西	3.4
玉门	玉门镇	4.1
金塔	梧桐沟	4.4
金塔	鼎新	3.3
肃北	肃北	3.2
民乐	民乐	3.2
永昌	永昌	3.1
古浪	古浪	3.5
天祝	乌鞘岭	4.9
天祝	松山	4.2
金塔	金塔	2.7
临泽	临泽	2.6
山丹	山丹	2.6
民勤	民勤	2.7
景泰	景泰	3.0
会宁	会宁	3.2

2. 风速的时间变化

风速是个不稳定变量，几乎每日、每时、每分钟都在不断地变化。根据甘肃省气象资料分析，一日内，通常早晨风速最小，10 时左右风速开始增大，14～18 时最大，19 时以后逐渐减小，这与大陆性气候有关。

风速的年内变化比较平缓，一年内 2～6 月是风能密集阶段，3～4 月风能最大，秋季最小。河西地区风速的年际变化较小，对风能利用很有利（王毅荣等，2007）。

3. 风能资源的地理分布

以有效风能密度和有效风能年贮量来表征风能资源。根据甘肃省气象局计算，以风速 3.0m/s、20.0m/s 作为风机启动和切出的上下限，在此风速范围内，风力发电机正常运行，统计各气象站的上述两个指标，见表 3-33。

表 3-33　甘肃省各气象站有效风能指标

气象站	风能密度（W/m²）	风能年储量（kW·h/m²）
玉门镇	162.9	1080.9
马鬃山	148.1	1017.0
梧桐沟	157.2	1007.5
鼎新	138.9	833.6
安西	140.4	875.1
敦煌	92.4	422.0
酒泉	66.4	229.9
高台	65.4	290.2
张掖	73.8	203.2
永昌	84.6	500.4
乌鞘岭	178.8	1194.0
民勤	106.9	518.6
武威	55.3	104.0
会宁	104.1	610.3
兰州	25.8	28.4
靖远	55.3	104.0
东乡	48.0	218.1
白银	100.5	320.7
景泰	90.0	439.6

由表 3-33 可知，甘肃省风能资源丰富的地区，主要集中在酒泉地区 40°N 以北地区，包括玉门、安西、马鬃山、梧桐沟、鼎新等地和其他地区的山口，如乌鞘岭、华家岭等。而兰州、靖远等市县有效风能密度不足 100W/m²，有效风能年贮量在 200kW·h/m² 以下，无开发利用价值。

风能利用小时数也是一个重要指标。一般地，风能密度和风能年贮量大的台站，利用小时数也多，如玉门镇、马鬃山、梧桐沟、鼎新、乌鞘岭和华家岭等气象站风能的年利用小时都在 6000h 以上。

风能的大小还与空气密度有关，空气密度越大，风能密度也越大。空气密度与海拔高程和气温有关，高程为主要因素。假定在同一风速条件下，海平面的风能密度为 1.0W/m^2，高程为 1500m 时，只有 0.85W/m^2，当高程达 3000m 时，只有 0.7W/m^2。从甘肃省年平均风速最大的几个气象站看，玉门镇、梧桐沟高程为 1500～1600m，马鬃山接近 2000m，而乌鞘岭为 3045m。

4. 风能区划

根据我国的实际情况，以年平均有效风能密度和 3～20m/s 风速的年累积小时数将全国分为 4 个区，即风能资源丰富区、风能资源较丰富区、风能资源可利用区和风能资源贫乏区（钱莉等，2009）。其分类见表 3-34。

表 3-34　我国风能类别

类别	年平均有效风能密度（W/m^2）	3～20m/s 风速累积时数	区划名
Ⅰ	>200	>5000	风能资源丰富区
Ⅱ	100～200	4000～5000	风能资源较丰富区
Ⅲ	50～100	2000～4000	风能资源可利用区
Ⅳ	<50	<2000	风能资源贫乏区

根据表 3-35 和图 3-16 分类，甘肃省没有风能资源丰富区，只有河西大部分地区及乌鞘岭等山口处属 Ⅱ 类，即风能资源较丰富区。由于气象站常常设在市郊，受建筑物和树木影响较大，与实际情况有较大出入。因此，以气象站资料分区是不完全符合实际的。为了全面反映风能资源的情况，甘肃省气象局制订了风能区划指标，见表 3-35。

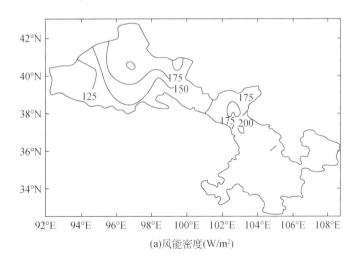

(a) 风能密度(W/m^2)

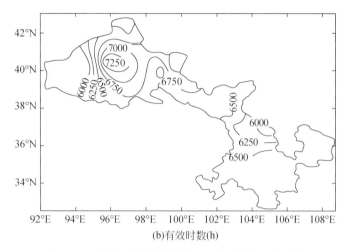

(b)有效时数(h)

图 3-16　河西走廊风能密度和有效时数分布示意图

表 3-35　甘肃省风能资源分区

类别	Ⅰ	Ⅱ	Ⅲ	Ⅳ
区划	风能资源 丰富区	风能资源 可利用区	风能资源 季节性利用区	风能资源 贫乏区
风能年储量（kW·h/m²）	>800	400～800	150～400	<150
有效风速年累积时数（h）	>6000	4500～6000	2500～4500	<2500
风能密度（W/m²）	>150	80～150	55～80	<55

注：风能指标均指年有效风速（3.0～20.0m/s）的情况。

按甘肃省风能资源的分区方法，甘肃省的区划如下。

第Ⅰ类，风能资源丰富区。包括40°N以北的大部分地区，即金塔县、安西县、玉门市、肃北蒙古族自治县等地为最大，其余是乌鞘岭和华家岭等少数山口地区，面积占全省的23%左右。

第Ⅱ类，风能资源可利用区。包括酒泉地区南部和武威地区北部，即民勤、永昌、敦煌等县，张掖地区的山丹、民乐县和金昌市以及景泰、会宁等县，占全省面积的24%。

第Ⅲ类，风能资源季节性利用区。包括张掖地区大部分、武威地区南部、甘南藏族自治州西南部、定西地区北部、平凉地区北部和庆阳地区大部。该区面积占甘肃全省面积的25%。

第Ⅳ类，风能资源贫乏区。包括陇南地区、定西地区大部、临夏回族自治州、甘南藏族自治州东部及天水市、兰州市等，占甘肃全省面积的28%。

5. 规划风电场选址

选择风电场址一般要遵循以下原则（孙汉贤和董德兰，1997）。

1）风资源丰富；

2）比较稳定的平均风向；

3）风速的时间变化小；

4）风机安装高度范围内湍流强度小，风的垂直切变小；

5）尽可能小的自然灾害；

6）交通方便，靠近电网。

河西地区南北两山之间的谷地，西宽东窄，至玉门镇为最窄处，流线加密，风资源较丰富。玉门镇、梧桐沟和鼎新三处风况较好，是建设大型风电场的理想之处。

6. 河西走廊风能太阳能资源开发建议

（1）加强风电场、光伏电场建设气候可行性论证

河西走廊在风能资源、光伏资源、路网和电网等因素满足风电场建设要求的同时，还应开展发电场及光伏电场气候风险评价和气候可行性论证。

（2）加强部门合作，开展科学的风电和太阳能光伏电站选址工作

风电场和太阳能光伏电站选址，涉及因素众多，不仅需要风和太阳能资源分布特征，还需要大气、水文、地质、生态等众多观测资料和信息资料，因此应加强各部门合作，共同开展风能和太阳能电场选址工作。

（3）在城市重点推广建筑屋顶光伏发电

积极争取专项补贴。首先在城市公用建筑上应用，重点放在太阳能最资源丰富的酒泉、张掖、嘉峪关等城市开展示范应用，随后逐步推广到整个河西走廊。到2020年，河西走廊建筑屋顶累计光伏发电装机容量达到40万kW。到2025年，依靠技术进步和规模效益，有效降低光伏发电成本，推动城市建筑屋顶光伏发电系统的应用，累计光伏发电装机容量达到100万kW。

（4）在农村积极推进太阳能热利用

进一步推广太阳能热水器，在农村，以县级行政区域为整体推进；在城镇，扩大居民住宅、城市医院、宾馆饭店、公共浴室、体育馆和学校等公共建筑的使用范围，拓展工业、养殖业和种植业的应用领域。到2020年，河西走廊太阳能热水器集热面积达到2000万m^2，农村太阳能热水器的普及率达到30%以上。到2025年，不断提高太阳能与建筑一体化的程度。拓展太阳能热水器在生产工业、农业养殖等领域的应用空间，太阳能热水器集热面积达到4000万km^2以上。到2030年，发展多样化的太阳能热利用技术，实现太阳能供热、制冷和热发电等，充分利用太阳能资源，太阳能集热面积达到6000万m^2。

（5）建立完整的风电产业体系

风电的开发利用一定要与风电设备产业链的发展同步进行，以迅速扩大产业化规模。通过风电整机企业挖掘零部件配套企业，整合产业链，支持已有的主要部件制造商，包括变流器、发电机、齿轮箱及机架、塔架等结构件的开发；条件成熟时支持一批开发叶片、控制系统、变桨系统等关键部件制造商，建立完整的风能产业体系（产业链）。

（6）加快风电项目建设

在40°N以北金塔县、安西县、玉门市、肃北蒙古族自治县等风能资源最丰富的地区适度加快风电项目建设。到2020年，力争风电总装机容量达到2000万kW以上，到2030年，风电总装机容量达到2500万kW。

3.4 能源矿产资源评价

河西走廊油气资源、有色金属等战略性能源矿产资源濒临枯竭，相关资源型城市发展的原料来源对外依存度加大，丝绸之路经济带建设战略实施为河西走廊利用国外资源和区位资源创造了良好机遇。随着我国疆煤东运工程的实施，河西走廊地区煤炭资源优势更加突出，将有力推动河西走廊地区能源、化工产业发展，进而支撑河西走廊新型城镇化建设。

3.4.1 当地油气资源和优势金属资源濒临枯竭，对外依存度加大

河西走廊是我国重要石油化工、有色金属、钢铁工业的传统优势区域，相关资源的开发利用在相当长一段时期内支撑着河西走廊的工业化和城镇化，形成了各具特色的资源型城市和重要的工矿集聚区。其中，白银市和金昌市是我国重要的有色金属基地，玉门市是我国著名的石油城市，兰州市西固区是我国西北最大的石油化工基地，嘉峪关市是我国重要的钢铁工业城市。这些城市曾为我国现代化建设做出过重要贡献，不仅为国家贡献了巨量的战略资源，而且培养积累了一批优秀的产业工人，奠定了各自城市在资源开发与加工领域的技术优势。进入 20 世纪末期，玉门、白银、金昌等一部分资源型城市主导资源濒临枯竭，当地资源无法满足城市产业发展的需要，城市发展对国外资源依赖度加大。例如，白银市、金昌市主要铜矿资源濒临枯竭，浅层铜矿早已开采完，目前深部铜矿资源可开采年限非常有限，铜加工产业原料 80% 来自国外或区外；玉门油田早已进入老年期，石油化工产业原料主要依靠国外资源（表 3-36）。

表 3-36   主导矿产资源可采储量及可开采年限

资源型城市	主要矿产	储量（万 t）	年开采规模（万 t）	最高开采年限（年）
玉门市	石油	460（可采储量）	40	12
金昌市	镍	505（1990 年保有金属储量）	15	23～44
	铜	322（1990 年保有金属储量）	40	10
白银市	铜矿	12.33（铜资源量）+51.93（铜铅锌资源量）	10	6

3.4.2 周边地区矿产资源丰富，合作潜力巨大

河西走廊周边地区和国外矿产资源丰富，如国内新疆、宁夏、内蒙古、陕西等地煤炭资源丰富，西藏有色金属资源丰富，青海非金属矿产资源丰富；国外中亚、中东和俄罗斯油气资源丰富，蒙古国有色金属丰富。河西走廊横贯东西、连通南北的区位和交通通道优势，使其成为我国利用国内国际两种资源、构建开放型资源保障体系的最佳区域。同时，该地区石油工业、金属冶炼及加工等资源加工产业基础良好，具备利用国外资源发展下游产业的技术条件。我国提出共建丝绸之路经济带战略以来，得到了中亚、俄罗斯和蒙古等国家的响应和支持。丝绸之路经济带建设战略实施将很大程度上便于我国西部地区向西、向北开放，将有利于河西走廊地区"走出去"，充分利用中亚、俄蒙等毗邻地区油气资源、矿产资源优势，

为我所用。河西走廊是我国重要跨国能源通道的必经之地，具备利用国外和区外资源的良好区位条件。丝绸之路经济带建设形成的资源贸易通道和重要能源基础设施建设，将是推动河西走廊新型工业化和新型城镇化的重要战略机遇（表 3-37）。

表 3-37　河西走廊周边地区和国家优势资源对比

地区		优势资源
我国西部其他地区	新疆	煤炭
	西藏	有色金属矿产资源
	内蒙古	煤炭
	青海	非金属矿产资源
	宁夏	煤炭
	陕西	煤炭、石油、天然气
周边国家（地区）	中亚地区	石油、天然气
	中东地区	石油
	俄罗斯	石油、天然气
	蒙古	有色金属、煤炭

3.4.3　河西走廊煤炭资源基础较好，疆煤东运可有力支撑煤电和新能源产业发展

河西走廊煤炭资源基础较好，如兰州、白银和武威煤炭资源本底较好。同时河西走廊周边地区煤炭资源丰富，如新疆、内蒙古、宁夏等地区煤炭资源丰富。丝绸之路经济带重要通道的建设将为河西走廊有效利用周边地区良好的煤炭资源创造条件。河西走廊地处疆煤东运的咽喉要道上，同时又处于疆煤利用的最佳经济半径内，是我国利用疆煤的最佳区域。同时河西走廊太阳能、风能资源的大规模开发，需要配套较大规模的煤电，自身对煤炭的需求较大，丝绸之路经济带建设无疑将放大河西走廊煤炭资源开发利用的优势。

3.4.4　非金属矿产以及钒矿等新型矿产资源具备开发潜力

河西走廊具有较为丰富的非金属矿产资源。灰岩、石英岩、萤石、石棉等资源储量较大，是发展新型建材等产业的重要原料。此外钒矿等新型矿产资源储量较好，在化工、新材料等方面具有良好的开发前景（表 3-38）。

表 3-38　河西走廊主要新型矿产开采情况

矿区	矿种	储量（万 t）	年最低开采量（万 t）	最高开采年限（年）
肃北蒙古族自治县大道尔吉铬矿	铬矿	156	2	78
敦煌市方山口磷钒矿	钒矿	134.18	5	26
敦煌市鄂鑫盛川钒业有限责任公司方山口钒矿	钒矿	153.86	5	30

第4章　　生态环境空间格局、功能和容量及演变趋势分析

4.1　生态环境空间格局

依据甘肃发展的战略定位以及全国和甘肃省主体功能区规划，遵循自然规律和经济规律，围绕发挥重要生态安全功能和促进可持续发展，将研究区域划分为河西内陆河地区和中部沿黄河地区。

河西内陆河地区包括疏勒河、黑河、石羊河流域及哈尔腾苏干湖水系，涉及酒泉、嘉峪关、张掖（含中牧山丹军马场）、金昌、武威五市，区域总面积为 24.6 万 km²，人口约 482 万人，是我国"两屏三带"青藏高原生态屏障和北方防沙带的关键区域，也是西北草原荒漠化防治区的核心区。河西走廊以水源涵养、湿地保护、荒漠化防治为重点，加快节水型社会建设，实施祁连山生态保护与三大流域生态综合治理，加强北部防风固沙林体系建设，着力构建河西祁连山内陆河生态安全屏障。建设绿洲节水高效农业示范区、新能源基地和新材料产业基地。

中部沿黄河地区是黄河干流在甘肃境内的主要流经地区，包括兰州市和白银市，面积约 3.33 万 km²，人口约 532 万人，是全国"两横三纵"城市化战略格局陆桥通道的重要支点，也是甘肃省产业和人口集聚度最高的核心经济区。甘肃省中部沿黄河地区以水土流失防治和流域综合治理为重点，建设沿黄河生态走廊，加强水资源保护和大气污染防治。建设国家重要的产业基地和能源资源加工基地、西北交通枢纽和商贸物流中心。

依据生态功能重要性，甘肃省中部和西部地区又可以详细分为祁连山冰川与水源涵养生态功能区、石羊河下游生态保护治理区、敦煌生态环境和文化遗产保护区、肃北北部荒漠生态保护区、沿黄农业产业带、河西绿色优质农产品主产区和中心城市功能区。

4.2　生态环境价值与功能定位

4.2.1　祁连山冰川与水源涵养生态功能区

祁连山位于青藏高原东北部边缘甘肃省与青海省交界处，东西向绵延约 1000km，宽约 200~300km，总面积约 15.8 万 km²，平均海拔在 3000m 以上。处于河川水系之间，具有调节气候、增加降水、涵养水源、保持水土的作用。高原冰川面积约 1970km²，储存的水量是三峡水库蓄水量的两倍多。降水和冰雪融水产生的地表径流每年为石羊河、黑河、疏勒河、苏干湖 4 个内陆河水系提供约 75 亿 m³ 的径流量，是甘肃河西走廊、内蒙古自治区西部等绿洲的水源基础，维系着近 500 万人口、70 多万公顷耕地和众多工矿企业的生存

和发展，为我国重要冰川、湿地保护地和河西内陆河流域的重要生态屏障。

祁连山冰川与水源涵养生态功能区包括酒泉市的阿克塞哈萨克族自治县、肃北蒙古族自治县（不包括北部区块）、张掖市的肃南裕固族自治县（不包括北部区块）、民乐县、山丹县、金昌市的永昌县、武威市的古浪县、天祝藏族自治县、兰州市的永登县和中牧山丹马场特别区，面积达 107 352.84 km²，约占甘肃省面积的 25.21%。2013 年该区域常住人口为 166.75 万人，约占甘肃省总人口的 7%。

祁连山具有重要的生态屏障意义。

（1）祁连山是黄河上游重要的水源补给区和河西走廊内陆河唯一的水源供给区

祁连山林业用地面积为 3380.8 万亩，草地面积为 13 183.47 万亩，这些珍贵的森林草地，一方面捍卫着高山冰雪冻土这些"固体水库"，另一方面发挥着涵养水源、调节径流的重要作用。祁连山外流河和内陆河的年总平均径流量达 15 亿 m³。祁连山是黄河流域重要的水源产流区，每年从祁连山流入黄河的水资源达 51.97 亿 m³，占黄河年均总径流量的 9%，支持着黄河下游省区经济社会的可持续发展。祁连山内陆河年均出山径流总量约 102.12 亿 m³，其中甘肃产径流量占总径流量的 61.4%，青海产径流量占总径流量的 38.6%。流入河西四大内陆河水系的 75 亿 m³ 地表水资源，养育着生活在河西走廊及黑河下游绿洲地区的 500 多万各族人民；流入青海湖的 16 亿 m³，流入柴达木盆地的 4.11 亿 m³，流入哈拉湖的 3.23 亿 m³，都为当地人民的生产生活、社会经济的发展提供水资源保障。

（2）祁连山是我国西北乃至北方重要的生态安全屏障

祁连山由于其独特的地理区位和自然条件，不仅保障着河西走廊的生态安全，而且在维护青藏高原生态平衡、阻止沙漠蔓延侵袭、抑制河西走廊沙尘暴的形成和扩展、维持走廊绿洲稳定、保障黄河径流补给等方面发挥着十分重要的作用，成为我国西北乃至北方重要的生态安全屏障。正是在祁连山庇护和滋养之下，河西走廊不仅成为古丝绸之路的连接纽带，更成为我国西部重要的经济通道、文化纽带、民族走廊和战略长廊，承载着连通西部、建设西部、发展西部、维稳西部和维护民族团结的重大战略任务，支撑和保障着中、东部经济发展所需的重要能源、原材料的输送任务，成为我国内地连通新疆和西亚的重要交通命脉和物流主干道。

（3）祁连山是我国西北地区重要的气候交汇区和敏感区

祁连山地处中国地势三级阶梯中第一、第二阶梯分界线、中国气候类型分界线、中国温度带分界线以及西北干旱半干旱区与青藏高原区分界线上，是我国季风和西风带交汇的敏感区，西南季风、东南季风和西风带在此交汇，没有祁连山，内蒙古的沙漠就会和柴达木盆地的荒漠连成一片。由于祁连山的存在，使我国西北干旱荒漠地带呈现出绿岛景观，孕育了森林、草地、荒漠、寒漠、冻原、农田、水域、冰川和雪山九大类型在内的祁连山复合生态系统，不但生态意义重大，而且对祁连山区及其周边地区经济社会发展意义重大。

（4）祁连山是西北高海拔地区重要的生物物种基因库

祁连山复杂多样的生态系统镶嵌组合，形成了适宜不同生物栖息的生态环境，奠定了该区生物物种多样性的环境基础。据不完全统计，区内有高等植物 95 科 151 属 1311 种，占我国高等植物 31 142 种的 4.2%；野生脊椎动物 28 目 63 科 288 种，占我国脊椎动物

6347 种的 4.5%；昆虫 16 目 172 科 1471 种。其中，国家一级保护植物 2 种，国家二级保护植物 32 种；列入《野生动植物濒危物种国际贸易公约》的兰科植物有 12 属 16 种；列入《国家重点野生动物保护名录》的野生动物 54 种，占中国重点保护动物 349 种的 15.5%；列入《国家保护的有益的或者有重要经济、科学研究价值的陆生野生动物名录》的 139 种。其中普氏原羚仅存在于祁连山地，数量不足 700 只，是世界濒危脊椎动物。

功能定位：国家重要的生态安全屏障，河西内陆河流域水源涵养保护区，绿洲节水高效农业示范区。

发展方向：以构建河西内陆河流域生态屏障为重点，实施对祁连山区冰川、湿地、森林、草原抢救性保护，防止人为生态破坏，实行严格的管制措施，增强水源涵养功能。创新保护机制，适度发展与生态环境相适应的特色产业，引导人口和产业有序转移，减轻系统压力。按照"南护水源、中兴绿洲、北防风沙"的战略方针，强化祁连山保护区水源涵养，采取流域综合治理措施，加快中部绿洲节水型社会建设，遏制下游荒漠化，实施石羊河、黑河、疏勒河三大内陆河流域综合治理工程。在加大生态保护力度的同时，积极支持永登、古浪、永昌、山丹、民乐等农业条件较好的县发展特色农业和绿洲节水高效农业，协同建设沿黄农业产业带及河西农产品主产区，提升其在甘肃全省农业发展战略格局中的地位。

4.2.2　石羊河下游生态保护治理区

地处民勤县的石羊河下游生态保护治理区是国家重点生态治理区，面积为 15 835.15 km²，约占甘肃省面积的 3.72%。2013 年人口为 24.12 万人，约占甘肃省总人口的 1.15%。该地区属温带大陆性干旱气候，东西北三面被腾格里和巴丹吉林两大沙漠包围，降水稀少，日照充足，风沙多，以荒漠植被为主，大部分土地不适宜开发。由于石羊河上中游大量用水，民勤地下水位急剧下降，植被严重退化，土地荒漠化加剧，民勤绿洲岌岌可危。

功能定位：国家重要的生态修复和治理区，防沙治沙综合示范区。

发展方向：立足流域水资源，实施水资源统一管理，全面推进节水型社会建设，不断优化产业结构和用水结构，提高水资源利用效率。适度发展适合当地条件的特色产业，因地制宜实施生态移民，减轻环境压力，改善群众生产生活条件。加强防沙治沙，发展沙产业，巩固绿洲生态建设成果。严禁任何不符合该区域主体功能定位的开发活动，促进生态修复和环境保护。

4.2.3　敦煌生态环境和文化遗产保护区

敦煌生态环境和文化遗产保护区地处河西走廊最西端，库姆塔格沙漠东部边缘，与新疆接壤，总面积为 26 718.15 km²，约占甘肃省面积的 6.27%。2013 年该地区人口为 18.80 万人，约占甘肃省总人口的 0.7%。该地区生态环境十分脆弱，地表水严重不足，区域地下水位急剧下降，湿地面积萎缩、绝迹，天然植被急剧减少、退化，荒漠化面积增加，生物多样性降低，部分生物链中断，风沙危害严重，自然灾害加剧，人类文化遗产莫高窟和自然奇观月牙泉受到严重威胁。生态环境问题已成为制约经济社会可持续发展的瓶颈。

功能定位：重要的生态环境治理和文化遗产保护区。

发展方向：坚持"科学规划、综合治理"的方针，推进节水型社会建设，通过实施全面节水、"引哈济党"生态调水工程、结构调整和科学管理等综合措施，规范用水秩序，减少水资源无序开发，控制人工绿洲规模，打造精品绿洲，发展与资源环境特别是水资源相适应的旅游等特色产业，加强生态保护、环境治理和文化遗产保护，实现生态修复、生产发展、人与自然和谐共处，把敦煌建成甘肃省生态文明示范区。

4.2.4　肃北北部荒漠生态保护区

肃北北部荒漠生态保护区地处亚洲中部温带荒漠、极旱荒漠和典型荒漠的交汇处，其荒漠生态系统在整个西北地区具有一定的典型性和代表性。范围包括肃北北部马鬃山镇，面积为 26 900km^2，约占甘肃省面积的 6.32%。2013 年人口 1.51 万人，约占甘肃省总人口的 0.06%。

功能定位：甘肃省荒漠自然保护的重点区域，保障生态安全的重要地区。

发展方向：坚持"科学管理、保护优先、合理利用、持续发展"的方针，依法保护荒漠植被和珍稀、濒危野生动植物资源及生物多样性，禁止在保护区猎杀、非法猎捕受保护的野生动物，建立保护区荒漠生物物种储存基地，保障生物物种安全。加强沙漠化和荒漠化治理，加大沙化和退化土地治理力度，正确处理经济社会发展和居民生产生活的关系，保护和合理开发利用资源，发展适合当地生态环境的特色产业，促进区域生态自然修复。

4.2.5　沿黄农业产业带

沿黄农业产业带包括白银市的景泰县和靖远县（除县城）。总面积为 11 200 km^2，约占甘肃省总面积的 3.07%。2013 年，区域总人口为 67.86 万人，约占甘肃省总人口的 2.63%；耕地面积为 1297.33km^2，约占甘肃省耕地面积的 3.67%；粮食产量为 31.61 万 t，约占全省粮食总产量的 3.13%。该地区位于黄土高原地带，属温带干旱、半干旱气候。随着大型灌区等水利工程的建设和农业生产条件改善，日益成为全省农产品优质高产区。区域内基础设施相对完善，交通优势度高，人力资源丰富，具有进一步吸纳人口和产业聚集的条件，开发潜力较大。

发展方向：继续大力改善农业综合配套设施条件，大力推进农业节水，发展节水灌溉农业。加快建设沿黄灌区粮食基地，重点发展优质高效农业，积极发展城郊农业，稳定粮、油、肉、蛋、水产品等农产品生产，打造高原夏菜、瓜果、冷水鱼等优势品牌，提高农产品加工和供给保障能力。

4.2.6　河西绿色优质农产品主产区

河西农产品主产区包括张掖市的高台县、肃南裕固族自治县北部区块，酒泉市的金塔县、玉门市、瓜州县，总面积为 57 897.81km^2，约占甘肃省总面积的 13.6%。2013 年区域人口 63.82 万人，约占甘肃省总人口的 2.47%；耕地面积为 1409.94km^2，约占全省耕地面积的 3.99%；粮食总产量为 33.99 万 t，约占甘肃省粮食总产量的 2.98%。该地区土地广阔，属温带干旱半干旱气候，区内岛状分布的绿洲具备人口聚集和农业开发的良好条件，灌溉便利，产出水平高，人均灌溉土地面积、人均粮食产量、单位耕地产值等在全省处于前列。河西地区经过多年开发建设，已成为国家重要的商品粮生产基地。

发展方向：发挥资源优势，利用现代农业技术，加快农田水利建设，合理调整农业生产结构与布局，依靠科技支撑，推进土地集约和适度规模开发，建设节水型农业。强化粮食生产和安全保障，大力发展制种、棉花、油料、酿造原料和果蔬、牛羊肉、冷水鱼等特色农产品生产及深加工；充分利用天然草场和农区秸秆，大力发展牧区和农区畜牧业，积极营造农田防护林、水源涵养林和防风固沙林，保护绿洲和生态环境。

4.2.7　中心城市功能区

1. 兰州–西宁区域的兰白（兰州–白银–兰州新区）地区

该区域为国家兰州–西宁重点开发区域的重要组成部分，地处西陇海兰新经济带中段和黄河沿岸，陇海、兰新、包兰、兰青、兰渝铁路和国主干线高速公路等主要交通通道交汇于此。范围包括兰州市的城关区、兰州新区、七里河区、安宁区、西固区、红古区、皋兰县、榆中县，白银市的白银区、平川区，面积为 10 688.21 km²，约占甘肃省总面积的 2.51%。2013 年该区域人口为 413.44 万人，约占甘肃省总人口的 16.01%；地区生产总值为 2071.22 亿元，其中工业增加值为 788.16 亿元，分别占甘肃省的 33.04% 和 35.42%。

2. 酒嘉（酒泉–嘉峪关）地区

酒嘉经济区地处西陇海兰新经济带甘肃西段，西连新疆，南邻青海，北与内蒙古自治区和蒙古国相接。该区域范围包括酒泉市的肃州区、嘉峪关市，面积为 4577.2 km²，约占甘肃省总面积的 1.08%。2013 年该地区人口为 134.38 万人，约占甘肃省总人口的 5.2%；地区生产总值为 429.3 亿元，其中工业增加值为 257.16 亿元，分别占甘肃省的 6.85% 和 11.56%。

3. 张掖地区（甘州–临泽）

该地区位于甘肃省河西走廊中心地带，南与青海相邻，北与内蒙古自治区相接，具有明显的区位、交通和水资源、矿产资源优势。该区域范围包括张掖市的甘州区、临泽县，面积为 6390.74 km²，约占甘肃省总面积的 1.5%。2013 年该区域人口为 64.72 万人，约占甘肃省总人口的 2.51%；地区生产总值为 184.31 亿元，其中工业增加值为 37.95 亿元，分别占甘肃省的 2.94% 和 1.71%。

4. 金武（金昌–武威）地区

该区域位于甘肃省河西走廊东段，范围包括金昌市的金川区、武威市的凉州区，面积为 7967.37km²，约占甘肃省总面积的 1.87%。2013 年区域人口 123.71 万人，约占甘肃省总人口的 4.79%；地区生产总值为 430.06 亿元，其中工业增加值为 210 亿元，分别占甘肃全省的 6.86% 和 9.44%。

4.3　生态经济区划

为实现甘肃省主体功能区规划的目标，要按照全面建设小康社会和可持续发展的要求，遵循不同主体功能区的空间自然属性，积极构建河西走廊国土空间开发"三大战略格局"。

1. 构建"一横一纵四区"为主体的城市化战略格局

以西陇海兰新经济带为横贯甘肃全省的横轴，以呼包银-兰西拉经济带为纵轴，加速推进形成兰白（兰州-白银-兰州新区）、酒嘉（酒泉-嘉峪关）、张掖（甘州-临泽）、金武（金昌-武威）等四大组团式城市化发展格局（图4-1）。

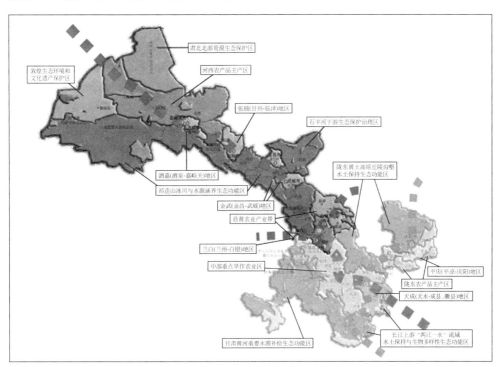

图例　● 中心城市　● 重点开发区域内城市　■■■ 重点开发区域横轴　■■■ 重点开发区域纵轴
　　　■ 国家重点开发区域　■ 省级重点开发区域　■ 国家农产品主产区　■ 省级农产品主产区
　　　■ 国家重点生态功能区　■ 省级重点生态功能区　■ 国家级禁止开发区域　■ 省级禁止开发区域

图 4-1　"一横一纵四区"重点开发区域分布示意图

2. 构建"一带一区"为主体的农业战略格局

围绕提高农业综合生产能力，发展高效节水农业和现代农业，推进沿黄农业产业带发展的新跨越，实现河西地区现有绿色农产品主产区的新突破，提高农产品供给和粮食安全保障能力（图4-2）。

3. 构建"三屏三区"为主体的生态安全战略格局

"三大屏障"：以祁连山冰川与水源涵养生态屏障、黑河、石羊河和疏勒河为重点，构建河西内陆河流域生态屏障，北部沙漠、戈壁沙漠化防治生态屏障。"三大区域"：以敦煌生态环境和文化遗产保护区、石羊河下游生态保护治理区、肃北北部荒漠生态保护区为重点，加大生态建设和环境保护。以"三屏三区"等生态保护区为重点，构建生态安全战略格局，保障河西走廊丝绸之路经济带生态安全（图4-3）。

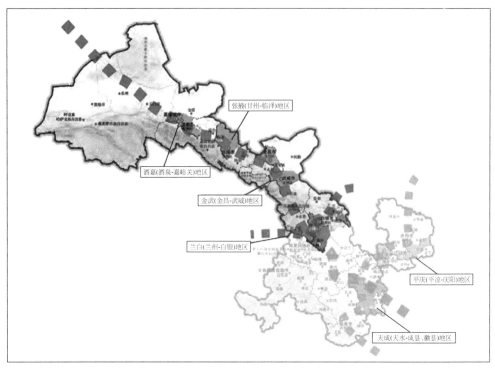

图例 ■ 国家重点开发区域 ■ 省级重点开发区域 ■ ■ ■ 重点开发区域横轴

■ ■ ■ 重点开发区域纵轴 ● 中心城市 ◎ 重点开发区域内城市

图 4-2 "一带一区"限制开发区域—农产品主产区分布示意图

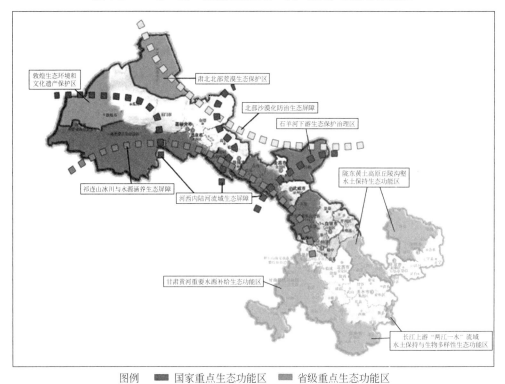

图例 ■ 国家重点生态功能区 ■ 省级重点生态功能区

图 4-3 "三屏三区"限制开发区域—重点生态功能区分布示意图

按照生态经济区划格局，实施生态红线管制。河西走廊生态红线主要依据沙漠边缘线、自然保护区保护线和农产品主产区三条保护线来划分。沙漠边缘包括巴丹吉林沙漠和腾格里沙漠，尤其是两大沙漠交汇处的民勤县；自然保护区包括祁连山自然保护区、阿尔金山自然保护区和肃北北部荒漠生态保护区；农产品主产区包括河西农产品主产区和沿黄农业产业带。严格控制以上生态红线内城镇化和工业化强度。

4.4　生态环境容量

4.4.1　河西走廊地区经济增长与环境污染关系历史回顾

从图 4-4 和图 4-5 中可以看出，自 2000 年以来，甘肃省的人均 GDP 和工业增加值具有相同的变化趋势，说明人均 GDP 主要是靠工业拉动的。工业废水排放量逐渐减少，可能与技术的不断进步有关，但自 2010 年以来有上升趋势，这与甘肃省工业规模的扩大有

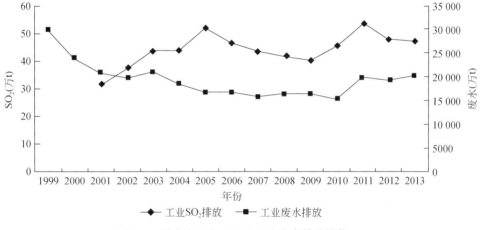

图 4-4　甘肃省工业 SO_2 和工业废水排放趋势

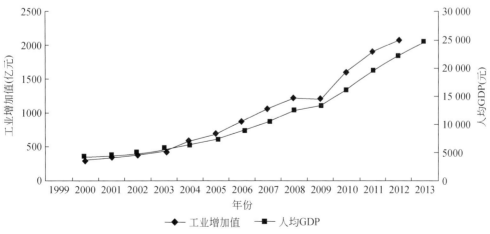

图 4-5　甘肃省人均 GDP 和工业增加值变化趋势

一定关系。工业 SO_2 排放量呈波动上升趋势，但近年来有下降趋势，与甘肃省的减排控制有关系。自 2011 年以来，甘肃省实施了火电、有色金属、石油化工和钢铁企业的脱硫工程，关停落后产能企业 257 家，淘汰小火电机组 50.9 万 kW，水泥产能 179 万 t，铁合金、电石产能 26 万 t，电解铝产能 4.5 万 t。

从图 4-6～图 4-8 中看出，兰州市的人均 GDP 和工业增加值具有相同的变化趋势，工业固体废物产生量和工业 NO_x 排放量均呈上升趋势，但自 2012 年开始出现了拐点。PM_{10} 浓度呈微弱波动趋势，SO_2 和 NO_2 呈下降趋势，这得益于兰州市近年来实行的严格环保政策。2012 年兰州市完成了国电兰州热电有限责任公司和中国石油兰州石油化工公司炼油厂 300 万重催烟气脱硫工程，积极推进火电、水泥等行业 NO_x 减排。2012 年和 2013 年安排省级环保专项资金 1.53 亿元，完成兰州市区 440 家、767 台、4347 蒸吨燃煤锅炉治理改造，减少原煤消耗 140 万 t。综合 SO_2、NO_2 工业固体废弃物产生量、工业 NO_x 排放量、PM_{10} 5 个污染指标的演变趋势，推测兰州市可能在 2012 年达到了库兹涅茨曲线的拐点。当然这还需要进一步的研究追踪才能确认。

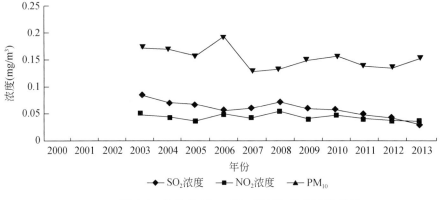

图 4-6　兰州市 SO_2、NO_2 和 PM_{10} 浓度变化趋势

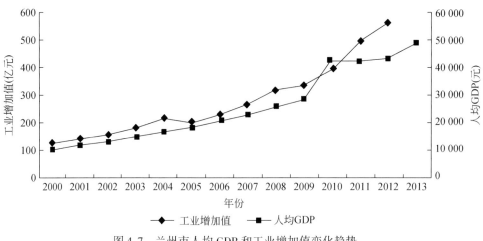

图 4-7　兰州市人均 GDP 和工业增加值变化趋势

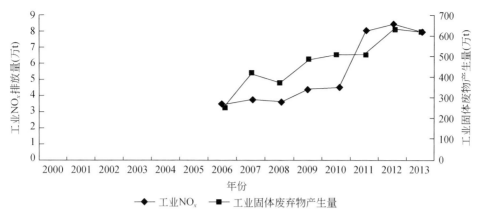

图 4-8　兰州市工业固体废弃物产生量和工业 NO_x 排放量变化趋势

从图 4-9 和图 4-10 看出，白银市的人均 GDP 和工业增加值呈现出完全相同的变化趋势，说明人均 GDP 基本靠工业拉动，白银市的 SO_2 浓度自 2000 年以来呈大幅下降趋势，反映了国家实行控制 SO_2 的效果。2011 年白银市完成了甘肃银光化学工业集团有限公司硫酸雾综合治理工程，拆除了供热范围内燃煤取暖小锅炉 30 余台，关闭了白银奥星化工有限公司和乾汇源工贸公司的硫酸生产线。

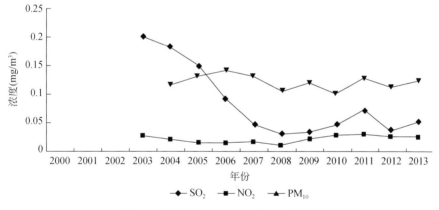

图 4-9　白银市 SO_2、NO_2 和 PM_{10} 浓度变化趋势

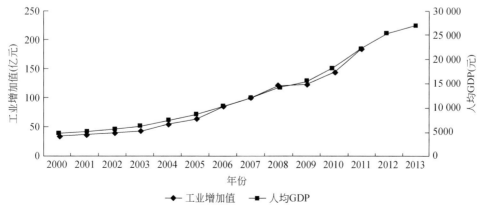

图 4-10　白银市人均 GDP 和工业增加值变化趋势

从图 4-11 和图 4-12 中看出，金昌市空气中 SO_2 浓度自 2003 年以来呈下降趋势，NO_2 和 PM_{10} 基本保持稳定状态。受金融危机影响工业增加值自 2007 年达到峰值后逐渐下降，近年来又有上升趋势。人均 GDP 在 2011 年达到了峰值。

由图 4-13 和图 4-14 中可看出，嘉峪关市空气污染物呈现逐年波动趋势，人均 GDP 和工业增加值呈现一致的上升趋势。

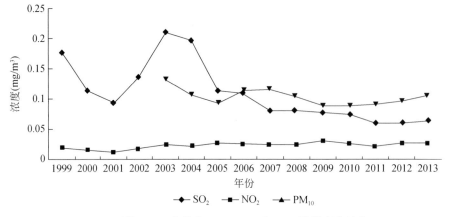

图 4-11　金昌市 SO_2、NO_2 和 PM_{10} 浓度变化趋势

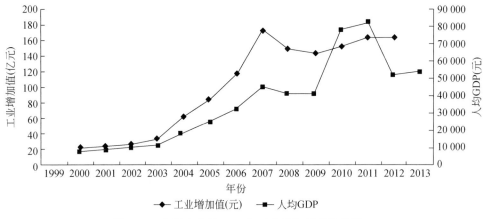

图 4-12　金昌市人均 GDP 和工业增加值变化趋势

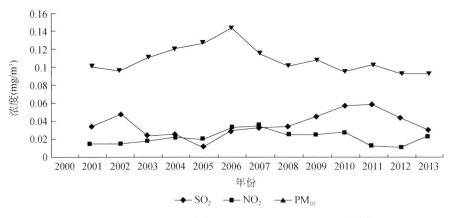

图 4-13　嘉峪关市 SO_2、NO_2 和 PM_{10} 浓度变化趋势

　　由图 4-15 和图 4-16 中可看出，张掖市空气中 SO$_2$ 浓度呈现逐年下降趋势，人均 GDP 和工业增加值呈逐年上升趋势，但上升幅度不同，说明张掖市人均 GDP 还受其他因子影响。

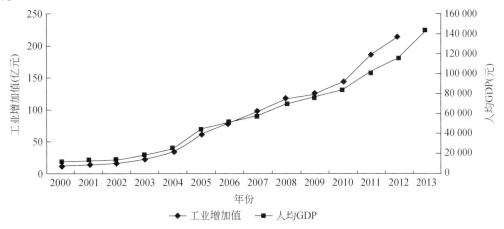

图 4-14　嘉峪关市人均 GDP 和工业增加值变化趋势

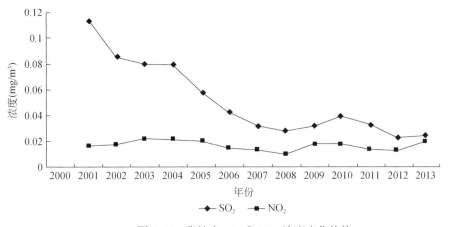

图 4-15　张掖市 SO$_2$ 和 NO$_2$ 浓度变化趋势

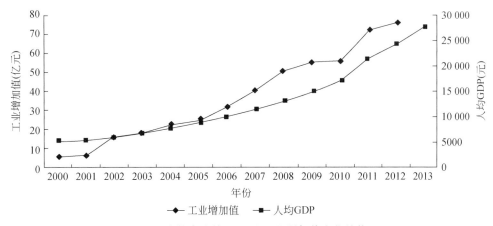

图 4-16　张掖市人均 GDP 和工业增加值变化趋势

由图 4-17 ~ 图 4-19 可看出,武威市大气中 PM_{10} 呈下降趋势,人均 GDP 和工业增加值呈幅度相同的逐年上升趋势,说明人均 GDP 主要靠工业拉动,但近年来这种趋势有所改变,可能与武威市第三产业的比重增加有关。

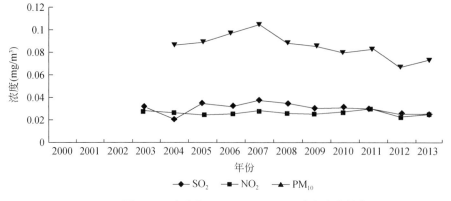

图 4-17　武威市 SO_2、NO_2 和 PM_{10} 浓度变化趋势

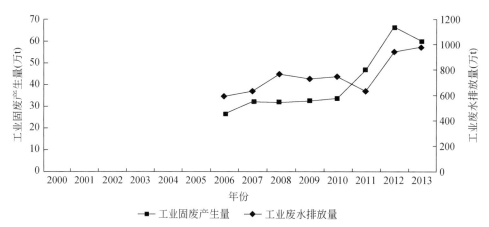

图 4-18　武威市工业废水排放量和工业固体废弃物产生量变化趋势

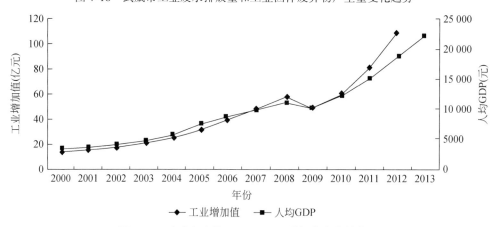

图 4-19　武威市人均 GDP 和工业增加值变化趋势

从图 4-20 和图 4-21 看出,酒泉市大气中 SO_2 浓度呈波动上升趋势,人均 GDP 和工业增加值呈现逐年上升趋势。

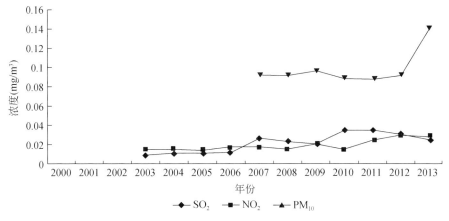

图 4-20　酒泉市 SO_2、NO_2 和 PM_{10} 浓度变化趋势

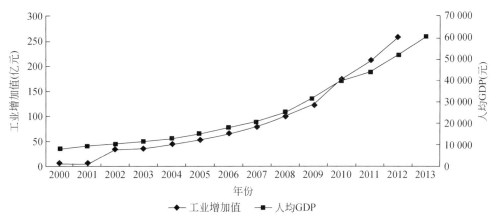

图 4-21　酒泉市人均 GDP 和工业增加值变化趋势

4.4.2　生态环境容量

1. 大气环境容量和沙尘暴

任何局部地区的经济开发都将出现区域性环境影响，这是大气环境的普遍问题，因此，必须诊断局地开发对区域性的影响特征分析。这里选取 2014 年 4 月 24 日即兰州和河西走廊污染最严重的一天来研究。对 4 月 24 日 72h 内大气污染的前向、后向轨迹进行了估算（距地面 500m、1000m 和 1500m），考虑到兰州市是典型的河谷城市，空气流通受限，大气污染物不易扩散，故选取 24h 进行模拟，模拟结果如图 4-22 ~ 图 4-24 所示。

由图 4-22 ~ 图 4-24 中可以看出，在前向轨迹日变化有明显的不同，兰州市的输送轨迹有明显在当地滞留的特点，这表明兰州市的环境背景容量较小，在这种背景场影响下，工业污染源排放污染物输出扩散能力较弱。而嘉峪关市的输送轨迹范围很大，说明大气环境容量大，金昌市介于兰州市和嘉峪关市两者之间。从三地的后向轨迹图分析来看，均受来自西北气流（包括河西走廊和新疆）的影响。河西走廊年平均风速可达 2.1 ~ 4.5m/s，局部地区大风日数达 30 ~ 70d，从侧面也证明其大气环境容量大。

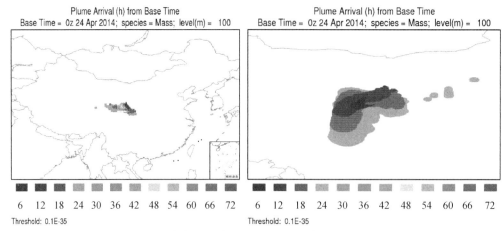

图 4-22　兰州市在 2014 年 4 月 24 日重污染日的 24h 气团模拟

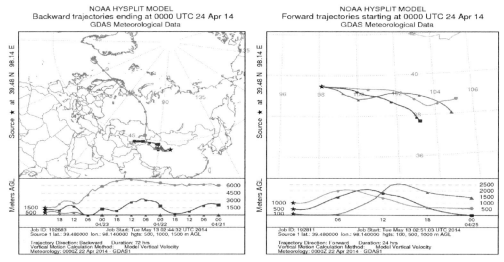

图 4-23　嘉峪关市在 2014 年 4 月 24 日重污染日的 72h 气团模拟

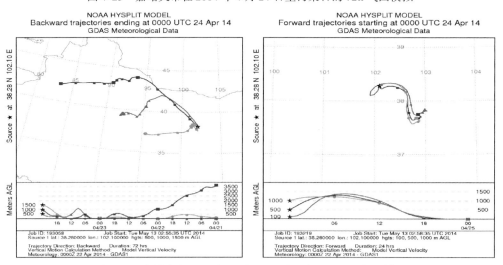

图 4-24　金昌市在 2014 年 4 月 24 日重污染日的 72h 气团模拟

从图 4-25 可以看出嘉峪关市、金昌市和兰州市三地的空气质量指数在春季高度相关，冬季兰州市和金昌市污染更严重一些。

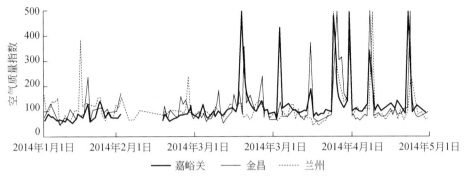

图 4-25　2014 年 1~5 月嘉峪关市、金昌市和兰州市空气质量指数

河西走廊地区沙尘暴天气可分为系统性和原发性两种类型。系统性沙尘天气是指冷锋迅速移动和一定热力条件下发生沙尘天气，并且随冷锋移动影响其他地区，沙尘天气过程中可以明显区分出源头区和降尘污染集中区。每年系统性沙尘天气在河西走廊发生 2~6 次。原发性沙尘天气是指受局地热力条件影响，本地沙尘扬起，造成单个城市小区域内质量受到明显污染，但一般不会扩散到其他地区和城市。原发性沙尘天气发生次数最多的为兰州市（每年 2~3 次）和金昌市（每年 1~2 次）。

河西走廊沙尘天气成因分析如下。

1）沙尘源地丰富（五大沙漠周边）。

2）干旱少雨，生态环境脆弱（年降水量不足 250mm，部分地区在 100mm 以下）。

3）春季冷空气活动频繁，气候不够稳定（受新疆、内蒙古冷空气活动影响）。

4）地理位置独特（地形狭窄，两边高，中间低，沙尘天气发生时极易形成狭管效应，从而导致地面风速明显增强，出现强沙尘天气或沙尘暴）。

酸性降水仅限于金昌市，酸雨频率小于 10%。工业污染源排放的 SO_2 是酸雨形成的主要因素；大气环境污染特征为颗粒物、SO_2、NO_2 3 种污染物，污染分担率分别为 50%、34%、16%。其中，受 SO_2 影响的城市有兰州市、金昌市、白银市。

2. 水环境容量与污染

河流中武威市石羊河和玉门市石油河水质为轻度污染，张掖市山丹河为重度污染，污染物主要为挥发酚、生化需氧量和硫化物，其余河流水质均为稳定达标。水质超标的主要原因如下：一是河流上游有工业废水和生活污水排放。例如，山丹河上游主要接纳了张掖工业园区排放的工业废水和生活污水。二是河水径流量小，有些河流经常断流，几乎成为纳污河流，尽管上游纳入的工业废水和生活污水大部分都经过污水处理厂处理，但由于这些河流自净能力弱，按目前的功能区要求很难实现稳定达标。各城市地下水水质良好。

由于水体环境容量等于区域范围内的水资源总量乘以环境质量功能区内环境质量标准，河西走廊区域内的水质基本达标，因此水体环境容量取决于区域内的水资源总量。

表 4-1 为河西走廊城市水环境容量的计算结果，其中选取 COD 和氨氮作为主要污染物，采用地表水环境质量标准中的 V 类标准，排放量采用 2013 年数据。从表 4-1 中可以

看到，兰州市、白银市和张掖市的环境容量也较大，这与黄河和黑河流经该地有关。从环境风险来看，嘉峪关市、金昌市、兰州市和武威市四地的氨氮排放量已经超过了环境容量，其中武威市的 COD 排放量也超过了环境容量，因此建议这四地新建或改扩建污水处理厂，增加污水处理量，以减少水环境风险。张掖市和酒泉市的排放总量较小，环境容量大，不需要削减总量控制指标。

表 4-1　河西走廊城市水环境容量计算结果　　（单位：万 t）

地区	COD * 环境容量	氨氮环境容量	COD 排放量	氨氮排放量
酒泉市	8.26	0.3	0.1	0.03
嘉峪关市	0.44	0.02	0.24	0.06
张掖市	11.48	0.43	3.4	0.16
金昌市	5.49	0.21	1.37	0.53
武威市	4.54	0.17	4.6	0.2
兰州市	18.36	0.69	4.6	0.8
白银市	22.5	0.84	1	0.15

* COD 即化学需氧量。

需要说明的是，水环境容量并非一个一成不变的数值，它随排污量、污染治理情况呈动态变化。一个地区环境容量大，并不代表可以肆意地发展高耗能高污染产业，而一个地区环境容量小，也并不意味其不能发展，它可以通过加强污染治理和环境保护措施来扩大区域的容量。因此，应当用发展的眼光看待上述环境容量。

3. 土地荒漠化发展趋势及防治措施

根据 1994 年联合国的定义，荒漠化是指包括气候变异和人类活动在内的种种因素造成的干旱、半干旱和亚湿润干旱区的土地退化。土地荒漠化包括土地沙化、土壤盐渍化、水土流失和土地生物生产力衰减等。

土地荒漠化主要是在自然背景下，由于人类不合理利用资源而加剧，但不同区域引发荒漠化的因素，即自然与人为因素作用的程度是不同的。在干旱荒漠地区，自然过程处于荒漠化过程，在宏观上、总体上自然因素是经常起作用的主导因素，人类不合理利用起了促进或诱发作用。干旱荒漠区的土地荒漠化主要是指绿洲部分。荒漠化和绿洲化构成干旱荒漠区的基本矛盾。

（1）黑河流域

荒漠化状况：随着人口增加、水土资源开发力度加大，黑河流域荒漠化呈现加速发展趋势，生态环境问题日益突出。特别是下游的居延绿洲面临消亡的威胁。

1）上游地区森林带下限退缩，天然水源涵养林退化。

2）中游地区人工绿洲面积扩大，但总体上土地沙化呈发展趋势。

3）下游地区水量、植被急剧减少，沙化面积迅速扩大。

黑河流域的生态环境问题在下游表现尤为突出，具体体现在以下几个方面：①河流水量减少，断流时间加长，尾闾湖泊干涸，地下水位下降；②森林、草地面积减少，覆盖度降低，生态系统退化；③土地沙漠化面积扩大，沙尘暴危害加剧。

荒漠化成因分析：黑河流域特别是黑河下游地区荒漠化的发展除了因为其地处干旱区、降水稀少、水资源匮乏外，人为的水土资源过度开发是主要原因。

1）干旱、多大风的恶劣气候是荒漠化发展的自然基础。黑河流域位于干旱荒漠地带，流域中下游年均降水量由西南部的 140mm 向东北减少到不足 50mm，蒸发能力高达 1407～3000mm，空气相对湿度不到 35%。特别是下游地区，年均风速达 4.4m/s，8 级以上大风日数为年均 52d，多风月扬沙日达 21d。

2）水土资源过度开发，挤占了生态环境用水，是荒漠化发展的根本原因。

3）人口、牲畜数量增加，滥垦滥樵滥挖、超载过牧也是加剧荒漠化不容忽视的重要因素。

4）传统粗放的经营方式是加剧人地矛盾的主要环节。一是用水粗放，浪费严重；二是农牧业集约化程度低，发展慢；三是观念落后，经济形式单一。长期单纯依靠农牧业的第一性生产，第二、第三产业发展缓慢，制约了经济的发展，也加剧了对资源环境的压力。

荒漠化治理措施如下。

1）黑河流域治理成功的关键在于中游的节水。

2）黑河下游真正进入绿洲的水量应有保证。

3）建立黑河下游生态保护区。

4）应进一步研究解决流域内产业结构调整问题，从根本上解决人民群众发展的出路。在保护生态环境的同时，应充分考虑区内经济发展的需要，不仅仅考虑传统畜牧业向现代畜牧业的转移，也同时考虑边贸、国防与生态旅游观光、矿产开发、特色农牧业等新产业的发展。

（2）石羊河流域

石羊河流域沙漠化成因如下。

1）生态环境脆弱。

2）人口增长迅速，水土资源过度开发。

3）地下水资源超采，地下水位降低，生态环境恶化，沙漠化扩展。

治理措施如下。

1）实行流域统一管理，坚持上中游向下游输水。

2）维持现有绿洲生态系统稳定，压缩农业生产规模，调整产业结构。发展节水与高效益的葡萄、棉花、畜牧、瓜果四组支柱产业。

3）建立防沙治沙体系。防沙治沙体系主要由绿洲内部农田防护林与绿洲外围的防风固沙林两大部分组成。在沙漠前沿绿洲外围布设灌草封育带、沙漠与绿洲交错区建立以灌木为主体的防沙阻沙林带、绿洲内部建立窄林带小网格农田防护林带，以形成具三层水平防线的有效拦阻。应该强调，在建设防沙治沙体系过程中需首先考虑的问题是要有水源保证，给林带留出必要的水资源。

4）加大对水源区（祁连山区）生态恢复与保育力度，维持水资源自然形成机制。

（3）祁连山地区

祁连山地区生态环境状况如下。

1）冰川退缩，储量减少，雪线上升。

2）生态逆向演替，森林功能弱化，水源涵养能力下降，呈现出乔木林地向疏林地、灌木林地向灌丛地和草地、疏林地向无林地的逆向演替趋势。

3）草地退化严重，生产力急剧下降。

4）水土流失加剧，土地荒漠化趋势日趋扩大。

5）沼泽湿地面积萎缩。

6）生物多样性面临严重威胁。

生态环境恶化原因如下。

1）气候变暖，逐渐干旱化。

2）人口持续增加，人为干扰不断加剧。

3）资源开发方式粗放，管理手段落后加剧生态退化。

4）生态保护力度不足，监测管理体系不健全。

治理对策如下。

1）针对祁连山雪线上升、冰川消融加剧问题，主要采取人工巡护、监测和人工增雨等措施，避免人为干扰，减少冰川周边环境的污染和破坏，维持和稳定冰川及周边生态系统。

2）针对祁连山区森林生态功能减弱、生态逆向演替的问题，实施人工造林、封山育林、遗弃耕地植被恢复等措施保护森林植被。

3）针对草地严重退化、生产力急剧下降问题，主要采取沙化草地治理、毒草防治、草地病虫鼠兔害防治、减畜配套工程等措施，积极改良草场，减轻草场压力，提高草产量，逐步实现牲畜放牧与舍饲圈养相结合，向设施畜牧业转变。

4）针对湿地大幅度萎缩，水源涵养功能减退问题，采取全年封育和一般性保护两种形式对湿地进行保护。同时，增加人工增雨雪作业，增加湿地的水量。

5）针对水土流失严重、土地沙化问题，实施营造水土保持林、保护性耕作、封禁治理、小型水利水保、工程治沙和封沙育林草等生物措施和工程措施，缓解生态环境恶化趋势。

第 5 章　　　新型城镇化总体战略

5.1　总体思路

深入贯彻党的十八届三中、四中和五中全会精神，坚持"四个全面"及创新、协调、绿色、开放和共享发展理念，以创新驱动为动力，优先推进新型城镇化战略，优化建设兰州特大城市和兰–白都市圈，使其成为国家西部区域增长极和丝绸之路经济带战略性中心城市。重点建设武威、张掖、金昌、酒泉、嘉峪关和敦煌，使其成为丝绸之路经济带区域节点城市和区域增长极。积极建设中小城镇，优化城镇布局，坚持点轴推进，组团发展，驱动河西走廊绿色城镇、智慧城市和产业密集带快速成长，实现绿色崛起，着力构建丝绸之路经济带空间战略支撑体系，加快丝绸之路经济带向西推进，向北、向南扩展，向东联动。实施互联网+战略，建立互联网创新信息网络和政府创新服务网络，突破创新障碍，优化创新环境，吸引、凝聚资本、技术、人才和管理等短缺要素，厚植土地、绿色能源、矿产资源、生态环境、旅游文化等地域优势要素，大力培育绿色城镇化新动力。加快壮大兰州新区、循环经济产业园区、高科技产业园区和保税物流园区，积极建设自由贸易区，建成一批内陆开放型经济试验基地。坚持绿色发展、低碳发展和循环发展，推进生态文明先行示范市建设，加快交通枢纽城市向宜居、宜业、宜游绿色生态城市转型，着力建设河西走廊绿色工业化和绿色城镇化双轮驱动的丝绸之路经济带战略新高地。传承、弘扬、创新中华文化、丝路文化、民族文化、红色文化、生态文化，推进华夏文明传承创新示范区建设，着力打造敦煌等一批丝绸之路国际文化旅游名城和丝路名镇，建设丝绸之路经济带重要节点城市、丝绸之路国际文化生态旅游带。坚持城乡统筹，全面发展，着力构建以工促农、以城带乡、工农互惠、城乡区域协调的新型城乡关系，开创以人为本、四化同步、布局优化、绿色发展、生态文明、文化传承、具有丝绸之路特色的河西走廊新型城镇化道路。

5.2　基本原则

5.2.1　点轴辐射，组团发展

优化城镇空间布局，以中心城市为核心，以城镇组团为重点，以中型城市为突破口，以重要交通干线为骨架，点轴推进，提升中小城镇公共服务能力，加强绿洲城镇的建设与管理，建设高效集约的城镇空间结构，逐步提高中心城市和重点交通轴带的辐射带动能力，促进河西交通走廊向经济走廊和区域增长极转变。

5.2.2　对外开放，协同发展

充分发挥河西走廊东进西出，连通南北的大陆桥区位优势，培育优良投资环境，积极合理有效地利用外资，扩大开放，大力发展对外贸易，重点开拓中亚、中东、俄蒙、欧洲、南亚、东南亚市场，着力构筑我国对外开放新格局。

充分考虑欠发达、资源型、民族性、文化性、多样性、边缘性、干旱性、脆弱性突出，发展潜力巨大等区域特征，及其在西部、全国及国际的比较优势和劣势，确定其主体功能、产业体系与空间布局。积极推进跨区域合作，服务国家丝绸之路经济带总体战略，使河西走廊新型城镇化与甘肃全省、全国的总体目标有机地结合起来，承接东部产业转移，得到全国支持。

5.2.3　城乡统筹，全面发展

贯彻党的十八届三中全会"以工促农、以城带乡、工农互惠、城乡一体"的精神，统筹工业化、信息化、城镇化和农业现代化相互融合发展，完善城乡社会保障体系，强化中小城镇产业支撑和人口集聚功能，加快美丽乡村建设，推进城乡融合协调发展，完善城镇化健康发展体制机制，推进城乡统筹全面发展。

5.2.4　生态文明，持续发展

贯彻党的十八大尊重自然、顺应自然、保护自然的生态文明理念，推进城镇带绿色发展、低碳发展、循环发展，建设一批生态示范城镇、生态示范村和生态示范社区，兼顾生态与经济、科学配置石羊河、黑河和疏勒河三大内陆河流域水资源，培育绿色生态经济体系，引领示范绿色、高效、低碳的新型城镇化道路，推动甘肃资源节约型与环境友好型社会建设。

5.2.5　合理分工，特色发展

根据河西走廊地域分异规律，以发展循环经济、弘扬地域文化和构建和谐社会为出发点，弘扬甘肃丝路文化、华夏文化、民族文化、生态文化和现代科技文化等文化精华，凝聚和提升甘肃文化软实力，建设干旱区地域特色、民族特色鲜明的低碳、绿色、宜居的新型城镇，促进河西走廊交通城市向宜居宜业生态城市转型发展。

5.3　战略定位

5.3.1　丝绸之路经济带空间战略支撑体系和西北新型增长极

河西走廊以丝绸之路经济带战略大通道及区域枢纽、西北新型增长极、丝绸之路国际生态文化旅游带、绿色生态城镇带、绿色产业密集带、生态屏障带，形成对丝绸之路经济带空间战略支撑体系。

自古以来，河西走廊作为三条古丝绸之路核心段，区位优势显著。丝绸之路节点城市之间商贸亨通，东西方文化交流频繁。兰州自古就是"丝绸之路"上的商埠重镇和著名的国际贸易关口"金城关",现已发展为全国综合性交通枢纽和西部地区重要的商贸物流中心。兰州新区作为西北地区和丝绸之路上唯一的国家级新区,是国家向西开放的重要战略平台,两者在带动甘肃新型城镇化、经济发展及对外开放中具有重要的战略地位和辐射带动功能;西陇海—兰新铁路、高速公路和 G312 国道等交通干线作为国家重要战略通道,具有突出的沿轴辐射扩散功能。河西走廊城镇群快速崛起将为丝绸之路经济带提供空间结构战略支撑体系(空间骨架),构建国家城镇化战略格局的西部新型发展轴。

甘肃拥有古丝绸之路贯穿境内 1600 多公里的战略通道优势,河西走廊以陆桥、廊道闻名于世,连接着中原与西域、农区与牧区,具有东进西出、南来北往的区位优势,西陇海兰新铁路、包兰铁路、兰渝铁路、兰成铁路、青藏铁路等纵横交错,汇聚成第二条亚欧大陆桥的关键组成部分,是国家西部大开发的骨干支撑。近期国家应重点支持提升河西走廊城镇带综合交通运输能力,构建连接中亚、俄蒙、中东、南亚、东南亚、欧洲的战略大通道,打造丝绸之路经济带纽带桥梁。

努力把兰州建设成为丝绸之路经济带黄金段连通中部、西北、西南向西、向北开放的国家区域枢纽城市;把白银、武威、金昌、张掖、嘉峪关、酒泉建成区域战略支点和区域枢纽城市;把敦煌建成国际旅游目的地和枢纽城市;把张掖建设成东西连通甘青、南北连通蒙藏的区域枢纽城市。通过建设河西走廊绿色产业带和绿色城镇带,建成西北新型增长极,带动藏区等民族地区、贫困地区和边远地区实现跨越式发展。

5.3.2　西北内陆地区对外开放战略新高地

融入丝绸之路经济带战略,扩大向西、向北及向南全面开放、建设开放型经济和城镇,实现开放发展,将把河西走廊建成我国西北内陆对外开放的又一战略新高地。

坚持"两种资源,两个市场""走出去"与"引进来"战略方针,对接国家"五横""四纵""四出境"通道,重点扩大对中亚、中东、南亚、东南亚、俄蒙和欧洲市场,形成产品出口优势,重点建设兰州中川国际机场、兰州综合保税区、兰州国家一级综合物流园区、武威保税物流园区,出口高附加值产品,扩大对外开放,开创我国对外开放新格局。

5.4　战略目标

至 2020 年,河西走廊城镇化水平稳步提升,城镇综合经济实力显著增强,城镇化空间格局更加优化,城市发展更加集约高效,城市生活更加和谐宜人,城市对外开放水平大为提高,城镇化体制机制更加完善,把河西走廊城镇带建设成为丝绸之路经济带空间战略支撑体系,西北内陆地区对外开放战略新高地,丝绸之路经济带的战略大通道和纽带桥梁,与全国同步实现全面小康社会目标,在稳疆固藏、民族团结及维护民族地区社会稳定中发挥战略支撑作用(表 5-1)。

(1)城镇化水平稳步提升

到 2020 年,河西走廊城镇常住人口城镇化率达到 60%,户籍农业城镇化率达到 50%。

（2）城镇综合经济实力显著增强

支柱产业形成较大规模，现代循环产业体系基本完善，国际丝绸之路文化旅游带高效运转，把敦煌建成丝绸之路国际旅游城市，建成丝绸之路国际经济带的新型增长极。

表 5-1　丝绸之路背景下甘肃河西走廊新型城镇化发展主要指标

指标	2012 年	2020 年
一、城镇化水平		
常住人口城镇化率（%）	55.6	≥60
户籍人口城镇化率（%）	43.09	≥50
二、基本公共服务		
农民工随迁子女接受义务教育比例（%）		≥95
城镇失业人员、农民工、新成长劳动力免费接受基本培训覆盖率（%）		≥95
城镇常住人口基本养老保险覆盖率（%）		>97
城镇常住人口基本医疗保险覆盖率（%）		>97
城镇常住人口保障性住房覆盖率（%）		≥23
三、基础设施建设		
百万以上人口城市公共交通占机动化出行比例（%）		≥60
城镇公共供水普及率（%）	92.77	≥95
城市污水处理率（%）	69.48	≥90
城市生活垃圾无害化处理率（%）	93.41	≥95
城市家庭宽带接入能力（Mbps）	10	≥50
城市社区综合服务设施覆盖率（%）		100
四、资源环境		
人均城市建设用地（m²）		≤120
非化石能源占一次能源消费比重（%）	22.71	≥25
城镇绿色建筑占新建筑比重（%）		≥30
城市建成区绿地率（%）	31.11	≥32
地级以上城市空气质量达到国家二级标准的比例（%）	74（兰州）	≥80
农田灌溉用水有效利用系数	0.53	≥0.6
五、对外开放		
接待国外游客人次（万人次）	5	≥20
进出口贸易总额（亿美元）	83	≥300

（3）城镇化空间格局更加优化

一核一轴，五大组团的城镇空间结构基本形成，以兰白核心城市群一体化水平显著提高，辐射带动作用明显增强，"酒嘉"、金武、张掖、敦煌等区域中心城市和城市组团加速形成，聚集能力和区域竞争力不断提升；城市规模结构不断优化，大中小城市发展更加协调，小城镇建设特色更加鲜明。

（4）城市对外开放水平大为提高

外向型投资环境明显提升，对外通道功能全面完善，建成一批跨境合作基地，对外贸易加速发展，城市利用外资规模和水平显著提升，吸引国外游客人次显著增加，外向型经济蓬勃发展，全方位的对外开放格局基本形成。

（5）城市发展更加集约高效

绿色低碳的城镇集约发展模式基本形成，高效节水型城镇建设取得突破进展，土地集约利用水平得到提高，城镇用水和用地增速均低于城镇人口增速。绿色生产和消费日益成为城市生活主流，节能节水产品广泛应用，可再生能源消费比例和资源能源利用效率稳步提高。

（6）城市生活更加和谐宜人

城镇基本公共服务常住人口全覆盖基本实现，义务教育、基本养老、基本医疗卫生、保障性住房等供给和服务水平稳步提升，基础设施更加完善，生态环境明显改善，自然景观、历史文化和民族文化遗产得到有效保护，城市管理更加人性化、智能化。

5.5　战略任务

5.5.1　优化城镇体系，建设丝绸之路经济带空间战略支撑体系和新型增长极

在千里河西走廊地区，仅有武威、金昌、张掖、酒泉和嘉峪关五个区域性城市，其中仅武威市区常住人口达到 20 万人以上，其他四城市区常住人口均小于 20 万人，缺少 50 万～100 万人口规模的大城市和中小城镇，城市数量、城市规模难以辐射带动广袤的河西走廊区域快速发展，城镇体系不够合理，更难以支撑国家区域经济布局梯度拓展和丝绸之路经济带建设向西推进。因此，亟须优化城镇体系，加强组团发展，培育新的区域中心城市和大城市作为西北区域增长极。

实施“一核一轴，四大组团，点轴辐射，协调发展”的城镇化空间战略。即以兰（兰州市区、兰州新区）白（银）都市圈为核心，以酒（泉）嘉（峪关）、金（昌）武（威）、敦煌和张掖四大城镇组团为支撑，以兰新铁路、兰新二线（高铁）和连霍高速为一级发展轴，连通河西城镇群——兰白都市圈，组团发展，点轴辐射，轴带推进，推动河西走廊城镇群（带）快速崛起，打造丝绸之路黄金段城镇空间结构战略支撑体系（空间骨架），带动酒（泉）嘉（峪关）城市极核、敦煌国际旅游城市扩容升级、金（昌）武（威）区域经济一体化建设和张掖绿洲绿色发展，在西北地区发挥“率先、带动、辐射、示范”的中心作用，引导民族地区、贫困地区和边缘地区实现跨越式发展，成为国家“两横三纵”城镇化战略格局的西北增长极。

5.5.2　扩大开放，建设内陆开放型经济新高地和丝绸之路经济带战略大通道

地处内陆腹地的河西走廊，集聚科技和人才等创新要素的吸引力不足，参与全球经济

大循环的对外开放意识不够。统计数据比较分析显示，河西走廊地区综合科技创新能力、信息化水平和资本潜力明显不及全国平均水平，近年来出现人口外流趋势，成为制约区域和城市可持续发展的重要因素。因此，需要充分发挥河西走廊区位和通道优势，扩大开放，加强合作，着力构筑对外开放新格局，打造内陆开放型经济新高地。充分利用外部资源、资本、人才、技术和经验，促进新型城镇化战略实施。

1）实施开放型资源战略，促进国际产能合作，加快资源型城市转型升级。加强与中亚、俄罗斯能源的合作，与蒙古、中亚的有色金属合作，建立国家级资源储备基地，充分利用区外替代资源促进河西走廊玉门、金昌、嘉峪关等资源型城市转型升级。

2）实施开放型科技人才和产业战略，建设创业创新城镇。积极吸引发达地区科技、人才和先进技术，主动承接东部先进高科技扩散转移。借鉴中国科学院白银高技术产业园建设经验，加强同中国科学院等知名科研机构紧密合作，利用"外脑"，促进技术创新和产业化，推进高科技支撑的新材料、新能源、生物育种等战略性新兴产业跨越式发展，促进创业创新城市建设，增强城市综合竞争力。

3）实施文化旅游市场开放战略，建设国际旅游经济特区。抢抓丝绸之路世界文化遗产保护机遇，进一步开放文化旅游市场，申请简化出入境旅游程序，加强与丝绸之路沿线国家交流合作，共建丝绸之路国际文化生态旅游产业带，以敦煌国际旅游目的地建设为支撑，打造丝绸之路国际旅游经济特区。

4）实施对外开放基地建设战略，建设内陆开放型经济新高地。在城市新区、航空港、物流园区等区域开辟出口加工区、保税港、保税物流园区等对外开放基地，重点建设兰州中川国际机场、兰州综合保税区、兰州国家一级综合物流园区和武威保税物流园区，逐步建成自由贸易区，建设内陆开放型经济新高地。

5）实施跨境物流通道建设战略，建成丝绸之路经济带战略大通道及区域枢纽。提升河西走廊城镇群（带）综合交通运输能力，构建连接中亚、俄蒙、中东、南亚、东南亚、欧洲的战略大通道，建成丝绸之路经济带的大动脉和纽带桥梁。重点建设甘肃–青藏—南亚大通道、甘肃–青海–南疆—中亚西亚大通道、西陇海兰新—中亚–中东–欧洲大通道、甘川渝—西南大通道、甘肃–宁夏–蒙古、俄罗斯蒙—向北开放大通道，努力把兰州建设成为丝绸之路经济带黄金段连接东西、沟通南北的国家区域枢纽城市、国家能源和应急保障物资储备基地、物资供应和转运基地，以及与中亚各国和欧亚大陆桥沿线国家合作发展的国际物流中心、国际民族特色产品交易及文化交流中心，把白银、武威、金昌、张掖、嘉峪关、酒泉建成区域战略支点和区域枢纽城市，把敦煌建成国际旅游目的地和枢纽城市。加强铁路与公路、民用航空与地面交通等枢纽衔接建设，实现多种运输方式"无缝连接"，完善跨境物流通道，提高物流效率。建设丝绸之路经济带河西走廊跨境电子交易平台，建设线上线下互动融合的国际物流网络。

5.5.3　加强生态文明建设，打造丝绸之路绿色生态城镇带

河西走廊生态脆弱敏感，自然环境抗干扰能力弱，在全球气候变暖和人类活动作用下，生态环境形势依然严峻，加强河西生态文明建设，建设生态城市是河西新型城镇化的必然选择。

人类社会走过农业文明，经历工业文明，即将进入生态文明时代。古丝绸之路兴起于

农业文明时代，衰落于工业文明时代，古丝路文明是农业文明时代的辉煌代表，但丝绸之路的复兴绝不是要重回农业文明和工业文明时代，而是要吸取工业文明时期的历史经验教训，在人类文明史上再创奇迹，引领全球率先进入生态文明时代，为人类文明做出积极贡献，这是生态环境本地相对脆弱的丝绸之路地区的必然选择。

在古丝路文明中，中华文化、印度文化、伊斯兰文化和古罗马文化相互交融，四大文化体系中都蕴含着深刻的生态文化内涵，生态文化是丝路沿线各主流文化的结合点和共通点，生态文化是生态文明建设的灵魂。因此，以生态文明统领丝绸之路经济带建设，具备深厚的文化基础。弘扬古丝路文明先进文化，构建丝绸之路现代生态文明，将丝绸之路经济带建设成为全球生态文明样板，将为人类文明进程做出更大贡献。

1）推进丝绸之路经济带河西走廊生态文明建设。在城镇化进程中，以自然保护区等形式保护生态空间为基本前提，以良好的生态环境为重要支撑，以繁荣的城镇生态经济为发展动力，以先进的生态文化为思想指引，以完善的生态制度为重要保障，建设高品质的生态人居，构建六位一体的丝绸之路生态文明体系（图 5-1）。以生态文明战略为统领，推进河西走廊生态城镇建设和循环经济体系构建，促进河西交通城市向宜居宜业城市转型发展。

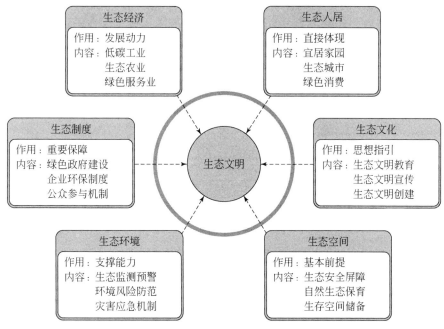

图 5-1　生态文明总体战略框架体系

2）"六城四级"推进丝路绿色生态城镇建设。以兰州一级中心城市和"酒嘉"、金武、张掖、敦煌等区域中心城市（组团）为重点，六城（安全之城、循环之城、便捷之城、绿色之城、创新之城、和谐之城）、四级（生态中心城市—生态小城市—生态小城镇—生态社区）推进生态城镇体系建设（图 5-2），突出资源高效、绿色发展、整体和谐理念，重点建设生态城镇循环产业体系、生态人居环境体系、低碳基础设施和生态文化体系，因地制宜地开展美丽乡村和新牧区建设，集中整合偏远分散聚落，统筹城乡协调发展。

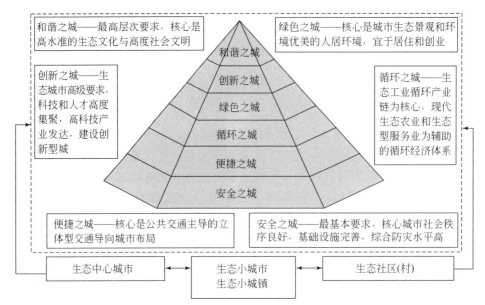

图 5-2 "六城"推进生态城建设模式

突出资源高效、绿色发展、整体和谐理念，重点建设生态城镇循环产业体系、生态人居环境体系、低碳基础设施和生态文化体系，因地制宜地开展新农村和新牧区建设，统筹城乡协调发展。实施转移收缩战略，集中整合偏远分散聚落，完善新建农牧区社会保障与基础设施体现，实现城乡一体化发展，千方百计提高农牧民生活水平，实现城乡融合发展。

资源高效：一是水资源的高效利用与有效保护，以保障水土资源循环与生态平衡及可持续为目标，加强三大内陆河流域生态环境管治，水土资源优化配置，以及水资源的循环利用；二是土地集约利用，推进绿色空间保障、城镇组团布局、绿色科技支撑、土地高效利用的土地资源高效发展模式；三是促进资源型经济向循环经济转化，在畅通的交通、便捷的信息传递、完善的物资供应和专业的服务系统建设基础上，建立一种城市整体空间布局结构紧凑、社区和城镇功能完善的空间发展模式。

绿色发展：一是以绿色发展理念与绿色高科技为引领，发展高科技绿色农业、绿色工业与绿色城镇。二是创造绿色生态景观与现代高科技人文环境相结合的河西城镇风貌，完善区域生态支持系统以及绿地环抱的城镇景观和环境优美的居住环境。依托当地水系与自然风貌，提高林地和公共绿地的覆盖率，构建与河西走廊水系、植被、地貌有机结合的人文景观系统，形成绿化、净化、美化、活化的景观带和良好的视觉效果，为所有居民提供环境舒适、优美的住区，打造特色城市景观。

整体和谐：核心是高水准的生态文化和高度的社会文明。不仅包括人与环境之间的和谐，而且包括人与人之间的和谐以及城市与周边地区之间的和谐。不仅要有较高的人口素质、优良的社会风气、井然有序的社会秩序，而且保留和发展富有地域特色的文化，保障生态系统高质量运行。

5.5.4　加快特色城镇化，建设稳疆固藏战略新高地

（1）建设民族特色和地域特色鲜明的丝路城镇群（带）

秉承地域特色与文化特色，走甘肃特色多样城镇化道路，建设一批富有丝路特色的低碳、绿色、宜居、智慧新型城镇，建成一批丝绸之路经济带绿色支点城镇。重点打造兰州丝绸之路枢纽中心城市，白银、金昌、玉门等典型资源型城市，武威、张掖等绿洲绿色经济型城镇，敦煌国际旅游城市、酒泉、嘉峪关等历史文化名城和旅游重镇，阿克塞、天祝等少数民族城镇，永昌、武南镇等交通物流城镇等。

（2）建设民族团结、稳疆固藏与特色城镇化有机协调的战略新高地

建设丝绸之路经济带黄金段新型经济增长极，带动藏区等民族地区、贫困地区和边远地区实现跨越式发展。选择典型地区，建设民族团结、和谐发展模范区，巩固稳疆固藏前沿阵地，引领西部乃至全国民族地区和谐发展。发挥区位枢纽和战略大通道优势，建设国家战备基地、灾备基地和我国战略大后方。弘扬丝路文化、民族文化、宗教文化和生态文化，挖掘地域文化资源，建设国家华夏文明传承创新试验区文化产业和国际旅游先行示范区。

5.5.5　加快体制机制改革创新，推进酒嘉合并及敦煌升格

历史上形成的部分城市行政区划问题阻隔了城市与腹地内在的有机联系，导致城市间行政壁垒和要素流动不畅等长期存在。城市行政区划与城市客观的腹地不匹配，导致流域水资源、土地资源、能矿资源和生态环境在城市间的分配不够合理，导致自然资源权属纠纷时有发生；相邻城市画地为牢，相互掣肘，如嘉峪关和酒泉两座极其临近的城市各修建1个高铁站，造成资源浪费；城市功能定位与城市行政级别不符，如县级行政级别的敦煌市难以集聚资源支撑其建成国际旅游名城；广袤的国土空间里城镇布局分散，城镇间距大，较低的人口密度与多层级的行政管理体制导致行政成本高。因此，亟需加快行政区划调整，推进体制机制改革创新，提高城镇管理效率。

抢抓丝绸之路经济带建设战略机遇，打破新型城镇化的机制体制障碍，依据流域地理格局和自然资源管理的完整性，结合各城市功能需要，按照优化资源配置和空间结构，提高行政效率的基本原则，以改革开放为动力，合理调整优化河西走廊部分城市行政区划。为突出敦煌在丝绸之路建设中的特殊战略地位，推进敦煌升格为地级市，除包括现有管辖区外，其腹地还包括瓜州、阿克塞和肃北，以整合资源，扩大腹地，增强城市资源环境承载力和综合竞争力，建设丝绸之路经济带国际旅游中心城市。

根据酒泉市和嘉峪关市地理区位的近邻性、空间辐射范围高度重叠的客观实际以及满足二城对城市发展腹地和辐射动力的相互需求，为优化城市空间结构，建议尽快推进酒泉和嘉峪关市撤并，推进酒嘉"双核"城市空间结构高效融合，一体化发展，把酒嘉市建成为仅次于兰州市的区域中心城市和河西走廊最大城市，在甘肃丝绸之路黄金段承担区域增长极和战略支撑点的功能，以其强大的辐射扩散效应带动周围区域快速崛起，驱动河西走廊新型城镇化建设。

根据区域城市人口规模和空间范围，以降低行政成本，提高行政效率为目的，建议积极开展"撤县建市、市管社区"扁平化行政管理试点。

第6章　城镇空间结构与城镇体系优化战略

6.1　地域空间结构分析

6.1.1　带状地域，区域通道

　　河西走廊为西北—东南走向的狭长平地，地处大漠与高山间的廊道，地处黄河以西，形如走廊。狭义的河西走廊东起甘肃省乌鞘岭，西至甘新边界，长约1000km，面积占甘肃省总面积的24%，地势自东向西，由南向北倾斜。南侧是祁连山，北边与沙漠戈壁相望，西宽东窄，宽数公里至近百公里。广义的河西走廊为甘肃黄河以西区域，包括兰州、白银与河西走廊五市。河西走廊与天山北麓、昆仑山等廊道相联系，共同组成西北的区域交通、文化要道。

　　河西走廊自然景观由三部分组成：①南部是高峻的祁连山，是走廊重要的水源地，主要是涵养林景观；②北部是长期剥蚀的低山残丘与平地，主要是沙漠和戈壁景观；③中部为走廊平原地带，发育了众多的大小绿洲，是走廊经济发展的核心地带（蒙吉军等，2002），如图6-1所示。

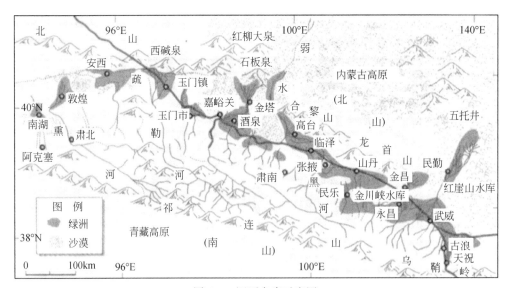

图6-1　河西走廊示意图

资料来源：http://mail.tlsh.tp.edu.tw/~t127/chinawestnorth/b.html

6.1.2 基于三大流域，绿洲城乡聚落发育

河西走廊依托祁连山丰富的冰雪融水，以大黄山、黑山为界，分隔形成石羊河、黑河和疏勒河三大内陆河水系，河流源于南部祁连山山地，向北流入平原走廊区，最终储为尾闾湖或消没于北部沙漠区。河流沿线发育着绿洲，城乡聚落密集发展，见表6-1和表6-2。

表6-1 河西走廊地区各流域流经主要城市

流域	城市
石羊河	武威、金昌
黑河	张掖、嘉峪关、酒泉肃州区和金塔县
疏勒河	酒泉、玉门、瓜州、敦煌、肃北和阿克塞
黄河	兰州、白银

注：广义河西走廊包含兰州、白银。

表6-2 河西走廊地区三大内陆河水系河流

干流	主要支流
石羊河	大靖河、古浪河、黄羊河、杂木河、金塔河、西营河、东大河、西大河
黑河	弱水（山丹河）、民乐洪水河、大渚马河、黑河、梨园河、马营河、丰乐河、酒泉洪水河、讨赖河
疏勒河	白杨河、石油河、榆林河、疏勒河、党河、哈尔腾河

1. 石羊河流域

石羊河全长为250km，自塔儿庄出山，入河西走廊东段为中游，过武威最终消失在民勤县东镇以北沙漠中。上游皇城摊是优良牧场，中游形成武威和永昌绿洲，灌溉农业发达，下游是民勤绿洲。武威各市县在绿洲基础上发育成型，如图6-2所示。

流域内现可利用水资源总量为17.6亿 m^3，水资源为775m^3，耕地亩均水资源量为280m^3，人均和亩均水资源量低于黑河流域的人均水资源量1400m^3和耕地亩均水资源量529m^3，也低于甘肃省人均水资源量1150m^3和耕地亩均水资源量378m^3，属典型的资源型缺水地区（凡秋霞，2011）。

2. 黑河流域

黑河全长为821km，流域范围为98°E～102°E，37°50′N～42°40′N，涉及青海、甘肃、内蒙古自治区，流域面积为14.29万 km^2，其中甘肃省境内为6.18万 km^2，如图6-3所示。出山口莺落峡以上为上游，河道长为303km，面积为1.0万 km^2，是黑河流域的产流区；莺落峡至正义峡为中游，河道长为185km，面积为2.56万 km^2，人工绿洲面积较大，发育形成农业发达的张掖市；正义峡以下为下游，河道长为333km，面积为8.04万 km^2，除河流沿岸和居延三角洲外，大部分为沙漠戈壁，为我国北方沙尘暴的主要来源区之一[①]。

① http://www.lanfanyi.com/tranfan/heihe.html

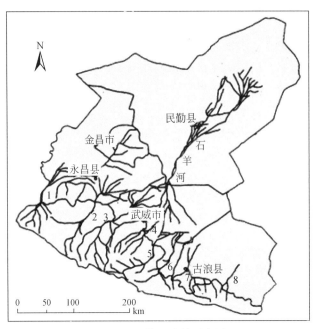

图 6-2　石羊河流域示意图

1. 西大河；2. 东大河；3. 西营河；4. 金塔河；5. 杂木河；6. 黄羊河；7. 古浪河；8. 大靖河

资料来源：http://www.kejianhome.com/lunwen/430/14038.html

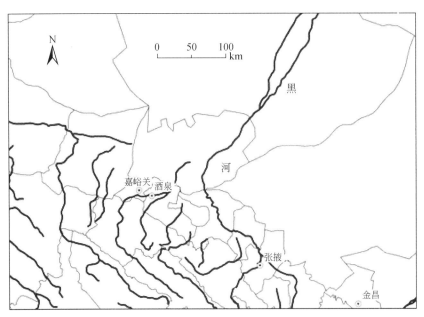

图 6-3　黑河流域示意图

3. 疏勒河流域

疏勒河全长为 670km，流域面积为 4.13 万 km²，流经肃北、玉门、瓜州等绿洲，折向党河，注入哈拉湖，消没于新疆东部边境的盐沼。出昌马峡以前为上游（昌马大河），昌马峡至走廊平地为中游，向北分流于大坝冲积扇面，下游在黄冬子农场以北经党河向西流入玉门关以西的哈拉湖滩地（图6-4）。

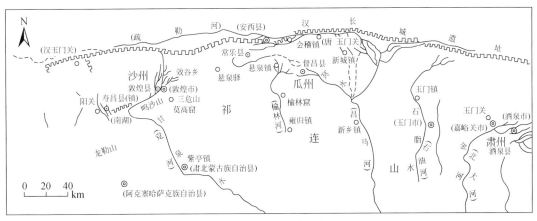

图 6-4　疏勒河流域示意图

资料来源：http://museum.lzu.edu.cn/dunhuang/general_history.php

6.1.3　交通轴线突出，沿河沿路城镇发育

河西走廊地处亚欧大陆桥核心通道，历史悠久，战略意义重大，自古就是中国与亚欧各国交通运输、经贸往来和文化交流的必经之路。区域交通沿古丝绸之路中线通道发展，结合新丝绸之路战略延伸，形成了兰新线甘肃段重要交通干道。铁路和国道系统日益发达，形成了点轴发展结构的新丝绸之路道路交通主轴线，众多城镇依托轴线发育。沿河流方向的道路不断完善，并沿路发展形成了城镇体系。城市发展总是遵循以区域城市为极核，向外沿主要交通干线或沿阻碍最小的路线向所能发展的腹地延伸，主要城市位于丝绸之路主轴线与沿河横向轴线交汇处，横向多条轴线上发育了县城等级别比较低的城镇。

6.1.4　土地资源充足，城镇用地规模较大

河西走廊土地面积占甘肃省总面积的60%，其中耕地占全省面积的3.76%，草地占全省面积的29.54%，林地占全省面积的3.02%，交通、城市居民、工矿、水库等用地占全省面积的2.82%，未利用土地占全省面积的61.34%，河西走廊地区2012年土地利用情况见表6-3。

表 6-3　河西走廊地区 2012 年土地利用情况统计

城市	地区面积 （km²）	城区面积 （km²）	建成区面积 （km²）	地区人口密度 （人/km²）	城市人口密度 （人/km²）
武威	33 249	31.00	31.00	54.79	10 226
金昌	8 896	42.00	39.36	52.54	4 583
张掖	40 874	104.24	125.31	29.54	120.76
酒泉	167 996	232.00	46.80	6.57	1 490

续表

城市	地区面积（km²）	城区面积（km²）	建成区面积（km²）	地区人口密度（人/km²）	城市人口密度（人/km²）
嘉峪关	2 935	120.00	63.00	79.83	2 098
兰州	13 271	212.07	198.67	273.57	9 361
白银	21 209	99.24	58.16	81.06	4 160

资料来源：《甘肃发展年鉴2013》。

河西走廊地区地域辽阔，具有发展大农业的条件。其中，宜农土地1.28万km²，宜农宜林土地0.44万km²，宜林土地0.29万km²，宜农宜林宜牧土地1.31万km²，宜牧土地12.86万km²，宜其他土地0.71万km²。宜农土地中有连片可垦荒地467万亩，其中，石羊河流域65万亩，黑河流域223万亩，疏勒河流域179万亩。

河西走廊土地资源有山地冰川冻土、山地灌木林地、草地、山前干旱半干旱草地、荒漠、半荒漠、沙漠、戈壁、沼泽、盐碱地和灌溉绿洲或林地等类型，土地资源类型分布有三大特点：①上游区依海拔和坡向而异，形成横向带状分布；②中游区沿河流走向纵向带状分布；③下游区依静态水体（如湖泊）形状而呈环状或斑状零星分布（甄计国，2001）。

6.1.5 荒漠化严重，生态环境保护有待加强

河西走廊地区是我国荒漠化、沙化严重的主要地区之一。河西走廊地处西北干旱区，位于青藏高原与内蒙古高原之间，被腾格里、巴丹吉林、库姆塔格等沙漠环抱，该地区的生态系统主要为山地–绿洲–荒漠–沙漠（陇言，2012）。河西走廊地区土壤土质差，蓄水保肥能力差，极易受到侵蚀，土地荒漠化严重，是我国风蚀荒漠化最为严重和比较典型的地区之一，目前边缘沙丘每年向绿洲入侵3~6m，土地荒漠化面积不断扩大，基本变化趋势表现为局部逆转，总体扩大，治理速度不及荒漠化整体发展势头（胥宝一和李得禄，2011）。

河西走廊是我国"两屏三带"中青藏高原生态屏障和北方防沙带的关键区域，也是西北草原荒漠化防治区的核心区（宋振峰，2014）。今后应以水源涵养、湿地保护、荒漠化防治为重点，加快河西地区节水型社会建设，实施祁连山生态保护与三大流域生态综合治理，加强北部防风固沙林体系建设，着力构建河西祁连山内陆河生态安全屏障，建设国家级绿洲节水高效农业示范区、国家新能源基地和新材料高技术产业基地（张小影等，2014），表6-4为河西走廊地区生态环境状况指数。

表6-4 河西走廊地区生态环境状况指数

地区	生物丰度指数	植被覆盖指数	水网密度指数	土地退化指数	环境质量指数	生态质量环境状况指数（EI）	生态环境状况分级
武威	19.21	22.82	5.22	4.61	95.89	25.72	较差
嘉峪关	11.56	11.60	6.73	-2.96	78.46	17.74	差
金昌	16.50	19.88	5.93	40.08	88.79	30.62	较差

地区	生物丰度指数	植被覆盖指数	水网密度指数	土地退化指数	环境质量指数	生态质量环境状况指数（EI）	生态环境状况分级
张掖	27.86	32.15	9.68	46.20	96.56	39.05	一般
酒泉	6.05	7.74	2.71	−13.23	92.46	14.82	差
兰州	38.55	50.41	5.00	55.51	94.24	45.96	一般
白银	31.22	40.15	4.33	26.84	95.03	36.32	一般

6.1.6　历史文化名城密集，绿洲城镇经济区较为成熟

河西走廊是丝绸之路的重要地段，历史文化积淀厚重，是丝绸之路文化、敦煌文化和黄河文化等多元文化的载体。2009 年，国家旅游局推出 12 条旅游精品线路，"丝绸之路"名列榜首。目前河西走廊有 3 个国家级历史文化名城，4 个国家级历史文化名镇，3 个省级历史文化名城，1 个省级历史文化名镇，见表 6-5。城市发展以区域性中心城市为依托，以不同地域文化与社会经济为基础，形成了河西走廊城镇经济区。

表 6-5　河西走廊地区历史文化名城（镇）统计

级别	具体	占全省百分比（%）
国家级历史文化名城	武威（古凉州）、张掖（古甘州）、敦煌（古沙州）	75
国家级历史文化名镇	古浪县大靖镇、榆中县青城镇、榆中县金崖镇、永登县连城镇	57.14
省级历史文化名城	兰州市、肃州区、会宁县	37.5
省级历史文化名镇	兰州市永登县红城镇	14.29

6.1.7　生态多样性降低，流域城乡生态管理面临挑战

由于人类活动的加剧，基于内陆河流域的自然绿洲退化严重，下游大多数绿洲已经消失。水库、水渠、水景观的建成，在调节水资源调配和增加城市湿度的同时，也造成了河流下游流量剧减甚至断流的水环境危机局面，水系格局改变退化明显，疏勒河流域的部分支流已经独立存在就是例证。

近年来，通过流域水资源的系统管理，河流下游获得了用水配额，石羊河下游青土湖地域恢复了 15km² 的湿地，黑河、疏勒流域的生态环境也有了改善，但城乡管理与生态环境保护面临的挑战依然严峻。

6.2 城镇体系三大结构优化

6.2.1 区域城镇发展、体系演变进程与规律

1. 发展阶段及特征分析

(1) 古代河西走廊城镇发展

河西走廊的历史最早可上溯到新石器时代晚期的马家窑时期（距今 5100～4000 年），而今存最早的古聚落遗址是金昌市的三角城，系距今 2700～2500 年的青铜器时代沙井文化遗址。自两汉以后，河西城镇进入系统发展时期。

两汉时期（公元前 206～220 年）：张骞出使西域后，汉朝实现了对西域的有效管辖，中原农耕文明逐渐传入河西地区，农业定居人口出现，再加上两汉移民屯边、军事屯田城镇的建置，开始发展东西交通，丝绸之路沿线城镇逐步粗具规模，城镇初兴。虽然秦始皇时期兰州一带就有了行政建制，而根据《汉书·地理志》的说法，酒泉郡、张掖郡置于太初元年（公元前 104 年），武威郡置于太初四年（公元前 101 年），敦煌郡置于后元元年（公元前 88 年），兰州也就成为了汉朝经营河西的基地。汉代在河西走廊设置的河西四郡以及 35 县，城镇规模相对较小，表 6-6 为汉代河西四郡初期户数统计。

表6-6 汉代河西四郡初期户数统计

地名	户数	人口数	辖县数	所属平原	所属流域
敦煌	11 200	38 355	6	敦煌平原	疏勒河
酒泉	18 137	76 726	9	酒泉平原	黑河
武威	17 581	76 419	10	永昌平原	石羊河
张掖	24 352	88 731	10	张掖平原	黑河
总计	71 270	280 231	35	—	—

资料来源：《汉书·地理志》。

南北朝时期（220～581 年）：丝绸之路逐渐畅通，商贸活动日渐繁盛，但由于中原封建诸侯割据，长期处于战乱之中，国家政权不稳定，导致河西地区经济文化往来障碍较多，城镇建设发展缓慢，甚至有的城镇基本处于发展停滞状态。

隋唐时期（581～907 年）：国家政局的稳定和经济的强盛，尤其是唐朝经济文化交流远达中亚、西亚和南亚，并与周边列国建立了重要的贸易合作关系，丝绸之路的繁荣昌盛促进河西走廊等沿线城镇经济实力增强，唐王朝积极经营西域的策略促使城镇空前发展，河西走廊沿线城镇数量增加，城镇规模不断扩大，使甘肃省成为对外开放最早的省份之一。隋唐时期河西地区文化交流频仍，隋大业五年（609 年），隋炀帝亲临张掖丹山焉支山，举行"万国博览会"；唐代河西佛教兴盛，石窟文化快速发展。

五代时期（907～960 年）：中原政局陷入混乱，国家经济衰退，河西走廊地区作为丝绸之路要道，尽管仍有商贸往来，但已大不如唐朝。政权随着中央政府的东移，敦煌等地区节度使统治名存实亡，战乱和政权更迭频繁，城镇发展受到较大制约。

两宋元时期（960～1368年）：中国经济、政治中心南移，海上贸易的快速发展导致丝绸之路沿线贸易量锐减，沿线城镇逐渐衰落。但元朝时期甘肃的统治中心在河西走廊，城镇体系得到一定程度的恢复发展。

明清时期（1368～1911年）：明朝河西走廊地区商品经济发达，甘州是河西走廊最大的皮毛产地和集散地，河西城镇走向繁荣。清朝政府努力维持西域的稳定，实施积极的边疆开发和移民戍边政策，在一定程度上促进了河西沿线地区城镇发展；左宗棠收复西域，重开嘉峪关，在兰州发展工业，重视河西走廊发展。

（2）近代河西城镇发展

民国初期，在孙中山先生所提出的西北铁路宏伟设想中，兰州被称为"陆都"，并开始受到较多的关注，开启了近代西北开发的进程，抗日战争时期河西为战略大后方和国际救援物资通道，为抗战胜利做出了重要贡献。同时，国立敦煌研究所成立，河西文化遗产得到重视，城镇发展得到推进。

（3）现代河西城镇发展

现代河西城镇以国家政策为导向，以高速发展的科技为支撑，成为国家战略发展的新方向，城镇进入高速发展阶段。新中国成立以来，河西走廊城镇建设大致经历了三个发展时期。

第一时期——新中国成立初到改革开放：西部是国家建设重点，河西走廊地区经济、城乡建设速度较快，先后平地起家，新建成了白银市、嘉峪关市、金昌市、玉门市等一批城镇。

兰州市由原有的渡口古城、行政中心迅速发展成为石油、化工、机械为主导的现代化新兴大城市。中国国电集团兰州热电厂、刘家峡与盐锅峡水电站、刘家峡水库等一系列重大区域性基础设施工程相继建成。

天祝藏族自治县、肃北蒙古族自治县、阿克塞哈萨克族自治县改革开放以来，民族经济快速发展，在民族政策支持下，通过向县城区域发展或搬迁及游牧民定居工程，充分发挥当地丰富的矿产资源和农牧业优势，逐渐形成了一些独特的民族文化特色城镇。

第二时期——改革开放到20世纪末：河西走廊城市工业大发展，商贸流通业出现了可喜的局面，工业城市稳步兴起，交通系统全面改善，城镇化系统推进。但同时，高速发展的城镇也开始面临资源环境消耗所带来的巨大资源环境压力。

第三时期——21世纪以来：河西城镇组团与城乡融合发展初步提出。在国家西部大开发战略的推动下，河西走廊各个方面的投资增多，社会经济发展速度加快，城镇化水平快速提高。2014年《国家新型城镇化规划（2014—2020年）》的发布和2013年"丝绸之路经济带"发展战略的提出，为河西走廊地区推进新型城镇化进程提供了良好的机遇。

2. 区域城镇演变动力机制与影响因素分析

根据古丝路城镇聚落发展历史分析，河西走廊城镇的发展进程主要受水资源、交通、资源、经济、区位、政策、管理等因素的制约与推动。不同的发展基础与推动力造就了河西走廊城市的差异性。白银、金昌、嘉峪关、玉门均是矿产资源密集支撑型城市，武威、张掖、酒泉是水资源密集支撑下的绿洲灌溉农业与区域中心型城市，兰州作为省会、政治经济文化中心城市，是区域中心型城市。

（1）早期城镇发展主要受军事活动和自然环境条件影响，城镇规模偏小

两汉时期河西走廊城镇是在行政管理的基础上，通过长期的积累，基于屯兵戍边和边防战备管理的需要，在局部绿洲区域逐渐定居大量人口，防范匈奴再度入侵和保家卫国，是城市兴起的动力和基础。

受制于自然条件和环境容量，历史上河西走廊城镇规模较小。一方面，河西走廊城镇受地貌、海拔、降水等条件限制，城镇规模不大，一般城镇边长多为200~300m，发展条件艰苦，发展能力差。唐代在河西地区设置的城镇有的是在两汉基础上的扩建，有的是新筑城镇，城镇的规模有较大的增长。明代城池规模周长又有了进一步的增进，但城池规模悬殊。另一方面，河西走廊地区城镇发展自古以来一直以农业经济为主，受限于河西地区干旱的自然环境，经济发展能力弱，限制了城镇规模的扩张。

（2）水资源是河西走廊地区城镇发展最为重要的限制条件，城镇依绿洲而建

在河西走廊干旱的自然环境下，人类对于水源的依赖性决定了城镇发展依赖于绿洲。基于水源形成的绿洲成为干旱区人类文明发展的依托，水资源及水系分布特征决定了绿洲的位置及承载力，进而制约着城镇的区位指向和空间网络组织（贾百俊等，2012）。在地形和水资源的约束下，城镇的分布呈现出明显沿着河谷伸展的带状组团分布特征，并表现出"小市镇多中心"的空间格局。

绿洲是城镇发展的基础，绿洲对于干旱地区城镇的生存发展具有无可替代的作用。相比较而言，绿洲有着良好的自然地理条件，能够承载相对较多的人口从事生产生活，促进游牧民族向畜养型定居生活转变，为城镇发展提供了可能。

（3）历代城镇规模等级以两级制为主，区域中心城市是近代发展的结果

秦始皇统一中国并在全国推行郡县制，建立了国家和地区管理的二级城镇体系，自此以后，郡管辖县的州（郡、府）和县（镇）的二级体系，就成为河西走廊地区城镇体系的政治经济基础。兰州地处黄河与丝绸之路的交汇地带，于清代成为省会并逐步发展成为区域中心城市，是区域特例。

（4）交通一直是河西走廊城镇发展的重要动力，产业转型深刻影响城镇发展

河西走廊深居内陆，地域广袤，城镇发展严重依赖于早期交通的发展。为了掌握边境实况和边疆军情，历代统治阶级都非常重视丝绸之路沿线驿站的设置与管理，并逐步发展并服务于商业、外交等。这些驿站作为历史城镇建设的基础，随着时代的变迁而得到强化和发展。

河西走廊城镇在交通体系中的功能比较巩固，丝绸之路促使沿线不同区域文化的交融，成为沿线城镇带的发展轴，促进了沿线城镇呈带状分布的格局。驿站作为城镇发展的先导，随着城镇发展对交通的依赖性增强，并成为城镇扩张的枢纽。

近现代以来，工业成为推动河西走廊城镇发展最为显著的动力机制，河西走廊由于其特殊的自然地理形成过程，使得人类很早就认识到一些资源的商业价值和政治作用，新中国成立以后尤其是"三线"建设时期以来，一些资源型产业促进了该地区城镇的快速发展，促生了很多以资源开发为主的城镇。但随着生态环境保护力度加大和资源渐趋枯竭，原来一些依赖资源型产业的城镇开始转型，走向了生态化和依赖创新的新型发展之路，文化、教育、科技成为城镇发展的新动力。

6.2.2　职能结构

城市职能是城市在区域政治、经济、文化和生活方面所担负的任务和所发挥的作用。通常而言，城镇等级越高，其职能越复杂，而城镇等级越低，其职能就越简单。河西走廊城镇自然条件具有显著的相似性，城镇功能差异性不突出，城镇职能分工比较模糊，今后城市发展应坚持走特色化之路，城市功能定位要突出个性发展，互补合作，区域统筹，避免雷同，凸显不同城镇在区域发展中的独特职能与作用。

1. 河西城镇职能结构发展的基本规律

(1) 绿洲农业是河西走廊城镇发展的基础和主导特色

将来延伸绿洲农业的生态经济链与提高附加值是河西地区小城镇发展的关键，避免走传统工业化推动的城镇化是河西走廊新型城镇的重要方面。河西走廊绿洲是光、热、水、土资源配合最佳的区域，自古以来都是农业生产和人类聚集的基础，作为地区的粮食主产区被誉为"河西粮仓"，至今是甘肃及相邻的青海、宁夏、内蒙古等省（区）部分区域的主要粮食、蔬菜供应基地。比较先进的绿洲农业持续发展为河西地区人口集聚、聚落发展和城镇发展打下了良好的基础，而绿洲现代农业、制种产业、规模化农业则是新型城镇化的新机遇和潜力所在。

(2) 丝绸之路交通的不断提升是区域经济文化中心城镇职能发展的重要动力

河西走廊的区域中心城市，主要以故郡置址为基础，逐渐发展成为地级行政中心城市，兰州、凉州、甘州、肃州等区域中心历史悠久，不仅是当地的中心地，更是新、旧丝绸之路的商贸节点城市，开放性、商贸性、交通枢纽性等是这些城镇发展的重要动力。

(3) 文化资源保护与传承是河西走廊城市内涵式新型发展的内在基础

丰富而多元化的文化资源是蕴含在河西走廊城市发展中永不枯竭的生命力。古丝绸之路千余年的东西沟通和中外交流为河西走廊留下了丰厚的历史文化遗产。此外，由于河西走廊远离中原地区，历史上的动荡时期往往成为避难之地，集聚过众多的文化名人，也有利于该地区文化传承和文化遗产保护。敦煌是文化传承和保护的典型代表，敦煌石窟文化艺术不仅历史悠久，持续繁荣两千多年而不衰，成为人类的宝贵文化资源与财富，保留挽救的不仅是河西走廊的文化，更是中国重要的文化和世界珍贵文化遗产，已经成为河西走廊新型发展的最大特色。

具有文化与旅游资源优势的城镇发展速度快、特色鲜明。武威、张掖、酒泉作为国家级历史文化名城，最初是由于军事而建立，随着朝代变迁，历史文化资源保留，成为重要文化旅游城市。而敦煌以莫高窟为重心，以四大文明为交汇，形成敦煌学艺术，成为世界的瑰宝。以文化为纽带，以旅游为依托，城镇进入新型快速发展之路。

(4) 特殊矿产资源支撑与制约资源型城镇发展

河西走廊地区拥有丰富的矿产资源，一些城镇通过矿产资源开发利用而快速发展起来，如金昌和白银，在曾经荒芜未利用的土地上，因发现重要而具备规模的矿产资源，并通过矿产资源开发利用而快速发展成为河西地区重要城镇。

随着关键矿产资源趋于枯竭，资源型城镇发展转型是必然趋势。金昌是我国最大的镍钴生产基地和铂族金属提炼中心。玉门是中国石油产业的摇篮，因油田开采与冶炼而兴起县级市玉门。白银是国家重要的有色金属工业基地，铜产量曾连续 18 年位居全国第一。嘉峪关虽然闻名，但作为城市，则是发现镜铁山和酒泉钢铁公司发展需要才建设的地级城市。近年来，白银、嘉峪关、玉门、金昌均面临矿产资源枯竭的挑战，在转型与可持续发展上，需要探索出一条创新发展之路。

（5）特色农牧业发展支撑民族地区城镇繁荣

河西走廊自古以来就是众民族融合发展的区域，藏族主要聚居在甘南藏族自治州和河西走廊祁连山的东、中段地区，回族有部分散居在兰州，裕固族、蒙古族、哈萨克族主要分布在河西走廊祁连山的中、西段地区（赵菁和苟颖萍，2009）。改革开放对少数民族地区的扶持与激励政策，以其特色农牧业发展为基础，向城镇集聚生活，快速带动少数民族地区城镇化进程，河西走廊地区城市 2012 年地区生产总值、三产、人均生产总值见表 6-7，三产比重如图 6-5 所示。

表 6-7　河西走廊地区城市 2012 年地区生产总值、三产、人均生产总值

城市	地区生产总值（万元）	第一产业（万元）	第二产业（万元）	第三产业（万元）	人均生产总值（元）
兰州	15 638 163	445 481	7 447 002	7 745 681	43 175
嘉峪关	2 691 460	37 517	2 202 138	451 805	115 123
金昌	2 433 952	133 850	1 844 847	455 255	52 157
白银	4 337 651	485 807	2 485 950	1 365 894	25 274
武威	3 404 992	816 621	1 504 253	1 084 118	18 701
张掖	2 919 280	818 743	1 036 841	1 063 695	24 204
酒泉	5 736 605	688 617	3 073 569	1 974 419	52 028

资料来源：《城市发展年鉴 2013》。

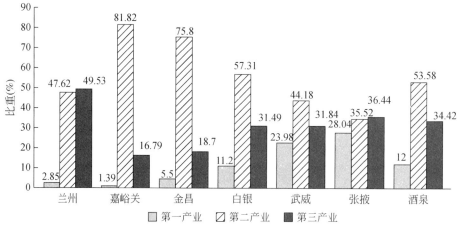

图 6-5　河西走廊地区城市 2012 年三产比重

（6）城镇职能优化要具有区域视野

城镇职能发展要基于区域的主体功能，并注重区域的协作发展。根据甘肃省主体功能区划，河西走廊的兰白地区、酒嘉（肃州—嘉峪关市）地区、张掖（甘州—临泽）地区、金武（金川区、凉州区）地区属于重点开发区范围，河西走廊绿洲农业区属于国家规定的限制开发区中的农产品主产区范围。河西走廊周边的山地如祁连山区、黄河水源区、石羊河下游属于国家限制开发区中的重点生态功能区范围，如酒泉的阿克塞、肃北、敦煌，张掖的肃南、民乐、山丹，金昌的永昌，武威的古浪、天祝、民勤，兰州的永登等。此外，河西走廊尚有部分区域属于禁止开发区，如各类自然保护区、世界文化遗产、水源保护地等。因此，河西走廊不同城镇所承担的职能往往具有不同的侧重点，具有多维性。

总体而言，在河西走廊地区城镇体系中，一些区域中心城市和重点开发的次中心城市，具有综合性职能，并承担着辐射周边的职能，而一些小城市和小城镇，则需要更加关注生态环境保护，职能也更加简单，但需要与周边城镇开展错位发展，避免职能趋同。因此，河西走廊城镇职能优化也需要有不同的途径，尤其是联系较为密切的城镇避免趋同发展；一些小城镇职能过于单一，需要适当强化公共服务职能；一些传统产业为主的城镇应该大力发展新兴产业，大力开发风能、太阳能等清洁能源，通过产业转型带动城镇职能优化。

2. 河西城镇职能结构现状特征

（1）发展现状

河西城镇的职能类型结构是自然、社会、经济等综合因素长期作用的产物，反映了城镇在城镇体系中的分工以及城市与区域、城市与城市之间的关系（杨永春，2001）。目前，河西地区城镇职能发展总体上还处于比较单一的低层次发展阶段。城镇性质不够明确，城镇之间缺乏必要的职能分工和协作关系（王航，2007），河西走廊地区主要城市职能类型见表6-8。

表 6-8　河西走廊地区主要城市职能类型

主导职能	政治中心职能		第二产业为主的职能（矿产、能源、制造业及农副（畜）产品加工）								第三产业为主的职能			
职能类型	甘肃省	地区	能源	冶金	化工	机电	建材	农畜产品加工	高新技术产业	食品加工	历史与名胜古迹、自然风光、疗养度假	教育科研、文化产业	铁路、公路、航空、管道枢纽	商贸流通
兰州	●		●	●	●	●				●	●	●	●	●
酒泉-嘉峪关		●	●	●	●					●			●	●
白银		●		●	●					●				●
武威		●								●				●
张掖		●							●					●
金昌		●		●		●			●					●
敦煌		●									●	●	●	●
玉门			●		●				●					●

资料来源：李慧，2013。

（2）问题与挑战

1）城镇职能提升发展较慢，职能雷同突出。城市职能发展在内部结构、规模、效益、资金及整体水平上都尚不够完善，且城乡发展差异大。城镇间发展方向雷同，产业冲突明显，缺乏必要的分工，不仅导致城镇发展缓慢，还阻碍地区综合竞争力的不断提升。

2）城镇发展同源，特色尚不够鲜明。河西走廊地区城市发展依托于三大流域，这三大流域的社会、经济、文化，尤其是农业发展水平差别不大，实力接近，张掖、武威、酒泉等城市的社会经济实力对比变化不明显，城市及其发展腹地实力接近，导致这些城市难以脱颖而出。

3）资源型城镇职能比较单一，转型方向不明确。嘉峪关、金昌、玉门、白银等资源型城市的崛起，吸引了大量资金，规模增长很快，但由于此类城市往往先有企业，后有城市，企业的兴衰决定着城市的发展，加之现代资源型产业没有很好地融入地方经济，现代资源型产业与服务于地方的产业具有明显的"二元结构"特征，城市职能结构没有随着时代发展而进行合理调整，随着城市发展所面临的资源枯竭问题日益严重，产业转型和城市职能转变尚不明确，城市发展长期在低水平徘徊。

4）河西地区城市群职能转换联动不足。河西地区各城市发展特点不鲜明，各自优势不突出，产业群互补性差，产业链优势不明显，城市间缺乏更深层次的协作发展，城市应有机联系、群落发展、相互促进，不可人为割裂与各自为政。

5）城市职能自上而下的辐射带动力有限。金昌、白银等城市职能多年以来以能源重化工等资本密集型产业为主，而劳动密集型产业发展较为缓慢。但是由于资本技术密集型产业的扩散功能较弱，导致城市对当地及周边地区的辐射带动能力较弱，难以成为区域发展的有力引擎。

（3）发展优势

1）河西走廊资源丰富，地理条件优越，发展机遇好。河西地区地处丝绸之路经济带的重要地段，以省会兰州为中心，兰（州）-白（银）作为重要物流基地和内联外引的综合性交通枢纽，酒（泉）-嘉（峪关）作为打通与周边省区区际合作的重点，具有发展能源产业和高新技术产业的有利条件，张掖可积极推进农产品经济产业发展，敦煌具有发展国际旅游业得天独厚的资源条件。随着国家"一带一路"战略的贯彻实施，河西走廊面临千载难逢的发展机遇。

2）兰州作为甘肃省省会和区域中心，地理位置优越，交通线发达，城市发展迅速，兰州新区与中心城区呼应发展，成为新型增长极。兰州作为全国九大综合性交通枢纽之一，是我国12个主干交通枢纽之一，是铁道部规划的十大区域性客运中心之一，是西北地区铁路、公路、航空的综合性交通枢纽和物流中心（曾亮，2012），同时兰州拥有兰州大学、西北师范大学等诸多高校，超过全甘肃高校总数的一半，是甘肃省文化教育中心，更是西北地区仅次于西安的经济、文化和科教中心城市。

3）酒（泉）嘉（峪关）地区矿产资源品种较多，具有世界级旅游资源，清洁能源蕴藏量巨大。酒泉、嘉峪关均被评为"中国旅游品牌魅力城市"，拥有世界文化遗产莫高窟、国家5A级名胜景区嘉峪关关城、鸣沙山、月牙泉等国家重点文物保护单位。酒嘉地区地属国家风光热资源分布一类地区，风能可开发利用面积约1万 km^2，可开发量4000万 kW以上，太阳能资源可开发面积约5万 km^2。

4）张掖和武威历史底蕴雄厚，转型发展机遇好。张掖和武威作为国家级历史文化名城，历史文化旅游资源丰富，风光热资源充沛，城市经济发展长期以农业为主，城市发展水平差别小。城市地处河西走廊中东部，处于兰州、白银、银川、西宁城市经济圈的中心位置和陇海–兰新经济带的中间地段①，区位条件优越。

5）白银和金昌科研技术雄厚，区域创新带动能力强。白银和金昌作为因企设市的城市，为国家重要的金属生产和有色金属工业基地，金昌是国家新材料高新技术产业基地和循环经济示范区，白银是甘肃省重要的能源基地（常益飞，2010）。白银和金昌不仅具有集冶炼、加工、综合利用、科研等于一体化的比较完善的金属生产体系，而且在工业科研方面具有重要地位（贾万里，2010）。

3. 河西城镇职能结构优化方向与重点

河西城镇职能结构优化的方向是提高城市的区域影响力，促进城镇职能新型化、高层次化与适应化发展，基于产业链优化延伸，强化区域城镇分工协作有机联合，为河西城镇新型城镇化建设提供支持和保障。具体而言，中心城市向服务型发展，促进资源密集型城市向科研创新型城市过渡，突出文化旅游城镇的特色化、个性化发展、交通要道城市积极发展物流业，限制开发区城镇要积极开发风热资源并走绿色、新型发展之路，突出绿色有机农业在小城镇发展中的基础作用。

（1）中心城镇服务型发展

中心城镇一般是区域政治、文化、信息中心，在基础设施、文化、产业发展等方面处于领先地位。兰州作为甘肃省省会，河西走廊甘肃段的重要节点型城市，应全面发挥服务性功能，依托兰州新、老城的自身优势为周围地区提供技术、文化、智力、信息等支持，提高自身的服务与支撑水平，更好地带动周边地区发展。

（2）资源型城镇转型发展

以金昌和武威为例，金昌应大力发展循环经济，加大其全国循环经济示范区和全国工业固废综合利用示范基地的建设力度，整合优势资源，建设工业固体废弃物综合利用及再生资源回收物流系统，以集约化理念贯穿产业发展始终，促进产业结构调整，减少因资源枯竭带来的社会、经济、生态等负面影响。

武威应依托已有的技术优势，依托黄羊公铁联运物流中心、武威综合物流园等优势，发展高新技术替代型产业，大力发展武威"液体经济"、装备制造、特色化工等产业，提升发展现代农业和现代服务业，促进产业向精细化、高端化、集群化发展。

（3）区域产业链稳步发展

区域产业链的形成需要河西地区城镇间的密切协作。呈现在消费者面前的最终产品都要经过市场调研与定位、创意理念的形成、技术研发与投入、规模制造与加工、组装流通、市场销售、售后服务等环节，形成一条完整的区域产业链。从过程产品到最终产品再到最终产品销售，产业链上各环节创造的附加值由各环节所需要素的可替代性决定（解康健，2012）。充分发挥河西走廊各城市的优势产业、先进技术、快捷通道、优惠政策等一

---

① http://wenku.baidu.com/view/ce17bfadd1f34693dbef3e05.html

系列优势，由原先生产完整的产品变为根据各自要素优势实现产品生产各环节的全域性分工，自身只完成某一个或一系列环节的生产任务，实现区域城镇的优势重组。

（4）工业产业集中绿色化发展

工业发展园区化、集中化已成为工业用地布局优化的大趋势，也是城镇职能优化的一大方向。工业集中发展能达到资源共享、循环利用、节约用地、集约化发展的目的。如白银市和金昌市可依托丰富的资源，工业兴镇优势突出，在发展工业城镇的过程须坚持工业集中布局，优化资源配置，严控污染，形成良好的工业发展环境。产业绿色化发展还需要大力推动新能源、机械制造、电子信息等新兴产业快速发展（李慧等，2013）。

（5）商贸物流专业化发展

随着交通设施的不断完善，原来在功能上以商业贸易为主的城镇应立足本地特点，形成主导型商贸产品，打造以兰州、武威、张掖为节点的规模化物流商贸中心，不断向专业化商贸城镇发展，与周边城市乃至青海、内蒙古、新疆、宁夏、陕西等省（区）形成贸易产品各异、分工合作、共同发展的格局。

（6）旅游游憩城镇多样化发展

依托丝绸之路沿途城镇悠久的历史文化积淀和各具特色的自然民俗风情，打造多样化的旅游景观和旅游产品，将城镇的园林绿化建设与旅游业发展密切结合，通过旅游城镇、旅游功能区与日常游憩环境的协调发展，全面促进河西走廊地区生态环境、人居环境与城镇形象的提升。努力将酒泉、嘉峪关、敦煌打造成为影响范围更广的历史文化旅游名城，将张掖、武威、白银打造成为自然风光旅游名城，将阿克塞哈萨克族自治县、肃北蒙古族自治县、天祝藏族自治县打造成为民族风情旅游城镇。

（7）都市农业产业化发展

城市周边地区要充分利用临近城市的优势，服务城市、致富农村，瞄准城市需求，大力推动以张掖为主的都市农业产业化发展。积极整合政策、技术、资金等资源要素，积极推动其快速发展，以产业化带动城镇化发展。要注重发挥张掖区域优势，大力发展沙产业、阳光产业，积极开拓国内外市场，强化与周边省份的区域合作，不断延伸农业产业链，提高农副产品的附加值。

4. 河西城镇职能结构优化途径

1）强化河西走廊地区城镇的宜居性，提升城市人居环境质量。河西走廊地处西北干旱地区，长期遭受风蚀沙化的威胁，保护好脆弱的自然生态环境是城镇发展的基本前提和保障，并在生态环境保护与治理的基础上，以人为本优化和完善城镇基础设施建设，提升公共服务水平，为人们提供安全、美丽的生活环境以及良好的职业发展环境。作为古丝路文化的重要载体，独特的历史和文化是以敦煌、嘉峪关、张掖、武威等历史文化名城为核心的河西走廊地区城镇所具有的独特魅力和最为珍贵的资源。

2）兰州市工业向新区转移，老城区推动区域综合服务职能发展。在兰州新区的国家政策平台下，将工业向新区转移，进一步完善和提升兰州城市功能，提高城市竞争力和凝聚力，发挥省城兰州作为中心城市对河西走廊地区、全省乃至周边省域辐射带动的引擎作用，将之建设成为国家向西开放的重要物流基地和内联外引的综合性交通枢纽，承接东中部产业转移的重要基地，重要的基础科学研究和新材料、新能源与科技服务中心和多民族文化交流与旅游服务中心，以及甘肃省的经济、行政、文化与科教中心。

3）酒嘉职能联动发展，打造河西中心综合型城市。酒泉、嘉峪关同为国家历史文化名城、丝绸之路经济带重要的国际文化交往门户，加快酒泉、嘉峪关一体化发展进程，加快城市资源等各类要素的整合，使之成为国家重要的新能源装备制造基地及研发中心，甘肃省重要的现金制造业基地、新能源示范基地、钢铁基地和现代服务业基地，打造中小型河西中心综合型城市，使其建设成为全国区域性的交通枢纽和物流中心。

4）提升张掖旅游职能，推进农业产业化和现代化发展。加速提高张掖市的文化旅游、商贸物流、教育科研等综合服务能力，增强城市吸引力，打造戈壁湿地生态特色绿洲城市、区域性重要旅游目的地，重点培育农特产品加工职能，大力发展沙产业，促进现代农业发展，探索以农业现代化促进新型城镇化发展的新模式。

5）提升武威"液体经济"和国家级物流中心，突出绿色发展主导职能。提升武威文化旅游、商贸金融、现代物流等综合服务能力，加强武威同金昌的互补融合发展，将其建设成为丝绸之路经济带的新兴综合增长极，打造全国节水型社会示范区和国家级生态恢复示范区，重点培育以能源化工为主导的先进制造业基地，积极发展"液体经济"，依托以金色大道为主的综合交通枢纽加快现代物流业发展。

6）大力推进金昌科技转型，共创全国循环经济示范区。提升金昌市的有色金属材料研发等专业性生产服务能力，完善传统综合服务能力，重点发展以有色金属新材料为特色的先进制造业基地、全国循环经济示范区、全国新型循环经济试点城市，加强同武威的协同、互补发展。

7）深化白银转型发展，联合兰州推进区域服务职能提升。加强白银与兰州市的产业协调、基础设施对接，提升和完善白银市区的综合服务能力和旅游组织能力，改造提升有色冶金等传统重工业，打造现代化装备制造业基地，依托交通枢纽培育现代物流业，实现从传统重化工业基地向综合产业基地的升级。

8）以旅游资源推进敦煌区域发展，共创丝路文化名城。依托敦煌交通优势和文化优势，充分结合周边特色民族城镇，推进丝绸之路重要文化枢纽城市建设。发挥莫高窟等旅游资源优势，带动周边旅游资源发展，争做国际一流的文化旅游目的地。以丰富的自然资源为基础，充分开发光热资源、风能，争创甘肃省重要的新能源产业示范基地。

表 6-9 为河西走廊地区城市主要职能优化方向。

表 6-9　河西走廊地区城市主要职能优化方向

城市	主要职能优化方向
兰州	西北地区中心地带的综合服务、创新、物流、政治、文化与信息中心，西部文化城市之都
白银	新型化工、建材、冶金、高新技术与综合服务，资源型城市转型的典范
武威	文化旅游城市、历史文化旅游城市、生态治理教育基地、现代绿洲农业、经济液态、物流与加工、新能源城市
金昌	镍都、有色金属新材料、装备制造、城乡融合示范基地
张掖	历史文化与生态旅游城市、绿洲生态城市、绿色高效现代农业经济与绿色食品典范、世界博览会摇篮
酒嘉	西北旅游中心地、物流、冶金制造、现代绿色农业与中国新型能源基地、航天文化与飞天文化之都
敦煌	国际历史文化名城、旅游之都、区域交通枢纽、科研新城、新能源城市
玉门	新能源城市、化工、物流、商贸城市

6.2.3 城镇体系空间布局

1. 河西城镇空间布局发展的基本规律

(1) 腹地对城镇发展具有重要影响

河西走廊城镇的发展建立在城市间的交流与学习上，腹地范围的强弱直接影响到城镇的行政级别与商贸发展，进而影响城镇经济水平与发展机遇。

兰州作为省会城市对周边腹地的影响是河西地区其他城镇不可比拟的，因此其发展水平较高。酒泉与嘉峪关距离临近，嘉峪关腹地极其有限，二者通过一体化发展可以实现互利发展。

表 6-10　河西走廊地区中心城市缓冲区统计　　　　　（单位：km）

中心城市	缓冲区			
	24.6	49.2	73.8	>73.8
武威	1 区（县） 17 镇（乡）	1 区（县） 34 镇（乡）	4 区（县） 54 镇（乡）	民勤、天祝
金昌	1 区（县） 3 镇（乡）	2 区（县） 9 镇（乡）	3 区（县） 30 镇（乡）	
张掖	1 区（县） 14 镇（乡）	2 区（县） 28 镇（乡）	6 区（县） 37 镇（乡）	
酒泉	2 区（县） 10 镇（乡）	3 区（县） 16 镇（乡）	3 区（县） 21 镇（乡）	玉门、瓜州、敦煌、阿克塞、肃北
嘉峪关	2 区（县） 8 镇（乡）	2 区（县） 13 镇（乡）	3 区（县） 25 镇（乡）	
兰州	4 区（县） 7 镇（乡）	7 区（县） 30 镇（乡）	10 区（县） 81 镇（乡）	红古区、永登
白银	1 区（县） 7 镇（乡）	3 区（县） 20 镇（乡）	9 区（县） 52 镇（乡）	会宁

注：数据来源于甘肃省地图（2014 年 4 月修订），">73.8"的数据为本市地区缓冲区范围外区县。

(2) 绿洲、水系、交通是城镇发展的必要条件

绿洲的形成离不开水源，河西地区在干旱的自然条件下绿洲因河而成，河西城镇的形成是建立在绿洲基础上的，因此水系养育了绿洲，并为人们提供了生活的基本保障。交通线是连接区域空间不同城镇的桥梁和纽带，是河西城镇之间人流、物流沟通的载体。

(3) 人居环境改善成为城市空间增长方向

河西地区自古就存在着游牧民族，随着民族自治县的建立，形成了诸多的特色城镇，一些居民的生活环境从游牧区转到城市建成区。而阿克塞、玉门等城市中心区的迁址，都是迁往更加优越的地区，并迅速促进了城镇规模的扩大。

近年来，一些城市内部的空间格局也加大了沿河环境的改善，旨在营造舒适的人居环境，形成住宅新区。

（4）交通系统拓展促进城镇多向开放和城镇空间体系网络化发展

兰新通道是河西走廊城镇集聚发展的主轴线，近些年来，随着一些新的铁路、高速公路和高等级公路建设，沿线一些小城镇得到快速发展，重要交通线路交叉处的城市区位得到提升，如武威、张掖。

2. 河西城镇空间布局现状格局

（1）发展现状

河西走廊主要城市均处于主要交通要道或多条干线的交叉处，以兰新铁路线和 G312 国道为主轴，形成了主要城镇密集区，小城镇依河流绿洲呈带状布局，总体呈现"点—轴"发展空间格局（程小旭等，2014）。

1）以兰新铁路线和 G312 国道为主轴。河西走廊地区充分发挥地处丝绸之路"咽喉"要道、连接亚欧大陆桥战略通道和沟通西南、西北交通枢纽的优势，以完善综合交通、能源通道建设为重点，促进快速基础设施网络化和现代化建设，提升承东启西、互联互通的综合交通能力，坚持打造中小型城市，并进一步提升重要节点城市的支撑能力，努力把河西走廊地区建设成为丝绸之路的黄金通道、向西开放的战略平台、经贸物流的区域中心、产业合作的示范基地、人文交流的桥梁纽带。

2）河西走廊内部各区域城镇依河流绿洲呈带状布局。由于河西走廊地处两山峡谷地带，区域城镇发展的水平在一定程度上依赖于石羊河、黑河、疏勒河和黄河等流域系统形成的农业支撑条件。城镇受地域地貌条件的限制，城镇大多位于河流沿线，表现为顺着主干河流的支流呈葡萄串珠状分布。

3）河谷城市与滨河城市沿河带状发展明显。从城市内部的空间布局来看，河西走廊城市近年来的滨河绿化、河道治理与蓄水工程建设等，积极地促进了城市人居环境改善。例如，敦煌党河风情线、武威天马湖、嘉峪关讨赖河穿城而过、张掖国家级湿地公园、玉门玉泽湖等滨水景观的建成，促进了城市居住环境改善，提高了居民生活质量，对周边居民的吸引力增强，促进了城市规模递增和城市质量提升。

沿河谷的交通线也发育了小城镇带，如天祝金强河—永登庄浪河的次级河谷城镇带等。

4）主交通轴与绿洲中游地带的区位优势耦合，沿走廊纵向城镇带凸显。在纵向上，城镇和乡村聚落向交通线集聚，尤其是主交通轴与绿洲中游地带的交汇处，最有利于城镇的发展。走廊纵向城镇带发育，也是上游保护水源与山区人口下山入川入原，下游生态保护防沙漠化、限制开荒、缩减灌溉面积，人口向城镇迁移等可持续发展行动措施的结果，符合河西地区西保祁连山水源涵养地、东保下游沙漠化、中部保护"丝绸之路"的理想要求。走廊纵向城镇带发育，也有利于城镇带状聚集发展，形成网络，集约发展，河西走廊交通干线如图 6-6 所示。

（2）问题与挑战

1）城市发展不均衡，空间结构需要优化。城镇的空间发展多以中心城区和新区为主要发展方向，多呈现单心结构模式。受城市规模等级、区位的影响，城市个体发展力度不同，空间辐射区域不同，城市的辐射和吸引能力也大不相同，城市空间发展缺乏明确的方向和长远规划。

2）河西走廊地区产业和城市建设融合发展面临挑战。各城市相关城市规划中空间结

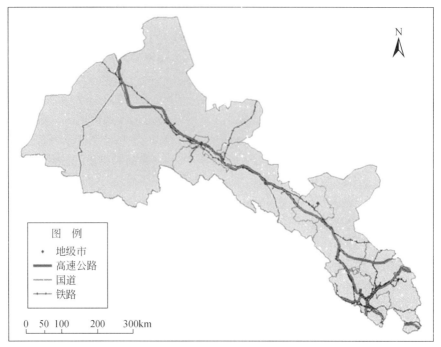

图 6-6　河西走廊交通干线

构对城市总体空间的把握较弱，导致城市建设的重点不明确，城镇群融合发展不足，产业协作能力较弱，与实际需求存在脱节现象。

3）较高层次的空间耦合尚需强化。大量城市仍处于集聚发展阶段，彼此之间联系薄弱，由于城市空间分布的差异性和局限性，同级城镇联系不够紧密，地区间与城镇间的专业化协作不明显，没有形成完善的城镇网络。

（3）发展优势

总体而言，河西走廊城镇体系空间布局沿铁路线较为集中，城镇空间走廊带关联程度较强，新时期快速交通线路对城镇空间演变的影响显著增强，就城镇群或城镇组团的空间演变而言，影响驱动力更加多元化。

1）河西走廊城镇沿铁路线分布较为集中，城镇空间走廊带关联程度较强。河西走廊地区人口和城市主要集中在兰新铁路沿线，形成了兰-白都市圈和酒嘉、张掖、金武等城镇组团，沿主要交通线的城镇之间联系较为密切。例如，酒嘉组团以嘉峪关为核心，包括玉门、酒泉，三市之间的平均直线距离仅有 57km；兰州都市圈包括白银和周边的定西、临夏、合作，平均直线距离为 98km，表 6-11 展示了河西走廊地区 9 座城市之间的欧氏距离。

表 6-11　河西走廊地区 9 座城市之间的欧氏距离　　　（单位：km）

地区	嘉峪关	酒泉	张掖	金昌	武威	白银	兰州	玉门	敦煌
嘉峪关	0								
酒泉	2.2	0							
张掖	21.3	19.0	0						

地区	嘉峪关	酒泉	张掖	金昌	武威	白银	兰州	玉门	敦煌
金昌	35.3	33.1	14.1	0					
武威	41.4	39.2	20.2	7.0	0				
白银	61.3	59.2	40.4	27.4	20.5	0			
兰州	62.4	60.3	42.0	30.2	23.3	6.6	0		
玉门	11.3	13.5	32.5	46.6	52.7	72.5	73.3	0	
敦煌	31.2	33.4	51.8	65.9	71.4	90.4	90.3	20.6	0

2）交通要道不断完善，使其成为河西城镇发展的主要驱动力。以西陇海兰新线为主的高速公路和兰渝、包兰、兰都高速铁路等基础设施建设不断加强，东西新的能源基地快速发展，中小城市崛起和小城镇的繁荣及集群化发展是今后河西走廊地区城镇化的趋势和重点所在。

3. 河西城镇空间布局优化方向

河西走廊城镇空间布局优化应该延伸城市发展轴线，促进绿洲城镇群联合发展；顺应自然绿洲上下游联系，突出城镇带集约化发展；依托古丝路通道发挥文化资源优势，建设丝路文化特色新型城镇带；在限制开发区与生态保障区，建设生态型城镇。

（1）顺应自然绿洲上下游保护，突出河西走廊城镇带集约化发展

全面提升河西走廊城市规划建设管理水平，优化城市空间布局和形态，实现集约、高效、可持续发展，加快建设区域城市带。以三大流域为纽带，加强城市人居环境建设，构建宜人住区；以高速铁路与公路、省道及沿线地区构建快速交通网络及绿化防护带，加快物流运输中心、保税区、国家级经济开发区的申请和建设，实现生产、生活、生态三大空间系统的协调发展。

（2）发挥文化优势，建设丝路文化特色新型城镇带

文化资源是河西走廊的优势，也是未来发展的关键，发扬传统文化精神和促进科技教育事业发展及应用，既有基础也是河西走廊新型城镇化的核心要求。

以历史文化为内涵，充分认识河西走廊地区历史文化资源的特征、分布和价值，探索资源保护与旅游开发融合发展的新途径，完善保护制度，加大监管力度，实现地区整体保护、联动发展。加强河西地区旅游资源特色发展，弘扬 "铁人精神" "航天精神"，突出丝绸之路文化、敦煌文化、黄河文化、西夏文化，宣传民族特色文化，推进历史名城（镇）建设、特色传统村落建设。

努力将河西走廊建设成自然遗产和非物质文化遗产综合保护的示范区，文化产业超常规跨越式发展的示范区，以文化产业发展促进经济结构调整和发展方式转变的示范区。

通过综合开发，整体推进，使整个河西走廊以生态走廊、战略通道、丝路咽喉、陆上三峡等文化保护传承创新为特色，建设丝路文化城镇带，各市形成既有机联系、又错位发展，既主题突出、又功能互补，独具魅力、个性鲜明、整体一致的文化生态与经济社会发展格局。

（3）建设生态城镇体系，提升人居环境

强化环境伦理意识，善待内陆河流域脆弱生态系统，严格保护祁连山水源涵养区和动植物资源，提高水源涵养能力，加大风沙治理力度，加快生态系统的自然恢复与重建，统筹人居环境保护与发展的关系，尤其是保护地表形态的稳定性，保护好植被。

优化产业结构，促进生态城镇建设。发展资源节约型和生态友好型的产业体系，积极开发基于地方资源和市场需求的绿色工业体系，如风力发电、太阳能光伏发电、风电装备制造业等。发展特色鲜明的文化产业、旅游产业、沙产业等；积极发展有助于降低河西走廊水资源和生态环境压力的虚拟水贸易；发展节水型、集约化的现代农业体系，在水资源环境承载力尚有余量的地域适度开发水资源和适度发展优质高效耕地；发展与资源环境条件相适应的生态畜牧业；积极推进适度适速的城市化和生态城镇建设，建设优良住区环境（李志刚，2010a）。

（4）延伸城市发展轴线，促进绿洲城镇群联合发展

以西陇海—兰新线为城市发展主轴，以河西走廊绿洲带为发展依托，完善城市群道路网扩建，强化产业合作，积极进行城市生态文明建设。

（5）流域生态环境系统优化，带动城乡聚落格局优化

以合理配置水资源和适当恢复水生态为切入点，促进人居环境系统的整体优化，恢复城镇河湖水系、湿地的自然格局。例如，保护敦煌市区的月牙泉、张掖市区的水塘芦苇、酒泉市区的泉湖等。

加强河西走廊地区绿色生态建设，深入实施生态环境保护措施，强化国家生态安全屏障功能，构建以祁连山冰川与水源涵养生态保护区为重点的内陆河生态安全屏障，保护内陆河流水系的基本天然循环空间格局，保护"山地–绿洲–荒漠"耦合系统以及"人工绿洲–自然绿洲–绿洲荒漠过渡带–荒漠"耦合系统的基本自然空间格局。

以城镇为中心，促进城乡融合发展。河西走廊作为西北坐中四联的重要区域，是西部地区国家安全战略纵深通道，要加快河西走廊在甘肃的"西翼"发展，积极巩固西北"重心"地位，以兰（州）-白（银）综合城镇群、酒（泉）-嘉（峪关）一体化、金（昌）-武（威）城镇带、大敦煌文化旅游城镇群为中心，区域协同发展，联动发展，特色发展，以区域资源优势促进城乡融合发展。

4. 河西城镇空间布局优化途径

河西走廊地区建设要满足丝绸之路黄金段、兰白一体化、酒嘉一体化、金武一体化、张掖城镇群、敦煌城镇群等区域发展新要求，突出"一核一轴，四大组团，点—轴辐射，协调发展"的网络化空间格局。

（1）一核——兰（兰州市区、兰州新区）-白（银）为中心的都市圈

以省会兰州为核心，以兰白都市圈为依托，建设甘肃省综合性的治理、组织和信息高地。兰州都市圈以兰州（老城+新区）为主核心，白银为副核心，其他城镇集群环绕，集聚分类发展，形成以兰（州）-白（银）为中心，互补合作，共同发展的省域中心和甘肃省中部区域中心城市。

（2）一轴——兰新交通干线

以"西陇海–兰新线"交通动脉为主轴线，以多条新建的铁路线和高速公路线为新的开放轴线，联通河西城镇群与兰白都市圈，以 G312 国道及沿线高速公路，联通兰白都市圈，促进河西全面开放发展。培养新的增长轴，强调新开发轴线的带动性。

（3）四大组团

1）金武组团。河西中东部绿洲生态经济特色城镇化区域，包括金昌、武威。以金（昌）–武（威）城镇组团，积极引导金昌、武威区域经济一体化建设，为河西走廊核心地段。金武组团对外巩固并促进与青海、宁夏、内蒙古等省（区）的合作与联系，对内两城互补互相支撑，融合发展。

2）张掖组团。绿洲现代农业与能源城镇经济区，包括张掖市甘州、高台、临泽、山丹等县。张掖位居河西走廊中段，历史上在古丝绸之路贸易和交流中具有特殊的地位，是历史文化名城，市域内高等级公路网四通八达，随着兰西高铁建成通车以及将来城际高速网络的建设，未来可以考虑建设张掖—西宁—成都铁路线，张掖纵贯东西、连接南北的交通枢纽地位将更加重要。以甘肃省商品粮基地为依托，以地处丝绸之路咽喉位置为突破口，以便利而通畅的交通要道为纽带，以国家级历史文化名城为基底，大力发展阳光产业、沙产业、物流业以及旅游业，积极发展能源产业，深化产业结构调整，加速城市服务业发展水平，建设河西地区的综合型城市。

3）酒嘉组团。河西西北部特色城镇化区域，包括酒泉肃州区、嘉峪关。以肃州区–嘉峪关市作为甘肃区域发展战略"两翼"中的一翼，带动酒泉、嘉峪关两市整合发展，发挥各自资源优势，打造河西新能源及其装备制造基地。

4）敦煌组团。旅游新能源城镇经济区，包括敦煌、瓜州、阿克塞、肃北。以敦煌学为纽带加强与新疆、青海甚至欧洲、中亚、西亚诸国的联系，建立广域文化交流圈，全面融入丝绸之路经济带；以周边地域民族特色为亮点加强旅游路线扩展，积极促进敦煌国际旅游城市扩容升格；充分发挥敦煌在华夏文明传承中的示范作用，强化与兰州、天水等丝绸之路沿线地区城镇的联系，建立区域文化旅游合作平台。

（4）点–轴辐射——特色小城镇繁荣发展，带动美丽乡村建设

推进县域经济发展，带动县域发展，成为甘肃省城镇化推进的新生力量和新的经济增长点。大力发展县政府所在地的建制镇和其他特色重点镇，加大基础设施投资力度，扩大规模，促进小区域内增长极的形成。

河西地区人口稀少，城市数量较多，多数县城用地和用水条件相对优越，在大力发展县城的同时，还要注重通过市域中心城市和县城直接带动美丽乡村建设。

（5）协调发展——与周边青新宁蒙构建空间合作大格局

打通新丝路通道，加强跨区合作。依托新丝路经济带战略，打通和完善新丝路交通网络，加快建设与完善河西走廊与宁夏、内蒙古、青海与新疆等周边省（区）的交通干线与网络，在国家铁路、公路和民用航空规划的基础上，形成综合交通网络，加强河西走廊地区能源通道建设合作，将河西走廊打造为大西北空间发展的重要支撑平台和支撑。

6.2.4　规模等级

1. 河西城镇等级结构发展的基本规律

（1）绿洲退化区不少古城已经因环境变化而消失

历史上，西北地区一些城镇随着时间的流逝和国家发展而丧失了其最初发展的重要性，也有一些城镇因为绿洲破坏而丧失了依存的空间载体，众多古城便由此消失在历史的长河里。例如，休屠城坐落于武威境内，城因匈奴而建，随着匈奴的灭亡和政治的发展，休屠丧失了它的战略意义，城市逐渐消退并消失。

（2）交通-绿洲城镇发展具有连续性

依托河西走廊，沿线城市发展规模不断扩大，逐步发展形成现如今以兰州、武威、张掖、酒泉、敦煌等中心城市依托西陇海-兰新线、G312 国道、G30 高速公路等轴带发展，沿交通线的城乡融合带正在发育，并积极带动沿线城镇发展，如河西堡。

同时，城镇的发展以绿洲为基础，城镇规模的扩张带动城镇人口规模的提高，对绿洲的需求随之加大，如今河西主要城镇发展均依托于绿洲，发展连续性较好，表 6-12 为河西走廊地区 1984 年、1998 年、2012 年人口统计。

表 6-12　河西走廊地区 1984 年、1998 年、2012 年人口统计

城市	1984 年人口统计			1998 年人口统计			2012 年人口统计		
	总人口（万人）	城镇人口（万人）	百分比（%）	总人口（万人）	城镇人口（万人）	百分比（%）	总人口（万人）	城镇人口（万人）	百分比（%）
武威	170.41	17.88	10.49	188.34	26.56	14.10	182.16	56.25	30.88
金昌	32.45	2.81	8.66	44.10	19.35	43.88	46.74	29.97	64.13
张掖	104.24	10.62	10.19	125.31	20.44	16.31	120.76	44.81	37.11
酒泉	75.40	9.33	12.37	90.14	30.26	33.57	110.44	57.59	52.15
嘉峪关	8.76	8.76	100	14.29	11.88	83.14	23.43	21.88	93.37
兰州	243.37	15.79	6.49	288.56	156.26	54.15	363.05	284.41	78.34
白银	—	—	—	171.56	34.97	20.38	171.92	71.42	41.54
总人口	634.63	65.19	10.27	922.30	299.72	32.50	1018.50	566.33	55.60

资料来源：《甘肃发展年鉴》（1985，1999，2013），其中 1984 年白银属于兰州市，无单独统计资料，统归兰州内。

（3）行政级别对城镇规模具有主导性影响

城镇的行政级别对其规模具有主导性影响，行政级别越高，城市规模也往往越大，在城市体系中的等级也越高。城镇行政职能的高低决定了城镇资源占用量，行政级别高的城镇会吸引大量人口参与到城镇建设中，城市规模增长较快。

兰州是甘肃省省会，也是甘肃省政治行政中心，作为区域首位城市，吸引了大量人才、科技、商业、企业等要素资源，反过来，文化科技和公共服务资源高度集聚可以进一步吸引要素资源聚集，促进城市规模不断扩张。武威、张掖作为河西走廊重镇，历史上曾是河西走廊地区连通周围列国与中原经济发展的重镇，城镇行政等级较高，因此城镇规模也较大。

（4）规模等级发展受制于主要限制因素

对河西走廊地区整体而言，城镇发展受制于环境承载力，尤其是水资源约束，这是河西走廊城镇发展的首要规律。处于同一个流域的城镇，规模等级发展具有相互促进和相互制约的特点，不能够分割发展。一般而言，绿洲城镇规模不宜过大，河西应该实施小城镇发展战略。城镇腹地发展深刻影响城镇的规模成长，因此，城镇应该带动周边腹地共同发展，推进城乡一体化。对于具体城镇而言，规模等级演变是个漫长的过程，规模发展应该与人口增长、城市建设相适应，否则将会出现城市环境问题，如规模成长过快会形成交通拥堵和环境污染等问题。

2. 河西城镇规模等级结构现状

（1）发展现状

狭义的河西走廊地区现有建制市 7 个，其中地级城市包括武威、金昌、张掖、嘉峪关和酒泉，县级城市包括敦煌、玉门，共辖建制城镇 85 个（方创琳和步伟娜，2004）。广义河西走廊地区还包含兰州、白银两市。目前河西走廊地区大于 100 万人的城市 1 座（兰州），20 万~50 万人口的城市 2 座（白银、武威），10 万~20 万人口的城市 4 座（张掖、嘉峪关、金昌、酒泉），5 万~10 万人的城市 4 座，其他城镇规模均小于 5 万人。

1）河西走廊地区城市主要依托绿洲发展。一般分布在对应绿洲的中心部位，行政等级较高的城镇所在绿洲比低级别城镇绿洲面积大。在一定范围内，各小绿洲围绕中心城镇成散点布局，因此，在各流域内部，城镇行政等级的高低也与其所在的绿洲面积、区位有关（杨永春和赵鹏军，2001）。

2）河西走廊地区城镇体系的发展尚处于新发育过程中。由于受到经济、社会、文化、政治、地理等条件的限制，河西城市规模的等级系列可分为"中等城市—小城市—县级城镇—小集镇"四等级规模体系（王丁宏，2006），城镇间的相互作用力较弱，缺乏紧密的联系，具有我国西部城镇体系等级系列的共性，人口规模是影响城镇规模的主要因素，河西走廊地区城镇体系规模结构见表 6-13。

表 6-13　河西走廊地区城镇体系规模结构　　　　　（单位：万人）

规模	城镇名称城镇人口数 （1998 年）	城镇名称及城镇人口数 （2008 年）	数量变化
>100 万人	兰州（146.09）	兰州（187.25）	0
50 万~100 万人	—	—	0
20 万~50 万人	白银（25.87）	白银（31.54）、武威（21.99）	（+1）
10 万~20 万人	武威（18.47）、金昌（14.37）、嘉峪关（11.88）、张掖（11.53）、玉门（11.27）	张掖（19.08）、嘉峪关（16.52）、金昌（15.45）、酒泉（13.97）	（-1）
5 万~10 万人	酒泉（9.90）、永登（6.40）	玉门（8.41）、永登（7.15）、山丹（6.89）、永昌（6.41）	（+2）
<5 万人	永昌（4.91）、靖远（3.40）、敦煌（3.24）、景泰（3.11）、榆中（3.04）、天祝（2.99）、民勤（2.98）、山丹（2.85）、安西（瓜州）（2.49）、金塔（2.24）、会宁（2.21）、古浪（2.01）、高台（1.85）、临泽（1.61）、民乐（1.51）、皋兰（1.39）、肃南（1.04）、肃北（0.51）、阿克塞（0.47）	景泰（4.77）、靖远（4.64）、榆中（4.49）、会宁（4.32）、敦煌（4.04）、天祝（3.92）、民勤（3.76）、民乐（3.34）、金塔（3.08）、古浪（2.94）、皋兰（2.73）、高台（2.59）、瓜州（2.54）、临泽（2.32）、肃南（1.12）、肃北（0.56）、阿克塞（0.53）	（-2）
—	299.63	386.35	0

数据来源：《甘肃发展年鉴》（1999，2009）。

（2）问题与挑战

1）河西走廊地区城镇体系规模序列矛盾。河西城市规模等级结构由于受到工业区单列发展等影响，城市规模等级结构的特点是大城市发育不足，兰州作为大城市的首位度较高，以省会兰州为特例形成单核式城镇体系，处于低级均衡阶段向位序-规模阶段的过渡阶段。等级规模不合理，一方面造成一些距离邻近的城市分而治之，各自为政，协作发展不足，但另一方面也避免了城市"摊大饼式"的连片发展，可谓有利有弊。

2）中小城镇规模等级序列较明显，但联系不紧密。邻近的矿业城市与中心城市分治，导致各自为政，协作联合发展不足的问题凸显，现状城镇规模普遍较小，城镇辐射和集聚能力弱，导致市-市、市-县、县-镇等城镇关系相互作用力弱，缺乏紧密联系，阻碍区域一体化发展。

（3）发展优势

河西走廊地区城市发展正处于快速发展阶段。自国家实施"西部大开发"战略和提出建设丝绸之路经济带以来，河西城镇发展机遇较多，有机会依托交通干线延伸，与周边城市、省区进行一体化发展，促进城镇规模等级的提升。

依托"一核一轴四组团"的城镇总体布局，促进兰（州）-（白银）、酒（泉）-嘉（峪关）、金（昌）-武（威）、张掖、敦煌等城镇集聚、一体化融合发展，城镇联合发展趋势必将促进河西走廊地区城镇化进程，并带动整体区域竞争力与影响力的提升。

3. 河西走廊地区城镇规模等级优化方向：发展中小城镇主导的等级结构

河西走廊地区受绿洲、河流、交通的综合影响，城镇规模等级要合理控制，稳步发展。兰州相对较为特殊，应该以兰州新区为增长点，城市规模需进一步提高，以带动整个河西走廊、甘肃地区甚至整个西北地区的综合实力的提升。河西走廊地区其他城镇需在现有基础上，以"中、小城市"为目标，控制城镇等级规模，实现河西走廊地区城镇的健康发展。

（1）地级中心城市内涵化发展，规模适度发展

地级城市发展现代化，注重提高城市发展质量。以各地级市市内、市域的整体提升促进城镇化内涵式发展，进一步完善河西走廊地区城市区域基础设施和公共服务设施的建设，优化交通，科学管理，营造良好的人居环境，增强河西城市的吸引力和聚集力，凸显河西城市区域中心整体带动效应和示范效应。

（2）县城因地制宜，提高区域次中心性

县城的良好发展是推动城乡统筹与城乡一体化顺利进行的前提，是优化城镇体系的必要环节。应快速培育和发展各县城市规模，加快基础设施建设，调整产业结构，以项目促发展，以开放带繁荣，合理促进县级城市第二、第三产业发展，改变城镇体系中中小城市规模不合理的现状，发挥县级城市在城镇化中的纽带作用。

（3）沿交通线重点乡镇加快发展，提升规模和数量

河西城市的小城镇大多基础设施薄弱，小城镇发展的关键是对重点镇加大基础设施投入和建设力度，把乡镇企业示范区、开发区建设同重点小城镇结合起来，大力改善重点小城镇的投资环境，完善公共服务设施，吸引乡镇企业向重点小城镇集中（蒲欣冬等，2005），优化发展环境，促进乡镇繁荣。

应塑造职能突出、专业化、特色化的一批建制镇和小集镇。从鲜明的城镇历史文化、自然资源、交通地理等特点出发，突显城镇特色，适度发展城镇规模，培育城镇新职能，发挥城镇和小集镇在城镇化发展中承上启下的重要作用。

（4）新农村聚落特色化发展

在新农村建设中，推动新型城镇化应遵循以质量提升和内涵扩展为特征的发展新模式，强调镇村聚落建设的规范性和科学性，强调基础设施建设的集约型和实用性，形成天人合一、传承历史的美丽新乡村。

4. 河西城镇规模等级优化途径

根据河西走廊地区城镇规模等级发展现状以及新型城镇化发展需要，形成以兰州为核心、中小城市合理发展的城镇规模等级体系。

（1）区域中心城市：兰州

兰州城市规模大，属于区域中心城市，在西北地区和新丝绸之路经济带建设中发挥重要作用。以兰州老城区为中心，与兰州新区联动发展，"双心"共建，以西宁、格尔木、武威、白银、银川、西安等城市为拉力，以交通为连接四个方向全面带动兰州"双心"发展，大量吸引资金与人才，提高兰州城市影响力与向心力，尤其是提升兰州作为区域中心城市的辐射能力。

（2）区域次中心城市：酒泉-嘉峪关、武威

1）"双核"联动发展，提升区域带动作用。以酒（酒泉肃州区）-嘉（嘉峪关市）双核心联动发展，中远期两市合并，打造丝绸之路经济带河西走廊最大的区域增长极，增强其对周边区域发展的辐射带动作用。积极推进酒（泉）-嘉（峪关）一体化发展，形成资源互补、企业互动、产业互助、人才互通的新局面，充分利用交通线带动城乡一体化发展、区域一体化发展，以绿洲平原为基础，控制酒嘉城镇规模，提升其城镇化水平。以良好的地理条件为依托，以"兰新线"为纽带，积极推进省际交流，打造跨省合作的典范。加快建设南北线交通，打通连接内蒙古、青海的交通通道，加强区域合作，促进区域次中心城市的形成。

2）积极支持小城镇发展，推动武威城乡融合带建设和凉州次中心城市发展。武威地理条件优越，东接兰州、南通西宁、北临宁夏和内蒙古、西通新疆，处于亚欧大陆桥的咽喉地位和西陇海兰新线经济带的中心地带，交通便利，兰新、干武铁路、连霍高速公路、G312国道贯穿全境，以金色大道为主动脉的全面建成，连通黄羊公铁联运物流中心、综合物流园、天马文化产业园等支柱产业园区，引导人才与产业向小城镇流动、聚集，突出重点、合理布局、梯度推进，实施中心城市带动战略，大力发展小城镇，择优培育重点中心小城镇，有效加快凉州城与古浪新区、大靖镇和园区、中小城镇、新农村的发展，走城市与小城镇协调发展，特色鲜明的城镇化道路。

（3）地区中心城市：白银、金昌、张掖、敦煌

1）加速白银城市转型，提高聚集规模，解决周边乡村城镇化水平低的问题。白银作为兰州都市圈的重要一部分，根据现有冶金基础，加速城市转型，以交通为优势，与兰州老城区、兰州新区、宁夏、武威等地实现区域协作，促进高新技术产业交流与合作，带动白银经济快速发展，提高国家高新区技术产业园区实力，向中心城市兰州靠拢，进一步提升城市规模等级。

2）加强金昌与小城镇协作发展，推动小城镇发展。以金色大道为枢纽，与武威互通互进，充分利用金昌现有资源与技术，以区域规模效益为指导，以方便管理为原则，积极发展金昌的冶金与新能源产业，加快金昌市河西堡循环经济产业园建设，进行城镇规模集约经营，维持城镇现有发展规模，提高城市发展水平。

3）加快张掖新能源、绿洲农业特色产业发展，中远期建设区域枢纽城市。以张掖四通八达的交通为依托，以现有农业资源与旅游资源为基础，以高科技生物技术为手段，以快速发展的物流业为保障，发展张掖特色农业，推进沙产业、绿色能源、绿洲农业产业发展，以特色经济拉动周边城镇发展。

4）建设敦煌国际旅游文化名城，促进特色城镇稳步发展。以交通为轴线，扩展敦煌精品旅游路线，融合多民族文化元素，提升敦煌旅游文化内涵，促进敦煌城镇规模扩大。充分考虑民族地区特殊性与现实情况，维持民族地区城镇发展规模，进一步提升民族地区城镇化水平，"引人下山""引游进城"，进行规模建设，将城镇内涵发展与外延发展相结合。

6.3　主要城市（内部）空间布局调整

6.3.1　兰州市中心城区

1. 兰州市空间现状分析

兰州作为河谷型城市，城市依托黄河将兰州市主城区化为两岸，形成城市主要的景观、人文、活动轴线。城市主城区以交通与水系为基本骨架，与兰州新区形成"双心"空间结构，遥相呼应，联动发展，提升安宁区文化文教地位，西固区转型发展、城关与七里河区发展高端服务功能。

2. 兰州市城市优化方向

根据兰州城市用地发展条件，依据城市职能定位、合理确定城市空间结构和发展方向，充分考虑兰州老城区与兰州新区相呼应的未来发展方向，呈多中心组团型的空间结构。

（1）推进西固区工业企业搬迁改造和转型发展

对影响城市轨道交通、道路等基础设施重点项目建设的，影响居民生活、居住环境的，在老城区不能满足自身发展空间需要的企业和单位，实施异地迁建，迁建目的地以兰州新区为主，远郊县区产业园区为辅，促进产业集聚。

（2）兰州新区带动永登、皋兰协同发展

兰州市向北依托机场高速，与兰州新区形成"双心"结构，充分利用交通优势、职能优势和政策优势，提高中心城区发展水平。通过西固区工业向新区转移，促进新区发展，带动永登县、皋兰县协同发展。

（3）加快交通轴线发展，打通区域交通瓶颈限制

以兰州市快速公交系统和修建的地铁等交通为纽带，向西加速发展安宁–七里河组团的文化教育、高新产业，促进兰州市域的联系和协同发展。

（4）以生态休闲旅游提升城市的生态人文品位

着力培育以北滨河路风情线和北山绿化带为主体的生态旅游，以仁寿山生态旅游服务产业园建设为引领的休闲旅游。依托现有生态旅游资源，统一协调规划，努力建设以都市旅游观光、人文生态景观为一体的山水新区、魅力新城。

（5）安宁科教文化创新板块崛起

高教区、科研区、高新技术区成为活跃的新发展空间。推动安宁区科教文化中心建设，加强城关区科研区与安宁高教区文化交流，以兰州老城区辐射周边地区，促进兰州新区发展。

（6）进一步加强环境治理提升城市人居环境

加强兰州市主城区化工污染企业整治与搬迁，在兰州市现治理大气污染物的基础上持续发展，扩大发展范围，从根本上改善兰州市空气质量，创造宜居生活环境，以人居环境改善推动城镇发展。

（7）沿黄河滨水地带发展成为游憩会展与优质居住区域

兰州市是中国省会城市中唯一被黄河穿城而过的城市，打造并延伸黄河风情线，修建休憩长廊，将黄河与绿化有机结合起来，形成优质居住区域。

（8）城关区发展区域科教中心

城关区作为市政府、省政府驻地，区位条件优越，拥有以兰州大学、中国科学院诸多研究所、甘肃省科学院、甘肃省兰州第一中学等众多知名科教单位，以此为依托，提高城关区科教实力，发展成为区域科教中心。

（9）通过会展业发展带动新型发展

以甘肃国际会展中心为重心，以雁滩平坦地理优势为基础，依河而建，稳步发展兰州会展业，带动区域新型发展。

（10）榆中大力发展高新产业与旅游业

以兰州老城区为基础，以榆中和平镇为纽带，以榆中大学城为机遇，大力发展榆中高新产业。同时，以榆中兴隆山旅游景区为重心，积极促进以滑雪、登山、攀岩、历史文化教育、资源保护为主的旅游业发展。

6.3.2　白银市中心城区

1. 白银市空间现状分析

自白银市西区开发区建设以来，主城区逐渐摆脱了工业包围旧城的格局，城市由北京路和人民路共同形成"T"字形公共服务轴线，并以G109国道、北京路、人民路和高速公路为依托形成四条城市发展轴线，形成老城综合区、西部综合区、老工业区、道北工业仓储区、高新产业园区。

2. 白银市城市优化方向

根据白银城市用地发展条件，白银城市空间结构正处于变革的关键时期，依据城市职能定位、合理确定城市空间结构和发展方向，对于白银城市由单一的工业生活服务基地向区域次中心城市迈进具有重要意义。

（1）银西工业区引领循环产业新方向

以兰白都市圈发展带动全市整体发展，以汽车商贸、食品加工、生物制药、新型建材及装备制造、物流等多功能推动城市循环产业发展，带动白银区职能转型。

（2）黄河假日城核心区湿地公园建设推动人居环境改善

黄河假日城以其湿地景观、广场绿色等独特景观引领白银区文化旅游产业快速发展。不仅优化了城市生态环境，丰富了白银区旅游的构架和内涵，使农村与城市、湿地与城市有机融合，还带动了该区交通、游览、住宿、餐饮、文娱等第三产业的发展，实现生态与经济发展的"双赢"（魏巍，2014）。

（3）以白银高技术产业园为核心推进高科技产业加速发展

大力发展白银市高新技术产业，发展新能源技术、生态修复技术，建设成为中国科学院科研成果的转化基地，高新技术产业化的载体。积极改善园区绿化环境，实现园林式现代化高科技园区建设。

（4）"工矿环境治理"书写白银辉煌

向北以白银火焰山国家矿山公园为基础，以白银铜矿露天矿区为典范，向人们展示矿产知识及相关产业文化，展示白银城市发展的艰辛历史。

6.3.3　武威市中心城区

1. 武威市发展现状分析

武威市地处河西走廊东部，也是河西走廊与宁夏和青海东部接壤的门户及交通枢纽地带，地理位置十分重要。

全市以建设特色小城镇群、生态工业群和现代农业产业群为重点，加强基础设施建设，调整优化产业结构，推进工业新型化、城镇带状化和农业现代化进程。

2. 武威市城市优化方向

根据武威城市用地发展条件，依据城市职能定位、合理确定城市空间结构和发展方向，对于武威市进行小城镇带建设、高新园区建设、特色工业建设、"液体经济"建设、新能源、牛奶加工等起到推进作用。

（1）凉州古城区文化旅游与商贸中心区保护发展

以凉州古城为中心，带动武威市周边旅游景区旅游业、服务业发展，强化武威市古城区文化旅游中心地位。以公路交通为依托，提升区域旅游文化保护功能，积极发展商贸。

（2）保税物流中心区崛起

以黄羊镇为中心，以物流中心为依托，综合带动黄羊工业园区、黄羊农场等组团发展，并与武南煤炭集疏运中心、武威市主城区交相呼应，形成保税物流中心区，带动武威市、金昌市乃至河西走廊的整体发展。

（3）依托武南镇产业园全面发展循环产业

武南镇位于凉州城区南部，紧邻金色大道，交通优势明显，以武南煤炭集疏运中心为中心，围绕煤炭化工、农副产品加工、建筑建材和现代物流等方面进行综合发展，强调循环发展，并以自身为中心，加强与武威新能源装备产业园、黄羊镇、凉州区联系，合作发展，共同进步。

（4）滨河景观与优质居住区带动城市人居环境质量提升

武威天马湖位于武威市老城区和东新城区过渡地带，自南向北穿过城市。作为城市未来的中心区域和城市之肺，需加速发展滨河景观带，加强沿线绿化工作，带动城市人居环境质量的提升。

（5）以黄羊河农场集团为中心发展绿色产业

黄羊河农场位于黄羊镇东北部，凉州区东南部，黄羊公铁联运物流中心，依托当地自然优势，大力发展葡萄种植业，以其周边独有的交通运输优势扩大生产面积，带动周边地区绿色产业发展。

（6）以皇台园区等为重点的液态经济圈板块发展

以皇台工业园为基础，继续发展酒业，并以此为依托，加大发展葡萄酒系列的"液体经济"，依托位于凉州区东南部的威龙葡萄酒基地以及其他园区，扩大葡萄种植面积，提升葡萄酒行业水平，以便捷的交通运输、优质的产品质量提升葡萄酒产业文化。

（7）加快环凉州旅游圈发展

作为国家级历史文化名城，武威市拥有丰富的旅游资源，向北发展沙漠生态治理教育基地，向南推进天梯山景区建设，向东有白塔寺景区，还有铜奔马、文庙等景点。以凉州区为中心，发展形成旅游圈，加快武威市旅游业发展。

（8）积极推进区域生物医疗中心发展

威武市地理位置优越，医疗发展条件良好，荣华生物化工基地位于凉州区东北部，现已拥有我国第一台自主知识产权的重离子治疗肿瘤装置，有助于武威生物医疗进一步发展与提升，可进一步发展成为河西走廊区域生物医疗中心。

6.3.4　金昌市中心城区

1. 金昌市空间现状分析

金昌市主城区主要依托工矿企业发展而成，城市和矿业企业之间具有双向制约性，城市布局形态相对集中，城市中心规模小。在城市布局中，金川集团股份有限公司等工矿企业规模较大，且相对封闭，与城市路网及设施缺少链接。

随着产业空间快速拓展的需求，金昌市依托新华大道逐渐发展形成东部独立产业组团，城市发展逐步向带状组团发展的空间模式转变。

2. 金昌市优化方向

为了加强金昌市在经济产业、基础设施、生态环境建设等方面的协调发展，构筑面向区域整体发展的城市空间结构，推进"轴向集聚"的城市发展空间格局，重点建设位于主要发展轴上的城市组团，构筑分工明确的多层次空间结构。

（1）金昌支线机场带动区域交通发展

金昌支线机场的完工标志着河西走廊地区拥有除敦煌、嘉峪关、兰州外的第四个民用机场，对开发金昌市工业和资源优势、提高城市活力和竞争力及拉动地区旅游业开发、扩大对外开放具有重要的作用。

（2）发展固废循环经济产业园

依托现有经济技术开发区，向北拓展循环经济产业区建设，加强固废综合利用，把培育新型产业作为调整结构的重要举措，着力发展新能源、新材料、新型农业等，实现循环经济。

（3）以交通优势带动现代物流发展

加快现代物流派送中心建设，依托金昌支线机场、高永高速、金武高速、金阿铁路等交通优势，充分利用区位、交通、资源优势，发展通道经济，形成较为健全的现代流通网络体系。

（4）以金昌海关促进对外贸易发展

金昌国家级经济技术开发区位于金川区东部，金昌海关的设立，为开发区内厂家带来了有力的政策支持，有利于金昌市开展对外贸易交流，打出地方品牌，吸引更多的资源。

（5）深化有色金属一体化生产进程

以扩大资源拥有量和有效利用资源为目标，加快发展镍铜钴与贵金属精深加工，深化铜钴炉渣开发利用，以循环产业为根本，一体化生产为目标，建成国家有色金属工业基地。

（6）特色旅游业蓬勃发展

抓住甘肃文化旅游产业发展的重大机遇，以提升镍都金昌的城市形象为主线，挖掘并整合区域内丰富文化资源，借助巴丹吉林沙漠旅游资源，走联合发展道路。

（7）以新能源充分利用带动"绿色发展"

东南方向加快发展太阳能、风能等清洁能源，构筑新型绿色产业体系，形成特色的产业带动、产业链整合联络的循环经济组团形式，带动"绿色发展"。

6.3.5 张掖市中心城区

1. 张掖市空间现状分析

随着城市经济的发展，尤其是第二产业的迅速发展，张掖市现有的用地布局已无法满足城市向工贸化迈进的要求。由于兰新铁路和 G312 国道等交通干线的带动，现在沿交通线两边已形成具有一定规模的生产和生活设施，成为城市新的经济增长点。

二环内的主城区（包含老城区）是张掖市的政治、经济、文化中心。老城区现在主要以居住和商业为主，建筑密度高，缺乏配套的市政设施，地块内绿化严重不足，居住环境较差。沿县府街一带分布着甘州区区委、区政府等众多行政机构，由于区位优越，居住、商业金融和公共服务设施为主要的用地类别，商贸繁华，基本形成了张掖市的行政中心和商贸中心。

东北部工业区现已基本形成了以农副产品加工、化工、建筑建材等为主的优势产业群，还存在着大量的居住用地及与火车站配套的仓储用地。

2. 张掖市优化方向

根据城区的自然条件和社会经济条件，规划用地布局采用组团式结构，按功能要求分为多个主要功能组团，强化主城区、滨河新区和产业区三大城市功能区，形成轴向多心的城市空间结构（屈新平，2010）。

（1）以湿地公园带动区域环境优化

全力维护城北郊国家级湿地公园，其作为区域关键生态支撑系统，发挥着水源涵养和水资源调蓄、净化水质、防止沙漠化和改善区域外气候等重要的生态功能，对于维护张掖市绿洲及黑河中下游生态安全具有重要意义。

（2）以绿洲现代农业试验为典范，推动"大农业"经济发展

向南发展建设张掖绿洲现代农业试验示范区，为甘州区构筑"一区四园"发展新格局提供有力保障。示范区地理条件优越，地理位置与城市、农村相互连接，有利于城乡一体化建设。示范区以科学研究为基础，以农业示范为导向，积极支撑张掖市发展"大农业"经济，实现城市高速发展。

（3）循环改造引领发展，从源头上扭转生态环境恶化趋势

以东北部工业园区建设为基础，以国家循环化改造示范试点园区为机遇，通过园区的循环化改造，不仅对推进园区循环经济发展，还将带动和辐射全市农业和农产品发展，促进区域经济绿色、循环、低碳一体化发展的新模式，有利于形成全市节约资源和保护环境的空间格局，从源头上扭转生态环境恶化趋势。

（4）"流域统筹协调，生态与经济兼顾，科学节水配水，生态文明建设"的绿色发展路径

流域整体、依水景观。以黑河流域水系水生态为根本，从流域整体合理配置水资源，依托水系水资源布局城镇体系、建设沿河生态景观。

节水配水、战略前瞻。张掖城区近 10 年地下水位上升、黑河水量增多现象，使黑河干流具备了建设沿河湿地公园的条件，这种态势，除了流域生态治理、农业节水成效的因素之外，尚不排除存在远程深循环水和地下断裂带水运动的贡献。因此，应当考虑到未来水资源条件的不确定性，未雨绸缪，对未来数十年可能出现的水资源周期性跌落做出战略性前瞻预断，不放松黑河流域的节水配水工作，储备张掖城市发展和景观布局的调整预案。采取"流域统筹协调，生态与经济兼顾，科学节水配水，生态文明建设"的绿色发展路径。

（5）新区滨河而建，促进人居环境质量提高

滨河新区东北面与湿地公园紧紧相连，西北面与黑河濒临，以景观区位优势为基础，以生态环境为优势，大力发展服务业，与主城区旅游资源相互补充，积极配套生态居住单元，形成张掖城市发展新动力。

（6）旅游组团发展，促进市域城镇联合发展

张掖市拥有丰富的自然旅游资源，北有张掖国家级湿地公园，南有以七一冰川为首的祁连山美景，甘州区的大佛寺，近距离还有美丽的张掖丹霞国家地质公园，与荒漠戈壁交错，通过市域组团模式进行旅游营销，带动张掖市旅游业发展，重现甘州古风。

（7）特色沙漠资源合理开发，打造特色旅游体验

向甘州区南部近距离打造国家沙漠体育公园，以沙漠探险、沙漠体验为主线，以观光服务、生态科普为主要功能，带动旅游新体验，彰显大漠风光与特色，为甘州区旅游业发展指引新方向。

6.3.6　酒嘉中心城区

1. 酒嘉空间现状分析

酒泉和嘉峪关两市中心城区仅距 19km，空间距离近，无山体、河流等自然阻隔。嘉峪关市以重工业和高级第三产业为主，酒泉市以商贸和轻工业产业为主，两市的产业互补性强。嘉峪关市向东发展，酒泉市向西发展，实现城市相连。

2. 酒嘉城市优化方向

应对酒嘉一体化空间发展趋势，落实并深化酒嘉中心城区"两区一体、双轴驱动"的空间结构。

（1）两城园区融合发展

向东发展嘉峪关市的嘉东工业园区，向西发展酒泉市的工业园西区，实现两个园区的相接。根据两区发展定位的共同性，实现新能源装备制造、冶金新材料、化工、食品加工等产业的自由交流与集聚贸易提升，依托酒泉钢铁（集团）有限责任公司打造冶金及新材料产业集群、新能源装备制造业集群。

（2）强强联合，促进物流园区发展

酒嘉作为兰州以西、乌鲁木齐以东承东接西的重要支点，公路、铁路、航空运输呈立体格局，是通往中亚和辐射甘肃、青海、新疆、内蒙古四省（区）的关键控制点，交通枢纽地位十分明显，有利于推动商贸物流业发展。

强化嘉峪关市和酒泉市两个中心城区的交通发展，构建更为紧密的交通网络，实现两城一体，城城联合，发展综合物流园区。

（3）旅游资源丰富，形成"双心"发展

依托玉门关、嘉峪关关城、悬壁长城、魏晋墓群等丰富旅游资源，以便利交通为基础，实现两城资源共享，"双心"发展。

（4）"一带沿湖"打造宜居生活环境

依托讨赖河，共同打造滨河风光带，沿岸打造交通廊道和农林绿地，形成田园风光带，营造宜居环境。打造生活居住、商业服务、教育科研、休闲娱乐为主要职能的生活区。

（5）两市共建中心城区

以两城发展方向为基础，打造酒嘉中心城区建设，完善两城中心职能构建，彻底解决两城分开建设与发展的问题，实现城市统一行政职能，"两心"共创家园的崭新局面。

（6）土地集约，职能互补

嘉峪关市土地范围小，酒泉市土地资源丰富。依托现有土地资源的互补性，在现有城市发展基础上，将嘉峪关市优势产业引入酒泉市，实现两市职能互补，带动酒嘉一体化发展。

6.3.7　玉门市中心城区

1. 玉门市空间现状分析

随着老君庙老城区的分化发展，原玉门市已一分为三，玉门石油企业总部迁至酒泉市肃州区，玉门市政府迁至玉门市新城区玉门镇，玉门炼油厂等石油工业依然留在老君庙老城区，如何重新整合发展是当务之急。

2. 玉门市优化方向

根据玉门市用地发展条件，根据玉门市发展现状，合理确定城市空间结构和发展方向，对于玉门市进一步发展具有重要意义。

(1)"铁人"精神教育旅游基地建设

以"铁人"王进喜故居、老君庙和老一井为重点，宣传并学习"铁人"精神，构建旅游路线，形成机制完善的旅游线路，形成教育旅游基地。

(2)老君庙旧城区提升转型

老君庙旧城以其独特而现成的基础设施建设、广袤无垠的西北大漠地理位置等资源优势，可以在现有老城基础上发展形成集"影视、素质拓展、爱国教育、旅游"等为一体的新型城镇，焕发城市活力。

(3)风电产业转型带动整体发展

玉门全市拥有大量风电电场，可实现从枯竭型城市的完美转型。玉门风电已成为中国风电的博览园，并以玉门风光大道为纽带，成功发展为风电旅游业，带动玉门区域发展。

(4)滨湖公园带动人居环境更好发展

以玉门新城为基础，在北部修建"玉泽湖"景观公园。以休闲娱乐、休闲健身为重点，以美化环境，改善人居环境为主要目的，实现人们对人居环境的更高追求。

(5)新镇区综合发展

以玉门镇为行政中心，以玉门市坐中四连的优越交通条件为基础，实现区域联动进步，加速转型发展，综合发展物流业、旅游业、新能源等产业，提升新镇区综合实力。

6.3.8　敦煌市中心城区

1. 敦煌市空间现状分析

以东西向干道阳关路为敦煌主城区的主要发展轴线，以党河作为主城区南北方向的景观轴线，沿阳关中路（党河以东）形成带状商业中心，沿鸣山路和阳关中路（党河以西）聚集大量宾馆酒店，古城路与莫高路十字周围形成行政办公区。敦煌市作为国际旅游名城，以 G215 国道为主轴、S314 省道为副轴将城市与景区有机结合，推动敦煌市城镇化进程。

2. 敦煌市优化方向

充分考虑敦煌市建设国际文化旅游名城和沙漠绿洲田园城市的总要求，沙州主城区应依托现有城区，呈"风车型"轴向拓展。适度东拓和北延，对接城市对外交通门户；加强西联，对接七里组团，严格控制城市南部地区景观风貌，引导城区景观融合。

(1)旧城文化特色与旅游服务高端化发展

以沙州城区为中心，以敦煌沙州夜市为城市特色风情区，推动旅游服务功能。以旅游资源为节点，与旅游区辐射带动，打造敦煌市高端旅游产业。

（2）七里镇青海石油总部服务基地综合带动发展

向西与七里镇对接，充分利用七里镇发展青海石油的总部基地经济，带动片区发展，推进敦煌市中心城区的扩张。

（3）西南部文化创意区兴起

以敦煌市西南部地区的敦煌中学、敦煌博物馆、画家村为基础，以文化产业为导向，发展创意产业，提升城市文化特色。

（4）鸣沙山、月牙泉生态环境保护

鸣沙山、月牙泉位于敦煌市中心城区南部，以鸣山路连接沙州主城区与鸣沙山、月牙泉，濒临沙漠区域，生态环境脆弱。控制鸣山路沿带建筑数量、高度与密度，维护月牙泉水位，防止敦煌城区受到沙漠侵蚀。

（5）莫高新城区田园化发展

沙州城区向东依托迎宾大道、S314 省道等对外交通枢纽的带动，强化中心城区对莫高窟的吸引力，引导城区景区融合，与莫高窟形成紧密联系。在莫高窟就近发展田园经济，改善生态环境，推动莫高城区发展。

（6）新能源绿色产业区崛起

充分利用丰富的自然资源，以 G215 国道和青海油田生活基地西侧戈壁为轴线，发展光伏发电、风力发电及配套服务业，带动区域生态化发展。

（7）党河风情带宜居城镇发展

以党河水资源为基础，以"引哈济党"工程为依托，南北方向延伸党河风情带建设，改善城市综合环境。积极带动带状居住区形成，创造城市宜居、宜游环境。

（8）推进城乡融合发展

以中心城区为重心，向北推动郊区绿洲经济，发展绿色农业，以城带乡，推动城乡融合发展，形成城市圈层发展结构。

第7章 重点城市战略定位与发展模式

河西走廊城市类型按照其功能和特点可分为绿色经济型城市（酒泉、张掖、武威）、国际旅游城市（敦煌）、资源型城市（玉门、嘉峪关、金昌等）、民族城市（阿克塞、天祝）、中心镇（黄羊镇、武南镇等）。

7.1 酒泉、张掖和武威等绿色经济型城市战略定位与发展模式

酒泉、张掖、武威3个绿色经济型城市，其发展特点和模式具有一定的共性。

7.1.1 河西走廊绿色经济型城市的基本特点

1. 历史发展特点

酒泉、张掖、武威等城镇发展历史悠久，作为郡治首设于西汉武帝元狩二年（公元前121年），距今已2137年。

2. 地理位置特点

酒泉、张掖和武威地处祁连山北麓冲积扇下缘，扼丝路交通要冲，拥百公里直接服务半径。

酒泉、张掖和武威等城镇历史上均发育于祁连山山麓冲积洪积扇的中下缘，位于地下水出露丰富、地表灌溉便利、扼丝路交通要冲的走廊平原地带，城镇发展的地理位置条件得天独厚。

从更大范围来看，酒泉、张掖和武威的空间分布，大致以200km为间距，东西排列，每个城镇的直接服务半径约100km，三市腹地覆盖河西中东段（西段以敦煌为服务中心）。

现今酒泉、张掖和武威已成为丝绸之路经济带的黄金节点城市以及区域性交通枢纽。

3. 资源环境特点

酒泉、张掖和武威具有历史文化、交通物流、特色农业、新型工业四大资源优势，同时拥有水资源总体随开发规模加大而日趋紧张、土壤水盐失衡、污染加重三大劣势。

历史文化资源优势。酒泉、张掖和武威历史悠久，名胜众多，多民族多文化共融，进行新丝绸之路文化交流和沿线国家城市旅游开发合作前景广阔。

交通物流资源优势。酒泉、张掖和武威均属丝绸之路黄金节点城市和地方性交通枢纽，通过重要公路南北分别与青海、内蒙古相连，在丝绸之路经济带中，具有发展交通物

流产业的优势。

特色农业资源优势。酒泉、张掖和武威耕地多，玉米、大麦、酿造葡萄等特色优质农产品丰富，发展食品、酿造等绿色食品加工业条件优越；戈壁荒地多，城镇后备用地充足。

新型工业资源优势。酒泉、张掖和武威可发展风光电及其装备制造业、精细化工与生物医药、基于沙产业延伸链的新型抗疲劳抗癌食品保健品开发（锁阳、沙枣、枸杞、沙棘等）等新型工业。

水资源总体随开发规模加大而日趋紧张，但三市具体有别，武威水资源矛盾最突出，张掖相对较好。

土壤水盐失衡，污染加重。酒泉、张掖和武威三市随灌区发展，次生盐渍化加重，合理灌溉和排盐任务艰巨；随生产生活排污增多，水污染加剧，空气质量下降。

4. 产业成长特点

农业、交通、贸易、文化及传统工业是城镇发育起始因素，现代绿色产业是城镇发展动力。

农业（屯垦）是历史上河西走廊城镇发展的前提和基础，交通商贸（古丝路贸易）、文化（东西文化、多民族文化的交流）、传统工业（农产加工、祁连玉加工、造纸、甜菜制糖、农机具修造）乃城镇发展的初始动力，现代绿色产业（风光电、新能源和节灌装备、精细化工、生物制药、绿色食品加工、玉米大麦制种、物流保税、文化旅游、教育培训、人居建设与公共服务）为城镇发展的新动力。

5. 社会文化特点

酒泉、张掖和武威三市人口较多、民族和谐，产业综合、生活宜居，文化旅游蓄势待发。

人口相对较多，民族和谐共处。在河西走廊城镇体系中，绿色经济型城镇人口规模相对其他类型城镇较大，武威、张掖、酒泉均属市区人口为 20 万~50 万的中等城市。酒泉、张掖和武威三市自古为多民族多文化交流融汇之地，今有多种民族居住，且分布有天祝藏族（武威）、肃南裕固族（张掖）、阿克塞哈萨克族、肃北蒙古族（酒泉）等自治县，多民族和谐相处，多文化交融共生。

产业结构综合，生活气息浓郁。由于历史悠久、经济多样、文化贴民，城市宜人宜居。

人文自然遗存丰富，文化旅游潜力巨大。酒泉拥有西汉胜迹、魏晋墓群、古钟鼓楼，张掖拥有大佛寺、马蹄寺、湿地公园、丹霞地貌，武威拥有雷台汉墓、白塔寺等，为发展丝路旅游和国际文化交流提供了极佳的物质条件。

6. 城市空间特点

酒泉、张掖和武威三市核心城区不断扩张，郊区小镇点轴延伸，近邻城市关联复合，市域城镇网络布局。

核心城区不断扩张。伴随西部地区城镇化趋势，近 10 年以来，酒泉、张掖和武威三市空间扩展非常快。

郊区小镇点轴延伸。沿主要交通线，以核心城区为中心，酒泉形成西洞、总寨、清水、金塔、鼎新、航天城等放射性郊区小城镇轴线，张掖形成山丹、临泽轴线，武威形成武南、黄羊镇、土门、大靖"黄金轴"。

近邻城市关联复合。酒泉与嘉峪关已相向连接融合、酒嘉一体同城将完全实现，武威与金昌也有相向发展必要，金武一体化将互惠双赢。另外，张掖与山丹、临泽等、酒泉与金塔等，也呈关联发展之势。建立关联复合城镇（城镇群），适时合并城市（如酒泉和嘉峪关合并成"酒嘉市"）是大势所趋。

市域城镇网络布局。通过国道、省道、铁路及通信电力、水系统等支撑体系，市域各县镇及中心镇与核心城区一道形成城镇网络体系。

7.1.2　河西走廊绿色经济型城市发展评价与问题诊断

1. 评价方法

为全面认识河西走廊绿色经济型城市发展特点和存在问题，本节将酒泉、张掖、武威三市纳入河西走廊全部地级市（共 7 个地级市，其中含兰州和白银）的城市体系之中，并以全国地级及以上城市的整体状况为参照背景，以 2012 年数据为基础，建立包含城市经济、城市信息与流通、城市资本潜力、城市教育卫生文化、城市环境与设施支撑、城市土地效益集约性 6 方面系统、数十个指标的评价体系，以模比系数和分层加权方法为基础，构建数据库和整体分析模型。

借助数据和模型分析，通过酒泉、张掖、武威三市之间，三市与嘉峪关、金昌、白银、兰州等城市之间，以及三市与全国城市（地级及以上城市，不含县级市）的对比分析，全面认识三市的发展水平、差距与问题。

数据采集和分析所涉及的空间范围，其中绝大多数指标选取以"市区"（即市辖区的行政范围，不含辖县）为范围，部分指标选取以"城区"（主要指市辖区范围内的建成区）为范围，个别指标采用全市数据（含辖县）。

2. 绿色经济型城市的人口与用地规模

河西走廊各城市人口和城镇用地规模见表 7-1。张掖、武威和酒泉 3 个地级城市城区人口规模尚小，尚不具备独立建成城区人口达百万的中心城市。

表 7-1　河西走廊城市的人口与用地规模（2012 年）

地区	全市人口（万人）	市区人口（万人）	城区人口（含暂住人口）（万人）	建成区面积（km²）
全国城市	127 250.3	40 317.6	34 470.96	35 633
嘉峪关	19.8	19.8	25.17	63
金昌	46.7	23.1	19.23	39
白银	175.7	49.2	40.28	58
武威	190	101.8	31.7	31
张掖	130.8	51.5	18.22	37
酒泉	98.8	40.7	34.56	41
兰州	321.5	206.4	198.52	199

3. 经济发展状况评价

从河西走廊经济发展指数评价来看，酒泉、张掖、武威三市经济发展水平明显低于全国城市，也大幅度低于嘉峪关、金昌、白银等工业城市和省会城市兰州。相对而言，三市中酒泉市的经济发展水平相对较高，与其紧邻的嘉峪关市经济发展综合指数在河西走廊仅次于省会兰州，可就近与酒泉形成互补和强化；武威指数较低，但其近邻的金昌指数较高，也可形成互补（表7-2、表7-3）。

表7-2　河西走廊城市经济指标数据（2012年）

地区	人均GDP（元）	第二、第三产业占GDP比例	万人工业总产值（万元）	万人工业利润（万元）	万人地方财政支出（万元）
全国城市	81 200.75	97.19	123 447.501 3	7 369.976	11 075.02
嘉峪关	115 123	98.61	362 485.353 5	16 661.62	9 911.364
金昌	83 244	98.56	266 032.164 5	7 563.16	3 299.784
白银	58 033	97.38	112 317.235 8	4 526.159	10 178.37
武威	21 182	77.5	22 903.280 94	267.750 5	3 844.499
张掖	24 282	73.2	12 379.514 56	488.970 9	6 134.757
酒泉	42 526	87.63	62 082.948 4	2 206.585	4 009.14
兰州	47 240	98.81	84 950.096 9	—	7 835.107

数据来源：甘肃省统计年鉴（2013）。

表7-3　河西走廊城市经济发展指数评价（2012年）

地区	人均GDP指数	第二、第三产业产占GDP比例指数	万人工业产值指数	万人工业利润指数	万人地方财政支出指数	经济发展综合指数
全国城市	0.4	0.4	0.4	0.4	0.4	2
嘉峪关	0.567	0.406	1.174 5	0.904 3	0.357 97	3.41
金昌	0.41	0.406	0.862	0.410 5	0.119 18	2.207
白银	0.286	0.401	0.363 9	0.245 7	0.367 62	1.664
武威	0.104	0.319	0.074 2	0.014 5	0.138 85	0.651
张掖	0.12	0.301	0.040 1	0.026 5	0.221 57	0.709
酒泉	0.209	0.361	0.201 2	0.119 8	0.144 8	1.036
兰州	0.233	0.407	0.275 3	-0.041 8	0.282 98	1.156

4. 信息与流通发展评价

酒泉、张掖、武威三市信息与流通发展水平明显低于全国城市均值，也低于河西走廊其他城市。在三市中，酒泉的信息与流通发展水平相对较高，与其紧邻的嘉峪关信息与流通综合指数在河西走廊仅次于省会兰州，可就近与酒泉形成互补；武威指数较低，但其近邻的金昌指数较高，也可形成互补（表7-4、表7-5）。

表 7-4　城市信息与流通指标数据（2012 年）

地区	全市万人 电信收入	市区万人互联 网用户数/户	万人限额以上 批零贸商销售额 （按城区人口）	万人社会 商品零售额
全国城市	859.201 7	2 478.437	103 392.204 3	32 418.24
嘉峪关	1 538.737	2 747.475	42 698.967 02	16 898.99
金昌	927.259 1	1 846.45	19 144.149 77	15 424.98
白银	624.928 9	1 217.48	15 276.290 96	15 321.67
武威	407.894 7	362.455 8	12 567.728 71	5 927.78
张掖	346.712 5	968.932	28 094.017 56	11 353.84
酒泉	960.526 3	1 117.936	16 954.311 34	12 902.11
兰州	1 012.641	1 831.836	106 136.983 7	34 587.01

数据来源：甘肃省统计年鉴（2013）。

表 7-5　信息与流通发展指数评价（2012 年）

地区	全市万人 电信收 入指数	市区万人 互联网用 户数指数	万人限额以上 贸商零售额 （按城区人口） 指数	万人社会 商品零售 额指数	信息与流 通综合指数
全国城市	0.11	0.44	0.275	0.275	1.1
嘉峪关	0.197	0.4878	0.114	0.143	0.942
金昌	0.1187	0.3278	0.051	0.131	0.628
白银	0.08	0.2161	0.041	0.13	0.467
武威	0.0522	0.0643	0.033	0.05	0.2
张掖	0.0444	0.172	0.075	0.096	0.387
酒泉	0.123	0.1985	0.045	0.109	0.476
兰州	0.1296	0.3252	0.282	0.293	1.031

5. 城市资本潜力评价

酒泉、张掖、武威三市城市资本潜力发展指标均低于全国城市平均值表7-6。在三市中，酒泉的城市资本潜力综合指数相对较高；嘉峪关和金昌低于省会兰州；武威、张掖指数较低（表7-6、表7-7）。

表 7-6　城市资本潜力指标数据（2012 年）　　　　　　（单位：万元）

地区	万人固定资产投资	万人房地产投资 （按城区人口）	万人住宅投资 （按城区人口）	万人金融存贷款额
全国城市	45 752.43	15 223.07	10 164.25	277 887.6
嘉峪关	47 145.86	7 742.312	6 202.185	282 532.7

续表

地区	万人固定资产投资	万人房地产投资 （按城区人口）	万人住宅投资 （按城区人口）	万人金融存贷款额
金昌	57 008.01	3 037.858	2 093.76	117 974
白银	41 337.83	2 810.899	1 681.902	100 936.6
武威	20 821.77	5 617.792	4 475.394	49 432.22
张掖	14 356.29	8 445.06	6 555.324	64 539.48
酒泉	45 378.11	3 850.463	3 212.789	103 000.8
兰州	42 459.17	11 590.81	6 999.159	377 782.7

表7-7　城市资本潜力发展指数评价（2012年）

地区	万人固定资 产投资指数	万人房地产投资 （按城区人口） 指数	万人住宅 投资指数	万人金融存 贷款额指数	城市资本潜力 综合指数
全国城市	0.275	0.165	0.11	0.55	1.1
嘉峪关	0.283	0.0839	0.0671	0.5592	0.994
金昌	0.343	0.0329	0.0227	0.2335	0.632
白银	0.249	0.0305	0.0182	0.1998	0.497
武威	0.125	0.0609	0.0484	0.0978	0.332
张掖	0.086	0.0915	0.0709	0.1277	0.377
酒泉	0.273	0.0417	0.0348	0.2039	0.553
兰州	0.255	0.1256	0.0757	0.7477	1.204

6. 城市教育卫生文化发展评价

表7-8和表7-9表明，从城市教育卫生文化综合指数来看，酒泉、张掖、武威三市明显低于全国城市，也低于河西走廊其他地级市。但应进一步具体分析：从分指数来看，三市中学教师指数均高于全国城市均值，尤以酒泉最高（其紧邻的嘉峪关更高），三市中学教师发展指数、小学教师发展指数也高于全国城市均值（尤以武威最高）；三市的短板主要在于医疗卫生（万人床位、医生）和图书藏书指数落后。但酒泉紧邻的嘉峪关和武威近邻的金昌的医疗卫生条件相对较好（指数较高，尤以嘉峪关为最，高于全国城市平均水平），可就近关联互补。

表7-8　城市教育卫生文化指标（2012年）

地区	万人高校 教师（人）	万人中职 教师（人）	万人中学 教师（人）	万人小学教师 （人）	万人医院 床位（张）	万人医生 （人）	百人图书馆 藏书（册）
全国城市	32.921 8	10.122 97	42.999	38.93	65.69	33	156.47
嘉峪关	9.646 465	3.636 364	54.646	40.76	74.646	39.29	60.73
金昌	4.415 584	5.584 416	52.727	39.44	55.065	32.64	95.4

地区	万人高校教师（人）	万人中职教师（人）	万人中学教师（人）	万人小学教师（人）	万人医院床位（张）	万人医生（人）	百人图书馆藏书（册）
白银	3.678 862	13.109 76	67.419	57.46	67.094	28.29	90.95
武威	7.003 929	4.047 151	46.031	53.7	45.53	29.55	24.75
张掖	14.990 29	8.932 039	50.019	44.08	46.796	22.35	38.83
酒泉	7.960 688	8.894 349	53.538	39.16	57.69	27.25	24.56
兰州	86.172 48	16.865 31	42.122	41.25	87.326	48.18	228.95

表 7-9　城市教育卫生文化发展指数评价（2012 年）

地区	万人高校教师指数	万人中职教师指数	万人中学教师指数	万人小学教师指数	万人医院床位指数	万人医生指数	百人图书馆指数	城市教育卫生文化综合指数
全国城市	0.225	0.375	0.375	0.225	0.425	0.425	0.45	2.5
嘉峪关	0.066	0.135	0.476 6	0.235 6	0.482 94	0.506	0.174 7	2.076 4
金昌	0.03	0.207	0.459 8	0.227 9	0.356 26	0.42	0.274 4	1.975 8
白银	0.025	0.486	0.588	0.332 1	0.434 08	0.364	0.261 6	2.490 9
武威	0.048	0.15	0.401 4	0.310 4	0.294 57	0.381	0.071 2	1.655 9
张掖	0.102	0.331	0.436 2	0.254 7	0.302 76	0.288	0.111 7	1.826 6
酒泉	0.054	0.329	0.466 9	0.226 4	0.373 24	0.351	0.070 6	1.872
兰州	0.589	0.625	0.367 4	0.238 4	0.564 97	0.62	0.658 4	3.663 4

7. 城市环境与设施支撑能力评价

河西走廊绿洲经济型城市（酒泉、张掖、武威三市）的环境与设施支撑能力发展水平并不理想，其综合指数均低于河西走廊其他地级市。各城市情况比较复杂，具体见表 7-10、表 7-11。

表 7-10　城市环境与设施发展指数评价（2012 年）

指标	全国城市	嘉峪关	金昌	白银	武威	张掖	酒泉	兰州
建成区绿化覆盖率指数	0.42	0.384	0.321	0.302	0.288	0.306	0.395	0.306
工业固体废物利用率指数	0.09	0.044	0.026	0.076	0.132	0.105	0.137	0.151
污水处理厂集中处理率指数	0.09	0.137	0.082 7	0.080 2	0.081 9	0.077 2	0.109 6	0.105 9
生活垃圾无害化处理率指数	0.09	0.116 9	0.082	0.086 9	0.097	0.114	0.106 4	0.116 9
单位工业废水产出万元工业产值指数	0.09	0.099 5	0.081 8	0.129 1	0.071 5	0.020 5	0.04	0.090 6

指标	全国城市	嘉峪关	金昌	白银	武威	张掖	酒泉	兰州
单位工业烟尘产出万元工业产值指数	0.045	0.025	0.044	0.037	0.028	0.008	0.039	0.044
单位二氧化硫产出万元工业产值指数	0.045	0.012	0.005 9	0.005 2	0.182	0.005 6	0.022 9	0.025 4
每万人公共汽车辆指数	0.18	0.103	0.127	0.117	0.058	0.069	0.136	0.25
人均城市道路面积平方米指数	0.18	0.295	0.298	0.188	0.042	0.12	0.167	0.164
万人供水量指数	0.27	0.452 4	0.286 2	0.526 4	0.043 9	0.100 4	0.133	0.297 1
城市环境与设施支撑综合指数	1.5	1.669	1.354	1.549	1.025	0.925	1.285	1.55

表 7-11　城市环境与设施支撑状况指标（2012 年）

指标	全国城市	嘉峪关	金昌	白银	武威	张掖	酒泉	兰州
建成区绿化覆盖率（%）	40.59	37.14	31	29.19	27.81	29.57	38.17	29.53
一般工业固体废物综合利用率（甘肃8市均值为背景）（%）	59.13	28.89	16.98	50	86.82	68.76	90	99
污水处理厂集中处理率（甘肃8市均值为背景）（%）	65.70	100	60.39	58.57	59.77	56.38	80	77.3
生活垃圾无害化处理率（甘肃8市均值为背景）（%）	77	100	70.12	74.35	83	97.58	91	100
全市工业废水排放量（万t）	2 093 042	1 505	1 848	1 046	947	2 035	3 632	4 800
工业烟（粉）尘排放量（t）	14 088 302	20 365	11 669	12 155	8 047	17 174	12 639	33 598
工业二氧化硫排放量（t）	—	50 986	104 951	106 941	1 523	30 398	25 961	70 151
单位工业废水排放量产出的万元工业产值（万元）	0.431 4	0.476 9	0.392 2	0.618 9	0.342 7	0.098 1	0.191 8	0.434 2
单位工业烟尘排放量产出的万元工业产值	0.641	0.352	0.621	0.533	0.403	0.116	0.551	0.62
单位二氧化硫排放量产出的万元工业产值	0.527	0.140 8	0.069 1	0.060 5	2.131 1	0.065 6	0.268 4	0.297 1
每万人公共汽车（辆）	9.38	5.36	6.63	6.12	3.01	3.59	7.1	13.05
人均城市道路面积（m²）	11.52	18.88	19.08	12.04	2.71	7.67	10.66	10.48
万元第二、第三产业增加值供水量	13.97	13.78	14.29	38.01	10.96	23.3	13.67	18.86

　　一是与嘉峪关、金昌、白银等城市相比，酒泉、武威两市的环境发展指数（工业固体废弃物、工业污水、生活垃圾等的利用或处理率，工业二氧化硫支撑力）并不低，环境（污染物的角度）条件总体上优于嘉峪关、金昌和白银。

　　二是张掖的环境发展指数（单位工业废水、工业烟尘、二氧化硫产出万元工业产值指数）在河西走廊全部地级市中很低，与张掖市郊县资源型工业的粗放发展有关。

三是从建成区绿化覆盖率指数来看，酒泉在 3 个绿洲经济型城市中发展数值最高，接近全国城市平均水平，与紧邻的嘉峪关共同构成河西走廊地级市中绿化覆盖率最高的两个城市，形成河西走廊绿化覆盖最好的复合城市（酒嘉）；武威绿化发展指数最低，城市发展中暴露出绿地短缺问题；张掖建成区绿化覆盖水平也不高，虽然城北有大面积湿地，但城区（建成区）绿化布局少，建成区的绿化条件相对较差。

四是从城市公交、道路、供水等设施支撑发展指数来看武威和张掖均很低；酒泉相对较高，可与紧邻的嘉峪关强化互补，形成河西走廊城市发展的设施支撑高地（酒嘉高地）。

8. 城市土地利用集约性评价

在酒泉、张掖、武威、金昌、嘉峪关中，武威城市土地利用集约性发展指数最高。武威也是河西走廊所有地级市中城市土地利用集约性指数最高的城市，其单位面积建成区的工业总产值密度、人口密度、固定资产投资密度等指标也最高。武威单位面积建成区的房地产投资密度和住宅投资密度在河西走廊也处于较好水平，表明武威城市土地利用在河西走廊地区相对最为紧凑和高效。张掖城市土地利用集约性发展指数在河西走廊为最低，单位建成区面积的工业总产值密度、人口密度、投资密度均很低，城市空间扩展中土地占用相对较多，城市建设强度较低，新区呈现低密度扩展状态。酒泉城市土地利用集约性水平低于武威，高于张掖。

与全国地级及以上城市相比，河西走廊地级市土地利用集约性水平普遍均低于全国均值，其中武威、兰州与全国差距较小，而其余城市与全国差距较大。但从建成区人口密度来看，武威、兰州略高于全国水平，人口分布较为集中。

河西走廊城市土地利用集约性水平可分为 3 类：①水平较高城市：武威、兰州，城市土地利用较为紧凑；②水平中等城市：金昌、白银、酒泉；③水平较低城市：张掖、嘉峪关，城市土地利用较为粗放，建设用地呈现松散蔓延扩展之势（表 7-12、表 7-13）。

表 7-12　城市土地利用集约性状况指标（2012 年）

地区	建成区二三产业密度（万元/km²）	建成区工业总产值密度（万元/km²）	建成区工业利润密度（万元/km²）	建成区人口密度（万人/km²）	建成区固定资产投资密度（万元/km²）	建成区房地产投资密度（万元/km²）	建成区住宅投资密度（万元/km²）
全国城市	89 294.331	139 676.9	8 338.892	0.967 389	51 767.41	14 727	9 832.8
嘉峪关	42 127.757	113 924	5 236.508	0.399 524	14 817.27	3 093.2	2 477.9
金昌	48 417.549	157 572.9	4 479.718	0.493 077	33 766.28	1 497.9	1 032.4
白银	47 967.222	95 276	3 839.431	0.694 483	35 065.88	1 952.1	1 168.1
武威	53 708.05	75 211.42	879.258 1	1.022 581	68 376	5 744.6	4 576.5
张掖	24 495.628	17 230.95	680.594 6	0.492 432	19 982.41	4 158.6	3 228.1
酒泉	39 437.775	61 628.68	2 190.439	0.842 927	45 046.07	3 245.7	2 708.1
兰州	66 711.318	88 109.05		0.997 588	44 038.05	11 563	6 982.3

表 7-13　河西走廊城市土地利用集约性指数评价（2012 年）

地区	建成区第二、第三产业密度指数	建成区工业总产值密度指数	建成区工业利润密度指数	建成区人口密度指数	建成区固定资产投资密度指数	建成区房地产投资密度指数	建成区住宅投资密度指数	城市土地利用集约性综合指数
全国城市	0.54	0.27	0.18	0.36	0.27	0.09	0.09	1.8
嘉峪关	0.254 8	0.220 2	0.113	0.149	0.077	0.019	0.02	0.86
金昌	0.292 8	0.304 6	0.096 7	0.183	0.176	0.009	0.01	1.07
白银	0.290 1	0.184 2	0.082 9	0.258	0.183	0.012	0.01	1.02
武威	0.324 8	0.145 4	0.019	0.381	0.357	0.035	0.04	1.3
张掖	0.148 1	0.033 3	0.014 7	0.183	0.104	0.025	0.03	0.54
酒泉	0.238 5	0.119 1	0.047 3	0.314	0.235	0.02	0.02	1
兰州	0.403 4	0.170 3	—	0.371	0.23	0.071	0.06	1.29

9. 城市发展综合评价

从综合发展指数看，除嘉峪关市和兰州市的综合发展水平与全国地级及以上城市的整体水平持平以外，河西走廊其他各城市的综合发展水平均低于全国城市（表 7-14）。河西走廊城市综合发展水平具体可分为 4 种类型。

表 7-14　河西走廊城市发展评价指数（系统层、综合层）（2012 年）

地区	城市经济系统指数	城市信息与流通系统指数	城市资本潜力系统指数	教育卫生文化系统指数	城市环境与设施支撑系统指数	城市土地集约性系统指数	城市发展水平综合指数
全国	2	1.1	1.1	2.5	1.5	1.8	10
嘉峪关市	3.409 757	0.941 682	0.993 608	2.076 42	1.668 618	0.855 559	9.945 644
金昌市	2.207 377	0.628 283	0.631 735	1.975 814	1.354 15	1.072 3	7.869 659
白银市	1.663 861	0.466 751	0.496 91	2.490 861	1.548 903	1.021 08	7.688 366
武威市	0.650 904	0.200 28	0.332 313	1.655 912	1.024 585	1.303 32	5.167 314
张掖市	0.709 102	0.387 441	0.376 505	1.826 572	0.925 308	0.538 569	4.763 497
酒泉市	1.035 864	0.475 982	0.553 115	1.871 957	1.285 33	0.998 159	6.220 407
兰州市	1.155 807	1.030 55	1.204 297	3.663 391	1.549 789	1.292 001	9.895 835

1）综合发展水平与全国同步的城市：嘉峪关、兰州。嘉峪关城市经济发展水平较高，但社会设施滞后，城市土地利用粗放。

2）综合发展水平稍低于全国水平的城市：金昌、白银、酒泉。

3）综合发展水平明显低于全国水平的城市：武威、张掖。

10. 绿色经济型城市发展存在的问题

基于以上数据、指数比较和综合分析，可以发现，酒泉、张掖、武威等绿色经济型城市在发展过程中存在以下主要问题。

第一，经济总量较低，新型产业亟待做实做大。

第二，城市环境容量较小，基础设施支撑力不足。加强城市基础和公共服务设施建设、实现循环绿色发展，为城市长远可持续发展提供条件，是绿色经济型城市的根本发展方向。

第三，医疗卫生事业发展水平较低。社会事业方面，绿色经济型城市中小学教育发展水平高于全国，但医疗条件明显滞后，医生人数和医院床位严重不足。

第四，张掖、酒泉城市土地利用的集约性有待提高。

第五，如何兼顾生态安全与经济效益、科学配置流域水资源，是绿色经济型城市面临的一个重大课题。酒泉、张掖和武威地处河西走廊石羊河、黑河等主要河流水系的中枢位置，其绿洲开垦规模、农灌方式及需水量、工业和城市用水增长等，均影响着流域下游绿洲和城镇的生存与发展。如何兼顾流域生态安全与城镇布局经济效益，科学配置空间水资源，是一个需要解决的重大理论和实践问题。

7.1.3　河西走廊绿色经济型城市战略定位

酒泉、张掖、武威同属绿洲绿色经济型城市，有其共性，三市的总体战略定位如下。

1）丝绸之路经济带黄金节点体系中的历史文化名城、国际文化交流重镇、多元文化和多民族和谐共融发展的交汇之地。

2）丝绸之路经济带黄金段"工农互补互惠循环发展"（绿洲农业、绿色农产品加工业、能源化工工业之间形成循环产业链）和"城市关联融合协同发展"（酒泉与嘉峪关、武威与金昌）的新型城镇化发展示范区。

3）国家西部风光电等新能源开发和西电东送的潜力高地。

4）全国内陆河流域节水型城市和人居环境建设示范基地。

7.1.4　河西走廊绿色经济型城市总体发展模式

其总体发展模式可概括为以下 3 个层面。

1）"流域统筹，生态与效率兼顾，科学节水配水、实施绿色发展"的流域生态安全（兼顾布局效率）发展模式。

2）"名城保护、文化引领；商贸物流、三产并进；农产品加工、新能源推动；循环经济示范、城乡永续发展"的产业发展模式。

3）"围绕中心城区、多点轴向布局；相邻城市互动、关联融合发展"的城市空间组织模式。

7.1.5　金武、张掖、酒嘉各自战略定位和发展模式

1. 金武城市战略定位与武威城镇化模式

（1）金武城市战略定位

1）"工农互惠循环发展"（绿洲农业、绿色农产品加工业、能源化工工业之间形成绿色循环产业链）和"城市关联协同发展"（武威与金昌）的新型城镇化发展示范区。

2）国家高科技新材料研发和生产基地及新能源产业潜力高地。

3）国家战略物资储备基地。

4）全国内陆河流域节水型社会建设示范城市（包括城郊节水高效特色绿洲农业示范区、沙产业和防沙治沙生态恢复示范区、循环经济示范区、节水型社会体系示范区、水资源与城镇布局的流域空间协调示范区）。

（2）武威绿色经济型城市发展模式

1）"流域统筹、生态与效率兼顾、节水退水、绿色发展"的区域生态建设模式。

2）"文化引领、三产并进，农工能化、循环驱动"的城市产业发展模式。

3）"一城多组团、快捷交通相连，武（威）金（昌）互动，整体发展"的城市空间体系模式。

流域统筹、生态与效率兼顾。石羊河流域是甘肃省河西内陆河流域中人口最多、经济较发达、水资源开发利用程度最高、用水矛盾最突出、生态环境问题最严重的地区。武威地处石羊河流域，水资源短缺，生态环境脆弱，荒漠化形势严峻，上下游间、三生（生产、生活、生态）间争水矛盾突出。武威城市发展，必须立足石羊河流域整体系统，将统筹配置流域水资源、维护流域生态安全格局，作为城市发展的根本和基础，置于优先地位，科学规划城乡空间发展布局。

退水节水、绿色发展。石羊河流域和武威市资源生态方面的主要矛盾在于传统农业耗水过大、产业发展用水粗放、环境污染加重等。通过压减粗放耗水的传统农地面积、发展高效节水农业科技，实现较大数量（规模）的农业用水逐步退还为生态用水和城市产业和生活用水，同时大力发展循环产业链和能源再利用、实施"4R"（reduce、reuse、recycle、recovery）发展战略，从资源环境的基础层面有力支撑武威绿洲新型城镇化健康发展。

文化引领、三产并进。基于历史文化、地理区位和人口稠密的地域条件，以马踏飞燕、凉州会盟等诸多遗产要素为依托，发挥武威国家历史文化名城和多元文化融汇之地的资源优势，在遗产保护中传承创新文化文明，大力发展文化旅游产业，积极推进商贸金融和物流保税等服务业的全面发展。

农工能化、循环驱动。基于武威绿洲农业和农产品资源，继续发展酿造、食品加工、特色药品等多种农产品加工工业；积极发展光电风电新能源和新化工工业，加强与金昌冶金化工新材料工业的技术协作和循环联合。将"循环经济、生态工业"作为生态文明背景下产业发展的内在动力因素，努力创建甘肃省循环产业发展示范区。

一核多组团、快捷交通相连。以凉州主城区和武南片为核心（西北主城区突出名城保护、文化旅游、商贸金融、特色农产品加工、宜居住区；东南武南片重点发展煤炭中转储配、现代物流），保护文化遗产景观格局、大力发展服务业和特色农产品加工，优化提升绿洲生态城市人居环境；在核心外围依托沿川区走廊一字形延伸的金大快速交通通道，在自西向东（南）布局建设丰乐-永丰组团（新能源产业、化工、特色农业）、黄羊组团（面粉食品饲料玉米等加工业，特色药品，葡萄酒酿造，物流、高效节水生态示范农业）、土门-黄花滩组团（特色农业、沙产业、生态移民新区、循环化工）、大靖组团（按古浪新县城的构想进行建设，发展商贸物流和农产加工、建材、机械等制造业，做好古镇保护），形成高效的"点轴"带状城镇空间形态。

武（威）金（昌）互动，整体发展：利用武威金昌两市相距较近、同处石羊河流域盆地、资源和产业结构互补性强的条件，加强两者的协作和联合，促进人才、技术、资源、产业在两市间的双向联系，以"一体化、同城化"为空间组织平台，关联布局、资源共享、互动创新、共同发展。

2. 张掖城市战略定位与城镇化模式

（1）张掖市战略定位

1）丝绸之路黄金段区域枢纽城市。张掖市位于河西走廊中心腹地，是甘肃丝绸之路黄金段南来北往东进西出的核心枢纽城市，对内连接甘肃、新疆、宁夏、内蒙古、青海、西藏六省（区），对外连通俄、蒙和中亚等丝绸之路经济带上的重要国家及国际市场，是跨境国际商贸物流枢纽，具有建成丝绸之路经济带重要的物资集散地和商贸市场的区位优势及潜力。历史上曾作为万国博览会会址，隋炀帝在此接见各国使者，其繁荣景象可以想象。

2）国家绿洲生态经济示范区。包括含义：①国家绿洲现代农业试验示范区和丝绸之路经济带绿洲现代农业促进绿色城镇化发展的示范城市；②绿色能源和循环经济示范区；③丝绸之路生态文化旅游目的地，打造"历史文化名城、湿地生态之城、七彩丹霞之城、裕固家园之乡"等生态文化旅游城市；④内陆干旱脆弱生态区，兼顾生态与经济、科学配置黑河流域水资源，培育绿色生态经济体系，优化城镇体系空间布局，推进城乡融合协调发展的示范城市。

（2）张掖市绿色城镇化模式

1）"流域整体、依水景观、节水配水、战略前瞻"的区域生态建设模式。

流域整体、依水景观。以黑河流域水系水生态为根本，从流域整体层面合理配置水资源，依托水系水资源布局城镇体系，以张掖城区为重点科学建设沿河生态景观。

节水配水、战略前瞻。张掖城区近10年地下水位上升、黑河水量增多，使黑河干流具备了建设沿河湿地公园的条件，这种态势，除了流域生态治理、农业节水成效的因素之外，尚不排除存在远程深循环水和地下断裂带水运动的贡献。因此，应当考虑到未来水资源条件的不确定性，未雨绸缪，对未来数十年可能出现的水资源周期性跌落做出战略性前瞻预断，不放松黑河流域的节水配水工作，储备张掖城市发展和景观格局动态变化的适时调整预案。

2）"名城保护、三产联动，农工结合、产城共进"的城市产业发展模式。

名城保护、三产联动。以张掖国家历史文化名城保护和发展为切入点和突破口，突出名城保护和文化引领这一鲜明主题，大力推进遗产保护、人文交流和观光旅游，积极促进文化创意、商贸物流、金融、教育卫生、社会服务等多种第三产业全面发展。

农工结合、产城共进。探索依托农业产业化、促进绿色工业化、推进新型城镇化的路子。作为内陆干旱生态脆弱、工业滞后、欠发达的农业大市，坚持依靠现代科技，积极推进绿洲农业产业化，大力发展现代高科技农业产业园区，依托支柱产业，带动食品加工等工业以及商贸、仓储、物流等产业发展，壮大区域经济，促进市区、县城、中心乡镇等城镇建设和美丽乡村建设；把小城镇建成城乡融合、统筹发展的战略支撑和纽带桥梁，为西北生态脆弱、工业滞后，经济欠发达的农业地区依靠农业产业化带动绿色工业化和推进新型城镇化树立样板。

3）"围绕中心城区、多点轴向布局，建好滨河新区、优化功能配置"的城市空间组织模式。

突出一心（甘州城区），发展多轴，沿主要交通动脉（连霍高速、G312 国道、兰新铁路）、黑河干流水系以及沿甘州城区向市郊辐射的多条放射状道路，建立多点、多轴的城市空间发展格局。根据城区的自然条件和社会经济条件，规划用地布局采用组团式结构，按功能要求分为多个主要功能组团，强化主城区、滨河新区和产业区三大分区的城市职能，形成轴向多心的组团形态的城市结构。

发挥新区滨河而建优势，形成人居环境新导向。滨河新区东北面与湿地公园紧紧相连，西北面与黑河濒临，以景观区位优势为基础，以生态环境为优势，大力发展服务业，与主城区旅游资源相互补充，积极配套生态居住单元，形成张掖城市发展新动力。

4）围绕沙漠、绿洲、湿地旅游组团建设，打造丝路特色生态旅游产品。

张掖拥有丰富的自然旅游资源，北有张掖国家级湿地公园，南有以七一冰川为首的祁连山美景，还有美丽的张掖丹霞国家地质公园，并与荒漠戈壁交错。市区（甘州区）有大佛寺。丰富的自然美景应通过组团模式进行旅游营销，带动张掖旅游业发展，重现甘州古风。

甘州区南部要近距离打造国家沙漠体育公园，以沙漠探险、沙漠体验为主线，以观光服务、生态休闲、生态科普为主要功能，彰显大漠风光与生态景观特色，打造新一代旅游产品，带动旅游新体验，探索张掖旅游业发展的新方向。

全力维护城北郊国家级湿地公园，借助湿地公园带动区域环境优化。该湿地公园作为区域关键生态支撑系统，发挥着水源涵养和水资源调蓄、净化水质、防止沙漠化和改善区域小气候等重要的生态功能，对于维护张掖绿洲及黑河中下游生态安全、优化区域人居环境具有重要意义。

3. 酒嘉城市战略定位与酒泉城镇化模式

（1）酒嘉战略定位

1）国家历史文化宝库，丝绸之路重要历史文化名城。

2）连接我国东部与新疆维吾尔自治区、连接内蒙古自治区及蒙古国与青藏地区的重要区域性中心城市和新型增长极。

3）丝绸之路经济带黄金段的战略支撑点。

4）国家新能源及其装备制造基地，现代基础产业和我国"西电东送"的潜力之地。

（2）酒泉市发展模式

1）"自然生态、注重节水、流域统筹"的生态保护模式。以讨赖河流域水系水生态为根本，统筹配置酒嘉、金塔上下游之间水资源的利用。尊重自然，重视生态节水，避免过大规模的人工水域景观建设和过多的高耗水林地建设。

2）"文化旅游、商贸物流、农业节水研发、新能源创新输出"的城市产业发展模式。

3）"一核（酒泉城区）一区（金塔区）、酒嘉同城"的空间组织模式。

4）河西走廊农业节水设备研发制造基地。

5）保税物流建设高地。

6）历史文化名城，西汉胜迹旅游重镇。

7）中远期酒嘉合并设立酒嘉市，建成河西走廊大城市，打造区域增长极，建设丝绸之路黄金段西段区域中心城市。

7.1.6   绿色经济型城市发展方向

1）大力发展绿色经济，具体如下。

第一，大力发展绿色农产品加工业。

第二，做实风光电等新能源产业，建设我国西电东送的新基地。

第三，强化发展循环型工业，走绿色工业化道路。

第四，全面发展生态旅游和文化旅游业。

第五，提升发展干旱区高效生态农业节水设备制造业。

第六，积极发展保税物流产业。

2）加强城市基础设施和人居环境建设，提高城市绿化、环境容量、道路交通、信息通信的支撑能力，建设大数据城市、物联城市、智慧城市、生态城市、人居环境示范城市。

3）加快发展医疗卫生事业，提高城市社会公共服务水平，实现经济与社会同步发展。

4）发展可持续紧凑城市，着力提高张掖市和酒泉市城市土地利用的集约水平。

5）兼顾生态安全与经济效益，科学配置流域水资源，实现上游（中游）与下游、工业与农业、城市与乡村、生产生活与生态之间水资源的共享和合理利用。

7.2   嘉峪关和金昌等资源型城市战略定位与发展模式

7.2.1   嘉峪关资源型城市战略定位与发展模式

1. 嘉峪关城市发展面临的问题

中心城市经济实力与所辖区域严重不匹配，城市发展面临着空间不足、人力资源紧张。嘉峪关–酒泉同城化特征开始显现。

2. 嘉峪关城市战略定位

嘉峪关与酒泉合并，构建丝绸之路经济带黄金段重要的新型增长极。

1）国家历史文化资源宝库和产业基地、丝绸之路经济带重要的旅游目的地城市、华夏文明传承创新示范区核心功能区。嘉峪关、酒泉弘扬丝路文化、边塞文化和长城文化，充分对接敦煌文化，着力优化"华夏文明传承创新示范区"建设环境。

2）国家新能源和先进装备制造业基地。嘉峪关、酒泉是西部地区重要的工业基地，多种能源资源特别是新能源资源的组合优势较强。重点建设先进装备制造业基地、新能源光伏示范基地、化工基地等高新科技基地。

3）丝绸之路经济带重要的区域交通枢纽和物流中心。嘉峪关、酒泉是西北的交通枢纽，起着连接东部地区与西部省（区）如新疆、西藏、青海，以及中亚、南亚地区经济文化的重要作用，在中国西北地区占据着举足轻重的地位，是东西部经济文化交流的一座桥梁。

3. 嘉峪关城市发展模式

(1) 培育壮大新能源支柱产业

能源产业在嘉峪关、酒泉的产业体系中既处于基础地位，又起着核心作用。嘉峪关革新工业体系，必须以发展新能源产业为战略突破口，首先要调整和革新能源结构，以新型能源产业、新型建材产业和化工产业带动工业体系和区域产业结构的升级换代，进而带动实现新型工业化目标。其次，大力发展以风电、光电装备、新材料、核乏燃料后处理设备制造为主导的装备制造业，努力把嘉峪关-酒泉打造成中国的风谷和太阳城，西部地区最重要的新能源基地，引领我国新能源革命的潮流。

(2) 科技支撑，接续延伸优势资源产业链

重点在信息技术、生物技术、新材料技术、先进制造技术和环保技术等领域取得新突破，大力促进高新技术成果转化和产业化。建设新能源基地、盐化工基地、不锈钢产品加工基地、新型建材基地四大基地。实施大工业、大项目、大电力计划，以人才为核心，以项目为纽带，充分发挥高新技术开发区和经济技术开发区在技术创新中的龙头作用。

延长钢铁资源产业链条。按照产业链延伸模式，利用资源优势，发展下游加工业，进一步支持酒泉钢铁（集团）有限责任公司做大做强。要加快产业结构和产品结构优化升级，调整钢材品种结构，重点发展高强度轿车用钢，高档电力用钢，通过自主创新和技术改造，进一步做大做强企业规模，推动钢铁工业转型升级。加快新产品开发、生产力度，扩大不锈钢等产品产能，加快后续工程的建设步伐，通过生产汽车不锈钢零件、不锈钢建材、不锈钢厨具等产品，使嘉峪关成为西北地区不锈钢制造基地。

(3) 创新特色节水农业和都市型观光农业发展

嘉峪关属于干旱缺水地区，农业发展要以节水为中心。应充分发挥地域优势，引导城市资本和科技成果进入农业规模化经营，加快优质洋葱、精细蔬菜、特色制种等优势产业和特色产品的产业基地建设，进一步完善农产品市场体系，实现社会、经济、生态的可持续发展。

按照"精品、珍品和旅游观光农业"的要求，以都市型农业发展为目标，结合城乡一体化的建设、粮经比例的调整、退耕还林还草的落实、酒钢养殖园、葡萄酒庄和高科技种植园等的发展，重点发展无污染、无公害农产品生产、加工及高附加值的农产品。

(4) 绿色低碳旅游促进生态型第三产业发展

嘉峪关旅游业重点开发以嘉峪关关城为龙头，嘉峪关关城、嘉峪关国际滑翔基地、长城第一墩、悬壁长城、黑山浅石刻岩画、长城博物馆、魏晋墓地下画廊、七一冰川八大景点为重点，积极开发石关峡、黑山湖等多处的旅游资源，完善黑山湖、迎宾湖、双泉湖、拱北湖、东湖等一系列人造景观。根据嘉峪关的特点，推出工矿旅游、沙漠旅游、丝绸之路旅游、边塞风情旅游、长城文化旅游、都市农业观光休闲等特色旅游产品。

在改造提升交通运输、旅游服务等传统服务业的同时，主要围绕产业园区发展现代物流、信息服务、中介服务、技术服务、商品零售、特色餐馆、金融保险、商贸流通、社区服务等服务业。不断拓展服务领域，努力扩大城镇就业，提高第三产业比例，使嘉峪关的产业结构日趋向合理化和高级化方向演化，最终实现资源型城市经济由单一经济向多元经

济可持续发展的转变。

7.2.2 金昌资源型城市战略定位与发展模式

1. 战略定位

(1) 产业定位：国家新材料产业基地

金昌缘矿兴企，因企建市，是典型的资源型工矿城市。继续做好做精镍、铜、钴、贵金属及其延伸的加工生产产业，在镍、铜、钴、贵金属方面保持国家层级中心城市的位置，进一步增强金昌在该领域的国际影响，是金昌产业转型过程中始终要坚持的一个方向。

(2) 发展阶段定位

金昌的资源开发处于鼎盛时期，但同样面临枯竭的现实问题。单纯依靠资源开发会给城市经济发展造成一定的脆弱性，也使得城市经济发展不可持续。在做好传统产业的同时，结合自身优势，寻求发展接替产业，在城市发展仍处于高峰期时居安思危，为城市实现顺利转型奠定基础，建设具有较强综合经济实力、城乡居民共同富裕文明、社会全面进步的现代化区域中心城市。

(3) 区域定位

河西走廊从历史上就是东西方交流的一个很重要的通道，随着国家丝绸之路经济带构想的提出，这条走廊的意义已经超越了交通上的意义，成为跨国经济圈的概念，是物质、能源、资金等的巨大通道。金昌作为该通道上的重要节点城市，应把经济全球化的概念融入自身经济社会发展之中。

(4) 生态环境定位

建设节水型城市。金昌水资源稀缺，生态环境脆弱，应建设节水型城市，保护生态环境，实现可持续发展。

2. 发展模式

金昌逐步探索形成了独具特色的"金昌模式"，即以资源循环利用、产业共生发展、科技引领支撑、园区承载聚集、机制创新保障。借鉴国外资源城市成功的发展模式，结合金昌的比较优势和限制因素，对金昌的发展模式提出以下建议。

(1) 做大做精传统优势产业，培育发展接替、配套产业

突出工业强市、产业富民，推进矿业与接续产业同步、协调发展。做大做精传统优势产业，根据资源禀赋、比较优势和工业基础、功能定位，依托现有的产业基础，不断延伸，拉长产业链条，可沿"采矿—粗炼—型材—制品—回收—冶炼"链条延伸；培育发展新材料等接续产业和建筑建材、装备制造等配套产业，实现多元化，提高抗风险能力。正确处理好改造传统产业和培育接续产业的关系。延长矿业产业链，以改造传统产业带动培育和发展接续产业，以培育和发展接续产业促进传统产业的改造升级。

(2) 加快发展生态文化旅游，打造丝绸之路旅游新城

金昌目前的产业结构不尽合理，重工业化特征十分明显，第三产业发展滞后。把旅游业作为新的经济增长点和后续产业，建设"紫金家园、生态绿城"，大力发展生态文化旅游，调整产业结构，加强生态建设，推动经济、社会、资源、环境协调可持续发展，打造丝绸之路黄金段闪亮出彩的旅游新城。

(3) 切实深入发展循环经济，努力实现资源环境共赢

立足资源型城市实际，大力发展循环经济，培育和打造新的支柱产业，努力促进经济转型和跨越发展。依托光热风力资源和化工资源，发展以新能源为代表的新兴产业和以化工循环经济产业为代表的循环经济，构建资源循环利用产业体系，从依赖单一资源发展向多产业共生发展转型的资源型城市循环经济发展模式转变，把发展循环经济作为转变经济发展方式、实现可持续发展的突破口，构建企业、产业、区域和社会四层循环经济体系。

7.3 敦煌国际旅游城市战略定位与发展模式

7.3.1 干旱、半干旱气候地区国际旅游城市借鉴

1. 迪拜

气候：热带沙漠性气候。

旅游地位：全球十大旅游目的地之一。

旅游资源：迪拜的历史文化景点资源远不及埃及、摩洛哥、约旦等阿拉伯国家，但充足的阳光、美丽的沙滩、豪华的酒店、世界各地的名牌商品、美酒与美食对游客颇具吸引力。

发展模式：迪拜旅游业走高端路线，大力发展基础设施，注重酒店管理。1996~2000年，实行"天空开放"政策，允许所有航空公司的航班在迪拜过境；减少对外国人的宗教限制，成为中东地区最开放的城市；建设标志性建筑，如闻名世界的帆船酒店；通过旅游活动尽量消除沙漠炎热气候对旅游的季节性影响。2001~2010年，致力于市场推广，在全球设立15个主要海外市场办事处；强化酒店、旅行社和导游管理；推动旅游便利化措施，放松签证和土地所有权限制；继续大力建设基础设施，增加酒店、度假村等娱乐休闲设施。

经验：敢于打破宗教禁锢，在多方面对外国投资者和旅客展现了较大的包容性；重视基础设施建设，使迪拜具备了世界一流的旅游软、硬件设施。

2. 爱丽丝泉

气候：热带沙漠性气候。

旅游地位：澳大利亚内陆必游城市。

旅游资源：爱丽斯泉是参观澳洲有名的艾尔斯岩（Ayers Rock）所必经的"入关口"，也是澳洲另外一大奇观"乌卢鲁国家公园"的起点。

发展模式：依托两个著名景点，开发周边产品和景点。大力发展当地制作细致且有特色的手工艺品，开发维多利亚大沙漠游，并开展各类庆祝节日吸引游客。

3. 芝加哥

气候：温带大陆性气候。

旅游地位：是美国仅次于纽约市和洛杉矶的国际化大都市，世界现代建筑殿堂。

旅游资源：芝加哥的建筑一般都各具特色，有着浓厚的欧美建筑风格，如西尔斯大厦、芝加哥大学、箭牌大厦、水塔广场大厦、瓦邦斯社区学院等。另外，芝加哥的公园风味也别具一格，著名的景点包括芝加哥海军码头、芝加哥唐人街、格兰特公园、林肯公园动物园、旧水塔、云门、士兵体育场、六面旗美国主题公园、罗比之屋、普利策克露天音乐厅、东方学院博物馆等。

发展模式：以海军码头改造为契机，将城市职能从港口贸易、工业城市演化为以会展和旅游为主体的旅游胜地。

4. 开罗

气候：亚热带草原-沙漠气候。

旅游地位：世界文化古都，西亚及北非地区文化中心。

旅游资源：市区西南矗立着古代世界七大奇迹之一的金字塔和狮身人面像；东北部有作为赫利奥波利斯（柏拉图曾在此从事研究）标志的尖塔；尼罗河西岸新建优雅的希尔顿饭店引人瞩目。建于19世纪的古城区和尼罗河岸之间的过渡区有国家图书馆、伊斯兰艺术博物馆与阿布丁宫博物馆等。

发展模式：依托得天独厚的历史文化旅游资源，注重博物馆建设，控制对历史遗迹的开发强度，强调对遗址的保护。

5. 巴格达

气候：亚热带干旱和半干旱气候。

旅游地位：伊斯兰世界历史文化名城。

旅游资源：拥有信徒宫、巴别通天塔、巴格达亭和国王费萨尔一世陵墓等历史文化资源。

发展模式：打造东西方联通的交通要道，铁路、公路和航空构成陆地和空中立体交通运输体系，成为国际东方快车的必经之地。建设现代化的国际会议中心大厦，使历史和现代化融为一体。

6. 蒙特雷

气候：半干旱气候。

旅游资源：蒙特雷市工业发达，商业环境良好，蒙特雷有14个以上自然公园，适宜生态旅游；20余个高尔夫球场，30座购物中心以及41座博物馆和文化中心，适宜休闲娱乐。在蒙特雷有超过100家设施优良的酒店，有275家豪华餐厅和酒吧，荟萃墨西哥各地美食，拥有两个主要会议中心。

发展模式：塑造全美顶级高尔夫球场和高尔夫文化吸引游客，并凭借此优势汇集大量艺术家，留下丰富的文化遗产和艺术作品。近年来，蒙特雷广建医院，医学研究和健康相关基础设施，推动其成为疗养中心。

7.3.2 战略定位

敦煌市是丝绸之路经济带国际旅游中心城市、甘肃省旅游龙头。依托深厚的历史文化成为全球著名的旅游城市，未来在丝绸之路经济带黄金段旅游建设中将起到十分重要的中心城市作用，是丝绸之路经济带文化交流的重要平台。

7.3.3 发展思路

敦煌市进行扩容升级，升级为地级市。将党河流域瓜州等县市纳入敦煌市辖区，扩大敦煌经济腹地；整合榆林窟世界文化遗产资源，建设大敦煌石窟文化旅游景区。支撑建设丝绸之路经济带甘青新一体化无障碍旅游黄金廊道。通过政策支持、资金扶持、区域合作、环境保护、生态发展、国际标准建设等方面将敦煌市打造成为国际旅游城市。

7.3.4 发展模式

1）建设国际旅游目的地城市。

2）建设国家绿色能源旅游示范城市，包括百万千瓦级太阳能发电示范基地和国家级新能源示范城市。

3）建设国家级旅游综合改革试验区、国际级文化生态保护试验区。

7.3.5 国际旅游目的地旅游城市先行示范

1）构建"大敦煌旅游经济圈"。以打造丝绸之路文化旅游经济带上的重点节点支撑城市为目标，落实《酒泉市西四县（市）旅游合作协议》，加强与新疆哈密、吐鲁番及青海格尔木等周边城市的合作与交流，在旅游商品开发、新业态旅游线路开发、特色节会和文艺演出、航班培育和旅游专列开通、客源互送等方面紧密合作，构建大敦煌旅游经济圈。

2）深化区域旅游合作。建成我国首个一体化无障碍的丝绸之路跨省市旅游黄金廊道。依托联动周边毗邻青海省海北藏族自治州、海西蒙古族藏族自治州，新疆哈密、吐鲁番、乌鲁木齐，甘肃省兰州、武威、张掖、酒泉-嘉峪关，内蒙古阿拉善盟建设一体化无障碍的丝绸之路跨省市旅游黄金廊道，进一步加强与河西五市在文化旅游产业方面的资源开发开放、项目联合开发，策划建设丝绸之路小镇、文化驿站等丝路沿线特色村镇旅游品牌；联合培育旅游航班航线、专列、低空飞行、自驾游项目，做大旅游市场，整体推进河西五市资源信息共享、旅游线路共建、旅游交通联运、旅游市场共销，形成以文化旅游产业为驱动力的区域发展组团；更加重视与省域丝绸之路沿线城市的联动开发，重点强化与嘉峪关、张掖七彩丹霞、平凉崆峒山、天水麦积山、兰州黄河风情线、永靖黄河三峡等大景区的旅游项目串联整合，依托"丝绸之路"城市市长论坛、丝绸之路国际旅游合作座谈会等载体，推动生产要素的跨地区高效流动和资源优化整合，最终形成丝绸之路一体化发展的战略协作格局。最终打造世界级旅游目的地。

3）争取更加宽松的航空政策支持。争取航空项目政策。建设国际航空口岸，加大旅行社和社会企业国际包机业务；积极申报开放通运航空管理改革试点，实现低空空域开放，建立敦煌航空俱乐部，发展以低空飞行器、热气球等为载体的空中观光旅游，打造陆空一体化的旅游产业体系。开发高端直升机观光旅游、商务飞行、航空摄影等空中服务，增加亲身体验飞机驾驶、空中跳伞、航空拍摄等体验项目，满足中高端游客需求。

4）建立"高效、快速、绿色"出入境管理，试行绿色"电子签证"和落地签证。开放中亚、南亚国家以及敦煌欧洲主要国际旅游客源输出国、日本、韩国为入境免签证国家。放宽入境免签国家旅游团组团人数,延长入境停留时间。申请敦煌旅游出入境政策。加快敦煌国际航空口岸的改造建设速度,实行开放便捷的出入境政策,积极申请对主要客源国实施敦煌落地签或 72h 免签政策,建立和完善便利通关的政策和措施。加强对旅行社、旅游宾馆、饭店接待免签证旅游团的监管,建立完善免签证旅游团接待工作机制。

5) 实行"天空开放"政策,允许国际航空公司的航班在敦煌过境;减少对外国人的限制,建设国家丝绸之路经济带最开放的旅游城市。

6) 推动国际旅游合作。立志于国际范围的目的地推介活动,在全球设立 15 个主要海外市场办事处。加强与世界旅游组织、亚太旅游协会等国际旅游机构和组织的交流与合作,引进国际旅游组织、机构在敦煌设立分支机构,引进品牌连锁酒店和知名旅游运营商落户敦煌。巩固基础,拓展合作,积极争取、促成世界旅游组织在敦煌设立研究及培训中心,强化旅游行业从业人员培训。举办中国丝绸之路(敦煌)国际文化旅游博览会,实施"敦煌文化走出去"工程,创设敦煌对外开放平台,搭建国际化的文化交流、展示、交易平台和国际文化交流领域的对话平台。联合开发特色旅游景区(点),开展特色旅游经营项目,打造丝绸之路旅游经济圈、经济带。

7) 创新旅游融资机制。加快推动敦煌旅游集团上市,严格按照现代企业制度运作,建立健全公司股东会、董事会和监事会,制定完备的公司规章制度,聘请证券、审计、评估、法律等相关机构指导敦煌旅游集团上市工作,培育敦煌旅游的龙头企业,打造投融资平台,省里支持敦煌培育上市公司;除文物保护单位外,通过抵押景区门票收入向国家开发银行、农业发展银行等政策银行申请贷款促进旅游开发;充分利用国家鼓励政策,强化旅游国债项目、生态保护项目、文物保护项目、世界旅游组织规划支持、国家及省市旅游产业结构调整基金等政策支持性的信贷融资。

8) 设立敦煌文化保护发展基金。以保护敦煌文化、保护敦煌生态为目标,争取国家批准敦煌独立发行企业债,争取设立敦煌文化保护发展基金,通过公益宣传、募集捐款、发展即开型彩票等方式为敦煌文物、生态保护筹集经费。

9) 争取高端特色旅游项目落地实施。建设敦煌国际大型免税购物娱乐城,建立国际一流的综合性旅游城市商业区、西北地区最大的免税店,同时提升旅游基础设施和服务设施的国际标准建设。加快建设敦煌佛都、万佛园、千年敦煌、龙行天下旅游文化度假城、天赐一秀文化博览园等文化旅游项目,争取沙漠高尔夫、自驾车营地、雅丹观光塔、空中观光等一批彰显敦煌特色的高端旅游项目在敦煌建设。建立 1~2 个国际影响的标志性酒店或者标志性建筑。

10) 改善旅游大交通环境。建立东西方的交通要道,通过成为东西方的交通要道,铁路、公路和航空构成陆地和空中的立体运输。推进敦煌机场 4D 级扩建工程,积极创建海关特殊监管区,开放敦煌国际航空口岸,打造国际空港,增加航空总量,力争在 2020 年进出港突破 50 万人次,2020 年突破 96 万人次。敦煌机场在目前扩建为 4C 级基础上,努力争取扩建为 4D 级。在已开通航线的主要客源城市建设敦煌客源地营销中心,进行强力营销。联合国内外航空公司,开通敦煌往返日本、韩国、中国台湾和香港等地的旅游包机航线,做大入境旅游市场。加快建设敦格铁路和敦煌铁路电气化改造项目,保持常年固定开行"敦煌号"旅游列车,开通与国内主要客源市场的直达列车和丝路节点城市间的旅游专列，争取开通北京、上海、银川等城市至敦煌的旅游专列，带动东部、中部的庞大潜在客源市场。争取敦煌至乌鲁木齐旅游专列实现常态化开通，形成便捷的区域性精品观光旅游线路。加快推进敦格铁路建设，形成基于铁路的西安—敦煌—拉萨、乌鲁木齐—敦煌—拉萨的精品旅游线路。积极推进连霍高速联络线柳格高速建设，积极开发敦煌—兰州、敦煌—乌鲁木齐、敦煌—格尔木—拉萨越野自驾游线路。

11）旅游资源保护和旅游商品发展。保护莫高窟、榆林窟国际级的旅游资源。对丝绸之路、西域地域文化传统进行保护及传承。依托得天独厚的历史文化旅游资源，注重博物馆建设，控制对历史遗迹的开发强度，强调对遗址的保护。大力发展当地制作细致且有特色的手工艺品，使敦煌市旅游产业做大做强，有地可游，有礼可带。

12）低碳旅游，体制机制创新改革。实施国际先进低碳管理和推进游客低碳旅游行为。整合旅游资源、自然资源、水土资源支撑建设。参考以色列经验，进行节水项目建设，大力发展集雨技术，发展绿色农业。

7.3.6 国际旅游城市建设路径

1）建立国家丝绸之路文化博物馆、国家飞天技术博物馆、国家石窟文化遗产保护中心、国际梵境文化主题公园、西部沙漠越野汽车主题公园等文化旅游场所。建立敦煌国际丝绸之路经济论坛等以敦煌市西域、丝路、飞天3个文化核心为基础的国际性论坛。

2）国家智慧旅游城市。以全国智慧城市试点为契机，在敦煌开展甘肃省"智慧旅游城市"试点，在鸣沙山月牙泉景区开展甘肃省智慧景区试点。建设敦煌智慧旅游云计算中心、敦煌智慧旅游公众信息服务平台、旅游数据监测分析系统，实现敦煌旅游数据的同步和信息交换，完善景区数字管理、信息查询和安全应急管理系统。完善旅游信息服务 PC 端、手机客户端、电子商务系统全覆盖，通过各种信息传播媒介和服务咨询通道，向游客提供全面、立体的旅游信息和旅游咨询服务，满足游客在敦煌旅游的全程需求。

3）开展全省城市旅游公共服务设施建设试点。大力推进文化旅游公共服务体系建设，重点打造国际文化旅游名城公共服务中心，促进城市服务功能和服务品质的升级，建立与国际接轨的公共服务体系。建立多级游客咨询服务体系，在主干公路沿途及转向点，旅游景区沿线道路等重要地段建设具有鲜明视觉效果和有效引导作用的多语种旅游标识系统；以满足游客休闲度假为重点，规划建设一批高档酒店群、文化娱乐设施、中心购物商城和特色功能街区，加快建设旅游集散（散客）中心和全市旅游咨询服务中心、城市游步道、自驾车营地、汽车旅馆、自行车道、自助查询系统、残疾人无障碍服务等城市配套设施，完善城市旅游发展功能。建立健全旅游安全预警和应急机制，完善应急救援、公共医疗、卫生检疫防疫等安全救助体系，逐步建立与国际接轨的旅游公共服务供给机制和保障机制。

4）建立城市度假区——高端智慧型产业、生态生活居住功能。文化创意产业、旅游地产、商业服务、金融服务、大型运动场馆公园、低碳酒店、生态住区。

5）放宽土地管理制度。开展城乡建设用地增减挂钩试点、农村集体经济组织和村民利用集体建设用地自主开发旅游项目试点。

6）多方筹集资金建设城市景观。敦煌旅游股份有限公司试行发行企业债券，设立旅游产业投资基金。

7.4　阿克塞哈萨克族自治县少数民族城镇战略定位与发展模式

7.4.1　战略定位

1. 具有哈萨克民族特色、生态宜居、循环发展的"戈壁明珠"

丝绸之路经济带的建设，为国家向西开发提供了新的历史机遇。阿克塞哈萨克族自治县，作为甘肃省唯一以哈萨克族为主体民族的少数民族自治县，其城镇发展面临新的契机，这为阿克塞哈萨克族自治县实现经济腾飞创造了良好的外部环境。

阿克塞哈萨克族自治县新型城镇发展思路即以特色畜牧业为基础，新能源产业和生态旅游业为重点，促进阿克塞产业循环经济发展；以生态环境保护为核心，树立生态思想，划定城市空间发展的生态红线，做到绿水青山永续长存；坚持哈萨克民族特色，将哈萨克民族文化融入城镇风貌建设，打造集观光休闲、民族风情体验、生态旅游、自驾车旅游为一体的哈萨克民族风情旅游目的地，成为丝绸之路上最具民族风情的沙漠绿洲；努力发展成为具有哈萨克民族特色、生态宜居、循环发展的"戈壁明珠"，成为全国少数民族自治县生态发展与特色发展的示范区。

2. 连通甘蒙新青藏的重要战略节点

以丝绸之路经济带建设为契机，敦格公路、敦格铁路、敦当公路的建成，将使阿克塞成为甘肃–内蒙古–新疆–青海–西藏公路南北通达的公路、铁路运输的重要运输节点，发展成为南疆–青藏战略大通道上的重要战略支撑点；积极发展与哈萨克斯坦、俄罗斯等国的商贸与人员往来，利用语言优势，发展对外贸易，努力发展成为甘新青藏毗邻地区的重要战略节点。

7.4.2　发展模式

1. 突出哈萨克民族特色，发展特色旅游与商贸服务业

2012 年年末，阿克塞哈萨克族自治县县域总人口为 16 978 人，其中哈萨克族人口占县域总人口的 35.51%；全县土地总面积为 2 919 529.14hm^2，农用地为 505 158.07hm^2，占全县土地总面积的 17.3%，建设用地为 5099.55 hm^2，占比 0.17%，未利用土地为 2 409 271.52 hm^2，占全县土地总面积的 82.52%。全县水资源较为丰富，冰川面积为 349 km^2，年径流量达到 4.8034 亿 m^3。牧草资源丰富，牧草地总面积 501 926.68 hm^2，占全县土地总面积的 17.91%，林业与动植物资源亦十分丰富。

阿克塞哈萨克族自治县具有绮丽的自然风光、特殊的民族风情与优越的水土条件，这使得阿克塞哈萨克族自治县旅游资源极为丰富。阿克塞哈萨克族自治县现有旅游组织模式多为自驾车游，但随着敦格铁路阿克塞站的建成开通，空间可达性极大提升，将给阿克塞哈萨克族自治县带来更多外地游客。阿克塞哈萨克族自治县文化与旅游产业发展潜力巨

大，旅游服务功能进一步提高，旅游收入快速增长，到目前为止建成了野生动物园、生态植物园、水上乐园及大、小苏干湖等旅游景区，形成常态化赛马活动，如图7-1所示。

图7-1　阿克塞哈萨克族自治县赛马会

阿克塞哈萨克族自治县哈萨克族在族源上与哈萨克斯坦接近，在丝绸之路经济带的建设中，可以发挥语言与文化优势，促进中国与哈萨克斯坦在自然资源、贸易、文化等方面的交流与沟通，实现中国与哈萨克斯坦的两种资源、两个市场的协调发展。图7-2和图7-3分别为阿克塞县自然景观和民族风情。同时，阿克塞哈萨克族自治县也可以通过发挥民族语言与文化优势，进一步带动县域人口文化素质水平的提高，促进地方经济发展与城镇化建设。

图7-2　阿克塞哈萨克族自治
县自然景观

图7-3　阿克塞哈萨克族自治县
哈萨克族民族风情

2. 注重生态保护，中心城镇与乡村协调统筹发展

注重生态环境保护、民族文化特色与循环经济发展三点内容，即生态环境保护与循环经济发展为一体，调整结构，建设资源减量化与循环利用的生态循环产业体系；优化布局，划定生态红线，建设低碳社区、生态村落、生态基础设施和生态城镇体系；强化环境

污染防治，加强生态环境监管，注重生物多样性与生境保护；发扬哈萨克民族文化，建设鲜明的生态文化体系，将阿克塞哈萨克族自治县打造成为具有哈萨克民族特色的生态宜居和谐的戈壁明珠，阿克塞哈萨克族自治县县域村镇职能规划见表7-15。

表7-15 阿克塞哈萨克族自治县县域村镇职能规划

等级	名称	职能类型	主要职能及产业发展方向
中心城镇及园区	县城	县域中心城镇	酒泉市南部的综合性中心城镇；阿克塞哈萨克族自治县政治、经济、文化、商业、旅游业服务中心；具有哈萨克民族风情的生态宜居之城、戈壁明珠、民族旅游城
	阿克塞工业园区	工业集聚区	以矿产资源加工、新能源产业等相关产业为主导的循环经济产业化示范基地
	阿克塞设施农牧业示范园区	农业示范区	农牧产业示范基地，主要发展以牧养农、以农补牧、农牧结合的现代农牧业
重点集镇	阿勒腾乡集镇（阿克塔木村）	农牧业服务型集镇	发展高效特色畜牧业为主，逐步向设施养殖扩展
中心村	阿克旗乡集镇（多坝沟村）	综合服务型集镇	重点发展特色农业种植、设施养殖业及矿产资源开发为主
	安南坝村	畜牧业主导、种植业为辅	发展高效特色畜牧业，特色农业种植
	乌呼图村	以畜牧业为主，种植业为辅	发展高效特色畜牧业为主，逐步向设施养殖业扩展
基层村	哈尔腾村	畜牧业主导、种植业为辅	发展高效特色畜牧业为主，逐步向设施养殖业扩展
	苏干湖村	畜牧业主导、种植业为辅	
	塞什腾村	畜牧业主导、种植业为辅	
	东格列克村	畜牧业	

7.5 武南镇、黄羊镇与河西堡等中心镇战略定位与发展模式

新型城镇化承载着促进经济发展和社会公正的双重转型使命，而发展中小城镇正是化解上述城镇化问题和困局的战略路径之一。

河西走廊地区大中型城市人口密度极高，生态环境压力突出。以兰州市为例，兰州市城区人口密度已超过1万人/km^2，城区核心区人口密度已突破4万人/km^2，不仅超过了西安、

昆明、长沙等省会城市，而且远远超过了北京、上海等超大城市，这使得兰州市公共资源严重透支，人口承载压力过大等问题十分突出。

河西走廊地区中小城镇星罗棋布、布局分散，加快河西走廊地区中小城镇发展，可以有效解决大中城市发展过于集中所引发的公共资源透支、环境污染严重、房价居高不下、交通阻塞严重等"城市病"，为疏导大中城市功能外移、公共服务均等化、农业人口转移市民化发展提供平台。

河西走廊地区中小城镇的发展要积极发挥园区的集聚承载与产城融合发展，坚持走"产城一体"的发展模式。探索把产业园区作为城市功能区，作为产城融合的重要结合点，以大园区承载大产业，小园区发展特色产业，协调和处理好产业与城市发展的空间关系，全力推动中小城镇产业转型升级发展，做到城市发展有产业作支撑，产业发展以城市为依托的中小城镇发展战略。

7.5.1 战略定位

（1）武南镇——西北重要的煤化工产业物流中心。

发展煤炭集疏运物流服务产业，建设区域煤化工物流中心，重点发展煤炭储藏、运输及煤化工产业、现代物流服务产业，将武南镇建设成为区域性能源物流服务基地；突出金大快速通道作用，满足核心区内能源产业发展的运输需求，结合物流运输产业，建设西北重要的煤化工产业物流中心。

（2）黄羊镇——全国现代农业示范区、省级特色有机农产品加工集散物流示范区。

努力将黄羊镇建设成为全国现代农业示范区、国家级生态休闲农业旅游示范区、省级特色有机农产品加工集散物流示范区、武威市高效节水生态循环农业示范区，打造中国西部绿色食品产业基地、中国西部特种药品产业基地、带动武威市城乡融合发展；充分发挥农产品生产基地的优势，强化医药化工和食品化工产业的集群，加快建设黄羊公铁联运物流中心。

（3）河西堡——西北重要的循环经济化工基地，甘肃省重要的能源、建材工业基地，金昌市现代物流配送中心。

充分利用产业集聚优势，把发展循环经济作为可持续发展的突破口，依托镍矿资源及后续产业链条，将河西堡镇打造成为西北重要的循环经济化工基地，甘肃省重要的能源、建材工业基地，金昌市的现代物流配送中心。

7.5.2 发展模式

（1）武南镇：依托便利铁路交通，发展精细煤化工业

经过多年发展，武南镇三次产业结构比例为21.6∶30.8∶47.6，而乡镇工业产值约为乡镇企业总产值的42.5%，工业还未能成为武南镇经济发展的主导，这与武南镇长期以来作为铁路职工生活基地之一的区域分工相关，第三产业相对发达，工业在国内生产总值中比例较低。

武南镇现状工业发展主要依托便利的铁路交通条件、当地丰富的农产品与石料等资源以及广阔的农用产品消费市场，形成了以水泥、石料加工为主的建筑建材、麦芽加工为主的农产品加工、塑胶、化肥为主的化工工业体系，工业产业虽然类型较多，但相互之间关联性小，缺乏相互协作的基础。基本以原料粗加工为主，产品单一，对农业与自然资源依

赖性较强，系列化生产和专、精、特、深加工不够，产品附加值不高，既没有形成带动产业发展的龙头企业，也没有形成中小企业集聚的规模效应。

武南镇发展应依托便利的铁路运输条件，在疆煤东运的区位优势条件下，积极发展精细煤化工产业，将武南镇建设成为区域性能源物流服务基地和西北重要的煤化工产业物流中心。

（2）黄羊镇：双核带动，发展特色农业

黄羊镇人口约 11.4 万人，形成了以黄羊镇、黄羊河集团、黄羊工业园区、黄羊公铁联运物流中心为核心，吴家井乡、谢河镇、泗水镇等乡镇为周边的空间组织模式。

重点打造以黄羊镇镇区综合服务型和黄羊河农场产业基地型为"双核"的空间结构，重点发展特色农业、生态休闲农业旅游、特色有机农产品加工集散物流等产业，依托武黄公路、黄哈公路等交通干线，辐射带动周边乡镇城乡融合发展，将黄羊镇打造成为全国现代农业示范区、国家级生态休闲农业旅游示范区和中国西部绿色食品产业基地、中国西部特种药品产业基地。

（3）河西堡镇："十园一区三基地"联动发展

河西堡镇下辖 12 个行政村，101 个经济合作社，3 个街道办事处，8 个居民委员会。河西堡镇区建成区面积为 501hm²，是金昌市人口最多、以城为主、城乡结合的大镇，处于金昌市区—河西堡镇—永昌县城"三点一线"点轴经济带的中心位置，承担地域、资源、市场连接的枢纽作用，既是"镍都"的门户，更是实现全市生产要素充分流动和产业高度聚合的"桥头堡"。

镇区内有甘肃金昌化学工业集团有限公司、甘肃电投永昌发电有限责任公司、河西堡镇供电局、酒家钢铁公司河西堡铁厂、甘肃农垦八一磷肥厂、第一粮库、电焊条厂、河西堡镇膨润土厂、甘肃第九建设集团公司等单位，为甘肃省第一大镇，镇域内工矿企业密集，工业基础雄厚，是金昌市化工、能源、冶金、建材生产基地和现代物流配送中心。兰新铁路、S212 省道等横穿河西堡镇境内，而金昌车站（位于河西堡镇）作为武威南车务段所管辖的一个标准客货运混合的二等中间站，主要承担着金昌市金川区、永昌县、武威斯民勤县和内蒙古阿拉善右旗及周边地区的客货集散任务，年货物运输量约 500 万 t，是金昌市交通运输体系中的骨干力量和对外开放的窗口，在金昌市乃至整个甘肃省中西部的经济社会发展中起着举足轻重的作用。

河西堡镇工业结构以化工、电力、建材等能源、原材料、生产资料等工业行业为主，西部大开发为河西堡的发展提供了新的机会。重点发展"十园一区三基地"，包括化工循环经济产业园、硫磷化工园、中小工业园、城市矿产园、铸造产业园、综合物流园、设施农业园、舍饲养殖园、林木育苗园、新能源产业园，生活服务区，万亩饲草基地、万亩中药材基地、小麦高产示范基地。

第8章 城市循环经济发展战略

8.1 生态农业发展战略

根据河西走廊三大水系可将河西走廊绿洲农业分为三大区，东为武威-民勒绿洲农业区，主要由石羊河水系灌溉；中为张掖-酒泉平原绿洲农业区，由黑河水系灌溉；西为安西-敦煌平原绿洲农业区，由疏勒河水系灌溉（李玉忠和胡秉安，2011；尚克臻和刘学录，2012）。河西走廊绿洲面积由东向西逐渐减小，绿洲之间则是大片的荒漠。每个绿洲因不同的地形部位而有不同的水热动态，相应形成不同的植被、土壤状况，从边缘到中央依次为荒漠带、草原带、草地带、沼泽带等植被与土壤相互作用的动态系统根据光热资源和水土条件。结合现代生态农业的特点，可将河西走廊地区分为祁连山林牧区、南部沿山农牧区、中部绿洲综合利用区、西北部荒漠牧区。但因地表、地下水资源严重透支，使得农业发展、生态安全受到严重威胁（祖廷勋和刘澈元，2007）。

8.1.1 生态农业发展的优劣势分析

河西走廊处于青藏高原和内蒙古高原的过渡地带，东北部是巴丹吉林沙漠，西北部被库穆塔格沙漠包围，从东到西形成了长达1000km以上的风沙线，属于内陆干旱荒漠气候区，总面积为27.1万km²，绿洲面积为12.1万km²，绿洲面积仅占全区土地总面积的44.6%，是甘肃省乃至全国沙漠化最为严重的地区之一。河西走廊地区农业发展的特点是没有灌溉就没有农业，也就没有绿洲，光、热、水资源组合严重失调，生态环境十分脆弱（王生荣和曾凡江，2010；李玉忠和胡秉安，2011；尚克臻和刘学录，2012）。

1. 发展优势

一是资源丰富。河西走廊土地资源丰富，人均耕地面积为0.13hm²，高于全国平均水平，为发展特色农业提供了有利条件。全区气温年较差、日较差大，安（西）敦（煌）盆地最大达16℃，瓜果和甜菜含糖量高，具有高质量和低成本的竞争优势。多数地区人类干预小，农业生产环境污染较轻，为建设绿色农业基地提供了优越条件。

二是独特的区位优势。河西走廊处于独特的"丰"字形交通枢纽位置，是丝绸之路贯通欧亚大陆桥的走廊，是一个贯通东西、带动南北两翼的交通要道。

三是雄厚的农业基础。河西走廊是传统的农业区，有悠久的农耕基础和丰富的农耕经验。河西各地围绕各自的主导产业，大力兴办农产品加工、营销、储藏等龙头企业，延伸了产业链条，提高了农产品增值能力，区域化布局初步形成，基地规模日益扩大。随着主导产业的逐步形成和龙头企业的崛起，河西各地已出现了龙头企业带动型、专业合作社联结型、市场经济牵动型等多种农业产业化组织形式，采用合同、契约、股份制等形式使企业与农户结成互惠互利的共同体，实现了农户与市场的有效对接，形成了良好的绿色农业和循环农业的生产基础。

2. 发展劣势

一是水资源供需矛盾突出。河西走廊属于典型的干旱荒漠区，区域内主要有石羊河、黑河和疏勒河三大水系。年降水量仅为 36.8～176mm，年蒸发量为 2200～3400mm，水资源的 86%～97% 来自森林涵养的雨雪水，14% 左右来自冰川融水补给。尽管多年来三大水系的年均径流量并无大的变化，并在近年进入丰水期，但是随着河西走廊的工农业的快速发展、耕作土地的急剧扩张，水资源的供需矛盾日渐突出，缺水量高达 32.91 亿 m³（表 8-1），但从河西走廊的用水结构看，生态用水和农业用水是水资源的主要消费主体，这是由于传统农业灌溉的大水漫灌方式，加上土地不平和土地的沙化程度比较高造成的，农业中种植业用水量巨大。水资源供给不足又使得地下水超采，水资源的不合理开发利用使农业生态环境严重退化，土地荒漠化问题突出，绿洲面积不断缩减。20 世纪 90 年代以来，荒漠化面积每年增加 240hm²，由此引发了一系列生态环境和社会经济问题，严重制约着河西走廊农业和农村经济的可持续发展（柴强和黄高宝，2011）。

表 8-1　河西走廊主要河流水资源情况

流域名称	水资源	蒸发损耗		各部门净耗水量（亿 m³）					合计	实际缺水量
		水面蒸发	潜水蒸发	农业	工业	生态用水	城镇生活	人畜饮水		
石羊河	16.87	0.33	2.33	14.96	1.26	16.82	0.32	0.28	36.30	-19.43
黑河	38.71	2.21	11.34	16.30	1.31	18.31	0.21	0.31	49.81	-11.10
疏勒河	17.86	0.44	9.04	4.46	0.78	5.38	0.77	0.07	20.24	-2.38
小计	73.44	2.98	22.71	35.72	3.35	40.51	1.30	0.66	106.35	-32.91

注：若考虑内蒙古额济纳旗在正义峡分水 10.0 亿 m³，黑河流域实际缺水量为 21.10 亿 m³（李玉忠和胡秉安，2011）。

二是农业产业化组织化程度低、缺乏技术支撑。特色农产品生产规模小，经营分散，集约化、专业化程度低，准入市场的成本较高；瓜类产品的保鲜、储藏缺少特色技术的支撑，使得产品上市价格降低，并且特色农产品的生产、分级、加工、包装、储藏、运输缺乏统一标准，市场效应不高；农产品深加工企业技术、装备水平落后，虽有各类加工企业 1600 多家，但粗加工多，精加工少，产业链条短，产品附加值低，规模小，产品档次低，缺乏市场知名度，龙头企业组织实力弱，缺乏带动力（李力，2009；章志平和朱述斌，2004；刘成玉，2003）。

三是约束机制和利益分配机制尚不完善。在各类龙头企业与农户之间，中介组织与农户之间缺乏规范的管理制度和行为约束，生产、加工、销售环节不协调，各龙头企业与农户、中介组织之间缺乏规范的约束，没有一套行之有效的法律保障体系。在利益分配上，龙头企业与农户之间的机制不健全，多数没有形成利益共同体，造成双方在利益分配、风险承担、违约责任等方面缺乏应有的公平性和有效的制约机制（李力，2009；郭晓鸣和曾旭辉，2005）。

8.1.2 河西走廊生态农业发展战略

1. 发展原则

（1）发挥政府宏观调控和导向作用

以石羊河、黑河、疏勒河流域综合治理及敦煌水资源综合利用保护工程为依托，积极推进高效节水农业、节水型社会和生态环境保护治理建设；坚持城乡统筹发展，积极引导境外资本、工商资本、社会资本，投资高效生态农业的基础设施建设，建立起"政府引导、多元投入、市场推进、公众参与"的投入新机制，为高效生态农业营造良好的发展环境；坚持以"工农互补，以工哺农"，积极创建智慧型、生态型、科技型及文化型的高效农业综合体，为新型中小型城镇化建设创造有利条件（郭晓鸣和曾旭辉，2005；庄丽娟，2004）。

（2）发展特色优势产品

河西走廊中部绿洲综合利用区包含了河西走廊五市的大部分地区，是河西走廊地区农产品的主产区，优化农业发展布局，以"种子繁育、高原夏菜、葡萄美酒"为特色，综合运用农技、农艺、生物、工程等措施，大力发展循环农业，打造国家级高效节水农业示范区（马如彪和张旺林，2002；刘志民等，2002）。

（3）立足区情和资源禀赋，壮大提升六大产业

坚持从制约产业发展的关键环节抓起，扶持产业基地和龙头企业，突出特色建基地，依托资源办企业，瞄准市场促转化，大力培育发展育种、草畜、果蔬、啤酒花和酿酒原料产业，实现种养加、产供销、贸工农一体化生产，着力构建竞争力强、特色鲜明的现代循环农业体系（马如彪和张旺林，2002；刘志民等，2002）。

2. 发展战略

（1）祁连山林牧区

该区域适合农产业发展的耕地主要集中在山丹军马总场和张掖市民乐县沿山各乡、肃南裕固族自治县部分山区、草场区。区域生态农业发展的特点为草畜业，发展的方向为退耕还林还草，增加人工种草的比重。同时，在祁连山的浅山地带封山育林、涵养水源；控制草场放牧的数量，提高出栏率。对于草地质量严重退化，自然资源较贫乏，实行严格禁牧政策，退牧还草，提升生态保护、水源涵养的生态保障功能（谷树忠，2000；李兴江，2001）。

（2）南部沿山农牧区

该区域属南部祁连山地向中部绿洲区的过渡地带，是河西地区草畜产业发展的最佳区域。区域生态农业发展的重点如下：①利用邻近祁连山区的便利条件，发挥牧区饲养成本低廉和农区牧草、粮食丰富的优势，实行粮草间作，种植豆科牧草；②对畜牧业现代化程度较高、城乡一体化基础较好等区域转变养殖方式，大幅度提高畜产品的数量和质量，大力发展以牛、羊为主的短期育肥养殖业，实现畜牧业经营产业化、公共服务社会化（甘肃省农牧厅，2003；祖廷勋和刘潵元，2007）。

（3）中部绿洲综合利用区

该区域生态农产业发展重点如下：①利用以温室、塑料大棚等现代工程技术；②广泛开展滴灌、喷灌、膜上灌水、反季节种植等节水保墒增效及无土栽培等农业技术；③培育耐旱、高产优质品种，发展循环经济，包括制种产业（玉米制种、蔬菜制种、花卉制种）、反季节无公害蔬菜生产、玉米及其加工业、酿酒葡萄种植及酿酒业、草畜业，促进水资源和其他生物资源的合理高效利用。并利用秸秆、葡萄枝等青储饲料大力发展养牛、养羊产业，适当发展养猪业，发展肉食品加工业（甘肃省农牧厅，2003；祖廷勋和刘澈元，2007）。

（4）西北部荒漠牧区

该区域生态农业发展重点为：依托荒漠生态系统的固碳、水文调节、保持土壤养分、防风固沙和生物多样性保护等功能，控制畜牧业发展，大力发展沙生植物，封沙蓄草，保护荒漠植被，以改善河西地区的整体生态环境；延伸沙产业链、提高沙产品附加值，生态与经济并重（谷树忠，2000；甘肃省农牧厅，2003）。

8.1.3　河西走廊生态农业空间布局

河西走廊生态空间布局如图 8-1 所示。

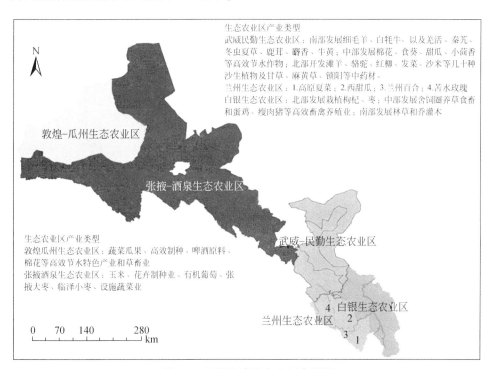

生态农业区产业类型
武威民勤生态农业区：南部发展细毛羊、白牦牛，以及羌活、秦艽、冬虫夏草、鹿茸、麝香、牛黄；中部发展棉花、食葵、甜瓜、小茴香等高效节水作物；北部开发滩羊、骆驼、红柳、发菜、沙米等几十种沙生植物及甘草、麻黄草、锁阳等中药材。
兰州生态农业区：1.高原夏菜；2.西甜瓜；3.兰州百合；4.苦水玫瑰
白银生态农业区：北部发展栽植枸杞、枣；中部发展舍饲圈养草食畜和蛋鸡、瘦肉猪等高效畜禽养殖业；南部发展林草和乔灌木。

生态农业区产业类型
敦煌瓜州生态农业区：蔬菜瓜果、高效制种、啤酒原料、棉花等高效节水特色产业和草畜业
张掖酒泉生态农业区：玉米、花卉制种业、有机葡萄、张掖大枣、临泽小枣、设施蔬菜业

图 8-1　河西走廊生态空间布局图
1. 高原夏菜；2. 西甜瓜；3. 兰州百合；4. 芳水玫瑰

1）兰州生态农业区——坚持市场驱动、企业带动、项目拉动、改革推动、科技助动，坚定不移地走"一特五化"的路子，用现代农业要素培育产业，用工业化手段发展农业，用体制机制提升农业。着力培育"粮食种植—畜禽养殖—畜产品精深加工—废弃物处理再

利用"农业生态循环链。

以榆中县的高原夏菜、七里河的兰州百合、永登县的苦水玫瑰、皋兰的西甜瓜为重点，发展特色种植业，以富硒高原夏菜、百合、玫瑰、一月红提、西甜瓜产业为重点，加快建设国家级高原夏菜生产基地，突出富硒产品开发、品牌培育、高端消费市场开拓，着力推广富硒特色农产品精品及品牌。

以肉羊、奶业、生猪养殖等为重点，发展种—养—沼有机结合的生态循环农业模式，着力构建畜牧养殖产业发展新格局。发展农副产品精深加工业，以蔬菜、玫瑰、百合、畜禽产品精深加工为重点，突出扶持壮大龙头企业、项目建设、招商引资、技术引进与创新，建设一批装备先进的加工生产线，着力打造特色农副产品加工产业集群。

发展现代创意农业，以南北两山、安宁桃乡、什川梨园、苦水玫瑰等为重点，丰富农家乐等休闲观光农业的文化底蕴，延伸提高农业的附加值。

2）白银生态农业区——大力发展高效生态农业，通过培育和完善农业产业链，大力发展"畜禽养殖—粪便—沼气（或粪便生化处理加工）—有机肥—无公害农产品生产"生态循环链、着力改善农村环境，全面推进农村综合改革。

北部沙漠边缘生态绿色农业区——以防风治沙为重点，栽植枸杞、枣等经济林与生态林合理搭配，实现生态、经济效益的协调发展、林、草、养殖结合发展多种经营。

黄河沿岸及城郊高效绿色农业区——以沿河灌区产业聚集带为轴线、以高效设施农业为重点，推广节水灌溉、配方施肥等高效栽培技术，培肥地力，大力发展反季节瓜菜、优质粮油及啤酒麦芽和小杂粮等农产品精深加工业，实行标准化生产，最终形成白银市沿黄灌区绿色农业高效经济带。利用丰富的农作物秸秆等，以饲定畜，推广健康养殖技术，适度发展舍饲圈养草食畜和蛋鸡、瘦肉猪等高效畜禽养殖业，提高农业废弃物利用率。

高扬程提灌粮、经、牧综合绿色农业区——充分利用当地丰富的光热资源和有利的灌溉条件，发展节水高效农业；农林牧互补，引进推广农畜优良品种，实现种、养、加同步发展，延长产业链，提高土地综合生产力和资源利用率，农村富余劳动力就地转移。

南部旱作绿色农业区——以小流域为单元，造林种草为重点，水窖和小型水保工程为配套措施，推广降水—拦蓄—高效利用集雨补灌旱区小流域治理模式，结合生物措施与工程措施，对荒山陡坡实行阶梯整地，退耕还林还草；形成水土保持林、经济林和用材林结合，乔、灌、草配套的立体生态防护体系。

3）武威–民勤生态农业区——按照"基地+企业+农民合作组织+农户"模式，以"设施农牧业+特色林果业"为农业的主体生产模式，以节水增收为目标，大力发展设施农牧业和特色林果业，向区域化、专业化、规模化的方向发展，扩大奶牛养殖、舍饲养羊、特色林果、小杂粮、啤酒大麦等生产基地，探索节水灌溉模式，做大做强蔬菜瓜果和草食畜牧业，大力支持和建立节水灌溉与生态农业的复合型生态循环农业试验示范园区，因地制宜地推广不同类型的绿色生态农业模式建设，建立节地、节水、节肥、节药的农业生产方式。

南部祁连山区——大力发展林业和畜牧业，出产高山细毛羊、白牦牛，以及羌活、秦艽、冬虫夏草、鹿茸、麝香、牛黄等驰名中外的中药材。

中部平原绿洲区——大力推广以膜下滴灌、小畦灌溉、垄作沟灌、地膜再利用免耕等四项农田节水和以设施农牧业为主的农业综合节水技术，引导农民根据不同作物、不同栽培方式，重点发展棉花、食葵、甜瓜、小茴香等高效节水作物，推动粮、油、瓜果、蔬菜等主导产业向资源优势区、高产丰产区和技术成熟区集中。

北部的荒漠区——依托资源开发滩羊、骆驼、红柳、发菜、沙米等几十种沙生动植物及甘草、麻黄草、锁阳等中药材。

4）张掖-酒泉生态农业区——以玉米、花卉制种业为核心，利用外源 DNA 导入、转基因、分子定向育种、航天诱变等技术，积极发展花卉、瓜菜等精品制种，创造一批农作物高产、优质、抗病种子资源，提升种子繁育和生产能力。逐步发展种植、果蔬产业，以"日光温室种植—作物秸秆+微生物—二氧化碳、热量、抗病孢子、有机质和矿质元素"生态循环链拓展农业产业链，引导制种基地向优势企业集中，促进制种产业提质增效，率先建成循环高效、多元发展的特色生态农业体系（甘肃省农牧厅，2003）。

扩大葡萄种植基地、绿色有机安全食品生产基地。以有机葡萄、张掖大枣、临泽小枣，设施蔬菜为依托，以科技为支撑、加强防疫技术、水肥控制技术及新产品的研发与推广，大力发展有机、绿色食品生产加工，着力建设产业更趋合理、发展更具活力、特色更加鲜明的现代农业产业体系。

大力延伸产业链。不断提升玉米淀粉、柠檬酸、葡萄酒、食用酒精、糠醛、中草药等农副产品生产水平，延伸产业链，提高附加值，逐步实现由农产品初加工向精深加工方向转变，并积极研发建设阿维菌素生产线和医药中间体生产线，推动生物医药类化工产品发展。

5）敦煌-瓜州生态农业区——立足于自然资源条件，以制种、养殖业为核心，构建农业循环产业链，调整农业结构，以中心城市辐射距离为依托，保障粮食生产，重点发展蔬菜瓜果、高效制种、啤酒原料、棉花等高效节水特色产业和草畜业，构建不同特色的农业产业区，全面推进农业生态化升级，总体上形成"果菜—养畜—有机肥—果菜"特色循环农业体系。

城郊农业区——立足中心城市周边区域，着重发展果蔬、花卉、种苗等产业，因地制宜发展观光休闲农业、生态农业，满足城市居民生产消费和休闲娱乐等多元需求。

近郊农业区——以城郊区域为主，着重发展大棚蔬菜、高效制种、特色林果和特色养殖等高效特色农业，推进农产品精深加工，满足城市居民对优质、安全、鲜活农产品的需求。

远郊农业——远离中心城市的地区，充分发挥地域宽广、自然条件多样的特点，重点发展粮食制种、特色中药材、草畜业等，形成高效、专业的现代化生产基地，保障城乡供给。

8.1.4　重点发展项目

1. 特色林果业

用独特的自然地理资源优势，科学规划区域发展重点和主打产品，实行区域化布局、规模化生产，建成以苹果、桃、核桃、梨、枸杞、红枣、大接杏、日光温室红提葡萄栽培为主的特色优势产业带，在沿沙区建成以酿造葡萄、枸杞栽培为主的特色优势、高效经济林带。

重点发展以下项目基地：①以榆中和平、定远为核心的紫斑牡丹繁育基地和玫瑰等鲜切花基地；②以兰州、酒泉林木种苗繁育为主辐射全省的高档花卉基地；③以兰州新区、永登庄浪河川为重点的 10 万亩玫瑰生产基地。

2. 草畜养殖业

1）把草畜牧业作为调整农业结构的重要方向，依托农作物秸秆资源、人工种草和草原牧草资源，大力发展草食畜牧业；加快发展人工种草、草产品和饲料加工，建设饲草储备大省和草食畜牧业强省；积极发展标准化、规模化养殖，加快畜牧业发展方式转变；加强畜禽疫病防控、市场流通体系建设，保障饲料和畜产品质量安全。

2）做大做强牛羊产业。开展天祝白牦牛、河西绒山羊等地方畜种资源保护，积极开展肉牛、肉羊品种选育、改良和开发，以牛羊产业大县为重点，发展标准化、规模化养殖，推广养殖综合配套技术，大力发展圈养畜牧产业，加快畜牧业生产方式转变；建立健全畜禽良种繁育体系，提高能繁母畜比例，增强畜牧业发展后劲；积极发展清真牛羊肉加工，大力培育产品品牌，提高畜牧产业化水平，增强辐射带动能力，形成畜牧业发展新的增长点。

3）积极发展高原特色畜牧业。立足牧区发展基础和资源优势，进一步优化区域布局和畜群结构，以牦牛、藏羊、高山细毛羊为重点，发展高原特色畜牧业；加强牧区草原生态保护，促进草畜平衡发展。在适宜地区积极发展养蜂、养蚕及特种养殖，拓宽畜牧养殖新领域，逐步形成农区、牧区互动发展的牧区畜牧业发展新格局。

4）大力开发绿色有机乳品、婴儿奶粉。以畜牧业为支撑，积极开发筹建绿色有机乳制品、婴幼儿奶粉等有机、绿色乳制品加工基地。

5）提升猪、家禽产业。建立和完善猪禽良种繁育体系，积极推进规模化、标准化生产，提高养殖管理和产品质量安全水平；积极发展肉蛋加工，推动加工转化升值。

3. 休闲观光农业

以观光农业、体验农业、休闲农业为重点，引导农业资源流向文化产业，将古镇韵味和田园风光、都市风尚与原生态景观汇集一处发展观光农业，重点培育建设一批文化内涵、历史记忆、地域特点、个性特色的文化城镇和乡村，打造西部地区重要的都市农业文化旅游试点示范区。

4. 农副产品深加工业

依托特色优势农产品基地，以提高农产品附加值和市场竞争力为目标，着力发展以马铃薯、草畜、中药材、制种、果蔬、乳品、酿酒原料为重点的特色农产品产地加工业。推进农产品加工由传统粗加工向现代精深加工转变，尽快改变长期以来以出卖原料为主要方式的落后局面，延长产业链，提高附加值。推进农产品加工企业布局由分散向园区集中，扶持和引导农产品加工企业向优势产区园区聚集，形成产业集群。推动企业技术创新和技术改造，加快产业优化升级，做大总量、提高层次、做优品牌，提高产品综合竞争力。图8-2 为五环产业链无废弃物生产过程循环经济模式。

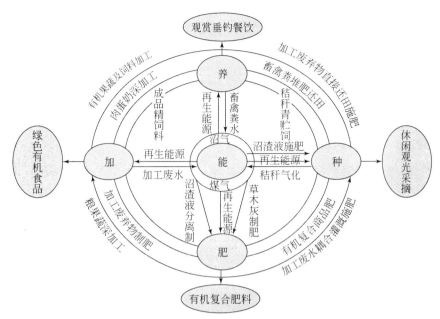

图 8-2　五环产业链无废弃物生产过程循环经济模式

5. 大力发展沙产业

利用充足的光热资源，利用先进技术在沙区推进现代设施农业，构建生态、节水的农业模式，培育出无公害、优质的酿酒葡萄、黑番茄、瓜果等果蔬产品；发展棉花、玉米、药材经济作物，其茎叶用于猪、牛、羊、鱼和家禽等草畜养殖业发展。同时，大力发展沙棘、甘草、沙柳、柠条、肉苁蓉、锁阳、苦豆籽、枸杞、麻黄、山杏等沙生植物，并不断延伸和完善沙产业链，使沙区农业生产由依附土水等自然资源转变为依靠科技知识和太阳能，开拓人类新的食品生产空间。

6. 创意农业

以兰州地处富硒带以及白兰瓜、高原夏菜、玫瑰花、一月红提、百合等具有文化内涵的农业品牌，大力发展富硒农产品产业，依靠非物质的智力、社会及文化等资本，发挥特色优势、提升农产品的附加值，加快农业产业结构调整、通过创新为农产品注入特定文化内涵，并借助"地理标志产品"以及农产品著名品牌、商标等不断扩展市场基础，通过对城市消费市场的培育以及对农业生产文化、农居生活与乡村自然环境的综合塑造，使创意农业的新业态和创意农产品直接转化为市场效益，创造出新的消费领域。

7. 扩大农业合作

鼓励农产品龙头企业和外贸企业，积极组织省内蔬菜、特色林果、畜产品、马铃薯等优势农产品向中亚、西亚及中东欧市场出口，着力建设马铃薯、草食畜、中药材、花卉、酿酒原料、特色林果、蔬菜、制种等农产品生产加工出口基地，扩大加工出口规模。

加强与哈萨克斯坦、白俄罗斯、俄罗斯等沿线国家合作，鼓励农业技术部门开展高效节水农业、马铃薯育种、日光温室等设施农业生产技术输出合作，扶持农业龙头企业和有实力的企业，在中亚、西亚、中东欧投资现代农业，建立现代农业示范园区，建立特色农畜产品生产、加工、销售基地。

加强与中亚地区在沙尘暴预防和尘源地生态治理、荒漠化监测和防治等方面的合作，与有关国家开展荒漠化治理、生物多样性保护、森林草原湿地保护等生态项目合作，继续举办好中国张掖"绿洲论坛"。

8. 健全农产品流通体系

发展多元化的农产品流通模式，拓宽通道的宽度，形成各种渠道相互竞争、优势互补的流通格局。继续大力发展"农超对接"，积极扶持连锁餐饮业开展的"农餐对接"、城郊农民专业合作社开展的"社区直送"和"周末菜市场"、批发市场大型经销商开展的"批零对接"和"场地对接"等流通形式，促进生产者和消费者携手建立的"产销联盟"等。

8.2 循环工业发展战略

8.2.1 总体要求

1. 战略定位

新丝绸之路制造业国际化战略走廊，工业循环经济与区域工业生态文明示范区。

2. 基本原则

（1）国际化原则

以丝绸之路国际物流为主导，促进丝绸之路沿线自然资源、生产要素、工业产品、再利用废弃物的充分流动与协作，营造沿线一体化的国际市场与公平竞争机制，再创丝绸之路的历史辉煌。

（2）科技导向原则

坚持以高科技为引领，以新工艺、新产品，改造沿线冶金、化工、建材、农产品加工等传统产业，以信息、材料、生物等现代高科技，培育丝绸之路沿线具有国际竞争力的新能源、新材料、电子信息、装备制造、生物制药等战略新兴产业，以高科技推进新型工业化，以新型工业化推进新型城市化。

（3）循环经济原则

坚持"3R"（reduce、reuse、recycle）原则，合理构建丝绸之路沿线工业企业、工业行业、工业园区与产业集聚区的物质循环、能量循环，坚持节水、节能、节材的产业准入标准与产业技术改造方向，加强工业"三废"治理，以优良的生态环境，确保区域社会经济的可持续发展。

3. 发展思路

以培育产业国际竞争力为目标，以丝绸之路国际物流为纽带，实现丝绸之路资源、要素、产品、信息、市场的一体化，开拓 21 世纪亚欧产业一体化发展空间；以低碳减排与可持续发展为目标，从龙头骨干企业、产业循环链、循环工业园区三大层次，构建工业循环经济体系。以优化产业结构为目标，以高科技为主导，改造传统资源型产业，培育战略性新兴产业，打造丝绸之路新型城市化主推动力。以优化城镇空间布局为目标，以丝绸之路为轴线，以园区为平台，以产业集聚区为支撑，构建丝绸之路新型城市化城镇与产业一体化协作网络。

4. 三大层面构建循环经济体系

（1）企业层面循环经济模式

1）石化型，即油—化—肥—合成材料—精细化工—新材料产业循环，如中国石油兰州化工公司、甘肃银光化学工业集团有限公司等企业的石油化工—特色精细化工产业链。

2）煤电型，即煤—电—冶—化—建产业循环，如国电靖远发电有限公司等发电企业的煤电—建材—综合利用产业链。

3）化工型，即煤—盐—肥—化—精细化—合成材—新材料—冶—建材产业循环，如华能集团等煤炭企业的煤—电—化产业链。

4）冶金型，即能（新）—矿—冶—综—合金—型材—新材料—化—建材产业循环，如金川集团股份有限公司和金昌化学工业集团有限公司有色与精细化工产业链、酒泉钢铁（集团）有限责任公司的冶金—资源综合利用—冶金化工—新材料产业链。

5）电子信息与装备制造型，即制造—回收—再制造产业循环，如兰州兰石集团有限公司和兰州电机集团有限责任公司等企业的设备制造—回收—再制造产业链、白银有色集团股份有限公司、中国铝业兰州分公司、中国铝业连城分公司、甘肃稀土新材料股份有限公司等企业的有色金属及废弃物采选冶—深加工—再生—再加工—资源高效利用—节能环保产品—新型材料产业链、中科宇能科技发展有限公司等企业的风力发电—风电设备制造产业链。

6）农产品加工与生物科技型，科技有限公司育种—基地—流通—食品—医药—回收利用—生物制造产业循环，如张掖甘绿脱水蔬菜股份有限公司、甘肃银河食品集团有限公司、武威市祁连蔬菜有限责任公司等企业的绿色食品产业链。

（2）行业层面循环经济模式

1）传统能源原材料优势行业以循环经济与生态化发展支撑新型城镇化建设。

石化行业。主要包括兰州市炼油—乙烯—基本化工原料—精细化工—化工新材料产业循环。

煤炭行业。主要包括靖远、民勤煤—电—化—建产业循环。

有色行业。主要包括白银市铜—铝—铅锌—锂—稀土新材料—功能材料—精细化工；金昌市镍、铜、钴等有色金属盐类—粉体材料—高纯金属—高附加值压延加工产品—贵金属材料—无机化工—新型建材产业循环。

钢铁行业。主要包括嘉峪关市能（新）—矿—铁合金—碳素—钢铁—压延—高附加值产品—化工—新型建材产业循环。

非金属行业。整合石棉、石膏、石墨、萤石、菱镁矿、芒硝、重晶石、石英岩、石灰石、铸型黏土、凹凸棒石等资源，发展新型干法水泥、新型墙体材料、中高档陶瓷材料、装饰材料、新型保温材料和防水材料，重点开发复合材料、超细、改性功能材料。

2）以高科技助推战略性新兴产业，以产业竞争力与城市创新力支撑新型城镇化。

新能源行业。包括风力发电——电机、叶片、齿轮箱、塔架等主要部件；风电装备/太阳能发电——多晶硅–光伏光热发电装备—智能化零部件—回收与再制造；新能源–高载能产业。

新材料行业。分布于兰州、白银、金昌、嘉峪关的传统优势产业开发金属新材料、非金属新材料、化学新材料、生物新材料。

电子信息。兰州电子专用设备–集成电路和电子器件–软件–通用自动化控制设备–军事电子器件装备。

装备制造业。兰州石油钻采和炼化设备、数控机床、酒泉风力发电设备等方面向成套和高端产品，围绕宇通客车、吉利汽车发展汽车零部件等配套产品。

生物科技。河西走廊生物育种、兰州生物医药和生物制造产业。

3）以食品、纺织、轻工等劳动密集型产业，提高劳动力接纳能力，以高就业率促进农业工业化，农民居民化，以城乡统筹支撑新型城镇化。

食品、饮料、烟草工业。包括果蔬制品、玉米马铃薯淀粉、肉制品、乳制品、啤酒、葡萄酒、卷烟等。

纺织及服装加工。应大力发展兰州、白银、武威彩色棉为特色的棉纺织，兰州三毛纺织（集团）有限责任公司为主导的精品毛纺织，武威甘肃高新纺织有限公司为主导的亚麻纺织循环经济产业链。

(3) 社会层面循环经济模式

1）技术方面包括如下措施。

减量化：工业节水、工业节能、工业节材、工业节地。

再循环：中水回用、余能余热利用、矿产与生物资源多组分与工业副产品综合利用。

再利用：工业资源回收与再利用、再制造。

2）政策方面。完善清洁生产制度、资源利用全过程管理制度、资源再利用信息与市场管理制度，工业环境与生态文明制度，政府鼓励循环经济的相关政策。

8.2.2 总体空间布局

1. 循环工业布局基本框架

以兰州为丝绸之路甘肃段河西走廊循环经济产业核心区，以酒嘉为循环经济产业副中心区，沿线构建金武、张掖、敦煌三大组团，形成东西两级牵引，沿线组团集聚的总体空间布局格局（图8-3）。

沿线工业园区与城市化区域紧密结合，实现"产城一体"，推动新型城市化发展。以工业园区为平台，依据循环产业链，构建循环经济体系，实现工业与资源环境的可持续发展；面向丝绸之路沿线国内为市场，承接产业转移，大力发展战略新兴产业；面向沿线生态建设与绿色农业，大力发展生物科技产业与农产品深加工，实现城乡统筹，以新型工业化推动新型城市化，见表8-2。

图 8-3　甘肃省主要工业园区

表 8-2　丝绸之路甘肃段河西走廊主要工业园主导产业规划　　　（单位：km²）

园区名称	级别	依托城市	面积	主导产业
兰州新区	国家级	兰州市	1700	战略性新兴产业、高新技术产业、石油化工、装备制造、新材料、生物医药
兰州高新技术产业开发区	国家级	兰州市	3	电子信息、生物医药、新能源、新材料、新能源与环保装备、高新技术产业
兰州经济技术开发区	国家级	兰州市	9.42	电子信息、生物医药、食品加工、石油化工、建材、冶金
兰州榆中和平工业园区	省级	榆中县	30.1	钢铁、有色、新材料、工程机械
兰州连海经济开发区	省级	永登县、兰州市	11.6	铝冶炼及深加工业、铁合金及深加工业、能源产业
兰州皋兰三川口工业集中区	市级	皋兰县	10	橡胶制品、化工建材、机械加工、生物制品、食品加工
白银高新技术产业开发区	国家级	白银市	8.05	化工及精细化工、装备制造、新材料、生物与医药、能源
甘肃白银西区经济开发区	省级	白银市	20	电子信息、生物医药、食品加工
甘肃白银平川经济开发区	省级	白银市	5.07	陶瓷、农产品深加工、高新技术和装备制造
银东循环经济化工园	市级	白银市	4	化工
刘川工业集中区	市级	靖远县	100	稀土新材料、有色金属精深加工、化工、装备制造、新能源及特色农副产品深加工

园区名称	级别	依托城市	面积	主导产业
景泰正路工业园	市级	景泰县	50	新型建材、农业产品加工
会宁工业园	市级	会宁县	10.56	农产品加工、服装加工、电器制造
金昌经济技术开发区	国家级	金昌市	27	有色金属及深加工、硫化工、氯碱化工、磷化工、煤化工、氟化工、冶金、建材、再生资源利用、清洁能源
甘肃永昌工业园区	省级	永昌县	3	食品加工、建材冶金、农副产品、机械加工
武威工业园	省级	武威市	12	食品加工、生物技术、农副产品深加工及综合利用
甘肃武威黄羊工业园区	省级	武威市	14.8	食品、医药
武威金太阳新能源高新技术集中区	市级	武威市	67	太阳能发电、高载能化工及建材产业
武威新能源装备制造产业园	市级	武威市	27.7	新能源装备制造、专用装备、交通运输装备、节能环保装备
武威民勤红沙岗工业集聚区	市级	民勤县	26	煤电化产业链、建材化工、风光发电
甘肃张掖工业园	省级	张掖市	51	农产品加工区、科技孵化区、机械加工区、仓储物流区、生物医药
甘肃临泽工业园	省级	临泽县	7.27	电子信息、光伏机电、食品加工
甘肃民乐工业园	省级	民乐县	127.3	精细化工、食品加工
甘肃高台工业园	省级	高台县	10.6	矿产化工、轻工轻纺、生物制品、建筑建材
甘肃山丹城北工业园	省级	山丹县	10	煤化工、建筑建材、冶炼化工、农副产品加工
祁青工业园	市级	肃南裕固族自治县	14.5	矿产业、水电业产业
嘉峪关工业园	省级	嘉峪关市	65.07	机械装备制造业、精品钢材深加工、农副产品深加工；冶金新材料、有色金属、精细化工；高新技术产业和科技成果转化
甘肃酒泉工业园	国家级	酒泉市	58.9	风电装备制造产业、光电装备制造产业、新能源关联制造产业和配套服务
酒泉市南郊工业开发区	省级	酒泉市	38.5	农产品加工、食品加工、生物医药、装备制造、电子信息
酒泉循环经济产业园	省级	玉门市东镇	62.8	煤焦化、煤气化、烧碱、钛白粉煤化工产业链
甘肃玉门经济开发区	省级	玉门市新市区	10	石油化工、装备制造、农副产品加工、矿冶建材、清洁能源、高载能产业
金塔县北河湾循环经济产业园	市级	金塔县	5.53	原煤—洁净煤—焦化—（粗笨、焦油）—煤气—轻烧镁、菱镁石—轻烧镁—玻镁板—耐火材料
双泉产业园	市级	嘉峪关市 酒泉市	2.75	食品工业、现代物流业、楼宇经济

园区名称	级别	依托城市	面积	主导产业
敦煌市工业集中区	市级	敦煌市	281	清洁能源产业、资源综合利用产业、先进装备制造业、农副产品加工业、现代物流
瓜州县柳沟煤炭综合物流产业区	市级	瓜州县	26	煤炭深加工、焦油深加工、煤制气
肃北蒙古族自治县马鬃山循环经济园	市级	肃北蒙古族自治县	5.8	煤炭开采、煤电、煤化工、冶金、建材产业链
阿克塞哈萨克族自治县工业园	市级	阿克塞哈萨克族自治县	15	石棉采选、石棉尾矿综合开发利用、矿山机械、化工、包装材料、非金属矿物深加工

2. 沿线"一核一副三组团"战略格局

(1) 兰白石化冶金有色循环经济核心区

充分发挥兰州、白银地处中心区位、基础设施完备、产业基础较强和科技人才集中的优势,打造丝绸之路甘肃段工业经济发展核心区。以"四心六支点"构建兰白一体化工业集聚与循环经济发展平台。"四心"由兰州新区、兰州高新技术产业开发区、兰州经济技术开发区、白银高新技术产业开发区四大国家级园区构成,"六支点"围绕兰州、白银城市中心布局,包括处于兰州白银连接线上的榆中和平工业园区、永登与红古交界处的兰州连海经济开发区、皋兰县的三川口工业集中区、毗邻兰州新区的景泰县工业集中区、靖远县刘川工业集中区、会宁县绿色工业产业园区。

1)国家战略性石化工业基地和国家战略性石油储备基地。以兰州新区炼油与石化工业为主体,连接白银高新技术产业开发区的异氰酸酯循环产业链、煤化工、氟化工、硼化工、有机硅产业链以及兰州经开区西固园区的精细化工与新材料,皋兰三川口工业集中区化工材料,延伸石化产业链。

2)丝绸之路具有国际竞争力的国家级有色金属新材料基地。以白银高新技术产业开发区为核心,发展新型高精度有色金属新材料及制品,稀土应用材料和功能材料与永磁电机、绿色照明等,锂离子电池、大功率动力电池、储能电池、光伏发电等新能源产业;开发凹凸棒石应用新产品,发展陶瓷新材料和陶瓷结构件、碳纤维新材料、碳铝、碳碳复合材料等。联合白银刘川工业集中区稀土新材料、有色金属精深加工,兰州榆中和平工业园区优质建筑钢材、碳素新材料、镍及镍基合金产品、二次电池及电池材料、贵金属新材料、高纯金属材料、金属化合物、银系列材料以及稀土功能材料、记忆合金,兰州连海经济开发区铝冶炼及深加工、铁合金及深加工业,皋兰三川口工业集中区的铁合金、钢铁,构建兰白经济核心区冶金工业协作网络。

3)先进装备制造产业链。以兰州新区为主导,发展大型工程装备、石油钻采和炼化装备、汽车及零部件、通用及专用装备制造,培育发展军工装备、新能源装备等高端装备,依托兰州高新区七里河园区发展风力发电、风光互补、光伏光热、节能环保成套设备和零部件,依托白银高新技术产业开发区发展超导变电高端制造、特种电缆制造、风电装备制造、物料输送设备,以及高效节能电机、变压器、大型工业鼓风机、通风机、空气压缩机、特种泵阀、矿用电器开关、纺织配件、钎具等专用设备。

4）电子信息产业链。依托兰州高新区，发展大型智能化仪表与控制系统、DSP（数字信号处理）、FPGA（现场可编程门阵列）、嵌入式系统、实时操作系统等高端器件和系统平台的应用技术研究，形成电子专用设备、专用通信设备和微电子中间产品三大产业链。

5）生物医药产业链。依托兰州高新区，建设国家生物医药产业基地和特色中（藏）药生产基地，发展医学工程领域高端产品，依托白银高新技术产业开发区发展生物制药、生物酶、生物发酵等为主的生物制品产业，现代中药产业和医疗器械产业。

6）特色农产品加工产业链。培育烟草、啤酒及饮料、百合、玫瑰、红提等特色农产品与高原夏菜深加工、肉类加工及乳制品、功能食品、方便休闲食品、保健食品。

7）建设"华夏文明传承创新区"核心区。推动丝绸之路敦煌、黄河、伏羲三大历史文化产业化，承担文物保护、非物质文化遗产保护传承、沿线民族文化传承、古籍整理出版、红色文化弘扬、文化品牌打造、文化人才培养、节庆赛事会展等产业发展的中心区作用。重点开展文艺创作与表演服务、文化艺术培训服务，打造以丝绸之路与甘肃三大历史文化为特色的"中国舞剧之都"，培育具有丝绸之路特色的出版服务、广播电视电影服务、文化创意和设计服务、工艺美术品的生产以及相关产业集群。

（2）酒嘉清洁能源冶金新材料循环经济副中心

依托酒泉、嘉峪关一体化发展及利用新疆资源的便利条件，发挥能源资源丰富、冶金产业基础雄厚的优势，以嘉峪关工业园区与甘肃酒泉工业园区为核心，整合肃州区酒泉市南郊工业开发区、双泉产业园，辐射玉门市酒泉循环经济产业园、甘肃玉门经济开发区、金塔县北河湾循环经济产业园，构建丝绸之路甘肃段西部区域中心工业集聚发展平台。

1）新能源与新能源装备产业链。2020年风电装机规模达到2000万kW以上，光伏发电规模达到100万kW以上，打造"陆上三峡"。以酒嘉为主，玉门为辅，发展风电、光电配套装备制造。

2）西部钢铁基地。依托酒泉钢铁（集团）有限责任公司壮大碳钢、不锈钢两大生产体系，推动产业协作与产业集聚，开发新产品与冶金新材料，提升产品结构，提高资源综合利用率，形成与金昌以及沿线焦炭、铁合金企业的战略协作网络。

3）石化产业链。依托玉门油田，油田勘探—商品油储备—采油—废弃资源再生利用—炼油—乙烯、丙烯、丁二烯/苯、甲苯、二甲苯—工程塑料/合成橡胶/农用化学品/有机化工原料—精细化学品等石化工业产业链。

4）核燃料循环产业链。依托中核四〇四有限公司，形成我国大型商用乏燃料处理基地和铀转化基地。开发密度计、液位计、多路称、物位计等同位素仪器仪表系列产品，开发烟道气辐射脱硫脱氮、辐射加工、辐射灭菌、材料改性等辐照装置。

5）节水农业籽种农业与节水和制种装备制造产业链。面向丝绸之路市场，发展壮大节水设备产业，打造西部种子机械生产基地。

6）农产品加工产业链。建成国家最大的杂交玉米种子繁育中心、酒泉卫星发射中心航天育种基地、外贸制种基地和西部重要的种子加工、包装、销售集散中心。发展脱水加工、酱制加工、冷冻加工等农副产品精深加工，葡萄设施农业深加工，草畜养殖与畜产品深加工，国家优质棉花生产基地与棉花深加工。

（3）金武有色新材料农产品加工循环经济组团

推进金昌、武威一体化发展，发挥金昌工业基础雄厚、武威农产品和非金属矿产资源丰富及物流通道的优势，以金昌国家级经济技术开发区为核心，完善"一区多园"的工业布局。整合金昌新材料产业园区、河西堡化工循环经济产业园区、永昌工业园区、焦家庄氟化工产业园区。加强与武威工业园、甘肃武威黄羊工业园区两个省级开发区以及武威金太阳新能源高新技术集中区、新能源装备制造产业园、武威民勤红沙岗工业集聚区的产业协作，发挥园区的集聚效应和扩散效应。

1）国家有色新材料高技术产业基地。以金昌新材料产业园区为平台，发展电池材料、粉体材料、镍钴基超级合金、高纯金属、金属化合物等新材料产业，形成以铜、镍、钴、钛等特色有色金属深加工产业基地。

2）农副产品加工与生物高科技产业链。永昌工业园区重点发展啤酒麦芽、食品加工、饲草加工等农畜产品精深加工业，建设面向全国的啤酒大麦生产加工科研基地和全省啤酒原料质量检测中心。武威工业园建设西部重要的生物技术产业基地、西部地区知名的食品加工基地、甘肃省较大的农副产品深加工基地。甘肃武威黄羊工业园区建设全国主要的特药生产基地，西北最大的面粉加工集散地，农副产品加工集聚区，以莫高葡萄酒业为主的葡萄酒酿造基地以及饲料加工与调味品加工基地。

3）清洁能源与装备产业链。武威金太阳新能源高新技术集中区与武威民勤红沙岗清洁能源产业园联手建设百万千瓦级风电基地和百万千瓦级光伏电基地，发展光电装备制造业。金川集团股份有限公司太阳能真空镀膜基地与武威新能源工业园区联合，打造硅材料太阳能电池产业链。

4）煤电冶化循环经济产业链。依托河西走廊清洁能源，适度发展高载能产业；结合武威煤炭集疏运中心建设，有选择地发展煤炭深加工产业。河西堡化工循环经济产业园重点发展煤—捣固焦—合成氨—浓硝酸产业链，兰炭、石灰—电石—PVC—草酸产业链，膦酸—副产氟硅酸—无机氟、膦酸酯萃取剂产业链。金昌市焦家庄氟材料循环经济示范园区重点发展氢氟酸、氟化盐、五氟乙烷替代品等氟化工产业链。武威民勤红沙岗工业集聚区依托原煤生产与煤干馏气化、页岩油提炼、钛铁选炼、石墨等资源，建成煤电化循环经济产业链。依托电力资源优势，发展硅铁、电石、水泥、烧碱、PVC 煤电化冶产业链。

（4）张掖特色农产品加工循环经济组团

利用张掖交通枢纽和矿产资源位势，加强区域协作，以甘肃张掖国家级工业园区为核心，甘肃高台工业园区、甘肃临泽工业园区、甘肃民乐工业园区、甘肃山丹城北工业园区四个省级工业园区，以及祁青工业园区、丝绸之路文化产业带张掖产业园区为支点，立足农产品、矿产、清洁能源三大资源，依托生物、新材料、电子信息、先进装备等高新技术，面向丝绸之路国内外市场，搭建国际化工业经济承载平台。

1）农产品加工产业链。形成张掖工业园玉米种子、玉米深加工、马铃薯、果蔬产品、啤酒麦芽、生物化工农副产品加工产业链，临泽工业园玉米种子、乳制品、红枣为主的农副产品深加工、生物化工产业链，高台工业园番茄酱、葡萄酒、棉花纺织品产业链，山丹城北工业园农副产品加工产业链，民乐工业园马铃薯深加工、中药材、大蒜、果蔬加工产业链。

2）新能源与矿产加工产业链。形成张掖工业园区电力能源、煤炭清洁生产、钨钼深加工、冶金新材料、矿产化工、新型环保建材产业链，促进钨钼等资源开发利用，建设重要的矿产资源战略接续区，建设张掖钨钼生产基地；高台工业园区盐硝产品与盐硝精细加工化工产业链；山丹城北工业园矿产品加工、冶炼化工、建筑建材产业链；民乐工业园铬盐、钡锶盐、电石、铝镁合金能—矿—化—冶产业链；祁青工业园区钨、钼、铜、铁等矿产采选加工和水能开发产业链。钨钼生产、铝镁合金、锶镁合金、铬铁等实现与酒钢区域配套。

3）电子信息与先进装备制造产业链。以光伏发电设备和建筑设备制造为重点，加快推进航天张掖光伏组件制造基地建设，通过技术引进和战略合作，发展建筑设备制造业。承接电子信息产业转移。

4）产业产品制造产业链。打造丝绸之路文化产业带张掖产业园，建设特色产业园区。培育专业文艺表演团体，恢复优秀传统剧目，打造重点舞台艺术精品剧目。开发非物质文化遗产资源，促进演艺、出版、工艺美术、数字传媒产品开发。

（5）敦煌旅游文化清洁能源产业循环经济组团

充分发挥敦煌文化资源优势、民族文化优势、风光资源优势，丝绸之路交通枢纽优势，依托敦煌市工业园区、瓜州循环经济产业园、肃北蒙古族自治县马鬃山循环经济园区、阿克塞哈萨克族自治县工业园区，以敦煌为中心，以瓜州为桥头堡，辐射阿克塞、肃北。

1）文化产品制造产业链。依托敦煌禅文化、阿克塞哈萨克文化、肃北蒙文化和藏文化，开发出版、演艺、影视、工艺美术、动漫游戏等系列文化产品，配套专用设备制造与高技术服务业。

2）清洁能源与高载能循环经济产业链。开展风力发电、光伏与太阳能发电、风光互补、煤炭火力发电，开发风电光伏发电设备、电场设备、输变电与储能设备以及关键零部件制造，配套煤化工、利废建材、高载能产业。瓜州循环经济产业园形成"煤—焦—电—油—炭（活性炭）"循环经济产业链。肃北蒙古族自治县马鬃山循环经济园区构建煤炭开采→煤电→体化→锰铁生产+铬铁生产+镍铁生产+钒铁生产→建材、煤炭开采→焦炭+兰炭→粗苯+甲醇+煤焦油、煤炭开采→煤电一体化+腐殖酸生产→硅铁生产+电解铜生产+金属硅生产+微晶玻璃生产+粉煤灰加工利用+废渣再生利用三条煤化工产业链。阿克塞哈萨克族自治县工业园区形成洗煤—焦煤—焦油—粗苯加氢精制以及镁合金产业链。

3）农副产品加工循环经济产业链。依托枸杞、甘草、锁阳、红花、葡萄、哈密瓜等绿色农产品资源，开发饮料、食品、保健品、医药、生物物质提取；依托畜牧养殖业，开发肉类、奶制品、皮革、生物制品，配套有机肥、饲料加工，形成育种育苗、标准化生产、农牧肥饲互补，综合加工以及废水、废弃物综合利用的循环经济产业链。

8.2.3 循环产业链建设布局

1. 钢铁产业链

（1）产业背景

1）产业现状。酒泉钢铁集团已形成了碳钢、不锈钢两大生产体系，产品覆盖线材、棒材、板材、卷等系列，形成了以钢铁为主，有色金属、机械制造、焊材、建材、葡萄酒、高科技农业等多元化产业发展的格局。

沿丝绸之路将形成酒泉钢铁（集团）有限责任公司（包括嘉峪关本部、兰州榆中和山西翼城三大钢铁生产基地，钢产能将达 1300 万 t）、宝钢集团新疆八一钢铁有限公司（钢产能将达 1500 万 t）、陕西钢铁集团有限公司（包括钢陕西龙门钢铁（集团）有限责任公司与汉钢公司，钢产能达 1000 万 t）为主的钢铁工业走廊。

2）市场前景。随着丝绸之路钢铁大动脉的建设，钢轨、钢管等交通基础设施领域钢材市场将极大活跃。

随着丝绸之路沿线矿产资源的开发，油气、采掘、冶金成套装备以及机械制造工业，对高强度钢、不锈钢与耐磨钢、有色金属与稀有金属合金、复合与粉状材料以及结构性材料的需求将持续上升。

随着沿线新型城市化发展，汽车与家电产业，对超高精度汽车板、家电板等优质钢材产品的市场将进一步扩大。

随着高技术产业国际合作的加深，仪表制造、航空航天设备制造、原子能设备制造等高端装备制造产业，对纳米材料、非晶体物质、纳米薄膜与特种覆层材料的需求已迫在眉睫。

（2）发展目标

以酒泉钢铁（集团）有限责任公司为核心，重点打造丝绸之路中国西部一流的千万吨级现代化钢铁基地。

（3）循环经济模式

1）企业循环模式。钢铁行业以酒泉钢铁（集团）有限责任公司为重点，大力推广"三干"（干熄焦、高炉、转炉煤气干式除尘）、"三利用"（水的重复利用、副产煤气综合利用、高炉转炉废渣处理及利用）、"三治理"（氮氧化物治理、烟气二氧化硫治理、焦化酚氢废水治理）等节能和综合利用技术。通过行业上下游企业间的有效衔接，发展利用废渣生产建材产品、利用废气废水生产化工产品等，力争实现"负能"冶炼、废水"零排放"和废渣全利用。

2）产业循环模式。

上游行业包括煤炭采选业、黑色金属矿采选业。

下游行业包括金属制品业、通用设备制造业、专用设备制造业、电气机械及器材制造业、交通运输设备制造业等。

（4）国际化战略模式

酒泉钢铁（集团）有限责任公司构建中亚铁矿、锰矿、铬矿、蒙古煤矿国际资源产业体系。

开拓中亚和西亚地区建筑钢材出口，鼓励东北亚、东南亚钢铁制品出口，积极发展钢材产品的间接出口。

2. 有色产业链

（1）产业背景

1）产业现状。甘肃是全国"有色金属之乡"。不仅探明矿种多、储量丰富。镍与铂族元素矿产特色优势突出，金川是全国镍矿矿床最富集与全国最重要的铂族元素矿产基地。铜矿主要分布在金川、白银、酒泉等地，共伴生矿占有较大比例。

金川集团股份有限公司是全国镍产量最大的生产基地，全国最重要的铂族元素提炼中心。镍和铂族金属产量均占国内总产量的90%以上，也是中国北方最大的铜生产企业。镍产量位居世界第五位、亚洲第一位；钴产量居世界第三位；铜产量居全国第四位；综合技术实力在世界同行业中名列第三；公司业已形成采、选、冶、化相配套的大型有色冶金、化工循环工业体系。

有色新材料产业成为金川、兰州白银有色金属产业新亮点。金川集团股份有限公司着力研发粉体材料、电池电子材料、高纯产品、羰基镍等，已成为我国重要的磁性材料、电池材料和粉体材料基地。兰州新材料园区记忆合金、稀土大磁致伸缩材料等有色新材料正在蓬勃发展。白银市成为我国最大规模的盐湖提锂与有色新材料生产基地。

甘肃电解铝在规模上远低于丝绸之路上内蒙古、宁夏、青海、新疆。兰州铝业股份有限公司、连城铝厂和白银有色集团股份有限公司铝厂与中国铝业股份公司实现重组，甘肃省有望成为全国重要铝生产加工基地之一。

国家积极鼓励西部承接有色金属产业转移。我国的西部地区的内甘肃、新疆、宁夏、内蒙古等省（区）有着丰富的能源和电力，企业自备电厂的发电成本小于0.2元／（kW·h），这与内地0.55元／（kW·h）的电价相比，综合投资回报率十分可观。

2）市场前景。有色金属资源国际化协作成为基本趋势。据中国有色金属工业协会统计的数据显示，2012年，我国有色金属进出口贸易总额达到了1664亿美元，同比增长3.7%。其中，进口额为1149亿美元，出口额515亿美元。

我国已成为全球最大的有色金属生产和消费国。在行业产能过剩矛盾突出、国际经济形势低迷、国内经济由快速增长转为平稳增长、环保压力日益增大的背景下，将限制有色金属规模快速扩张。我国有色金属行业仍将面临"去库存"过程，但我国工业化和城镇化进程还未结束，经济发展仍处于较快发展时期，行业发展前景依然乐观。

新能源助推有色金属时代，依托新能源、新技术，镍、钴、镁、锂等有色金属新材料市场前景十分广阔。

（2）发展目标

将丝绸之路甘肃段打造成有色金属新材料产业走廊，以金川集团股份有限公司为中心的国际化有色金属千亿元资产生产基地。

（3）循环经济模式

1）企业循环模式。以金川集团股份有限公司、白银有色集团股份有限公司等骨干企业为重点，着重提高"四率一综"（矿石回采率、选矿回收率、冶炼回收率、加工材成品率和综合利用水平），加大余热、余压利用和冶炼烟气中的二氧化硫回收利用，降低消耗，减少排放。加大资源整合力度，提高共伴生矿的综合利用率。进一步提高有色金属深加工能力和技术水平，不断延长产业链，提高附加值。

2）产业循环模式具体如下。

上游产业：国际化有色矿产资源勘探、采选业。

下游突出：有色结构材料和功能材料。新能源装备制造业、电子工业、航空航天、核能利用、机械制造业。

辅助产业：有色金属科技服务业、国际中介与咨询业、有色金属国际商贸与物流业。

（4）国际化战略模式

建设丝绸之路国际有色金属物流园。建立新型的工商关系，创新流通模式，延伸产业链，构建供应链，发展物流的加工配送，以连锁经营规范网上交易市场，提升现货批发市场，发展市场集群等。

3. 石化产业链

（1）产业背景

1）产业现状。甘肃被誉为我国现代石化工业的摇篮，石化工业是甘肃的第一大支柱产业，石化工业占整个甘肃省工业总产值的比重高达 36%，但占全国总产值的比重不到 2%。

甘肃石化产业特点是"两头"在外。原油主要由新疆和青海输入，仅能满足生产能力的 80% 左右，天然气全部由青海涩北气田供应，且作为石化原料用量很小。

产业结构不合理。初级产品比重较大，炼油约占产业比重的 75%；深加工产品比重小，产业链及产品链短，化工生产只占产业比重的 25%，其中精细化工占化工生产的 20%。

2）市场前景

甘肃是我国石油管道运输的大通道，是国家确定的战略性石化产业基地和重要的新能源基地，发展石油化工产业具有得天独厚的优势。国内石油对外依存度的逐年增加，预测 2020 年将增加到 60%。中国石油天然气集团公司根据境外资源及国内市场需求，新建 6 条管道，并将加快甘肃境内各地供气支线建设。

我国合成材料市场进口依存度较高，市场潜力较大，2014 年我国合成材料表观消费总量约为 1.47 亿 t，增长了 4.5%。通用合成材料市场面临周边和中东地区的严峻挑战，竞争异常激烈。展开差异化竞争，巩固通用料市场，重点争夺中高端市场，是我国合成材料产业未来发展的必然战略取向。

我国精细化工市场供给的不断增长。2008 ~ 2011 年，我国精细化工行业工业总产值逐年增长，2012 年小幅下降 2.3% 至 2.5 万亿元；近几年占化工行业总产值的比值均在 35% 以上，2012 年为 34.77%。据有关研究估计，2014 ~ 2018 年我国行业将保持 20% 左右的增长。

国内油品的市场需求增速减缓将成为长期趋势，化肥行业、基础化学原料市场需求总体将会延续平稳增长态势。

（2）发展目标

建设国际新丝绸之路上重要的石油基地、石化基地、油气资源战略通道和重要管线枢纽。

（3）企业循环经济模式

依托中国石油兰州化工公司、玉门油田、甘肃银光化学工业集团有限公司、甘肃金昌化学工业集团有限公司等骨干企业，降低炼油和化工生产能耗。提高石油炼制装置的开工负荷和换热效率，降低加工过程能量损失。

优化乙烯生产原料结构，采用先进技术改造乙烯裂解炉。推进大型合成氨装置节能工艺改造，推广新型催化剂、高效节能设备，提高转化效率，加强余热回收利用；中小型合成氨采用节能设备和变压吸附回收技术降低能源消耗。

推广应用循环流化床锅炉技术和石油焦气化燃烧技术，采用能量系统优化、重油乳化、高效燃烧器及吸收式热泵技术回收余热。

推广应用催化裂化烟气能量回收、煤气化和合成氨气体净化、火炬气、污水回收利用等技术，提高副产品及余热、余压、中水等的综合利用。

（4）产业循环经济体系建设

进一步提升炼油和乙烯生产规模，巩固和发展石油加工、合成橡胶、合成树脂、石油化工催化剂、化肥、涂料六大优势领域，重点开发清洁油品、润滑油、合成材料和精细化工三大产品。

一是打造国家重要的石油储备基地，完成 1000 万 m^3 的石油储备能力。

二是进一步提升原油加工转化能力，兰州形成 2000 万 t/a 原油加工能力，建设玉门特种油品生产基地。

三是将中国石油兰州石油化工公司建设成为全国最大的合成树脂、合成橡胶基地和重要的乙烯、碳五、裂化催化剂加工生产基地。推进中国石油兰州石油化工公司乙烯扩能改造及百万吨级天然气分离乙烷制乙烯工程，建设碳四、碳五资源综合利用项目，积极引导石化产业上下游分工合作，延伸产业链，形成合成树脂、合成橡胶、精细化工为主的石化新材料产业链。

四是提升产业精细化水平。以聚碳酸酯、聚酯、硅材料、碳材料、塑料合金、橡塑加工等为主发展新型工程材料；以丙烯聚酯、甲乙酮、异氰酸酯、高档涂料、催化剂及炼油助剂等优势产品为主，大力发展溶剂、助剂、化工中间体等精细化工产品。甘肃石油化工产业在进一步扩能改造的基础上，将建设集乙烯、合成树脂、合成橡胶、石油化工催化剂、化肥有机原料在内的石油化工——特色精细化工上下游一体化产业基地，积极发展电子化学品、油田化学品、橡胶助剂、水处理剂、表面活性剂等新领域精细化工产业。

4. 清洁能源与煤电化产业链

（1）产业背景

1）产业现状。甘肃风能、太阳能、生物质能和水能等新能源和可再生能源资源丰富，特别是风能和太阳能资源优势十分突出。理论水电储量为 1304.16 亿 kW·h，可开发装机容量 1062 万 kW，其中河西内陆河流域 332.8 万 kW。风能理论储量 2.36 亿 kW，技术可开发量 4000 万 kW。太阳能资源理论储量 67 万亿 kW·h，技术可开发量 4000 万 kW。秸秆理论储量 1275 万 t，技术可开发量 534 万 t，可折合 830 万 t 标准煤。

目前丝路沿线业已形成以黄河流域、内陆河流域支流水能资源开发格局。酒泉千万千瓦级风电基地、白银等地区风能资源开发利用逐步展开。结合太阳能资源实际，因地制宜地推进了河西走廊地区太阳能资源开发利用，建成偏远地区一批离网式太阳能光伏发电装置。

甘肃煤化工基础薄弱。甘肃省煤化工产业主要涉及的领域局限在煤气化、焦化等，产品限于合成氨、尿素、联醇、焦炭、苯、煤焦油等传统煤化工产品，发展相对滞后。目前甘肃陇东将建成亿吨级大型煤炭生产基地。

玉门煤化工实现跨越发展。甘肃省最大的独立现代化煤化工重点项目——浩海煤化

200 万 t 焦化项目在玉门市酒泉循环经济产业园区投产。项目全部建成后，年可实现工业产值 40 亿元，上缴税金 1.93 亿元，对玉门市进一步延伸煤化工循环经济产业链、优化工业经济结构、壮大县域经济规模、增加地方财政税收、促进资源型城市转型具有重大影响意义。

煤炭资源有充分保障。甘肃煤炭预测资源量为 1428 亿 t，位居全国第六位。白银、兰州市以及河西走廊煤炭资源丰富。天祝、大滩等煤炭液化用煤为全国乃至亚洲最佳。周边地区资源丰富，内蒙古、山西、陕西的煤炭产量达 22.7 亿 t，占全国产量的 65%。新疆煤炭预测储量达 2.19 万亿 t，占全国预测储量的 40% 以上。因受地理条件限制，现阶段还没有大规模开发，甘肃省与新疆维吾尔自治区签署了煤炭长期战略合作框架协议，从新疆每年调入煤炭 1 亿 t。从蒙古国跨国输入煤炭工作也稳步推进。

水资源匮乏是制约新型煤化工发展的关键因素。除了高耗煤，煤化工项目还需耗费大量的水。一般大型煤化工项目，每吨产品耗水在 10t 以上。目前，国内绝大多数项目的审批都受到水资源的严重制约。

2）市场前景。煤化工的产业化发展对于降低我国石油的对外依存度、保证国家能源安全具有重要的战略意义。国家从政策层面，鼓励西部地区大力发展新型煤化工工业。

新型煤化工产业迎来新一轮大发展。相对于煤焦化、煤电石、煤合成氨（化肥）等传统煤化工。新型煤化工包括煤制甲醇、煤制烯烃、煤制天然气、褐煤提质、煤制乙二醇和煤制油等。新型煤化工以生产洁净能源和可替代石油化工的产品为主，如柴油、汽油、航空煤油、液化石油气、乙烯原料、聚丙烯原料、替代燃料（甲醇、二甲醚）等，与能源、化工技术结合，可形成煤炭——能源化工一体化的新兴产业。煤炭能源化工产业是今后 20 年的重要发展方向，对于中国减轻燃煤造成的环境污染、降低中国对进口石油的依赖均有着重大意义。可以说，煤化工行业在中国面临着新的市场需求和发展机遇。

（2）发展目标

建设国际新丝绸之路清洁能源陆上三峡产业走廊。

依托新丝绸之路沿线煤炭资源，依据水资源、交通运输等配套条件，按照一体化、基地化、大型化、现代化和集约化原则，采用高新洁净煤转化技术，实现煤炭资源的高效、清洁、高附加值转化，建设煤炭开采、煤炭物流、煤化工产业一体化的产业集群。

（3）循环经济模式

1）水电产业链。水电发展以河西内陆河流域水电开发为主，其中疏勒河水系 14.92 万 kW、黑河水系 21.61 万 kW、石羊河水系 17.95 万 kW、苏干湖水系 0.8 万 kW，共计待开发容量达 295.28 万 kW（含抽水蓄能及地方小水电）。重点开发建设疏勒河青羊沟电站、讨赖河三道湾电站和黑河宝瓶河电站；积极推进疏勒河水系柳沟峡、小别盖和拉排多级开发，黑河水系黄藏寺、高崖泉和冰沟多级开发以及石羊河水系西大河、西营、金塔、杂林、黄羊等水电站项目。抽水蓄能电站方面，适应全省风力发电、太阳能发电规模快速增长和电网稳定运行要求迫切的发展形势，充分利用河西内陆河流域水能资源开发潜力，积极争取围绕新能源基地配套建设一定比例的抽水蓄能电站，与风电、光电装机协调运行，提高区域电力系统运行灵活性和可靠性，保障电网安全稳定运行。建设肃南 120 万 kW、玉门 120 万 kW 两座抽水蓄能电站。

2）风光互补产业链。风电建成总装机容量 300 万 kW 的酒泉风电基地、民勤红沙岗百万千瓦级风电基地，风电总装机容量达到 1000 万 kW。光电建成河西并网光伏发电装机容量 2 万 kW，建设敦煌 10MW 太阳能光伏并网电站。争取实现风电、光电和火电、水电的互补，做好调峰火电电源建设，积极发展相应规模的非风电电源，加快电网建设，推动酒泉至湖南特高压直流输电工程及配套外送风电。成为西电东送的重要基地。积极探索风电"直供"和就地转化的途径，发展适应电源特点的高科技、高附加值的高载能产业。

3）新能源装备制造产业链。以酒泉、白银产业园建设为承接平台，积极引进风光电设备制造企业，扶持培养原材料、零部件配套企业。加大自主创新力度，培育一批有较强竞争力的风电设备制造企业。

4）生物质发电产业链。加快推进张掖等生物质发电项目建设，推进大中型沼气、秸秆气化及发电工程。

5）核电产业链。发挥核工业方面技术和人才优势，建设大型商用核乏燃料后处理项目，发展核电产业。

6）积极发展煤制气产业链。从生产成本讲，据测算甘肃省天然气成本约为 1.6 元/m³，煤制天然气的成本明显低于进口天然气。从建设成本讲，西气东输管网途径甘肃省境内，利用中国石油天然气集团公司天然气管网进行运输销售，可大幅度降低管道建设和输送的费用。从利用范围讲，如生产规模大，则可进行西气东输；如生产规模较小，则可以因地制宜、就地利用。因此甘肃发展煤制天然气有诸多优势。

7）致力发展煤制烯烃产业链。开发乙烯、聚丙烯产业链，是煤制甲醇下游产品开发最有前途的发展领域。从技术上看，我国自主开发的 DMTO（甲醇制烯烃）煤制烯烃技术已经成熟。从成本上看，煤制甲醇再制烯烃工艺路线的原料成本低于石脑油裂解生产烯烃的原料成本。目前，国产甲醇制乙烯的成本为 12 039 元/t，国产石脑油制乙烯的成本为 19 675 元/t。

8）适当发展煤气化产业链。煤炭气化合成甲醇项目及甲醇制二甲醚，开发替代能源，与煤制烯烃产业链结合，构建甲醇制乙烯产业链。

9）择机发展煤制油产业链。天祝、大有、大滩的煤质非常适合直接液化，目前我国煤制油项目仍处于示范性阶段，在突破技术瓶颈的条件下，可适时选择直接液化技术，开发柴油、汽油、航空煤油、液化石油气等新型煤化工产品。

5. 非金属与建材产业链

（1）产业背景
甘肃省建材工业继续平稳增长。形成了水泥、浮法玻璃、太阳能玻璃、光伏玻璃、陶瓷、新型墙体材料等新型建材产业体系。

白银平川依托 40 亿 t 陶土资源和区位优势，陶瓷建材产业得到长足发展，年生产墙地砖 2000 万 m²、日用陶瓷 700 万件、艺术陶瓷 100 万件、节能免烧砖 30 万 m²、黏土砖 4800 万块、黏土瓦 2400 万块。陶瓷企业和国泰陶瓷建材城先后落户平川经济开发区，各类陶瓷从业人员达到 4000 多人，年总产值近 5 亿元，"格威"牌日用陶瓷、卫生陶瓷和墙地砖，曾畅销西北五省区。白银市平川陶瓷研究中心，为陶瓷企业提供技术开发、信息推广、电子商务、质检认证、知识产权保护、人员培训、区域营销等公共服务。

（2）发展目标

建立以优势资源为依托的非金属矿开采及深加工基地与全国重要的多晶硅产业基地。建设丝绸之路绿色建材与利废建材产业基地。

（3）循环经济模式

1）非金属矿开采及深加工产业链。充分利用甘肃省石棉、石膏、石墨、萤石、菱镁矿、芒硝、重晶石、石英岩、石灰石、铸型黏土、凹凸棒石等非金属矿产资源，建立以优势资源为依托的生产基地，重点打造多晶硅等非金属产业链，开发系列产品与高附加值无机非金属材料，形成规模经济，不断提高产品档次和市场占有率。

2）水泥与水泥制品产业链。合理布局新建水泥生产线，积极发展新型干法水泥、特种水泥及水泥制品产业。建设日产 4000t 以上新型干法水泥熟料生产线，新型干法水泥比重达到 90% 以上。支持具有矿产资源优势的企业建设水泥熟料生产基地，鼓励大企业采用先进技术和设备将小水泥企业改造为年产 60 万 t 及以上规模的水泥粉磨站。按照集中搅拌、分散使用的原则，大力发展规模化商品混凝土产业。实施新型干法窑系统废气余热回收利用，日产 2500t 以上新型干法水泥生产线全部配套建设纯低温废气余热发电。加强建材行业资源综合利用，支持利用新型干法水泥窑处置工业废渣和城市生活垃圾。

3）玻璃深加工产业链。积极开发低辐射镀膜玻璃、光热和光伏太阳能玻璃、电子显示玻璃基板等新型玻璃产品。

4）陶瓷深加工产业链。依托资源优势，承接东部地区建筑卫生陶瓷产业转移，发展中高档陶瓷材料、加快建设白银等陶瓷产业基地。

5）新型建材产业链。把握国家推广节能建筑的机遇，鼓励发展绿色施工所需的新型墙体材料、新型保温材料、防水材料、装饰装修材料、塑钢门窗、塑料管材管件等新型建筑材料，重点开发复合材料、超细、改性功能材料。鼓励利用建筑废弃物、固体废弃物生产再生骨料及其他建材产品，实现废弃物资源化。

6. 电子信息产业链

（1）产业背景

集成电路封装、专用集成电路和特种半导体器件、军用电子装备及关键配件、电子专用设备、通信电缆、软件和物流平台等，在国内有一定的知名度和较高的市场占有率，不少产品技术性能达到国内领先水平。

信息技术是全球经济复苏的重要驱动力，其高渗透性、高融合性和倍增性决定了电子信息产业的发展空间将得到进一步拓展。我国电子信息产业发展方式从速度规模型向创新效益型转变。

（2）发展目标

建设丝绸之路以兰州为中心的有特色和影响力的电子信息集聚走廊。

（3）循环经济模式

1）电子信息产业链。重点扶持民用运输机航行雷达、智能化毫米波汽车防撞雷达、平板裂缝阵天线精密制造等一批军工电子，形成军工电子、通信设备和微电子三大产品系列。

2）联网应用市场和产业链。突破传感器、控制芯片、短距离无线通信、组网和协同处理、数学建模、系统集成、数据管理和挖掘、协同控制等物联网核心技术；推进环境监测、智能交通、物流管理等应用示范工程，创新商业模式；推进物联网传感设备、通信设备产业化与信息传输服务业协同发展。

3）电子材料产业链。开展高性能锂电池正极材料、绿色镀膜新材料成套系列技术与装备及系统集成产业化，为汽车工业镀膜、轨道交通控制、电子信息产业、真空冶金、钢铁等工业领域或行业提供专业成套装备和生产线解决方案。

4）半导体照明产业链。积极发展半导体发光二极管芯片制造、封装及集成应用，开发 LED 显示屏、工程照明、景观照明等产品。

5）汽车电子产业链。重点开发电子点火系统、车载视频娱乐系统、电磁阀、传感器等车载汽车电子设备和汽车电子元器件产品；积极发展汽车音响、车载视频娱乐设备、车载空调等车载汽车电子设备；发挥兰州在机电产品方面的优势，大力发展汽车继电器、电磁阀、传感器等汽车电子元器件产品；积极跟踪电子控制自动变速器、防抱死制动系统（ABS）、电子控制电动助力转向系统（EPS）等产品技术发展趋势，引进发展相关产业。

6）医疗电子产业链。改进半导体器件设计，优化系统设计，提高终端设备的性能、功能，与各级医疗机构密切合作，研制消费型医疗设备、监护设备、医学影像、医疗仪器，形成产业规模。

7）电子静脉产业链。开发低成本、低污染、高效率地回收金属、塑料、玻璃等废旧电子垃圾资源化利用工艺设备，发展电子垃圾利用产业。

7. 先进装备制造产业链

（1）产业背景

装备制造业得到了快速发展。自主创新能力不断增强，建立了一批国家级、省级企业技术中心，新产品产值率一直保持在 30% 以上。名牌战略初见成效。"SPARK" 牌数控车床、"兰电牌" 690kV 及以下中小型发电机荣获 "中国名牌产品" 称号。

（2）发展目标

建设丝绸之路国际性先进装备制造产业走廊。

（3）循环经济模式

新能源装备制造。积极支持华锐、金风等大型风机制造企业，提升风电机组设计制造水平，提高发电机、塔筒、大功率风电齿轮箱等关键零部件的技术水平和制造能力。开发太阳能光伏电池组件和大规模太阳能光热发电设备，做好正泰集团、中国电子科技集团和上海航天集团晶体硅电池组件生产线建设。提升太阳能选择性吸收真空镀膜技术水平，推动平板太阳能集热器、大型槽式太阳能集热系统、铜铟镓硒和碲化镉薄膜电池的研发和生产，逐步形成太阳能光热应用产业链。

高端装备制造，依托兰州兰石集团有限公司、甘肃蓝科石化设备有限责任公司、兰州炼油化工机械厂、玉门油田分公司机械厂等企业，加快发展特种石油钻机、智能抽油机、大型炼化设备、大型换热器、空冷器、烟气轮机、快速锻压设备等大型高端设备。重点发展飞行控制仪器、航天压力容器设计制造、表面工程技术和航空仪器照明等产品，推动兰州航天科技园建设。大力研发智能电网产品、新能源领域产品、轨道交通装备，加快工程机械和重载汽车车桥轴承、大型专用特种电机等产品的升级换代。

核电辅助装备，发挥甘肃省机械工业和核工业基础较好的优势，依托兰州兰石集团有限公司、兰州宏祥电力公司、中核集团兰州铀浓缩有限公司等企业，加快延伸发展核电用板式换热器、核电用鼓形滤网、核电空冷器等，构建核电装备产业体系，积极引进国内行业龙头企业在甘肃建设核电装备制造项目。

企业生产层面的物料循环和能量梯级利用。研究推广节能、节水、废弃物处理及回收利用等关键技术，大力发展再制造产业，对废旧零部件在失效分析和寿命评估的基础上，采用表面工程等先进技术进行再生产，对过时的产品进行性能升级，通过技术改造和更新，延长产品使用寿命。修复和改造废旧机电设备，使其恢复性能或获得新的性能，延长设备使用寿命。

8. 生物医药产业链

（1）产业背景

甘肃是全国中药材资源大省，是全国中药材优势主产区之一，人工种植面积位居全国第三，中药材品种资源丰富，质地优良。现有药用品种 1527 种，其中植物药材 1270 种，动物药材 214 种，矿物药材 43 种。属于国家 382 个重点品种的有 276 种。大宗地道药材 30 多种，其中当归、党参、黄（红）芪、大黄、甘草、柴胡、板蓝根、枸杞、黄芩、款冬花十大陇药品种已形成一定规模。经过多年的积累和发展，目前已形成了集中药材种植加工、中成药、生物制药、化学原料药和医药商贸物流等较为完整的产业体系，成为甘肃经济发展的重要组成部分。

（2）发展目标

新丝绸之路国际化陇药产业走廊。

（3）循环经济模式

组建集研发、生产加工、仓储物流、销售为一体的大型陇药产业集团，培育陇药知名品牌。支持兰州佛慈、甘肃扶正、奇正藏药、独一味等企业加大研发投入和技术改造力度。

中药材资源综合开发利用产业链。加快道地中药材种植示范基地建设，推进陇药规范化种植和规模化生产。利用中药材特色资源和生物制药技术优势，建设规范化中药材种植基地、中药饮片加工基地和特色中藏药生产基地。加快陇药产业化，推进中药新药研发及产业化，发展中药饮片、中药提取物、配方颗粒等道地药材深加工，积极推进国家新药和中药保护品种的产业化和规模化生产，形成中成药、藏药优势品牌群，积极发展药膳食品、保健品、日化用品等相关产业。

生物医药产业链。开发基因工程药物、抗体类药物、小分子肽类等生物制品和动物用疫苗，组建生物医药产业联盟，支持兰州生物制品所、中牧兰州生物制药厂等生物制品企业做大做强，重点发展预防和治疗人用及动物用新型疫苗、基因工程药物、诊断试剂等生物制品，积极开发新型诊断试剂盒、快速检测试剂盒、生物芯片等体外生物诊断检测新产品。

特色化学原料药及制剂产业链。积极发展医药中间体和化学原料药，依托兰州生物制品研究所、甘肃药物碱厂等企业，加快发展具有优势的化学合成药。

生物医学工程产业链。重离子束治肿瘤技术研发及重离子束治疗专用装置研制及产业化，推进记忆合金髋臼部位内固定器械、记忆合金椎体融合器、冠状动脉支架研制及产业化。推进 CL 短柱型人工机械心脏瓣膜和 CL 双叶型人工机械心脏瓣膜等新产品研制及产业化。

生物医药服务产业链。发展生物医药服务外包，建设医药物流信息、配送中心和电子商务平台，推动药材种植、药品制造、包装运输、药品经营等相关产业一体化发展。

9. 农产品加工产业链

(1) 产业背景

目前丝绸之路甘肃段形成了河西走廊国家级玉米制种基地、杂交玉米、瓜菜制种基地，专用马铃薯和酿酒原料（啤酒大麦、啤酒花、酿酒葡萄）基地，以草畜产业和瘦肉型生猪规模养殖、冷水鱼养殖为主的农牧业基地，以黄灌区蔬菜高原夏菜、瓜果、奶牛和生猪为主的设施养殖基地。

(2) 发展目标

培育区域城乡统筹特色产业。

(3) 循环经济模式

依托资源优势，以农产品加工和天然纤维纺织为重点，坚持特色化、集群化发展方向，推动农产品生产加工业上规模、上档次，促进聚集发展；积极承接棉纺、毛纺等劳动密集型产业转移，振兴纺织产业，使轻工纺织产业成为甘肃省重要的支柱产业，促进产业结构调整。

把培育农产品加工龙头企业与发展节水型特色农业和农产品基地结合起来，积极扶持特色优势产业基地建设和农产品加工。以啤酒原料、酿造葡萄、马铃薯、果蔬制品、玉米淀粉、乳制品、肉制品等优势资源为重点，扩大加工规模，提高加工深度，创立区域品牌，鼓励关联企业或配套企业联合重组和向工业园区集中，形成以龙头企业为核心，中小企业分工协作的产业集群和加工基地。

10. 文化产品制造产业链

(1) 产业背景

文化产业在丝绸之路国际产业合作中具有文化引领作用，是丝绸之路沿线各国之间特殊的文化形态和特殊的经济形态的差异化发展与国际合作的纽带。2012 年，中国文化产业总产值突破 4 万亿元，占 GDP 比重达 8.5%，总额和比重都得到进一步提升，发展势头迅猛。2013 年中国动漫产业总产值已达为 871 亿元，传媒产业总产值规模 8902 亿元。

丝绸之路文化悠久丰富，甘肃省作为"华夏文明传承创新区"已成为国家战略。敦煌文化成为丝绸之路之上中华文化鲜明的具有唯一性的文化遗存。《丝路花雨》《大梦敦煌》享誉全球，敦煌与兰州将成为国际丝绸之路两大文化产业中心。

我国文化产业具有巨大发展潜力。数据显示，发达国家文化产业占 GDP 比重平均在 10% 左右，美国达 25%，其在世界文化产业市场中所占份额则高达 43%。相比之下，尽管 2012 年我国文化产业总产值突破 4 万亿元，但所占 GDP 比重不足 4%，占世界文化产业市场份额不足 3%，与文化产业发达国家存在较大的差距。在整体经济结构中的比重仍然偏低。就产品结构而言，我国的文化产品缺乏创意和自主品牌，缺乏内涵深刻、形式新颖、技术先进的精品力作和知名的文化品牌，大部分为简单工艺品、装饰品及印刷品等低附加值"硬件产品"，以内容和创意为主的高附加值"软件产品"比例不高。就企业结构而言，具有创意、研发、制作水平的文化企业还不多，小型企业众多但资源相对分散，骨干企业和文化领域的战略投资者少，制约了文化产业的创新发展。

（2）发展目标

以敦煌、兰州为中心，以沿线文化旅游资源为节点，以内容制造产业为主导，大力推进时尚产业、休闲产业，构筑丝绸之路以敦煌文化为特色的文化产业跨越式发展新高地与华夏文明传承创新区。

（3）循环经济模式

1）空间集群式发展，具体目标如下。

以兰州、敦煌为中心，依托兰州、敦煌国际航空口岸，发展航空物流，带动丝绸之路甘肃段内次中心，突出丝绸之路敦煌文化，构筑甘肃特有文化品牌与创新机制，集聚高端文化产业，推进文化产业"双极带动"跨越式发展战略。

以酒嘉、张掖、金武为次中心，依托国际化支线机场与高速交通网络，分别构筑三大文化产业组团，开发以丝绸之路为主线的沿途历史文化、民族/民俗文化、生态文化、红色文化、现代城乡文化系列品牌，形成丝绸之路沿线各具特色文化城、文化镇、文化乡与知名国际景区。

2）产业集群式发展，具体目标如下。

以敦煌文化为特色，以历史文化、生态文化、民族/民俗文化、现代文化为主体，构建艺术表演产品、工艺美术产品等内容制造业产业链。

艺术表演产品制造产业链。形成艺术表演创作、艺术表演服务、电影和影视录音服务、记录媒介复制、文化娱乐经纪代理服务、舞蹈音乐辅导服务、场馆建设与服务、歌舞厅娱乐服务、广播电视传输服务、乐器制造、舞台照明设备制造、广播电视电影专用设备制造、音像制品与专用设备批发零售与出租等产业集群。以敦煌为基地、兰州为中心，重点打造"中国舞剧之都"。

工艺美术产品产业链。形成文化创作、图书馆与档案馆服务、文化技术培训、工艺美术产品制造（绘画、雕塑、漆器、金属工艺品、刺绣、编织工艺品、艺毯、珠宝首饰等）、艺术陶瓷制品制造、笔墨纸与文化用颜料制造、工艺美术产品的销售、版权服务、拍卖服务等产业集群。建设敦煌国际艺术品营销中心，兰州艺毯设计与生产中心、酒嘉、金昌金属工艺品设计与生产中心、张掖、武威编织与刺绣工艺品设计与生产中心，白银艺术陶瓷设计与生产中心。

文化出版产业链。形成图书期刊报纸出版与发行服务、版权服务、印制与印刷服务、文化贸易代理服务、出版物批发零售与出租服务、图书会展服务、图书馆服务、信息化印刷专用设备的制造等产业集群。建设敦煌丝绸之路历史文化艺术国际出版中心，兰州西北出版产业中心。

文化电子信息产业链。形成多媒体与动漫游戏软件开发、数字内容服务、记录媒介复制、文化经纪代理、文化贸易代理、会展服务、知识产权服务、文化信息电信增值服务、互联网信息服务、数字内容电子设备制造等产业集群。建设兰州丝绸之路国际文化电子产业中心。

8.3 文化创意产业带发展战略

十七大明确提出了要大力发展文化产业，实施重大文化产业项目带动战略，加快文化产业基地和区域性特色文化产业群建设，培育文化产业骨干企业和战略投资者，繁荣文化市场，增强国际竞争力。十八大明确提出了经济、政治、文化、社会、生态建设"五位一体"的总体布局，将发展文化产业正式纳入构建社会主义和谐社会的总体战略，提出了建设社会主义文化强国的宏伟目标和任务要求，为文化改革发展指明了方向，提供了重大历史机遇（李俊霞，2012；中共中央办公厅、国务院办公厅，2012）。

8.3.1 文化创意产业带战略定位

以华夏文明传承创新区为载体，把民族文化传承保护与创新发展结合起来，把转型跨越发展与群众文化需求结合起来，在城镇化建设中通过旧区改造、城市更新、资源开发、文化演绎、旗舰项目、综合运作，推进文化创意和设计服务等新型、高端服务业发展，促进文化产业与实体经济深度融合，培育国民经济新的增长点、提升城市文化软实力和产业竞争力（刘新田，2012）。

以创意文化促进产业的创新，发展创新型经济、促进经济结构调整和发展方式转变，促进产品和服务创新、催生新兴业态、带动就业、满足多样化消费需求、提高人民生活质量，实现城市"创新驱动，转型发展"（王骏飞，2011）。

以文化建设为核心，把提升城镇文化品位作为重要任务，用人文理念引领城镇建设；发挥文化引领和提升作用，推动产业升级、自主创新，推动城镇的集约化、生态化、可持续发展，即实现产业和城镇的双转型；以文化创意产业的发展为农村人口提供新的职业方向和就业机会，提升从业者的发展能力和创造能力，为农村新型城镇化建设提供有力保障。

8.3.2 甘肃文化创意产业发展优劣势分析

甘肃全省认真贯彻落实党的十七届六中全会和省第十二次党代会精神，按照省委省政府的决策部署，着眼于文化大省建设，不断创新观念，推进社会主义核心价值体系建设，着力在基础项目建设、文化精品创作、公共文化服务体系完善、特色文化产业发展等方面下工夫，充分发挥文化资源优势，积极推进华夏文明保护传承和创新发展示范区建设，全省文化产业发展势头良好，呈现出积极健康向上的态势（表8-3）。

表8-3 2011年甘肃省文化产业主要指标

文化产业分类	增加值		从业人员	
	绝对数（万元）	占文化产业比重（%）	绝对数（人）	占文化产业比重（%）
总计	529 985.03	100	96 500	100
核心层小计	297 869.87	56.20	1 371	49.23

文化产业分类	增加值		从业人员	
	绝对数 （万元）	占文化产业 比重（％）	绝对数 （人）	占文化产业 比重（％）
一、新闻服务	4 169.87	0.79	808	0.84
二、出版发行和版权服务	101 672.92	19.18	20 490	21.23
三、广播、电视、电影服务	110 011.39	20.76	11 255	11.66
四、文化艺术服务	82 015.69	15.48	14 956	15.5
外围层小计	126 947.08	23.95	20 313	21.05
五、网络文化服务	33 340.78	6.29	2 373	2.46
六、文化休闲娱乐服务	76 626.48	14.46	14 940	15.48
七、其他文化服务	16 979.82	3.20	3 000	3.11
相关层小计	105 168.08	19.84	28 678	29.72
八、文化用品、设备及相关文化产品的生产	46 732.99	8.82	21 047	21.81
九、文化用品、设备及相关文化产品的销售	58 435.09	11.02	7 631	7.91

1. 发展优势

（1）文化产业发展速度加快，效益明显提高

2012 年国家级文化产业示范基地甘肃华源文化产业集团有限责任公司、天水汉唐麦积山艺术陶瓷有限公司、甘南州羚城藏族文化科技开发有限责任公司、兰州创意文化产业园、敦煌飞天文化产业发展有限责任公司（原省杂技团）总资产达 2.76 亿元，实现收入 2.6 亿元，实现利润 6000 万元，年纳税额 1500 万元。庆阳香包文化产业群拥有法人单位机构数 401 家，从业人数 11 789 人。对外营销窗口 48 个，产品达 20 多个大类 5000 多个品种，年生产 900 多万件，远销全国 56 个大中城市及港澳台地区，以及日本、欧盟、东南亚等 20 多个国家和地区（张瑞民等，2010）。

（2）聚集特征初步显现，重点行业的主导作用日益突出

2011 年甘肃省在文化及相关产业中，直接从事文化活动的"文化服务"各行业的机构有 2911 个，从业人员有 6.78 万人，实现增加值 42.48 亿元。其中广播、电视、电影服务、出版发行和版权服务、文化艺术服务和文化休闲娱乐服务实现的增加值分别占"文化服务"增加值的 25.90％、23.93％、19.31％ 和 18.04％；提供文化用品、设备及相关文化产品的生产和销售活动的"相关文化服务"各行业有机构 976 个，从业人员 2.87 万人，实现增加值 10.52 亿元。在甘肃省具有良好的感召力和影响力。敦煌文化产业园入驻各类企业总数 53 家，其中文化旅游企业 37 家，园区文化类企业实现销售收入 0.93 亿元，文化产业加速发展带动了旅游经济效益不断攀升，园区的聚集效应初步显现。

（3）新功能日益凸显

甘肃省积极利用现代科技加大对文化资源的保护开发和利用，逐步形成了独具甘肃特

色的文化与科技融合产业体系。敦煌研究院文物保护技术服务中心、兰州南特数码科技股份有限公司、读者动漫（甘肃艺百文化科技有限公司）、兰州讯和网络科技有限公司等一批文化科技融合型企业逐步壮大，以兰州创意文化产业园为主体文化科技融合产业集群逐步形成。兰州高新区已集聚了一批特色鲜明、创新能力较强的文化科技企业和文化科技创新服务机构，共有文化科技企业61家，实现产值4.18亿元，2012年被中央宣传部、科技部、文化部等5部委命名为首批国家级文化和科技融合示范基地（张瑞民等，2010）。

2. 发展劣势

甘肃省文化产业的发展虽然取得了一定的成绩，但由于经济发展和资源分布上的差异，文化产业发展在区域之间具有很大差异。从甘肃省文化服务和相关文化服务情况产业的区域发展情况来看，存在着明显的区域差距和发展的不平衡性，其中兰州市、酒泉市、天水市、庆阳市、平凉市、张掖市的发展情况较好，这也反映出文化及相关产业的发展与各地经济发展水平、当地的文化底蕴和发展理念等有着较强的依存关系（表8-4）。

表8-4　甘肃省及十四个市、州2011年文化及相关产业发展情况表

地区	从业人员（人）	增加值（万元）	增加值占全省文化产业增加值比重（％）
甘肃省	96 500	529 985.03	100
兰州市	30 526	222 095.47	41.91
嘉峪关市	3 424	18 414.70	3.47
金昌市	3 015	8 645.57	1.63
白银市	5 739	25 545.35	4.82
天水市	7 522	36 749.19	6.93
武威市	5 142	23 900.00	4.51
张掖市	4 213	25 814.45	4.87
平凉市	7 035	26 796.81	5.06
酒泉市	6 674	50 092.79	9.45
庆阳市	8 060	31 030.10	5.85
定西市	5 911	19 127.31	3.61
陇南市	3 080	20 226.85	3.82
临夏回族自治州	4 043	15 536.20	2.93
甘南藏族自治州	2 116	6 010.23	1.13

（1）文化产业总量少、产业结构仍不合理

甘肃的文化历史悠久，类型多样，资源丰富，底蕴深厚。从旅游文化来看，古丝绸之路是中国最具世界品牌价值的旅游产品之一，甘肃是古丝绸之路上的黄金地段，区域经济快速增长为促进文化服务业的加速发展创造一定的条件，但甘肃省文化产业总量少，其文化产业法人单位增加值占全国文化产业法人单位增加值的比重仅为0.41％，在西部十二省位居第九位，在西北五省位居第三位。单位规模小，2011年全省文化产业机构仅为3887家，其中，规模以上工业企业和限额以上的批零企业才97家。从文化产业增加值构成来看，2011 年核心层、外围层、相关层三者的增加值之比为 49.23∶21.05∶29.72，仍存在着结构不合理的问题，主要表现为传统文化产业比重过大，新兴的文化产业比重偏小，基本上以传统文化经营为主，以信息化、数字化为核心的新兴产业如现代传媒、动漫游戏、数字视听、演艺娱乐、文化旅游、网络文化、会展博览等发展缓慢（李丹和宫国鑫，2005）。

（2）文化产业投资不足、缺少具备竞争力的主体

甘肃省文化产业主体以中小企业为主，除了国有几个大型文化企业集团如读者集团以外，还没有形成一批在国内外有影响的大型文化企业集团。2008～2011 年，文化体育和娱乐业城镇项目固定资产投资额占城镇固定资产投资总额的比重分别为 0.65%、0.86%、0.85%、0.79%，尚不足 1%。一方面企业投资多以自筹资金为主，中小企业占据着主体，主要分布在文化旅游、娱乐、文化产品销售等领域。企业规模弱小，层次和规模还达不到产业发展的要求，造成甘肃省文化产业可持续发展能力较低。另一方面文化产业单位普遍缺乏活力，创新能力不足，没有形成创新激励机制，使现有文化资源得不到充分有效的利用，造成文化资源大量闲置和浪费，制约了文化产业的发展。现有的文化产业领域中，具有核心竞争力的企业不多，具有创新实力的企业更少，难以发挥投资对文化产业发展的拉动作用，势必会严重制约甘肃省文化产业的发展（表 8-5）。

表 8-5　甘肃省城镇文体娱乐业固定资产投资占城镇固定资产投资总额比重

年份	指标名称		比重（%）
	文化体育和娱乐业城镇项目固定资产投资额（亿元）	城镇固定资产投资总额（亿元）	
2008	9.79	1495.64	0.65
2009	17.92	2076.38	0.86
2010	23.77	2808.55	0.85
2011	30.65	3873.72	0.79

（3）文化人才比较匮乏

随着现代传媒、动漫游戏、数字视听、网络文化、会展博览等新兴文化产业的逐步兴起和扩张，甘肃省在这些方面的人才匮乏问题日益凸显，一定程度上阻碍了文化产业向广阔的新兴领域发展。此外，由于文化产业市场的分散和经营者的市场意识的淡薄，缺乏做大、做强文化产业的意识，加之资本市场融入度极低，文化产业单位普遍缺乏活力，创新能力不足，较大程度地制约了文化产业的发展。

8.3.3　河西走廊文化创意产业发展战略

1. 以华夏文明传承创新建设为载体，提升城市人文环境

以建设华夏文明传承创新示范区为承载，以丝绸之路为轴线，以亚欧大陆桥甘肃段为腹地，充分挖掘悠久厚重的历史文化资源和丰富多彩的自然人文资源，突出城市历史文化、发挥沿线城市群落辐射带动作用，实施重大项目带动战略，加大保护传承和创新发展

力度，完善城市功能、打造最佳人居环境，把华夏文明的保护、传承、展示、创新与新型城镇化建设紧密结合在一起，促进文化事业全面繁荣、文化产业创新发展，成为推动甘肃转型跨越、科学发展、民族团结、富民兴陇的核心地带（张玲，2006；方宝璋，2006；郑元凯，2007）。

2. 以丝路文化、地域文化为支撑，发展创意文化

以丝路文化、黄河文化、地域文化、民族文化（裕固族、蒙古族等）为支撑，围绕敦煌文化、长城文化、石窟文化、简牍文化、五凉文化、西夏文化、边塞军旅文化以及现代工业和科技文化等，积极培育文化创意、节庆会展、数字内容、动漫游戏、移动多媒体五类新兴产业；大力发展资源型、劳动密集型、复合型、非公有型、外向型、高科技型六类文化产业；重点发展出版发行和印刷、广电影视和网络传输、演艺娱乐、文化旅游、民间民俗工艺品加工五类优势产业；构建现代文化市场体系，建立贯通城乡、快捷高效的文化产品流通网络，积极创新商业模式，增加文化消费总量，加快发展资本、产权、人才、信息、技术等文化生产要素市场，促进文化与创意、科技、商贸、金融、旅游等行业的融合；打造一批重点文化产业园区、基地，培育形成一批有重要国际影响的文化市场主体，实施一批重大文化产业项目，引进一批高端文化创意和经营管理人才，着力动员社会资本，发展民营文化企业，转变文化发展方式，加快形成文化生产力，全面提高文化产业规模化、集约化、专业化水平，形成以中心城市为依托，以教育、科技、人才为支撑，以改革创新为动力，以产业发展为突破口的高层次文化产业圈（张玲，2006；方宝璋，2006；郑元凯，2007）。

3. 用人文理念引领城镇建设，提升小城镇文化品位

在新型城镇化的发展中，必须加强文化素养的提升和文化理念的融入，要以文化建设为核心，把提升城镇文化品位作为重要任务，用人文理念引领城镇建设，将文化纳入新型城镇化建设的顶层设计，把文化传承与创新贯穿其始终，以文化繁荣推动城镇化进程，做好传承、发展城镇文明这篇大文章，高质量地推进新型城镇化发展。以促进文化生态发展、保护文化形态多样性为重点，实施综合开发，整体推进，沿铁路、公路向周边辐射，以大型节庆活动和体育赛事为载体积聚人气，加强影视、演艺娱乐、动漫游戏、文化旅游、工艺美术、非物质文化遗产、民族文化、工业制造、建筑设计、文化体育等多领域的交流合作，增强文化传播力，提升城市文化软实力；加速文化贸易往来，增进不同民族、不同宗教信仰之间的理解和团结，加强国际交流和互信，最终实现产业带内各区域、各国家互利共赢、和平稳定、繁荣发展。

8.3.4 丝绸之路文化创意产业带发展原则

1. 把深化地域特色作为培育发展文化产业的切入点

文化发展规律表明，越是民族的，就越是世界的。文化的地域特色越是明显，它在全国乃至全世界的影响就越是广泛和持久。甘肃文化产业发展应该依托品牌深化地域特色，甘肃举世瞩目的三大文化品牌——敦煌、《读者》、兰州拉面都有其深刻的地域文化精神象

征，分别代表了甘肃文化的历史、精神和大众三大方面。挖掘传统、强化地域特色，打特色牌、走特色路。

2. 把彰显民族特色作为培育发展文化产业的突破点

甘肃拥有丰富的民族文化资源，在民族资源的开发中，克服重利用轻保护、重眼前轻长远的倾向。既坚持合理有序地开发和综合利用，又注重保护好民族文化资源和文化生态环境，才能实现民族文化产业的可持续发展，才能把民族文化资源优势转化为民族文化产业优势和经济优势，通过市场主导，选择最具民族特色的项目为突破口，并对其重点资助，使其能以点带面，形成以其为中心的相关产业集群和市场发展布局。在此基础上，在民族区域内文化资源较为集中，民族文化底蕴深厚，可供开发文化产业的城镇，尤其是民族特色城，加速其城市化的进程，在确保其文化特色的基础上，为其注入更多的现代文明成分，使其向成为国内外较有影响的民族特色城。

3. 把打造创意产业作为发展振兴文化产业的制高点

如果说文化产业是朝阳产业，那么文化创意产业则是朝阳中的霞光，文化的发展本身就因创意而推动。甘肃从广义上讲文化资源很丰富，有些文化遗产正是因为缺乏新的创意和创意产业实体的支撑而无法由资源转化为产业。

4. 把提升城市文化品位作为文化产业协调发展的关键点

文化产业与城市品位的关系十分密切。依托当地文化品牌提升城市主体文化产业的文化品位，文化品位越高其储备的产业链条越长、开发的机遇越多，文化产业的可持续发展能力也会越强。为此，培养和引进一批有影响的有实力的文化产业专家大力发展重点城市、特别是兰州的文化产业，是甘肃发展文化产业的当务之急。也就是说文化产业的培育与发展同样要以大带小、以城带乡、以点带面，增强覆盖面和辐射力。

5. 把人才培养引进作为文化产业持续发展的支撑点

文化产业的竞争实质上是人才的竞争，因此，要着眼长远加大人才培养力度、提高人才培养质量、充分发挥人才效应。文化产业不仅需要文化人才，也更需要创意人才和经营人才，特别是后者是我们发展文化产业最紧缺的人才。这就要从大专院校的专业设置、课程设置和职业培训抓起。同时，文化产业的高端策划、理论研究、政策制定和现代管理人才也是需要引进、发现和培养的。

6. 把培育城乡专业文化市场作为文化产业广泛发展的立足点

在现代流行文化的冲击下，民间民俗活动的淡化甚至消失会给甘肃文化产业的特色化发展带来不利影响。而甘肃广袤的文化资源主要分布在县域和乡村民间，由此孕育而生了具有强大生命力的民俗文化产业和专业市场，对这些市场前景看好的潜在文化产业，要依靠运作能力很强的文化产业专家谋划，政府则应加大政策、贷款、信息等方面的扶持力度（金毅，2005；杨吉华，2006；胡惠林，2006）。

8.3.5 空间发展布局

按照国家和甘肃省委、省政府"3341"项目工程总要求，加强对地缘相近、文脉相承区域的统筹协调，以文化建设为主题，以经济结构战略性调整和经济发展方式根本性转变为主线，以丝路文化、黄河文化为纽带，打破现有行政界限，深度挖掘各类文化资源内涵，统筹全省文化资源和各类生产要素，构建以地域文化为特征，以历史文化为依托的文化产业集群，打造"一带"、建设"两中心"。"一带"就是丝绸之路文化发展带；"二中心"就是以黄河文化为核心的兰州都市圈文化产业区、以敦煌文化为核心的河西走廊文化生态区。

1. 丝绸之路文化创意产业带

依托丝绸之路敦煌文化、长城文化、丝绸之路文化、石窟文化、简牍文化、五凉文化、西夏文化、边塞军旅文化等资源优势和区位条件，通过培育和建设武威天马文化产业集聚区、武威白塔寺民族宗教文化园、张掖丹霞地质公园、高台西路军烈士陵园、嘉峪关丝路文化博物馆等一批重大项目，以及敦煌莫高窟、古长城遗址等保护工程，以园区建设为依托，以某类文化产业为主导，促进企业专业化和协作化，增强集群企业的规模效应和集约增长，形成独具特色的文化产业带和文化产品，产生良好的集群效应。重点发展文化旅游、休闲娱乐、体育健身、文艺演出、文物复仿等产业，形成地域特色鲜明、产业优势明显、发展重点突出、总体实力不断增强的产业集聚带。与兰州中心文化圈相呼应，敦煌为副中心，辐射周边地区，使其成为沟通兰州、武威、张掖、乌鲁木齐的文化桥梁。

2. 兰州中心文化产业圈

以兰州为中心，立足黄河风情线大景区建设，以黄河为轴线，依托省博物馆、省图书馆、文溯阁《四库全书》藏书楼、兰州碑林、永靖恐龙足印化石博物馆等现有文化设施和兴隆山、永登鲁土司衙门、黄河石林、刘家峡水库、百里黄河风情线、榆中青城民居、天祝小三峡、莲花山等文化资源，大力发展文化旅游业。充分发挥省会城市的产业优势、科技优势和区位优势，通过培育和建设兰州文化创意园、甘肃传统文化博览园、兰州黄河文化产业园、兰州现代传媒产业园、兰州敦煌舞艺术生产培训基地、兰州艺术品和舞美生产基地、白银大敦煌影视基地和甘肃大剧院、飞天文化产业大厦、甘肃简牍研究中心、兰州美术馆等一批重大项目，加强与临夏、白银文化旅游产业发展的跨区域协作，有机串联沿线景区景点，将永靖至兰州段建成"百里黄河文化观光长廊"，将达川三江口至景泰黄河石林建成"百里黄河文化休闲长廊"，重点开发观光旅游、黄河漂流、古镇体验、影视拍摄等产业项目；大力发展现代传媒、出版发行、文艺演出、休闲娱乐、网络文化等产业、文化创意、文化博览、动漫游戏等新兴文化产业，形成高品位、高科技、高附加值的文化产品生产和文化服务交易中心，促进黄河文化旅游优化升级和整体发展，推动黄河文化景观和西部民俗风情文化旅游产业的快速发展。

3. 敦煌副中心文化产业圈

以敦煌玉门关河仓城遗址、悬泉置遗址、市博物馆新馆、阳关博物馆、敦煌大剧院、大自然博物馆、敦煌艺术旅游等文化资源，继续开展"文化旅游节""音乐敦煌"演出季等重大节会活动，将"敦煌行·丝绸之路国际旅游节"办成丝路沿线国家合作交流服务的知名国际节会，促进国际旅游交流合作；加强文物保护与非物质文化遗产保护传承，促进文化与旅游深度融合，积极推动敦煌文化创意产业园区、"艺术家村"以及深圳华强大型主题公园等文化产业项目落地，进一步增强文化产业发展活力，力争推出"动漫敦煌""数字敦煌"等新的文化产业发展平台，积极推动相关行业协会的成立，为文化产业有序发展提供有力保障。

8.3.6　文化创意产业建设内容

1. 文化产业基地

（1）兰州敦煌艺术生产培训基地

以现有演出设施为基础，建设甘肃大剧院、金城第一戏楼等一批设施，依托敦煌艺术剧院、省歌剧院、兰州歌舞剧院等艺术院团和驻兰州市的大中专院校艺术教育资源优势，发挥品牌效应，推出一批享誉中外的敦煌舞艺术精品，培养一批敦煌舞艺术表演人才，形成敦煌舞艺术生产和人才培训基地。

（2）兰州艺术品及舞美生产基地

以甘肃画院、兰州画院、金城古玩城、陇萃堂、塞纳河文化艺术品公司、雁滩古玩城等为基础，建设甘肃旅游超市，推动兰州艺术品一级市场的发展，大力发展艺术品（文物复仿）业，形成兰州艺术品及舞美生产基地。

（3）白银大敦煌影视基地

以大敦煌影视城和景泰黄河石林、永泰龟城等外景地为基础，发挥中国科学院白银高科技产业集聚区的科技人才优势，积极争取与中央电视台合作，利用历史人物、民间传说等，建立集影视剧拍摄、制作、旅游观光和影视旅游产品生产为一体的影视基地，并逐步向动漫、游戏软件等高端产业发展。

2. 文化产业园

当前文化产业发展的一个重要特征和趋势是园区化。所谓园区化是指文化产业发展在地理空间上的聚集，而形成的集创新、孵化、管理投资、后勤和产权交易等系列功能为一体的文化产业园。

（1）兰州文化创意产业园

通过土地置换和资本运作，继续完善和提升虚拟现实研发及规划设计中心、动漫基地、甘肃本土文化产业孵化中心、创意产品市场、创意基地和艺术工坊配套设施，吸引动漫设计、网游、艺术品展示等企业入驻，发挥局域聚集优势，打造甘肃省独特的创意文化产业街区。

（2）甘肃传统文化博览园

依托甘肃彩陶、汉简、古生物化石、黄河奇石、石窟艺术和民族民俗等独特的资源优势，兴建甘肃非物质文化遗产艺术博览中心、甘肃简牍研究中心等一批重点项目，发扬民族民间文学、音乐、舞蹈、戏曲、曲艺、杂技、美术、民间手工技艺、游艺、传统体育与竞技、传统医药等文化艺术形态和样式。对列入联合国教科文组织人类非物质文化遗产代表作名录的"花儿"、61 项国家级和 333 项省级非物质文化遗产代表性项目等进行保护传承，培育良好文化生态，丰富文化的多样性。采用现代科技手段，建设民俗文化村、民俗生态博物馆等集中展示甘肃八千年文化精髓，使民间民俗文化的基本形态、承载方式、核心内涵得到有效传承发展，在兰州形成集文博会展、文艺演出、旅游观光、风情体验等为一体的传统文化博览园。

（3）兰州黄河文化产业园

在中立桥北侧建设甘肃省会展中心、黄河广场、甘肃大剧院、黄河艺术馆、滨河生态公园等一批文化设施，与已建成的水车公园、体育公园、绿色公园连成一体，以《丝路花雨》《大梦敦煌》等文化品牌为依托，形成集文艺演出、广告会展、休闲娱乐、体育健身为一体的综合型现代文化产业园。

（4）兰州现代传媒产业园

利用兰州电台、电视台和兰州日报社整体搬迁的契机，深入开展民族交流交融史研究，挖掘民族团结互助史实，大力弘扬民族团结精神。建立甘肃少数民族文字出版基地，开展少数民族特色文化保护工作，重点推动少数民族语言、文字科学保护和图书、报刊、影视的译制、出版、播出等工作。加强对少数民族特别是东乡、保安、裕固 3 个甘肃独有少数民族文化遗产的保护传承，完成文化资源保护项目的数字化、建档、修复等基础性保护工作。整合兰州市传媒资源，建设兰州广播影视中心、兰州报业大厦和兰州现代印务中心，形成集广播影视、报业、网络、旅游观光、休闲娱乐为一体的新型现代传媒产业园。

（5）武威天马文化产业园

以雷台汉墓、西汉铜奔马为主体，以武威文庙、白塔寺、天梯山石窟、沙漠公园为依托，实施雷台和白塔寺二期工程建设，建成集宗教文化、西凉乐舞、沙漠观光、文物复仿为一体的天马文化产业园，园区以 4D、雕塑等技术展现霍去病、马超历史人物故事。

（6）酒泉航天科技文化园

以中国酒泉航天科技城为依托，抓住"神舟"五号飞船、"神舟"六号飞船、"神舟"七号飞船成功发射引发的航天热潮，建设宇宙演化史、观天器、模拟航天生活、天文学家雕像等一批展览场馆，形成集科学普及、旅游观光和爱国主义教育为一体的航天科技文化产业园。

8.3.7　重点发展行业

甘肃是中华民族重要的文化资源宝库，也是中国文化"走出去"的大通道，应充分发挥甘肃历史文化厚重的独特优势，借助华夏文明传承创新区战略平台，以大景区建设为突破口，深入推动文化与其他产业的融合发展，继承和创新丝路文化，以丰富的文化建设成果参与丝绸之路经济带文化交流的大潮，全面提升甘肃文化产业的吸引力、影响力和竞争力，为增强中国文化软实力提供强有力的支撑。

1. 现代传媒业

在当前和今后一个时期要按照公共服务均等化的原则，深化甘肃日报报业集团和甘肃广播电影电视总台（集团）内部改革，完善党委领导与法人治理结构相结合的领导体制，积极探索宣传业务与经营业务"两分开"。进一步优化报业结构、调整、整合都市类报纸，走专业化特色化发展之路，细分市场，在市场竞争中实现优胜劣汰。

积极推行制播分离，实施品牌战略，按照"频道专业化，栏目个性化，节目精品化"的要求，不断提升节目质量和市场占有率，增强核心竞争力，形成广告、影视剧、网络服务、音像制品等共同发展的传媒产业链。

加大网络整合力度，建成省、市、县三级光缆网络，扩大甘肃全省广播电视传输覆盖，建立数字电影发行放映体系，积极开发电影市场。加强新闻网站建设，开办论坛、英语栏目，健全新闻网站管理体制，建立网上评论和网上监控两支队伍，规范舆论导向和行为，逐步形成网上舆论强势。

进一步实施广播电视村村通工程、农村广播电视无线覆盖工程、农村电影放映工程、城市有线电视数字化工程，努力构建覆盖城乡的广播影视公共服务体系。大力推进广播影视数字化转换，加强广播电视新兴产业的研发，在保持广告和网络创收持续增长的同时，重点加强文化产业的发展。

2. 出版发行业

在当前和今后一个时期，创新出版载体，大力开发网络出版、数字出版产业；深入研究市场规律，弘扬先进文化，策划出版精品，增加资金投入，提高甘肃新闻出版业的影响力、竞争力，出版一批思想性、艺术性、可读性俱佳的优秀出版物；以读者出版集团为主体，拓宽产业道路，延伸产业链；拓展"农家书屋"建设工作，充分挖掘出版资源，做好"三农"出版物的出版发行工作，切实保障农牧民的基本文化权益；抓紧时机推动成立甘肃省新华发行集团有限责任公司，并引导大型国有印刷企业推进股份制改造，促进技术进步和工艺创新，支持中小印刷企业向专、精、特、新方向发展，鼓励发展技术含量高的包装装潢印刷企业，打造以资产为纽带，以出版物印刷、发行、印刷物资供应业务为依托、体制科学、机制灵活、核心竞争力强、产业多元化、资源配置合理化、管理手段现代化、具有核心竞争力的现代股份制大型文化企业，不断提高甘肃省出版生产力水平。

深度开发《读者》品牌价值，延伸和完善产业链，进一步做大做强。调整图书出版结构，改变出版环节过多依赖教材、教辅的现状，策划出版《甘肃通史》、《甘肃农村小康建设丛书》等一批重点图书，整体提高甘肃图书出版的质量和效益。大力发展数字出版、文化创意、动漫游戏等新兴产业，积极开拓国际国内市场，开展版权贸易。

加强书报刊、电子音像制品等文化产品市场和人才、信息、技术、资金等要素市场建设，完善现代流通体制。建立全省大型图书物流配送中心，加强重点县市和基层图书发行网点建设。放手发展民营发行业，广泛吸引社会资本，大力发展混合所有制发行实体。积极发展连锁经营和网上书店，提高集约化经营水平。

3. 文娱演艺业

加快国有院团改革步伐，整合全省演艺资源。积极鼓励社会办团，形成公有、非公有等多种艺术表演组织形式竞争发展的格局；加强传媒业合作，推动舞台表演艺术产品向电子、图书等传媒产品的转化。

以"丝路花雨""大梦敦煌"为重点，重点推出敦煌系列舞台表演艺术精品，挖掘和发展陇剧、皮影、花儿等地方特色艺术和以"花儿组曲"为代表的民族交响乐，推出一批新创剧目、重点剧目和精品剧目。

加强演出中介服务网络建设，推行文化交流与商业演出相结合、双边与多边文化交流相结合、国际市场与国内市场相结合方式，逐步建立多渠道、多层次、全方位的国内外演出市场。

高度重视民营文化经济的作用，鼓励和引导民营文化产业发展，改善民营投资环境，通过政策和市场导向，以项目开发为载体，放宽市场准入，拓宽文化产业投融资渠道，加大对民营文化产业的扶持力度。利用艺术院团人才资源优势，鼓励社会办学力量注入资本，规模发展艺术培训业，建设艺术人才基地。

4. 文化旅游业

在有效保护文物资源和自然资源的前提下，充分发挥资源优势，引导社会力量参与文化旅游资源的开发经营，推出一批特色文化旅游精品线路和产品。精心打造甘南藏族文化旅游区、张掖裕固族文化旅游区、敦煌文化旅游区、嘉峪关长城文化旅游区等，打造天水—兰州—敦煌丝绸之路、历史文化、大漠风情和甘南—临夏—兰州—白银黄河风情、民族文化、草原风光文化旅游精品线。

改革文化旅游景区的管理体制，整合全省文化旅游资源，促进文化旅游生产要素的合理配置。加强文化旅游业同传媒、演艺、娱乐业的合作，逐步形成集文物展示、流通、复制、仿制、出版、文物影视拍摄与文化旅游产品生产销售、文艺演出、休闲娱乐、观光等一体化的产业体系。加强文化活动与旅游宣传的结合，积极借助大型文化演出和展示活动之机，加强旅游宣传促销活动。

5. 制造型文化产业

结合相关文化产业和园区的建设，发挥有代表性的民间手工艺人、工艺美术大师和文化名人在培育特色文化品牌中的作用，实施"品牌"战略，在将原有骊轩文化、裕固族等少数民族文化等做大做强的基础上，进一步挖掘传统，强化地域特色，强调以市场为导向，优化资源配置，延长价值链条，形成集创意、生产、流通、消费、服务等为一体的制造型文化产业集群。

以丝路经济带建设为契机，将"敦煌行·丝绸之路国际旅游节"办成丝路沿线国家合作交流服务的知名国际节会，积极利用文化产品及文化消费的国际性特点，生产出既反映地域和民族文化精髓，又适合其他民族欣赏习惯的优秀产品，塑造具有世界影响的文化品牌，开拓潜在的外部市场，拓展文化产业的发展空间。

6. 其他文化产业

（1）体育产业

大力发展体育健身娱乐、竞赛表演、培训和体育彩票业，广泛开展全民健身运动，全方位开发和培育体育市场，逐步形成以体育服务业为基础、多业并举、多种所有制形式并存的体育产业体系。

（2）网络文化业

全力推进网吧连锁经营，引导提升服务层次，拓展新的增值服务。同时要积极发展网络游戏、软件开发等高业态、多层次产业门类。

（3）艺术品业（含文物复仿）

以发展民族民间工艺品为重点，以书画业和文物复仿为辅助，建设特色艺术品生产经营体系，不断延伸艺术品产业价值链。

（4）广告会展业

积极引进高新技术和优秀人才，大力发展会展经济，逐步引导广告会展业不断扩大规模和影响，提升层次和水平，努力成为文化产业发展的新的增长点。

8.4　丝绸之路黄金旅游段与旅游产业发展战略

8.4.1　旅游业发展现状

1. 旅游资源基础良好，地域空间分布不均

从旅游资源品质来看，河西走廊地区旅游资源数量众多，且总体品质较高。截至 2011 年年底，河西走廊拥有全国优秀旅游城市 5 座，占甘肃全省总数的 62.5%；A 级景区达到 60 家，占甘肃全省总数的 37.2%；5A 级景区有 1 家，占甘肃全省总数的 33.3%；4A 级景区有 15 家，占甘肃全省总数的 36.6%；国家级重点文物保护单位 31 处，占甘肃全省总数的 43%。

从旅游资源种类来看，河西走廊地区旅游资源种类丰富，仅文物保护单位就包含了石窟、古城、关隘、烽、古墓群、古建筑、佛寺古庙、古长城等多种类别。河西走廊地区还散布着大漠风光、冰川奇观、雅丹地貌和丹霞地貌景观，有焉支山、祁连山原始森林景观，在肃南、山丹等地还有草原景观。河西地区人文景观更是丰富多彩，除文物保护单位中的石窟、名庙、名寺、名塔、古长城、古关口、古墓外，还有风格独特的民俗风情，如阿克塞哈萨克民族风情、裕固族民俗风情、天祝藏族风情等旅游资源。

从旅游资源分布来看，河西走廊地区品位较高的旅游资源在各市分布不均，景点规模普遍较小，旅游节点城市间距离较远，并呈现出酒泉（敦煌）单"核心"现象。其中，酒泉市和张掖市国家级文物保护单位数量占整个河西走廊的 63.3%，金昌市是旅游景区最少的地区，仅有圣容寺塔和永昌钟鼓楼两家文物保护单位和永昌北海子公园一家 2A 级景区。

2. 旅游产业重视程度不断加强，精品旅游线路逐步形成

随着西部大开发战略的深入实施和甘肃建设丝绸之路经济带黄金段发展战略的提出，河西走廊沿线城市对发展旅游产业的重视程度不断加强，旅游产业已逐步成为河西走廊地区调整产业结构、带动经济转型、提升居民生活质量的新的支柱产业。例如，酒泉市提出了"培育支柱产业，建设旅游大市"发展目标，把旅游业作为带动区域经济发展的特色产业，主打"敦煌牌"和"航天牌"；嘉峪关市将城市定位为"工业和旅游城市"，并确定

了"加强旅游基础设施建设和景区开发、培育旅游精品线路和精品景点、实行全民旅游全民办"的旅游发展思路;武威市以"培育产业、打造精品、节会推动、强化管理、规范运行"为基点,通过精心打造中国旅游标志"马踏飞燕",构建集自然风光、民族风情、历史文化、沙漠风光、绿洲生态特色于一体的市域旅游大景区,全面推动本地区旅游产业的可持续发展。

与此同时,河西走廊区域内也逐步形成了多条精品旅游线路。例如,张掖的山丹佛山游、焉支山风光游、临泽田园风光游、高台湖光水色游、石岗墩农业观光自助游、马蹄寺裕固风情游、东柳沟原始森林生态游、康乐草原风光游、冰川探密游和民俗民乐风情游等11条特色精品线路;嘉峪关推出的集嘉峪关长城文化、大漠丝路文化、河西自然风光、酒泉航天科技于一体的三条跨区域旅游精品线路;敦煌推出的自驾车戈壁古关游、鸣沙山石窟骆驼游、戈壁长城雅丹地质游、古阳关大漠游、敦煌石窟修学游、荒漠徒步穿越游、葡萄园农家乐田园风光游等专项精品旅游线路。

3. 国际入境旅游发展迅速,国内居民旅游仍显不足

从旅游收入总量来看,2011年河西走廊地区国内旅游收入占甘肃省国内旅游总收入的29.7%,除酒泉市国内旅游收入在甘肃各市(州)排名第二外,其他四市国内旅游收入都低于天水、平凉、陇南等东部城市,金昌市国内旅游收入更是排名最后。而在国际旅游收入方面,河西走廊地区占比达69.7%,且嘉峪关市、酒泉市、武威市、张掖市国际旅游收入均进入全省前六位。

从接待游客人数来看,河西走廊地区作为古丝绸之路的重要组成部分,在国际旅游市场上有着较高的知名度,在甘肃省国际入境旅游市场中占据较大份额。2008~2011年河西走廊地区国际游客接待人数占甘肃省国际游客接待人数比重始终保持在72%左右,且酒泉市超过兰州市成为甘肃省接待国际游客最多的城市。而受经济发展基础、交通基础设施、旅游宣传力度等因素影响,河西走廊地区对国内旅游者的吸引力相对较弱,在甘肃省国内旅游市场中占比较低。2007~2011年,河西走廊地区国内游客接待人数全省占比一直在25%上下波动,这与其良好的旅游资源基础并不相符。

4. 区域旅游合作较少,旅游形象较为单一

河西走廊五市旅游业发展速度和发达程度都存在较大差距,发展极不均衡。目前,河西走廊城市之间旅游合作不足,部门之间未能形成有效协调,同时河西走廊与周边地区间旅游区域合作也不足,没有形成统一的区域旅游开发策略,相互之间不能实现客源共享、资源共享,无形中造成了游客流失和资源浪费。

根据焦世泰(2010)对甘肃省内、省外和国外客的问卷调查,不同类型游客对河西走廊地区的整体形象感知顺序不同。省外游客和国外游客感知度最高的都是石窟艺术,分别为90.6%和97.3%,丝路文化排在第二位,分别为86.9%和90%;而省内游客的感知顺序则是丝路文化第一,石窟艺术第二。这既说明河西走廊"石窟艺术"和"丝路文化"旅游形象已经深入人心,也反映出其旅游形象的单一和僵化,很多游客只知敦煌而不知河西走廊地区还有其他有价值的旅游景点。

8.4.2　旅游业发展模式

1. 嘉峪关 "政企联动，文化创新，节庆扬名" 发展模式

充分发挥政府在政策引导和资金投入方面的带动作用，通过嘉峪关政府与酒泉钢铁（集团）有限责任公司等大型地方企业的联动协作，吸引金融资本、产业资本和民间资本参与重大旅游文化项目建设。

打造长城文化产业园区和现代文化产业基地，积极推进传统文化与旅游等第三产业的融合，带动以旅游文化产业为牵引的延伸产业发展，努力做大做强产业规模，形成产业体系。

围绕 "嘉峪关长城" 这一享誉世界的旅游品牌，通过举办 "敦煌行·丝绸之路国际旅游节" "国际铁人三项赛" "国际滑翔节" "国际短片电影展" 等大型旅游文化节庆活动，不断加快旅游业与文化、体育、商贸服务业的融合发展，有效提升了嘉峪关的城市影响力和旅游品牌知名度。

2. 金昌 "旅游创新营销，带动地区转型" 发展模式

实施 "引进来、走出去" 旅游营销策略，对内举办 "中国·金昌骊靬文化国际旅游节" 和 "金昌旅游宣传推介暨合作洽谈会"，公布《金昌市政府关于加快旅游业发展的若干优惠政策》等旅游激励政策、措施，对外参加 "中国兰州投资贸易洽谈会" 和 "甘肃旅游博览交易会"，同国内外知名旅行社企业达成旅游互送合作协议，并与周边省市签署《金武阿张四市州盟区域旅游开发合作协议》，有效的宣传和推介了金昌骊靬文化探秘、镍都工业探奇、永昌古迹探幽、巴丹吉林沙漠探险等特色旅游资源。

将旅游业作为带动第三产业、拉动经济发展、提高城市知名度的重要产业进行培育，通过加大资源整合和体制创新力度，构建骊靬文化旅游区、镍都工业旅游区、御山峡圣容寺旅游区和城市集散休闲区为重点的旅游景区体系，形成以观光为主体，文化休闲、工业旅游、生态度假等为一体的多样化的旅游产品体系，有效带动了资源型工矿城市的转型发展。

3. 酒泉 "依托世界遗产，借力现代科技" 发展模式

依托敦煌莫高窟、悬泉置遗址、锁阳城遗址、玉门关等世界文化遗产，借力玉门、酒泉卫星发射基地等现代科技文明，打造 "敦煌飞天" "酒泉航天" 两大旅游文化品牌，全面展示酒泉深厚历史文化底蕴和文化产业发展新貌，并逐步形成 "敦煌、安西为中心的石窟、壁画、雕塑、佛教文化旅游区；以酒泉城区为中心的城池重镇、墓葬、酒文化旅游区；以肃北、阿克塞为中心的草原、冰川、少数民族文化旅游区；以玉门、酒泉卫星发射中心为中心的科技文化旅游区" 等古今交融的文化旅游格局。

以 "敦煌飞天" "酒泉航天" 为主题，在主要客源城市举办专题旅游推介会，同国内多个重点旅游城市建立旅游宣传片互播机制，组织旅游企业积极参加在国际主要入境客源地举办的旅游推介会、艺术展、摄影展等活动，努力打造 "中国飞天之都" 的旅游品牌形象。

4. 张掖 "依托丝绸之路，构建旅游大景区" 发展模式

抢抓建设丝绸之路经济带和华夏文明传承创新区的历史机遇，以建设大景区、培育大产业、发展大旅游为目标，通过完善《张掖市宜居宜游城市发展规划纲要》等顶层设计；加大对优质旅游景区的介入力度；由政府成立的旅游开发企业先行投资建设，"先建设、再招商，边建设、边招商"，节约建设时间成本；发挥政府在资源配置上的引导作用，将最优质资源配置给旅游大景区；设置专项资金，推出旅游包机、引客入甘奖励等优惠措施；发展反季节休闲旅游，吸引高端游客，带动常规旅游；加大国家级申遗项目申报力度，形成与中国历史文化名城相符的城市风貌；最终将张掖打造成体验 "七彩丹霞、文化名城、裕固花乡、戈壁水乡" 的金张掖旅游目的地和全国著名的夏季休闲度假胜地，丝绸之路黄金旅游线宜居宜游地和区域性游客集散中心，全国重要的湿地、绿洲、冰川等生态保护、科考、研究体验基地，使张掖真正成为丝绸之路旅游线上的新热点、新亮点。

5. 武威 "开发特色旅游商品，推动旅游品牌建设" 发展模式

依托石羊河流域生态农业与绿色产业资源，将酿造业、麻纺业、高寒养殖业、沙产业、传统手工业同旅游产业相结合，开发集 "马踏飞燕" "葡萄美酒" "五凉文化" "丝绸之路" "大漠风情" "民族民俗" "文物古迹" 等武威元素于一体的特色旅游商品，并在 "敦煌行·丝绸之路国际旅游节" "中国甘肃·丝绸之路旅游博览会" 等大型节庆活动上向国内外市场进行推广，形成以武威葡萄酒、铜车马仪仗俑、马踏飞燕仿制品、沙雕沙绣艺术品、肉苁蓉系列保健品等旅游商品展销，带动武威 "天马故乡·葡萄酒城" 旅游品牌推广和旅游资源推介的特色旅游发展模式。

8.5 现代物流业发展战略

甘肃省是丝绸之路经济带的核心咽喉地区，其物流通道优势显著。甘肃省地形狭长，东南大部分地区为山地丘陵，西北则多为戈壁荒滩，其特殊的地理特征直接影响到了物流业的发展，甘肃省在物流运输方式主要是公路运输和铁路运输。甘肃省发展物流的潜在优势主要表现为土地资源丰富，土地成本较低，可提供大量的土地以供物流业的发展；物流业市场较大，前景广阔，甘肃作为一个农业省份，诸多与农业相关原材料、农药化肥、农业产品甚至矿藏都是重要的流动资源；交通等基础设施的投资将逐年加大，改善了甘肃物流市场的环境。随着甘肃全省主干线高速公路网建设和建立，以及县二级公路以上等高等级公路网的进一步发展，使得物流业铁路–公路联运或其他协作运输方式不断升级（杨咏中等，2013）。

8.5.1 产业背景

1. 优势

（1）地理区位优势

甘肃定位为 "丝绸之路经济带黄金段"，位于中国东中部地区与西部地区的接合部，

具有承东启西、南拓北展、濒藏临疆的其他西部省份无法比拟的区位通道优势。新丝绸之路横贯甘肃全境，1200km 的甘肃段占据丝路中国部分总长度的 1/3。

（2）综合交通枢纽优势

甘肃段是西北地区铁路、公路、航空、水运、管道运输兼备的综合性交通运输枢纽，是联系全国并通向中亚、西亚的重要交通枢纽、邮电通信枢纽和能源运输大通道。

兰州位于国际新丝绸之路中国段核心位置、黄河经济带与陇海兰新经济带交汇处，是进入新疆、青海的咽喉要道，是新丝绸之路经济带的重要支点和辐射源。国家发改委印发《促进综合交通枢纽发展的指导意见》已将兰州列为 42 个全国性综合交通枢纽城市。

（3）产业体系优势

具有比较完备的产业体系。形成了以石油化工、有色冶金、煤炭电力、机械制造、电子电器、轻纺食品、国防军工等为主的较好的产业基础。

新型能源产业异军突起。千万千瓦级风电基地和 10MW 光伏发电基地的建设，风电、光伏发电、太阳能、生物质发电等，打造由此带动电力装备制造业的快速发展，工业企业原材料供应与产品生产形成了对工业物流的强大需求。

具有丰富的农副产品资源。优越的光热水土条件适合发展特色农业，该区域已成为全国最大的种子产区、酿酒葡萄种植的最佳生态区之一、五大牧区之一，是高原夏菜、瓜果、中药材的生产加工基地。

2. 机遇

（1）陆上丝绸之路建设获得国际支持

新丝绸之路的运输走廊计划从中国发端，途径俄罗斯、中亚、西亚，终点是欧洲。考虑到欧洲和亚洲国家间的贸易持续增长，到 2020 年将会达到 1 万亿美元，陆上丝绸之路对沿线地区的商家至关重要。这为中国西部省份的工业发展提供了新的发展机遇。

2013 年 9 月习近平提出丝绸之路经济带倡议后，得到了沿线各国的积极支持和参与，俄罗斯、蒙古等国都在修建或计划修建与丝绸之路经济带发展有关的铁路，未来中哈之间将有四条铁路互通。哈方提出的"哈萨克斯坦——新丝绸之路"倡议旨在将哈萨克斯坦打造成中亚地区的贸易、物流和商务中心。

（2）钢铁丝绸之路将打造高效发达的国际交通网

目前中国与哈萨克斯坦之间已有两条铁路连通，即通过博州阿拉山口互联，伊犁哈萨克自治州的霍尔果斯口岸互联。克拉玛依—塔城—巴克图—阿斯塔纳、伊宁—杜拉塔口岸—阿拉木图两条新的国际铁路大通道正在建设。针对克拉玛依—塔城—巴克图—阿斯塔纳国际大通道，中国准备修建克塔铁路（克拉玛依—塔城），向西可经过巴克图口岸通往中西亚乃至欧洲。针对伊宁—杜拉塔口岸—阿拉木图国际大通道，中方修建伊宁—杜拉塔铁路，哈方要把铁路延伸到阿拉木图。北疆沿线口岸铁路基本实现互通。

兰新第二双线的开通将使运量翻番，标志着兰新铁路的运能将会大量释放，丝绸之路的铁路网在逐渐加密，丝绸之路经济带的国家和地区的合作将更加紧密。

（3）全球化浪潮推动世界物流业体系重组

随着经济全球化的发展，企业的采购、仓储、销售、配送等协作关系日趋复杂，企业间的竞争已不仅是产品性能和质量的竞争，也包含物流能力的竞争。网络经济、电子商务的兴起，推动全球物流服务业加速发展，全球采购、全球生产和全球销售的发展模式创造了巨大的物流需求。

3. 现状

（1）新丝路物流基础设施初具规模

物流基础设施建设有了较快发展，陇海、兰新、兰新铁路第二双线、包兰、兰青等铁路干线，G312、G212、G109、G310 等 10 条国道主干线，国家四大主干光缆，4 条输油管道、5 条输气管道主干线通过甘肃境内，纵横交错，以兰州中川机场为中心，敦煌、嘉峪关等为战略支点的航空网络正在形成，甘肃区域综合交通运输网络将进一步完善。兰州铁路集装箱中心站、兰州枢纽编组站、兰州新客站等铁路枢纽等配套工程建设完成，交通要冲和物流集散地位更加突出。基本形成了以铁路线为主干，以公路干线为脉络，以航空为支撑，以管道过境运输为特色的多层次立体综合运输网络。

物流效率得到较快提升，物流园区、物流中心和配送中心、货运场站、货物分拣中心、大型仓储配套设施等现代物流网络日趋完善，新式自动化仓库、托盘、货架、集装箱、自动分拣装备等新型物流技术装备和工具逐步推广应用。

（2）沿线经济推动了现代物流快速发展

物流需求总量急剧增加。沿线冶金、化工、大宗农副产品、新能源、新材料、装备制造等特色优势产业的快速成长，新兴第三方专业化物流发展迅速，物流外包趋势明显。中铁快运、中铁行包、中铁现代等一批国内大型专业化物流企业纷纷落户。现代物流占服务业比重不断提高。

沿线综合交通运输体系初步形成。铁路运输具有新丝路长途运输优势，其货运量持续增长，但占区域总货运量比例仅仅在 1/5 ~ 1/4，公路运输具有快速灵活的优势，为区域货运的主体，但不适于丝绸之路国际长途运输；航空货运具有全球到达与高附加值优势，但目前发展相对滞后；水运具有绿色环保节能优势，但发展受到甘肃段自然地理条件限制。

（3）物流信息化建设进入快速发展期

运输信息技术装备水平不断提升。条形码、智能标签、信息管理系统、全球定位系统、信息扫描及射频识别技术、道路交通信息通信系统、不停车自动缴费系统、智能交通系统等现代管理技术在物流行业中得到不同程度的应用。

道路信息化建设步伐加快，初步实现了省运输信息中心、市州级道路信息中心、县市区级信息站、运输企业信息站的公路运输四级联网运行。

物流公共信息平台建设得到较快发展。"甘肃运输信息网""甘肃电子商务网""甘肃物流网""甘肃邮政网"等一些专用物流信息网络相继建成，全球卫星定位系统、车辆跟踪服务系统、道路运输视频系统投入使用。

8.5.2　物流需求预测

按照甘肃省产业的特点，物流需求主要分为四类，即工业物流需求、农副业物流需求、城乡配送物流需求和过境商贸物流需求。第一，工业物流需求，主要包括酒泉、嘉峪关等城市的钢铁生产加工企业，产生大量的运输需求、仓储需求、包装加固需求；金昌、白银等地的有色金属生产加工企业主要是一些安全度高、小批量、多批次的物流运输；兰州、白银的机械装备制造企业也对大宗大件货物运输的要求较高；第二，农副业物流需求，主要包括张掖、武威和金昌等粮食产区的农产品物流、产生大量的运输需求、包装需求、流通加工需求等；第三，城乡配送物流需求，主要包括城乡居民日常生活所必然产生的大量快速消费品的配送物流需求，对快速、准确、小批次、多样化的物流运输要求较高；第四，过境商贸物流需求，甘肃省承东启西，南拓北展的特殊地理位置，使其具有一部分相当规模的过境商贸物流需求，对物流运输组织能力具有较高的要求。

结合甘肃省国民经济和社会发展主要目标预测，以及甘肃省交通发展现状和物流业特点，运用一元线性回归的方法对甘肃省交通运输物流需求进行预测。表 8-6 为 2001～2012 年甘肃省全社会货运总量及分运量方式货运量。

表 8-6　2001～2012 年甘肃省全社会货运总量及分运输方式货运量（单位：万 t）

年份	全社会货运总量	公路运输	铁路运输	航空运输	水路运输
2001	23 207.9	20 179	2 991	0.9	37
2002	23 540.99	20 408	3 092	0.99	40
2003	23 915.3	20 713	3 158	1.3	43
2004	24 776.26	21 460	3 270	1.26	45
2005	25 843.07	22 520	3 274	1.07	48
2006	27 516.29	23 826	3 634	1.29	55
2007	29 505.36	25 325	4 126	1.36	53
2008	22 767.44	18 201	4 512	1.44	53
2009	25 489.33	20 812	4 646	1.33	30
2010	29 009.41	24 050	4 926		
2011	35 269	28 790	6 446.159		
2012	45 832	39 517	6 289.7		

资料来源：《中国统计年鉴》（2002），《甘肃发展年鉴》（2013）。

由 2001～2012 年的经济社会历史数据建立一元线性回归模型如下：

$$Y = 3.682X + 17\ 714.93$$

（R^2 为 0.834，$P=0.01$，F 检验值为 22.867）

式中，Y 为交通运输物流量（万 t）；X 为国内生产总值（亿元）。根据以上模型预测，甘肃省 2020 年总物流量为 10 769.59 万 t，2030 年总物流量为 21 185.42 万 t。

8.5.3　总体要求

1. 战略定位

新丝绸之路现代物流产业国家主廊道，甘肃段区域经济国际化发展先导产业。

2. 发展思路

大力发展国际物流产业，以开拓欧亚大陆国际市场为主导，引进龙头骨干企业，塑造国际知名品牌；重点打造以丝绸之路为主干的"一横五纵"国际物流通道，丝路沿线

"一主四副"国际物流战略节点以及三大物流集聚区，完善丝路现代物流战略布局；推进铁路、公路、航空、管道、水运等物流交通基础设施建设，推进以兰州、金昌、嘉峪关、酒泉对外开放窗口为主导的沿线物流园区建设，推进沿线国际物流综合运输网络设施与物流信息平台建设，完善国际物流基础设施；重点发展生产、流通、生活三大领域物流，形成制造业和物流业联动发展的格局，大力推进物流业的社会化、专业化、现代化、信息化、规模化、国际化，推进物流体制机制创新，建立完善的现代物流体系。

8.5.4 物流产业区域布局

以丝绸之路经济带为主轴，建设大通道、构筑大枢纽、发展大物流，构建主干线贯通、支线流畅、服务西部、面向中亚西亚，物流通道—物流枢纽—物流聚集区等多层次、全方位、多功能并与区域经济联动发展的物流产业新格局。

1."一横五纵"物流通道框架结构

"一横"为以陇海兰新通道为主的丝绸之路物流通道；"五纵"为沿河西走廊自西向东的嘉格通道、金张通道、包兰青通道、兰成通道、兰渝通道。以"一横五纵"综合运输物流通道建设为重点，纵横交织，形成网格状的快捷交通运输网络。

(1)丝绸之路物流通道

以兰新、陇海两条铁路干线和连霍高速、G312国道、G310国道3条公路干线为主线，以兰州铁路运输枢纽、兰州国家公路运输枢纽、兰州中川机场、兰州水运港口和天水、陇西、武威、张掖、酒嘉铁路、公路运输枢纽为核心，以金昌、敦煌、嘉峪关机场和马鬃山边境口岸为依托，与天津港、连云港和内蒙古、新疆各口岸开展跨区域协作，构建丝绸之路经济带甘肃河西走廊物流国际大通道。

(2)金张宁蒙青物流通道

依托丝绸之路物流通道，以G227国道、G312国道、S317省道、S212省道、金武高速以及干武、金武铁路等为主线，依托张掖支线机场，以张掖、金昌为枢纽城市，以民乐、山丹、永昌为节点城市，构建南联西宁、格尔木，北达阿拉善、策克口岸，东连宁夏的纵向大通道。

(3)酒嘉格策物流通道

依托丝绸之路物流通道，以G312国道、G215国道、S214省道、嘉策铁路等为主干线，依托敦煌国际机场、嘉峪关、鼎新以及瓜州、玉门等支线机场，以酒嘉、敦煌为枢纽城市，以玉门、阿克塞、金塔为区域节点城市，构建南联青藏、北连内蒙古、蒙古国的纵向物流大通道。

(4)包兰青物流通道

以包兰、兰青铁路以及京拉高速、G109国道、兰营高速（规划）等公路干线为主线，以兰州铁路运输枢纽、兰州国家公路运输枢纽、兰州中川机场为核心，以白银铁路运输中转站、道路运输物流中心和兰州、白银两大水运港为依托，构建连接青甘宁蒙的纵向物流大通道。

(5)兰成物流通道

以兰成（规划在建）铁路、G213国道、兰郎高速为主线，以兰州为物流核心城市，连接临夏、合作枢纽城市，构建丝绸之路入蜀省际物流通道。

（6）兰渝物流通道

以兰渝铁路、G212 国道、兰海高速（在建）为主线，以兰州为物流核心城市，连接陇南物流枢纽城市，构建丝绸之路通渝省际物流通道。

2. "一主四副"物流节点

加快国家级和区域性综合运输枢纽与物流节点建设，继续提升兰州在国家交通网中的枢纽地位，加强酒嘉、金武、张掖等区域性综合运输枢纽建设，增强敦煌国际航空交通枢纽功能，实现客运"零距离换乘"和货运"无缝衔接"，形成"一主四副"多层次综合交通运输枢纽。

（1）"一主"：兰州全国性物流节点城市

突出兰州作为东部沿海与西北地区物流通道、西北与西南地区物流通道交汇点的战略地位，建设全国性物流节点城市和西北商贸中心，把兰州建成连接中亚、欧洲的丝绸之路沿线国家合作发展的国际物流基地、国家开发新疆、西藏、青海等边疆省区的战略后方基地、物资供应和转运基地。

形成公路、铁路、航空联运一体化的物流体系。推进兰州铁路枢纽建设和综合交通基础设施建设，建设兰州航空口岸和"无水港"，建设兰州保税物流园区和西部有色金属期货交易市场。打造 6 园 5 中心现代物流产业园区，即兰州国际物流产业园、兰州陆港（青藏）物流园、兰州钢材物流园、兰州汽车物流园、安宁医药物流园、西固石化物流园和兰州农副产品物流中心、兰州粮食物流中心、中川空港国际物流中心、甘肃烟草物流中心、甘肃（国家基本药物目录）药品统一配送中心。建设生产服务型、商业服务型、货运服务型、国际贸易服务型和专业服务型的物流园区，提高物流信息化水平。

（2）"四副"：金武、张掖、酒嘉、敦煌物流节点

1）金武综合性物流枢纽。依托金昌国家级经济技术开发区和国家新材料产业化基地、国家新材料高技术产业基地、国家新型工业化产业示范基地，突出资源型城市特色，积极推动工业企业与物流的剥离，大力发展第三方物流企业，建设河西堡太西煤业集团 500 万吨物流园区、武威千万吨级煤炭集疏中心、武威农产品物流园区、有色金属原料交易市场和化工产品集散中心。

2）张掖综合性物流节点。依托丝绸之路物流通道、张掖支线机场、张掖至西宁物流通道，联动民乐、山丹、永昌为节点城市，以铁路、公路、航空联运为主点，建设区域区域性物流节点城市。

3）酒嘉综合性物流枢纽。充分发挥矿产、风电、冶金工业基地和国家级公路主枢纽的优势，重点发展清洁能源、石油化工、特色农产品加工、商贸物流和现代服务等产业为主的通道经济，建设嘉峪关大友物流园区、酒泉风光谷现代物流、酒泉风电工业园区、酒泉春光农产品批发市场以及酒泉特尔鲜、大敦煌物流、宏峰物流配送等项目，形成区域物流枢纽。围绕风光电总装企业"超大、超长、超重"设备的运输业务，重点建设为新能源装备制造企业提供产品供应链集成的现代物流聚集区，形成以酒泉为中心，辐射带动新疆、张掖、武威、白银和周边国家的新能源装备制造产业物流。

4）敦煌国际航空物流节点。依托敦煌国际机场，建设空港物流中心，积极吸引航空公司开拓航线，提高航空客、货运能力，发展国内外航空货机运力，增加客机腹仓运输量，联动瓜州、哈克赛、肃北节点城市，完善酒嘉区域航空物流网络。

3. 三大物流集聚区

（1）兰白物流集聚区

强化兰州、白银之间的协调配合，联手解决兰州发展空间不足和白银经济转型产业升级面临的突出问题，重点发展能源及石油化工、有色冶金、装备制造、特色农产品加工、生物制药及中藏药、物流信息平台、无水港等现代物流基地，建设国家级的交通枢纽和商贸物流中心，成为带动甘肃省物流业发展的龙头。

（2）酒嘉物流集聚区

发挥区位、交通、资源与产业基础优势，围绕冶金、煤炭、石化、新能源开发及装备制造、棉花、酿酒葡萄、蔬菜等特色农产品加工，建设现代物流基地，重点发展新能源装备、钢铁生产供应链物流和农副产品、商贸物流，向西联结丝绸之路沿线各国与新疆，向北连接内蒙古阿拉善与蒙古策克口岸，向南辐射青海、西藏，带动甘肃省西部物流业发展。

（3）金张武物流集聚区

依托国家重要的有色金属加工基地、稀贵金属冶炼中心、甘肃重要商品粮产区、甘肃重要的农产品生产加工基地，围绕有色金属、煤炭、粮食、酿酒葡萄和农产品加工等，建设相应的现代物流基地，打造丝绸之路经济带甘肃河西走廊产业集聚区。

8.5.5 现代物流基础设施建设

1. 交通基础设施建设

以建立智能型现代综合交通运输体系为目标，协调发展铁路、公路、航空和管道运输，逐步形成分工合理、优势互补、多式联运的现代运输网络。

（1）陆路通道

完善路网结构，完善丝绸之路经济带甘肃河西走廊兰新"一横五纵"综合运输大通道。

1）铁路建设。以建设丝绸之路主动脉为目标，实现客货分线，以高速铁路主要承担丝绸之路客运功能。

高速铁路依据国家战略部署，依托国家徐州—郑州—兰州客运专线与北疆铁路复线，融入欧亚高铁战略格局，最终形成一个连接中国与中亚国家的高速铁路网，并最终与欧洲铁路网连接。使用中国技术，列车运行速度达到350km/h，覆盖17个国家。

货物运输以陇海兰新铁路为主干，突出嘉峪关—策克，龙岗—敦煌—格尔木线—拉萨两条南北辐射线路的协同发展，强化路网主骨架建设，增加路网密度，改善技术条件，实现干线快速化和大能力化。

2）公路建设。依据《国家公路网规划（2013年—2030年）》，丝绸之路甘肃段普通国道以上海—霍尔果斯（G312）国道为主线，以兰白为中心，通过青岛—兰州（G309）国道向宁夏、河南、山东方向延伸，通过兰州—马关（G248）国道向甘南、四川、云南方向延伸，通过景泰—昭通（G247）国道向陇南、四川、云南方向延伸，通过北京—拉萨（G109）国道向宁夏、内蒙古、山西、北京以及青藏延伸，通过兰州—龙邦（G212）国道向陇南、四川、贵州、广西延伸；以酒嘉为中心，通过策克—磨憨（G213）国道，北连蒙古策克口岸，南经青海、四川、云南，抵达中缅磨憨口岸；以敦煌为中心，通过马鬃山—宁洱（G215）国道，北通中蒙马鬃山口岸，南经青海，可达云南普洱；以张掖为中心，通过张掖—孟连（G227）国道，连接青海西宁、四川攀枝花，连通云南孟连口岸。

高速公路以连云港—霍尔果斯（G30）高速为主线，以敦煌为支点，沿联络线（G30$_{11}$）连接青海格尔木；以酒嘉为支点，新增航天城—酒泉高速公路；以张掖为支点，新增张掖—西宁（G06$_{11}$）高速公路；以武威为支点，配套武威至金昌高速公路与蒙甘青（阿拉善左旗—武威市—西宁）战备通道高速公路；以兰白为中心，新增景泰—礼县高速公路，连接北京—拉萨（G6）高速、青岛—兰州（G22）高速、兰州—海口（G75）高速。

大力发展农村公路，改造升级干线公路，形成市市通高速公路、市县通二级及二级以上高等级公路、乡镇通沥青（水泥）路的公路网络。

（2）航空通道

合理布局省内机场，进一步拓展民航运输网络规模，大力发展支线航空。以兰州中川机场和敦煌机场为中心，建设金昌、庆阳、夏河、张掖、陇南等支线机场，基本形成以兰州国际空港为中心的干支结合的航线网络。大力发展国际航空货运和航空快递，拓展航空过境、中转和直达运输等各类服务。

（3）管道运输通道

发挥管道运输的独特优势，抓住国家调整能源布局的机遇，配合国内油气资源开发和油气进口，完善省内管道网络，加快发展天然气、石油、煤制气等各类管道运输，形成完善的原油、成品油、天然气管线网络。实现全省14个市州通天然气的目标。

（4）水运通道

依托黄河，建设衔接丝绸之路物流通道，以黄河为主的水上运输大通道，实现兰州、白银、宁夏通航。

重点建设兰州、白银港口码头服务体系，调整优化港口结构，明确港口定位，拓展港口功能。通过兰州新港建设、黄河兰州段梯级改造、黄河白银段与宁夏段省际通航工程，发挥内河水运优势。

2. 物流园区建设

（1）加快对外开放的窗口建设

兰州中川机场、敦煌机场实现对外通航。兰州、嘉峪关、金昌建立"无水港"、保税物流中心、保税物流园区等海关特殊监管区。兰州建立出口加工区，嘉峪关、金昌、敦煌设立海关，作为加工贸易梯度转移重点承接地。进一步降低货物进出物流成本，提供快捷畅通的贸易便利条件。

（2）有序推进丝路沿线物流园区建设

按照集中与分散相结合的原则，依靠铁路、空港、公路场站等交通枢纽优势，围绕产业集聚区和开发区、专业市场和产业集群等物流需求集聚地，在重要物流节点城市、制造业基地和综合交通枢纽，充分利用已有运输场站、仓储基地等基础设施，统筹规划建设一批以布局集中、用地节约、产业集聚、功能集成、经营集约为特征的物流园区（表8-7）。

表8-7　丝绸之路经济带甘肃河西走廊重点物流园区建设

序号	重点物流园区	市州
1	兰州农副产品物流中心	兰州
2	甘肃省烟草物流中心	兰州
3	兰州鑫港金属建材物流园	兰州
4	兰州汽车物流园	兰州
5	兰州无水港	兰州
6	兰州凤凰山钢材物流园	兰州
7	兰州国际建材家居博览园	兰州
8	兰州新区省级物流示范园	兰州
9	武威煤炭集疏中心	武威
10	内蒙古太西煤集团金昌物流中心	金昌
11	金昌有色金属材料及化工产品集散仓储交易中心	金昌
12	张掖市新区物流园区	张掖
13	肃州区酒嘉物流中心	酒泉
14	瓜州广汇能源综合物流有限责任公司物流园区	酒泉
15	甘肃玉门市顺兴国际物流中心	酒泉
16	嘉峪关大友物流园区	嘉峪关
17	酒泉钢铁集团有限责任公司现代工业物流园区	嘉峪关

依托物流园区建设，培育一批现代化、规模化、专业化的物流企业，形成一批具有一定规模和较强竞争力的现代物流企业集团。争创一批知名物流服务品牌，提高物流服务影响力和知名度。物流园区建设应严格按照规划进行，防止一哄而上、盲目投资和重复建设，同时也要防止出现新的"圈地"现象。

3. 国际物流网络设施建设

（1）加快综合运输网络设施建设

实现多种运输方式的有效衔接，加强新建铁路、公路和机场转运设施的统一规划和设计。

完善中转联运设施建设，促进各种运输方式的衔接和配套，提高多种运输资源使用和物流运行效率。

建立多式联运建设和运营协调机制，促进物流基础设施协调配套运行。依托铁路、公路、机场及货运场站等交通运输设施，建设一批集装箱多式联运中转设施和连接两种以上运输方式的转运设施，尤其是铁路专用线和装车点，重点解决铁路与公路、民用航空与地面交通等枢纽不衔接以及各种交通枢纽互相分离带来的货物在运输过程中多次搬倒、拆装等问题，提高物流设施的系统性、兼容性，减少空载率，降低物流成本，提高物流效率，实现多种运输方式"无缝衔接"。

（2）加快融入丝绸之路国际化物流体系

充分发挥甘肃河西走廊作为丝绸之路黄金段的地理优势，加强与沿线省区和国家之间的联系与合作。

充分利用国内外两种资源、两个市场，鼓励企业开展能源、矿产、生产性原材料和农产品的国际采购、加工、出口、配送等业务。

加强与沿线物流企业的合作，承接东部产业转移，重点建设兰州、白银、嘉峪关、玉门东部产业转移承接基地，建立符合转移产业生产经营模式的物流服务体系。

4. 完善物流信息平台

（1）建设物流公共信息平台

重点建设电子口岸、综合运输信息平台、物流资源交易平台和大宗商品交易平台。

通过统筹整合各部门政务信息系统，构建政府主管部门、金融、税务、海关、工商、检验检疫、交通运输、邮政等与物流相关行业的综合信息平台。建立物流信息采集、处理和服务的交换共享机制。

鼓励城市间、行业间和企业间物流平台的信息共享。支持物流企业应用信息技术改造业务流程，对物流各环节进行实时跟踪、有效控制和全程管理，实现企业物流管理信息化。积极支持企业开展信息发布和信息系统外包等服务业务，建设面向中小企业的物流信息服务平台。

（2）推动企业物流信息化

引导和支持企业加大信息技术应用水平，运用现代物流理念优化业务流程，开发和应用企业资源计划、供应链管理系统，实现物流管理的集成化和智能化，以信息化构建物流服务核心产业竞争力。大力发展条形码、智能标签、电子数据交换、全球卫星定位系统、道路交通信息通信系统、不停车自动缴费系统等新技术，提高现代物流信息体系的技术水平。引导物流企业大力发展网络系统，实现网络与用户、制造商、供应商、物流企业及相关的银行、财税、工商、海关等单位联结，对物流各环节进行适时跟踪、有效控制和全程管理，全面提高物流服务信息化水平。

5. 构建国际化物流金融服务平台

联合丝绸之路沿线金融机构，发展人民币国际支付体系，开展国际化存货担保、智能仓储、仓单流转交易、在线金融服务、增值服务、质物资产处置的物流全过程金融与增值服务。重点发展第四方物流金融服务平台。

8.5.6　发展重点领域

1. 生产领域物流

大力培育发展石化、煤炭、矿石、建材、农产品、商贸等重点行业的物流。

（1）石化物流

大力发展丝绸之路石油、天然气管道物流，合理布局建设油气管线。

以兰州、玉门等石化企业为基点，建设化工产品的仓储、运输、装卸、消防等基础设施，提高专业化水平，建设具有化工产品特色的物流园区。整合炼油企业、大型化工企业物流资源，建立社会化、规模化和高效化的物流系统，实现聚集发展，确保生产、运输、存储等环节的安全性。

（2）煤炭物流

建设河西堡太西煤业集团 500 万 t 物流园区、武威千万吨级煤炭集疏中心，结合新能源基地大型火力发电厂，企业用煤大户，促进煤炭生产和需求的有效衔接，建立专业化、社会化的煤炭物流配送中心。加强储煤场与铁路、港口的衔接，建立煤炭销售、运输、配送一体化的物流服务体系。建立电厂用煤、生产用煤和生活用煤的协调和应急调度机制。

（3）建材物流

建设水泥物流园区（中心），结合沿线大型水泥企业，发展专用运输车辆，建立散装水泥、预拌混凝土、预拌砂浆物流配送体系，运用现代信息技术手段，实现散装水泥生产、运输、储存、使用各环节衔接。

组建陶瓷专业物流中心，以白银陶瓷主产区为重点，建设陶瓷批发市场，实施经营、批发、物流配送一体化。

对各地的装饰材料、家居市场（卖场）进行改造，增加服务功能，向超市经营、连锁经营、物流统一配送方向发展，提高市场的竞争力。

（4）医药物流

建设医药物流中心，依托兰州、武威等医药工业基地，整合医药物流企业与医药生产企业、连锁零售药店及其他医药批发企业的上下游业务，建设医药物流信息系统平台和电子商务平台，扶持一批医药物流配送中心，发展厢式货车、冷藏车，积极引进、研发、推广货物跟踪、自动分拣、立体自动化仓库等现代医药物流技术和设施设备，加大医药物流技术设备投入。提高医药仓储、运输卫生标准。

积极发展医药现代物流，积极发展医药仓储、分拨、配送、信息等综合物流服务，建立覆盖医药企业、医院和医疗网点的医药采购、存储、配送以及医疗废弃物的转运系统。支持沿线医药物流企业积极参与丝绸之路沿线国内外医药物流网络建设，建立功能完备的现代医药物流体系，提高医药物流供应链管理水平。

（5）农业物流

1）大力发展农产品物流。重点发展粮食物流和烟草物流为主的农产品物流。

粮食现代物流以兰州粮食现代物流聚集区、河西区域粮食现代物流中心为主体，建设丝路沿线粮食现代物流体系，实现粮食"四散"化（散装、散卸、散存、散运）作业，提高粮食流通率。

烟草物流业以兰州为中心，整合烟草物流联网和现代卷烟物流体系，优化流程，完善烟草物流配送。

2）完善农业物流服务网络。建设农产品批发市场，主产区大型农产品集散中心，发展"农超对接""农校对接""农企对接"等产地到销地的直接配送方式。构建连接城乡、双向流通（农产品进城，工业品下乡）、布局合理、功能齐全的县、乡镇、村三级农村现代流通服务体系。

完善农业物流信息化网络，利用先进的物流技术，建立城乡一体化物流信息平台。与农业专业化生产、产业化经营相配套，提高信息化水平和食品安全检验检测水平，构建农产品"旺吞淡吐"调控平台，引导农产品均衡上市，有效保障城乡居民"菜篮子"。

3）构建农业生产资料储备配送和农副产品、日用消费品连锁经营体系。开展农村日用消费品连锁经营，形成以大型龙头企业为骨干、区域性配送中心为支撑、遍布乡村的放心店为终端的现代物流服务网络。

实现农资连锁经营，组建一批大型农资流通企业、配套物流中心、专业市场、连锁网点。

加快农副产品流通，建设涉农批发市场、农贸市场，与重点涉农物流企业联动发展，促进乡镇农副产品流通和加工基地建设。

（6）制造业物流

结合丝绸之路沿线钢铁、有色冶金、装备制造业、电子信息、纺织、轻工等工业园区建设与行业发展需要，配套一批相应的专业化物流园区。

鼓励制造企业物流流程再造，实现原料采购、供应、销售、运输、仓储等一体化运作，整合上下游物流资源，建立与客户、供给商的协调机制，逐步实现企业间供应链整合。

实现物流业务分离外包，培育一批适应制造业发展的物流服务企业，全面参与制造企业的供应链管理，或与制造企业共同组建适应现代制造业物流需求的第三方物流企业，推动制造业与物流业联动发展。

2. 流通领域物流

（1）口岸物流

充分发挥国际丝绸之路口岸城市的综合服务功能，构建紧密联通国内外口岸、具有较强增值能力的口岸物流体系。积极推动各出口加工区拓展保税物流、研发、检测、维修等功能，促进加工贸易调整升级；建设保税区，建立陆、空保税物流联动发展机制；积极推进国际保税物流快速通关和联动机制，提高上海口岸对于腹地的辐射服务能力；积极探索口岸物流监管模式创新，进一步推动与国际惯例接轨；不断增强口岸物流服务的高端功能。

（2）电子商务物流

加快转变物流运行方式，构建信息化、便捷化、智能化的电子商务物流体系。积极推进现代信息技术和设备更多惠及本市航运物流、贸易物流等各个领域，促进物流效率提高和监管流程不断创新；积极推动电子商务与全社会物流资源更加紧密结合，进一步加快物流服务模式和业务流程创新；加大物流业体制、机制、税制、管制改革力度，努力建立适应现代物流业一体化运作的发展环境；不断增强电子商务物流服务智慧城市运行的功能。

（3）商贸物流

优化城市物流配送设施布局，建设统一采购、统一管理、统一核算和统一配送的商品、物资配送中心，建设城市大型连锁企业内部物流配送中心，特别是生鲜食品配送中心。完善城市一级市场向二级市场的物流配送网络，支持商贸流通企业开展连锁经营，发展连锁超市、便民店、专营店等多种新型商业模式，形成覆盖所有连锁超市的物流配送体系，实现商品批发、物流配送、零售一体化运作。

发展专业化物流，培育专业商贸物流企业，加快建立食品、药品、蔬菜、日用消费品、图书、建材、鲜活冷链等物流配送体系。鼓励专业运输企业开展城市配送，提高配送的专业化水平。

加快发展城市居民重要消费品连锁配送服务，发展小批量、多频次、时效性强的直接配送、"门到门"配送。鼓励龙头企业建立统一的主食加工、配送中心。

采用物流信息系统，整合商贸供应链上下游关系。适应电子商务发展的需要，积极开发新型流通业态。完善城市快递，配送车辆进城通行、停靠和装卸作业等城市物流配送网络。

3. 生活领域物流

（1）鲜活农产品与冷链物流

依托国家连云港—乌鲁木齐（G310 国道、G312 国道）鲜活农产品流通"绿色通道"，拓展甘肃至中亚、甘肃至蒙古与俄罗斯西伯利亚区域国际农产品物流通道，以新鲜蔬菜、水果，鲜活水产品，活的畜禽，新鲜的肉、蛋、奶等鲜活农产品为重点，强化丝绸之路甘肃段鲜活农产品产地与沿线国内与国外主要消费中心城市的通畅快捷的鲜活农产品"绿色通道"。

打造鲜活农产品冷链物流，完善沿线冷藏保鲜库、冷藏保鲜车等冷链物流设施建设，围绕高原夏菜、牛羊活畜、果品、中药材等特色大宗农产品，保证生鲜蔬菜、水果、肉类、水产品在收购、储藏、加工、运输、销售的各个环节都处于所需低温环境，减少物流过程中的变质和污染损耗，保障生鲜农产品上市质量。建设"高原夏菜、西菜东调"生产和销售基地。

建设冷链物流园，配套冷库工程、低温配送中心工程、冷链运输车辆及制冷设备工程、冷链物流全程监控及追溯系统工程，拓展物流服务网络。提高冷链物流企业的准入门槛，重点培育一批发展潜力大、辐射带动能力强、经营效益好的冷链物流企业。建立对冷链物流企业的考核和监督机制，规范冷链物流市场。

（2）邮政物流

优化邮政服务网络资源，提升城市与农村、商贸与工业相结合的现代邮政物流服务水平，加快传统邮政企业向现代物流企业转型。

开展农村邮政物流，完善覆盖沿线乡镇、村的邮政物流网络，服务"三农"，建立农产品进城、农资和工业品下乡的城乡一体化物流配送体系。积极支持邮政企业发展农村生产资料、日用消费品、医药产品、中小学教材等连锁配送服务，打造管理集约化、网络规模化、服务社会化的现代农村邮政物流综合服务平台。

支持邮政物流与高端制造企业合作，依托航空、陆路物流枢纽，提供供应链一体化服务，发展体积小、附加值高的工业品物流配送，提高经营规模。

4. 特种物流

建立具有现代物流管理理念的危险品和应急物流体系。

（1）危险品物流

依据《危险品管理条例》，加强危险品仓储、运输、装卸、信息监控等设施设备建设，优化危险品存储、配送和运输网络。加强对危险化学品物流的跟踪与监控，规范危险化学品物流的安全管理。实现对危险品全程监控和管理，提高危险品物流能力和安全标准，确保人民生命和财产安全。严格规范危险品物流企业准入条件，应用新技术和新装备，运输车辆安装 GPS 设备，建设危险品物流信息系统。

（2）应急物流

1）建立应急物流体系。选择和培育一批具有应急能力的物流企业，以政府为主导、企业联盟为主体，加强应急物流设施设备建设，平时由企业经营，兼顾政府应急征用，建立全覆盖应急物流保障系统。

2）实施动态储备管理，建立多层次的政府应急物资储备系统，保证应急调控的需要，提高应急反应能力，建设市场兼容的物资储备体系和运输配送网络。

3）建立应急快速响应机制。针对不同类别突发事件，围绕应急物资的采购、储运、调拨，制定应急物流预案，优化物流应急作业组织和程序，构建应急生产、流通、运输和物流企业信息系统，应急物流信息化和组织指挥系统，建设公共物流应急保障体系，提高城市综合应急减灾处理能力。

8.5.7　重点任务

1. 积极培育市场主体

（1）突出新丝绸之路国际化运营

积极引进国际性物流公司，通过引进或合资，为客户提供进出口监管、货物装卸、全球货物跟踪和仓库管理服务，提供全球货物流通基础和多样性的物流服务。

在核心物流圈、物流枢纽城市、大型物流园区重点建立理念与设施先进、具备现代企业制度的物流专业公司，培育成为物流业的骨干力量，带动丝绸之路物流业的整体发展。

（2）构建立体综合运输企业群体

依据丝绸之路国际合作特点，全面发展铁路物流公司、航空物流公司、公路运输物流公司、陆海陆空联运物流公司等大型物流产业市场主体。实施大企业、大集团带动战略，在各行业、各物流领域和各重点物流环节重点培育一批主业突出、综合服务水平高、竞争能力强的龙头物流企业。

（3）推动物流产业多样化全方位发展

培育业务细分市场，鼓励专业化运输公司、仓储公司、物流信息公司、搬运公司、配送公司、快递公司、货运代理公司、专线运输公司等发展。扶持发展中小物流企业。通过改善金融物流服务，建立中小物流企业融资担保机构，支持现有运输、仓储、货代、联运、快递行业的中小物流企业完善功能和延伸服务，找准市场定位，创新个性化服务模式，扩展物流服务网络，满足多样化的物流市场需要。

依据现代物理特殊技术性要求，严格规范冷冻货物运输公司、危险品运输公司等专业性物流公司。

依据甘肃特有军事与国家战略地位，推进平战结合与平灾结合，实现物流企业与战时军事物流动员与结合，将其纳入军事经济系统；实现物流企业与国家、地方应急物流相结合。

（4）积极发展第三方与第四方物流

培育壮大第三方物流企业。推进现有运输、仓储、货代、外贸、批发和零售企业的服务延伸和功能整合，加快传统物流企业向现代物流企业转变，逐步培育一批服务水平高、竞争力强的跨国、跨地区、跨所有制的大型专业第三方物流企业。鼓励和支持第三方物流企业与工商企业之间的合作。积极支持生产企业实行物流业务外包，将原材料及零配件采购、运输、仓储、产成品整理、配送、回收等物流服务业务有效分离，将物流业务委托给第三方物流企业经营，促进企业物流向专业化、社会化发展。

积极培育第四方物流企业。引进与培育供应链的集成商，运用信息科技，整合和管理服务供应商所拥有的不同资源、能力和技术，为供需双方及第三方物流提供一整套供应链解决方案。

（5）推进物流信息化和标准化

充分利用现有的公共信息资源，打破地区、部门分割，建立全省统一的物流公共信息平台。推进各类物流信息资源的整合，推动与长三角及其他地区物流资源共享和信息互联互通。

积极推进物流企业管理信息化，引导物流企业建设好内部信息网络，逐步实现与公共物流信息平台联网。

促进先进物流信息系统和装备设施的广泛应用，鼓励物流企业运用仓储、运输、客户关系等信息管理系统以及自动立体化仓库、自动导向车、射频识别技术等装备技术，进一步提高物流的速度和效率。

加强工商企业物流信息系统建设，鼓励应用供应链管理、企业资源管理、电子自动订货、销售时点信息等软件系统，并实现与物流企业信息互联互通。

加快物流标准化建设，以物流信息、服务和管理三个标准为切入点，集中研究制定一批对甘肃省物流产业发展和服务水平提升有重大影响的物流标准。

2. 积极对接国际物流标准和技术

尽快制订与国际、国内接轨的物流技术标准和工作标准。

实施物流标准化服务示范工程，开展大型物流企业和物流园区标准化试点工作。鼓励物流企业和有关方面采用标准化的物流计量、货物分类、物品标识、物流装备设施、工具器具、信息系统和作业流程等，鼓励企业加快对现有仓储、转运设施和运输工具的标准化改造，推广应用标准化的物流设施和设备。提高物流的标准化程度，以物流的标准化促进物流的现代化。

完善物流业统计调查和信息管理制度，加强物流统计基础工作，贯彻实施社会物流统计核算与报表制度，建立科学的物流业统计调查方法和指标体系。

3. 加强物流科技攻关

加强物流新技术的自主研发，重点支持货物跟踪定位、无线射频识别、物流信息平台、智能交通、物流管理软件、移动物流信息服务等关键技术攻关。

加强物流技术装备的研发与生产，支持物流企业自主创新，鼓励企业采用仓储运输、装卸搬运、分拣包装、条码印刷等物流技术设备，提高物流技术装备水平。

开展物联网在物流领域的应用示范。加快先进物流设备的研制，提高物流装备的现代化水平。鼓励物流企业采用条形码、智能标签、立体仓库、电子数据交换、全球卫星定位系统、地理信息系统等先进适用技术，提高物流管理水平。

积极推广集装箱技术和单元化装载技术，推行托盘化单元装载运输，大力发展集装箱车、重型载货汽车、大吨位厢式货车和甩挂运输等组织方式，降低物流成本。

4. 积极转变物流增长方式

（1）发展高端物流，提高行业附加值

调整物流行业内部产业结构，大力发展关联度强、贡献率大、科技含量高的高端物流行业。鼓励甘肃省物流企业进入大型企业的分工协作体系，参与高端物流业务的竞争。重点发展航空快递运输、集装箱运输、多式联运、第三方物流、物流咨询和国际货代等业务。

（2）坚持可持续发展，推进绿色、循环、低碳物流

节约用地、用能、用水，通过科技手段和管理创新，走集约式、内涵式发展道路。按照无污染、低能耗、更安全的要求，进一步规范物流作业流程、提高物流效率。制订物流环保标准，鼓励企业实施绿色运输管理、绿色包装管理、绿色流通加工，大力发展绿色物流。推动资源节约、资源综合利用，加快发展废弃物回收的逆向物流，为加快建设资源节约型、环境友好型社会提供支撑。

（3）发展新型运输服务方式

鼓励创新运输服务方式，解决由于运输方式落后和各种运输方式衔接不畅带来的多次搬倒、多次拆装等问题。加快综合运输体系建设，大力发展多式联运、集装箱运输、散货运输、航空快递运输。推广应用厢式货车、集装箱车辆，开发使用专用车辆。优化交通组织，提高运输速度和效率，降低成本和减少浪费。加快推进单元装载化，推行以托盘化为核心的单元装载方式，统一托盘标准，开发托盘共用系统。鼓励物流企业采用仓储运输、装卸搬运、分拣包装、条码印刷等专用物流技术装备，提升物流装备技术水平。

第9章　　　　绿色基础设施建设战略

9.1　城市绿色交通体系

河西走廊各城市进入快速城镇化发展时期，城市内部交通需求持续增加。营建城市低碳交通基础设施，既可提高城市居民出行便捷性，又利于河西走廊城市生态环境的低碳化建设，是河西走廊各城市基础设施建设的重要方面。这里从城际铁路、城市轨道交通、交通工具低碳化、鼓励绿色出行四个方面说明河西城市绿色交通基础设施建设。

9.1.1　城际铁路

随着河西走廊各市经济互动的增强，各城镇组团内部的交通需求将稳步提升。兰州—兰州新区—白银、金昌—武威等城镇组团的地域空间较为完整、沿线人口较为密集，适合发展城际铁路。围绕兰（州）白（银）、酒（泉）嘉（峪关）等重要节点，超前谋划，加快建设横贯全省东西向的国际化陆桥大通道和南北向的运输通道等重大交通项目，全面提升兰州国家级综合交通枢纽地位。

目前规划建设的兰州至中川城际铁路是国家"十二五"规划的重点工程，工程总投资137.1亿元。这条交通快速轨道的开建将带动秦王川地区的发展，有利于兰州城市空间拓展。同时，国家将投资最少2000亿元支持兰州建设交通枢纽，将兰州打造成为西北乃至全国重要的现代物流基地。

远期规划建设兰州—白银—武威—金昌—张掖城际铁路，实现河西走廊各市全县贯通的局面。

9.1.2　城市轨道交通

城市轨道交通具有运量大、速度快、安全、准点、保护环境、节约能源和用地等优越性，但轨道交通需要大量的资金投入建设与运营维护，同时所达区域需人口密度较高，不然会造成较大的人力与物力浪费。河西各市中兰州市急需发展城市轨道交通，兰州市城市空间狭长，且核心区人口密度超过 1 万人/km^2，这种密度高于西安、乌鲁木齐等城市核心区，甚至高于北京、上海等城市。同时，兰州市可利用土地空间稀少，城市交通道路供应严重不足，道路广场面积占城市建设用地面积比重低于8%，城市交通拥堵十分严重。

兰州市轨道交通网络体系按照统一规划，分步实施的原则，分三个阶段建设。第一阶段（2011～2020 年）主要修建 1 号线一期工程和 2 号线一期工程。第二阶段（2021～2030 年）主要修建 1 号线二期工程、2 号线二期工程和 3 号线。第三阶段（2031～2050年）主要修建中川线、榆中线和青什线。

兰州城市轨道交通可以提升兰州辐射带动作用，改善兰州交通拥堵现状，缓解兰州城市环境污染，促进兰州城市形象跨越。

9.1.3　交通工具低碳化

交通工具绿色化是绿色交通基础设施建设的重要方面，主要指减少高污染车辆的使用，提倡使用清洁干净的燃料与车辆。主要包括油改气、淘汰黄标车和推广新能源汽车。

加快淘汰黄标车，"黄标车"是指污染物排放达不到国Ⅰ排放标准的汽油车和达不到国Ⅲ排放标准的柴油车，此类机动车，由国家环境保护部机动车检验合格标志管理规定核发黄色环保检验标志。为防治机动车尾气排放污染，加快淘汰"黄标车"和报废老旧机动车，改善主要城市大气环境质量，河西走廊各市应对在规定使用年限的和自愿提前淘汰、提出申请并经审核符合相关条件的"黄标车"，均给予相应补贴。

新能源汽车方面，2014 年 11 月开始中央财政安排资金对新能源汽车推广城市或城市群给予充电设施建设奖励，奖励对象总体包括经 4 部门批复备案的、成效突出且不存在地方保护的新能源汽车推广城市或城市群。河西走廊各市应抓住机遇在公共与私人交通领域发展新能源汽车，这要求兰州、白银、酒嘉等地方政府应当按照适度超前、保障使用的原则，将充电站建设和充电桩群建设与城市规划（尤其是新城及开发区规划）相结合，做好落地规划和选址工作，为新能源汽车创造安全、便捷的充（换）电基础设施支撑，整合社会资源，出台相关政策，鼓励具有资质的企业充分竞争，参与升级改造传统加油（气）站、新建充电设施等基础设施建设以及运营维护；政府机关及公共机构新增或改造的停车场，应当结合新能源汽车配备更新计划，充分考虑新能源汽车充电需求，设置新能源汽车专用停车位并配建充电桩。随着新能源汽车购买比例增加，在现有停车场中逐步增设充电桩；充电设施运营维护企业，由公共机构节能管理部门通过政府采购方式确定。

9.1.4　鼓励绿色出行

绿色交通以实现社会的公平为目标，实施公众乐意接受的，以人为本的交通措施，从宏观和微观上实现社会经济活动中的"以人为本"，最大限度地满足各个阶层用户的需求。"以人为本"的绿色交通系统中各种交通方式的优先发展顺序如下：步行、自行车、公共交通、共乘车、私人小汽车，其不但体现"以人为本"，更能有效降低碳排放，改善城市环境。

一是协调交通与土地利用，实现城市与交通系统的互动。科学合理的土地利用模式是减少交通需求、降低机动车出行、方便绿色出行的有效策略。具体措施包括步行邻里开发模式（TND）、以公共交通为导向（TOD）、步行交通为导向（POD）的土地开发模式等。例如，新加坡推行的微型居住区计划，哥本哈根以公共交通为导向的城市"五指形"轴向发展模式等。

二是发展公共交通，提高公共交通核心竞争力。从国际绿色交通发展经验来看，大力发展公共交通、提高公共交通竞争力是缓解城市交通拥堵的最有效措施。具体措施包括大力发展轨道交通、优化常规公交运营、完善公交扶持政策，提高公交运营质量和效率，引导人们选择公共交通作为首选出行方式。例如，新加坡公共交通的总体目标为实现门对门和无缝衔接，伦敦和斯德哥尔摩将拥堵收费收入补贴公共交通发展，维也纳通过设置公交专用道和专用信号提高服务的准时性等。

三是改善慢行交通，体现以人为本。慢行交通是发展绿色交通的重要方式之一。主要的措施包括在城市支路、巷道建造适宜步行的绿道系统，完善城区自行车道网络包括停车系统，以及大力发展城市公共自行车廉价租赁系统等。例如，伦敦、斯德哥尔摩和哥本哈根等城市都推出了自行车租赁业务，鼓励绿色出行。

四是注重公众参与，宣传绿色交通。国际经验表明，要想实现绿色交通可持续发展，就必须使绿色交通成为全体市民的追求目标和共同行动，成为一种社会风尚。具体措施如开展"公交周""无车日""少开车"等活动，宣传倡导乘坐公共交通工具、骑自行车和步行等绿色出行方式。

9.2　绿色能源体系

甘肃省有着特殊的地理地貌和气候状况，蕴藏着丰富的能源资源，可再生能源资源尤为丰富。全省水力资源理论蕴藏量为 1813.4 万 kW，技术可开发量为 1205.1 万 kW；风能资源理论储量为 2.37 亿 kW，技术可开发量在 8000 万 kW 以上；年太阳总辐射量约在 4800 ~ 6400MJ/m^2；经过多年开发，现有总装机容量为 1328 万 kW，其中火电为 809 万 kW，水电为 478 万 kW，风电为 600 万 kW，开发利用前景极为广阔。

9.2.1　绿色能源发展优势

随着经济的快速发展和工业化、城镇化进程的加快，能源需求不断增长，已成为世界上第二能源生产国和消费国。但总体上说，我国优质能源相对不足，能源消费以煤为主，环境压力大，能源供应体系面临着重大挑战。解决能源问题，根本上要转变经济发展方式。在全面推进能源节约的同时，坚持多元发展，下工夫调整能源结构，大力发展新能源和可再生能源。风电与太阳能、生物质能等其他可再生能源相比，具有产业成熟度高、发电成本低、自然环境和社会环境影响小等优点，必将成为今后我国可再生能源发展的首要选择。

光伏发电属于半导体固态发电，拥有诸多优势。如没有任何机械运转部件，没有转动部件，发电过程无噪音、无污染；除了日照外，不需其他任何"燃料"，在太阳光直射和斜射情况下均可以工作；太阳能组件无需维护，运行成本最小化。而整个河西走廊光照充足，年太阳总辐射量为 5800 ~ 6400MJ/m^2，年日照时数为 2800 ~ 3300h，比我国同纬度东部地区多近 2000h，并且戈壁滩十分平坦，都是无人区，裸露的岩石也适合光伏电板的固定，相比全国，河西走廊是建设光伏电站成本最低、条件最好的地区。

同时，河西走廊年平均有效风功率密度在 150W/m^2 以上，有效风速时数在 6000h 以上，与国内其他省市相比，具有气候条件好、场址面积大（多为平坦戈壁荒漠）、工程地质条件好、交通运输便利的独特开发优势和特点，具备开发建设成为大型风电基地的优越条件。在河西走廊，风电以酒泉最为集中，酒泉境内的瓜州县、玉门市和肃北马鬃山地区一带因独特的喇叭口地形，在季风的作用下，形成了丰富的风能资源，被称为"世界风库"。

因此，作为国家重要的新能源产业基地，河西地区风电、光电及装备制造业为主导的清洁能源产业体系得到了快速发展，产业化与创新化进程全面推进，具有一定的现实产业基础、科技实力和发展优势。

9.2.2　绿色能源发展劣势

河西走廊风光资源虽然具有广阔发展前景，但在绿色能源产业化、规模化进程也面临一些困难和问题，制约进一步全面推进绿色能源产业化与创新化进程，制约区域资源优势向战略新兴产业优势的转化，阻碍清洁能源产业的进一步规模化持续发展。

1. 风电产业产能过剩与电网建设滞后

一是风电产业出现产能过剩，配套电网建设相对滞后，导致风电电网消纳与送出问题；二是水电、火电、抽水蓄能电站等调峰电源建设滞后导致调峰电源短缺问题；三是风电场运行管理落后，电网对风电的可靠接入与电力系统运行稳定性存在问题，清洁能源缺乏智能电网及其技术的支撑。

2. 装备制造业创新水平有待快速提高

清洁能源装备制造业是国家支持甘肃建设全国重要新能源基地的重要组成部分，是甘肃调整产业结构、转变经济发展方式、实现转型跨越的重要发展平台和载体，但是清洁能源产业链的上游生产能力和研发水平在全国都处于较低水平，多数技术设备和关键零部件依靠进口，兆瓦级以上的整机制造产业仍处于起步阶段，风电设备关键零部件生产环节少而薄弱、清洁能源装备制造业产业链不完整，上下游产业链之间无法进行有效对接，上下游产业发展速度和规模严重的不协调，使清洁能源的产业化程度和进程严重受阻，清洁能源装备制造业产业化程度与创新化水平有待快速提高。

3. 太阳能与生物质能产业发展进程缓慢

由于甘肃在产业发展资本聚集能力方面的弱势，清洁能源技术人才、国际光伏一流人才的缺乏与产业研发力量的薄弱，导致甘肃的太阳能产业在国家新能源产业发展进程中处于劣势地位。相对风电与光伏发电迅猛发展的局面，甘肃的生物质能产业因受技术不配套、经济效益低下、扶持政策不完善、投入严重不足、生产运行机制不顺等因素影响，生物质能源占一次能源消费比例过低，发展进程缓慢。

4. 创新能力薄弱是制约产业发展的核心问题

甘肃清洁能源产业发展由于缺乏高新技术的支撑，表面上看是政策、体制、机制、产业等建设与发展方面的问题，实际都是技术问题。自主核心技术、关键技术欠缺，科技创新能力薄弱是掣肘甘肃清洁能源产业发展的首要因素。

9.2.3　绿色能源开发战略

1. 加大传统能源提升改造

加快推进西气东输四线、新疆煤制气外输管道建设，继续配合做好西气东输五线、六线、七线及成品油管道、原油管道、煤制气管道和中亚油气管道前期建设工作，争取在甘肃省建设国家石油储备基地三期工程，促进甘肃省石化工业基地升级改造和天然气主干线沿线城市气化。在沿线具备条件的市州规划建设煤制天然气为主的煤化工基地，争取国家逐步加大中亚进口原油分配指标，推动国家石化工业基地改造提升。

加快酒泉市页岩气开发步伐，争取将页岩气的科学开发利用纳入甘肃省乃至国家重要的开发项目名录。优先布局特高压直流电力外送通道建设，推动酒泉至湖南特高压直流输电工程尽快核准并开工建设，积极推进已纳入国家电网规划的准东至四川、准东至华东特高压输电工程省内建设，争取特高压直流外送工程。

2. 大力发展风力发电

按照集中开发和分散发展并进的原则，推进风电产业加快发展、有序发展。积极推进酒泉千万千瓦级和白银、金（昌）武（威）等百万千瓦级风电基地建设，风电开发布局和建设的重点是：

继续推进酒泉千万千瓦级风电基地建设。以瓜州、玉门及周边县区为重点建设酒泉千万千瓦级风电基地，按照国家统一部署和要求，统筹规划，分步完成酒泉千万千瓦级风电基地项目和后续 500 万 kW 项目建设。适时推进阿克塞、敦煌等区域大型风电场以及甘肃矿区风电场的论证、规划和建设工作，试验、示范、推广大型风电机组。

积极推进百万千瓦级风电场建设。以甘州区平山湖为重点建设张掖百万千瓦级风电基地，积极推进山丹县绣花庙、长山子等风电场的规划及建设工作。以民勤红砂岗、金川西滩等为重点，加强金（昌）武（威）地区风能资源测量和评估，推进千万千瓦级风电基地规划及开发建设，先期启动建设 200 万千瓦级风电场。以景泰兴泉、平川捡财塘等风电场为基础，建设白银百万千瓦级风电基地，继续开展平川、景泰等县区的风资源测量和评估工作，扩大开发利用规模。

3. 促进太阳能多元化利用

按照集中开发与分布式利用相结合的方式，鼓励资源丰富、可利用土地多的河西等地区建设大型光伏电站，在其他适宜地区建设适度规模的光伏电站，支持公用设施、学校、厂矿等进行"自发自用"型光伏发电；支持利用光伏发电解决偏远地区用电问题，开展太阳能热发电产业化示范，扩大太阳能热水器在城乡民用和公共建筑领域的应用规模，继续推广太阳房和太阳灶。

并网太阳能发电。在太阳能资源丰富的河西地区，重点打造敦煌、金塔、肃州、嘉峪关、金川、凉州、民勤 7 个百万千瓦级大型光伏发电基地，2020 年全面建成 7 个基地；积极推进武威沙漠光伏、农业大棚光伏发电项目示范试点建设；进一步加快金太阳工程建设。结合水电开发和电网接入运行条件，探索水光互补、风光互补的太阳能发电建设模式，并与生物质能等其他新能源和储能技术结合，有效利用和合理开发当地资源，建设多能互补型新能源微电网系统。

离网式太阳能发电。在偏远或无电、缺电地区，推广户用光伏发电系统或建设小型光伏电站，解决无电人口用电问题，提高缺电地区供电能力，鼓励在通信、交通、照明等领域采用分散式光伏电源，扩大应用规模。

太阳能热利用。推动太阳能热水器在大中城市建筑物的应用，建设太阳能集中供热水设施，实施公共建筑、经济适用房、廉租房太阳能热水工程。把太阳能热利用纳入惠民工程范围，支持农村和小城镇居民安装使用太阳能热水系统、太阳灶和太阳房等设施。推进太阳能示范村建设，加大农村可再生能源建筑应用力度，推行农村太阳能浴室，支持日光温室和太阳能牲畜暖棚建设，扩大太阳能热水在农村的应用规模。

新能源示范城市建设。选择武威、张掖等生态环保、经济条件相对较好、可再生能源资源丰富的城市，坚持统一规划、规范设计、有序建设的原则，支持在城区及各类产业园区推进太阳能等新能源技术的综合示范应用，替代燃煤等传统的能源利用方式，开展先进多样的太阳能等新能源技术应用示范，满足园区电力、供热、制冷等能源需求。

4. 积极利用生物质能

按照因地制宜、综合利用、清洁高效、经济实用的原则，统筹各类生物质资源，加快生物质能产业体系建设与开发，增加农村能源供给、促进经济发展和改善农村生产生活环境。

生物质发电。在武威、张掖、酒泉等地，以农作物秸秆、粮食加工剩余物等为燃料，建设 9 座生物质直燃发电项目，总装机容量达 26 万 kW。在武威、张掖、酒泉等地，以畜禽养殖废弃物、工业有机废水、城市生活污水处理沼气为燃料，建设 4 座沼气发电站，总装机容量达到 3.6 万 kW。在兰州以餐厨垃圾填埋气为燃料建设发电项目，装机容量为 0.4 万 kW。

生物质制气。在气候适应、人口居住分散且有家庭养殖畜禽的农村地区，继续推广户用沼气、提供清洁生活燃气，分年度在全省实施农村户用沼气池工程，年增 100 万户，将沼气作为连接种植业和养殖业的纽带，逐步提高户用沼气的综合效益。

9.2.4 绿色能源开发对策

1. 加快电网建设

改变当前河西电网较为薄弱的现状，是关系风电基地建设成败的关键。当务之急是要统筹考虑电源与电网建设，加快 750kV 超高压电网工程向河西走廊的延伸，论证建设特高压直流电网向华中和华北电网送电，为河西走廊风电基地电力外输提供保障。

2. 实行风电同其他电源建设相配套

风力发电固有的间歇性和波动性，会对电网造成冲击，随着风电的大规模开发，通过建设相应规模的非风电电源以提高电网的调峰能力势在必行。在加快河西走廊风电基地建设的同时，要充分利用河西及周边地区的太阳能、水力和生物质能等资源，争取实现风电和火电、水电、光电的互补，确保电网的稳定运行和风电的安全输送。在风电装机容量增加到一定比例后，逐步实行跨省跨电网的大范围调峰。

3. 加强风电运行管理和就地转化的研究

为适应风电快速发展的要求，已着手进行全面提高风电运行管理，以及风电"直供"

和就地转化的可行性研究，积极论证在风力资源富集区发展适应电源特点的高科技高附加值的高载能产业，论证发展电解水制氢、高容量动力电池充电等储能产业，论证建设抽水蓄能电站等以减轻电网的压力，促进当地新兴产业的培育。

4. 加大风光电设备自主创新力度

充分利用国家风电项目特许权招标的政策，在风光电项目招标中坚持引进技术、联合设计、合作制造、消化吸收再创新相结合，以市场换技术，突破关键技术，形成具有自主知识产权的制造能力。支持有条件的企业有序进入风电设备制造领域，整合风电设备研发制造资源，推动产学研结合，培育一批有较强竞争力的风光电设备制造企业。在兰州、酒泉、白银等市规划了风电装备产业园，努力形成集研发、制造、认证、测试、培训、配件供应、服务为一体的产业集群（图9-1），把甘肃打造成全国重要的风光电设备制造基地。

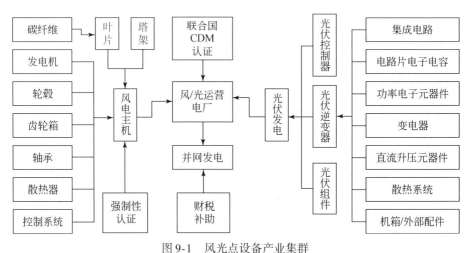

图9-1　风光点设备产业集群

9.3　公共服务设施

公共服务的覆盖程度和供给体制的完善程度，与一个地区的地理位置、自然环境以及经济社会发展水平紧密相关。实施西部大开发战略，国家财政向西部地区倾斜，一定程度上弥补了西部发展资金的缺乏，但是长期形成的社会环境、政府管理体制和财政机制等因素，一直是河西地区经济发展的瓶颈，也是导致基本公共服务难以提高的主要制约因素。

9.3.1　制约公共服务的主要因素

1. 自然环境因素

自然环境对河西地区基本公共服务的影响主要表现在两个方面：一是自然环境限制了经济发展。经济发展水平的落后导致这一地区财政主要是"吃饭财政"，难以足额支付各类公共服务支出，影响公共服务供给总量和供给质量。同时，市场经济发育不成熟，企业、社会组织难以承担部分公共服务的供给责任，使得公共服务供给渠道单一，只能依靠政府有限的财政支出。二是河西地区部分乡村位于边远山区、少数民族地区和边境地区，这些地方区位偏远、交通不便，自然环境的复杂提高了单位公共服务供给成本，使得同一单位公共服务的平均成本远远高于城市地区和中东部平原地区，在地方财力有限的条件下，既减少了公共服务的供给数量和种类，也降低了公共服务的供给质量。

2. 社会环境因素

社会环境一般是指社会内部和外部影响结构各要素及结构整体发展变化的一切因素和条件的总和，即人与人之间、人与社会之间的各种社会关系以及人类改造自然环境过程中所形成的一种社会氛围和社会现象。河西走廊地区部分乡村教育水平长期滞后，公民的文化素质落后，市场经济观念比较淡薄，自我组织能力较差，反映在公共服务方面，表现为难以形成有效的公共服务诉求，"等、靠、要"的现象比较突出。河西走廊地区聚居着部分少数民族，而少数民族大都有着深厚的宗教文化传统，对人的生活方式、生活意义的不同理解间接影响着社会成员对公共服务的理解和需求意愿的表达，政府不能简单划一地提供公共服务，也增加了公共服务供给的成本。

3. 政府管理滞后

由于地区经济发展和教育的落后，干部受传统政治管理理念的影响较深，公共服务意识淡薄，把工作更多地定位于"管理"而不是"服务"，而且由于部分地区较为偏远，交通和通信设施较为缺乏，农民与上级政府的信息沟通极少，这就使得基层干部的工作表现难以如实地反馈到上级政府，这进一步淡化了西部基层干部的服务意识。

4. 公共财政制度不完善

公共财政制度不完善制约了公共服务建设。长期以来，各级政府高度重视经济建设，将更多的财政支持投向经济效益好、收益高的项目，而忽视与老百姓生活密切相关的公共服务建设。因此，公共财政支出结构呈现出重经济建设、轻公共服务的现象，再加上部分地区本身的财政收入有限，导致基本公共服务供给不足。而城乡二元公共服务体系和财政资源分配以城市为中心的政策体制，使公共财政对农村的投入份额长期严重不足，尤其在社会保障、义务教育、就业服务等方面远远滞后于同一地区的城镇水平。

虽然国家以转移支付的形式来平衡落后地区财力的差别，但税收返还和原体制补助比例过高直接扩大了地方政府间财力上的差距，加剧了区域间经济发展差距和公共服务差距的扩大，使得现行转移支付形式还难以起到平衡地区财力差别、支持欠发达地区经济社会发展的作用。

9.3.2　公共服务发展战略

建立健全公共服务体系、提高基本公共服务水平和质量，既要依靠完善公共财政制度和转移支付制度，也需要鼓励社会与政府的合作，以部分市场化的方式来弥补政府财力的不足，制订符合地方实际的发展目标，按核心城市、县城、中心村镇三级配置，构建多层次、多元化、网络型的公共中心体系。重点安排核心城市、县城建设大型配套公共设施，中心村镇根据因地制宜的原则分类实施。

9.3.3　公共服务发展目标

1. 商业金融设施

商务办公区：商务金融办公主要集中在核心城市，为区域发展的金融、商贸和信息中心。

专业市场：主要在县城、中心村镇布局生活资料市场、生产资料市场以及农副产品批发中心。

中心城镇居住区商业设施：以经营市民日常生活必需品为主，中心村镇千人以上设立一座肉菜市场，2 万 ~ 3 万人以上设一座综合市场。

2. 文化娱乐设施

对原有影剧院、文化馆、俱乐部、书店等进行改造和扩建。现有文化设施用地不得改变使用性质。

市级文化娱乐设施。建设市大剧院、市博物馆、市文化艺术中心、市图书馆、市科技馆、青少年妇女儿童活动中心、市老干部活动中心、市政协书画院、市民广场、海洋馆等大型文化娱乐设施。

县级文化设施。规划建设区级文化活动中心、图书馆、影剧院、青少年活动中心及小型文化广场等设施。相邻地区可组团新建文化活动中心、剧院、青少年活动中心、图书馆、电影院等文化设施。

中心村镇设置一处社区文化活动中心，每处用地 3000 ~ 4000m^2，服务半径为 1500 ~ 2000m。居住小区或居委会（3000 ~ 8000 人）设置一处文化站，建筑面积为 150 ~ 300m^2。

3. 体育设施

核心城市体育中心发展为具有多种体育设施的综合性体育中心，同时也成为体育运动队或业余体校的训练基地，能承接全国性单项或省级综合性体育竞赛。

县级体育中心及体训中心。县级设一处综合运动场，用地面积为 2.5 ~ 3.5hm^2。场内设标准运动场、篮球场、网球场、羽毛球场和乒乓球室。

群众性体育设施。中心村镇居住区应配建一处社区体育中心，学校及社区内相关机构的体育活动场所应向居民全面开放。

4. 医疗设施

根据人口和医疗卫生建设标准，采取新建、扩建、迁建方式，完善县级医疗设施。根据条件扩建、改建医院门诊楼和住院楼，中心村镇应配套建设医疗卫生设施。按市级医院为 5 床/千人标准配置，县级医院 2.5 床/千人，中心村镇级医院 1 床/千人。

5. 教育设施

在条件较好的农村地区，利用小学学龄人口下降的有利时机，鼓励多样化地举办学前教育，进一步提高学前教育普及率。有条件的地区要积极构建早期社区教育网络，使学龄前儿童家长和看护人都接受儿童早期教育、卫生保健和营养等多方面的指导。

加强高中阶段学校建设，丰富高中阶段教育资源。结合产业发展的需要，统筹利用东西部各类职业教育资源，以"学校+企业""学校+实训基地""农村+城市""东部+西部"等多种形式，大力开展农村劳动力转移培训。支持充分利用各类教育资源和现代远程教育手段，加强对企业职工和农民工的实用技术培训及对农村基层管理干部的培养。大力发展高等技术与职业教育，完善专科学校，探索发展综合性高中和多种类型的非正规高中阶段教育，促进普通教育与职业教育的协调发展。

继续实施"大学生志愿服务西部计划"，鼓励志愿者到西部地区任教。设立教师岗位专项资金，吸引高等院校毕业生和其他优秀人才到西部边远地区、贫困地区，从事一定时期的教师工作。

6. 社会福利设施规划

地方财政应该根据经济发展水平建立对民政福利事业发展有利的财政投入自然增长机制，逐年加大经费投入，采取各级各口分期分批投入、捆绑使用等方式，逐步建立地区儿童福利院、示范性老年公寓和残疾人福利设施，逐步形成覆盖全市的民政福利服务网络，促进社会福利事业与经济、社会协调发展。

全方位、多渠道吸引社会团体或个人参与民政福利事业发展，特别是在老年人福利事业上，应该遵循市场化的原则，朝着社会化、市场化、服务化的方向发展。如在小区开发规划中，引导开发商在小区规划的合理地段，建造养老设施，可以独立经营，也可以出租和出售，减免或部分减免对建设工程的各种收费。

9.4　节水设施

9.4.1　推广更为高效和生态的节水灌溉设施

河西走廊地区目前农业节水灌溉面积仅占农田总面积的50%，其中主要的节水灌溉方式为渠道防渗，通过田间沟渠的硬化措施防止灌溉水下渗，此灌溉方式虽然降低了灌溉水输送过程中的水损失，提高了农田灌溉水有效利用系数，但也阻碍了地表水下渗和对地下水的补给，是一种推广成本低廉，节水效果一般和生态效益较差的节水灌溉方式。采用低压管灌、微灌和喷滴灌等高效节水技术的灌溉面积还非常小，尤其是喷滴灌这一最为节水的灌溉方式普及率最低。

河西走廊地区要提高人口承载力，在保证生态用水的前提下满足工农业生产和居民生活用水需求，必须建立更为高效和生态的节水体系，农业节水是重点。未来农业节水灌溉设施建设应突出高效和生态化。一是加大节水灌溉面积的比重，争取到2030年实现节水灌溉设施全覆盖。二是推广普及更为高效和生态的喷滴灌节水灌溉设施，争取到2030年喷滴灌节水设施普及率达到50%。由于该节水技术和设施的建设成本较高，以色列在该领域技术最为成熟，建议抢抓国家丝绸之路经济带建设战略机遇，积极争取国家将河西走廊地区确立为中国-以色列节水灌溉技术合作研究与推广示范基地，争取河西走廊地区节水农业得到国家投资支持。

9.4.2　普及城市节水设施

从用水器具、雨水利用、再生水利用、城市绿化节水技术、工业节水普及等方面推进城市节水。逐步普及节水龙头、节水便器、节水阀门、节水电器（如洗衣机、洗碗机、热水器、直饮机等），首先在新建公共建筑中强制推行，近期逐步更新已有公共建筑的用水器皿，通过住房和建筑标准化管理，实施新建建筑节水器皿强制执行措施，城市绿化强制实行节水灌溉。通过优惠的税收和财政补贴等措施鼓励雨水利用、再生水利用和工业节水。

9.4.3　加快完善城乡生活污水收集和处理系统

按照城镇规模和空间格局，合理布局城镇生活污水处理厂和污水收集管网系统，加大政府对城市污水处理的基础设施投入，积极吸引社会资本投资污水净化等公共服务领域。完善城市现有污水管网，实现城市污水收集系统与污水处理系统和再生水利用的无缝对接，解决城市现有污水处理厂开工不足问题，逐步将重点乡镇污水处理厂纳入建设计划。

9.4.4　建设水循环利用体系

抢抓甘肃省循环经济示范省建设战略机遇，以重点工业企业和园区为载体，开展以节水为核心的循环经济示范，推进重点工业企业和工业园区的水循环化改造。实施冷却水回收利用工程，通过优化换热器组合、发展高效环保节水型冷却构筑物和空气冷却代替水冷等途径，实现工业冷却水的回收利用和节约。

第 10 章　城镇组团与区域合作模式

10.1　城镇组团发展方向与总体格局

《国家新型城镇化规划（2014—2020 年）》指出，城镇化是推动区域协同发展的有力支撑，要求基于集约高效、优化布局的原则，以城镇群为主体形态推动各级城镇协调发展。河西走廊的城镇化进程应该基于该地区城镇发展现状及存在的问题，紧紧抓住新丝绸之路经济带建设和新一轮西部大开发的机遇，积极发展和培育城镇群或者城镇组团，结合与周边省区开展大区域合作，优化河西走廊城镇空间格局，促进区域一体化发展。

10.1.1　河西走廊城镇群与都市圈空间总体布局

河西走廊大通道是城镇群发育的主轴线，沿线形成了 5 个城镇密集区。河西走廊是新丝绸之路经济带的核心地段和交通枢纽，是连接甘肃、宁夏、青海、内蒙古和新疆的通道与纽带，也是我国重要的煤炭、石油、天然气等能源保障通道，沿线地势平坦，众多绿洲农业发达。过去矿产资源比较丰富，与周边地区相比工业化水平较高，因此城镇化水平也相对较高，城镇组群发展已经初具规模，目前形成了 5 个城镇密集区（图 10-1），自东向西分别是兰白都市圈以及金武、张掖、酒嘉和大敦煌 4 个城镇组团（表 10-1）。

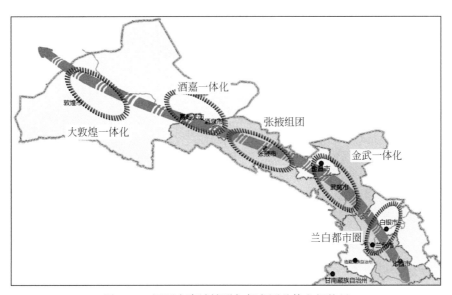

图 10-1　河西走廊城镇群与都市圈总体空间格局

表 10-1　河西走廊城镇组团组成情况

城镇群/组团	面积（km²）	2012 年末总人口（万人）	区划范围	核心地区
兰白都市圈	34 300.00	535.42	兰州市区、皋兰县、永登县、榆中县、白银区、平川区、景泰县、靖远县、会宁县	兰州市区、白银市区
金武组团	41 896.00	228.90	金川区、永昌县、凉州区、古浪县、民勤县、天祝藏族自治县	金川区、凉州区
张掖组团	44 368.61	120.76	甘州区、民乐县、山丹县、临泽县、高台县、肃南裕固族自治县	甘州区
酒嘉组团	38 621.00	97.86	肃州区、金塔县、玉门市、嘉峪关市	肃州区、嘉峪关市
大敦煌组团	152 948.00	36.01	敦煌市、阿克塞哈萨克族自治、肃北蒙古族自治、瓜州县	敦煌市

10.1.2　河西走廊城镇组团与一体化发展方向

1. 集群共建，集约新型发展

积极培育和发展城镇群是河西走廊地区推进新型城镇化的必然要求。城镇集群发展是产业集聚化、专业化、绿色化发展的要求，也是城镇化进入中后期阶段的高效发展之路。河西走廊城镇依托三大河流流域的自然绿洲，城镇化水平相对较高，集群发展的趋势已经初见端倪，顺应城镇发展的新趋势，城镇集群发展已经于 21 世纪初提出，经过近些年的发展和推进，已经形成共识。

新型城镇化的核心在于强调城镇化质量和内涵的提升。新型城镇化要求走科学发展、集约高效、功能完善、环境友好、社会和谐、个性鲜明、城乡一体、大中小城市和小城镇协调发展的城镇化道路。

2. 区域统筹，空间结构优化

邻近的城市和城镇不仅要优化自身内部空间结构，也要考虑区域城镇、产业、环境发展的对接、合作与协调，实现区域空间统筹。城镇内部空间结构优化需要与区域城镇空间布局优化相协调，结合区域功能明确每个城镇的职能，基于城镇的基本职能和所承担的区域功能，优化城镇的内部空间结构。同时，通过强化区域城镇之间的联系，促进区域城镇空间系统合理发展，形成集约、高效、有序的区域城镇空间格局。

3. 交通协调，基础设施共建

为避免重复建设而造成的浪费，城镇群区域设施需共建共用，这是低碳、生态、高效发展的要求。交通网络是城镇群发展的关键，跨区域交通与基础设施需要在甘肃省主导或者指导下加大投入，涉及跨省区合作的交通线路需要多个省区协调甚至国家层面的协调。就目前而言，河西走廊各城镇群内部及相互之间的联系尚存在诸多问题，分割式发展现象普遍存在，因此区域交通与基础设施统筹空间很大。

4. 强化流域水资源管理, 区域生态环境有机保护

河西走廊水资源有限, 生态环境脆弱, 流域人水矛盾突出, 城乡水资源分配矛盾大, 地处同一流域的城镇像拴在同一条水资源线上的 "蚂蚱", 发展休戚相关。坚持强化水资源流域统一管理, 城镇群高效节约用水, 上下游城镇共同保护生态环境, 走精明智慧发展之路。

5. 因地制宜, 生态化发展

河西地区自然条件差异性很大, 要因地制宜, 发展特色乡镇企业、农业和林业; 在因地制宜发展特色产业的同时, 应注意循序渐进的原则, 使生态效益、社会效益、经济效益有机地结合起来 (于汉学, 2007)。

生态化发展倡导低碳生态, 以自然生态系统为立地背景, 以人工生态系统健康运行为前提, 建设绿色与生态化基础设施, 建设 "三节 (节能、节地、节水) 一环保" 生态城镇。

6. 发挥文化优势, 个性特色化发展

河西走廊很多城镇经过千余年古丝路文化的熏陶, 很多城镇承载着丝路文化、炎黄文化、多元民族文化等传统文化, 发挥文化特色优势是河西地区城镇化的重要方向, 但河西走廊地区无论自然地理特征还是社会文化经济发展历程都存在一定的区域差异, 很多城镇具有鲜明的特色, 走差异化、个性化、特色化发展之路, 既符合发展实践, 也符合新时期对城镇发展的时代要求。

7. 高层次统筹管治, 城镇间建立协调机制

河西走廊城镇化需要甘肃省层面的统筹管控, 需要甘肃省与周边的青海、新疆、内蒙古等省区形成战略合作发展机制, 有些难以解决的问题甚至需要国家层面的统筹协调, 如黄河水资源的配置、西部地区环境治理和生态保育、主要跨区域交通线路的规划建设等。就都市圈或城镇群内部发展而言, 需要相关城镇之间建立有效的协调管理机制, 有效解决和处理流域发展问题或者跨区域发展问题。

10.2　兰白一体化发展: 都市圈主导发展模式

10.2.1　兰白一体化发展基础分析

(1) 启动较早

兰州都市圈最早由董晓峰于 2000 年提出, 并写进他于 2003 年作为技术总负责人主持的 《甘肃省城镇体系规划 (2003—2020 年)》 中。"十二五" 期间, 开展了兰州市都市圈系统规划建设研究与部署, 推动了甘肃省中部城镇群发展。

(2) 城乡差异明显

城乡二元结构矛盾突出, 中心城市对周边腹地发展带动不足, 兰州周边县城发展落

后，县域间发展不平衡。

（3）城市宜居性显著提升

综合服务功能日益增强，大气环境治理、城市周边大型绿化工程的开展、工业外迁等使城市环境明显改善，成为治理大气污染的典范。

（4）创新发展潜力巨大

高校与科研单位密集，集中了甘肃全省80%以上的科研机构和专业人才，具有较大的创新发展潜力，在西北部地区创新发展优势明显。

10.2.2　发展条件与现状特征

1. 基本情况

兰州-白银都市圈位于甘肃省中部，地处黄土高原与腾格里沙漠过渡地带，属北温带干旱、半干旱大陆性气候（赵丹，2011）。水资源总量低于全国平均水平，但入境水量稳定，可基本满足城市工农业用水和生活用水需求。

兰州市和白银市是核心城市，兰州辖3县5区，即永登县、皋兰县、榆中县及城关区、七里河区、西固区、安宁区、红古区，2012年末全市总人口为363.05万人，城镇化率达到78.34%；白银市辖三县两区，即靖远县、会宁县、景泰县及白银区、平川区，2012年末全市总人口为171.92万人，城镇化率达到41.54%。

2. 兰白一体化发展优势

（1）区位优势凸显

兰白是中原地区、西南地区通往西北边疆和中亚、西亚的战略节点区与枢纽区，也是维护西部边疆安全的重要支撑区域。陇海、兰新、兰青、包兰、兰渝等干线铁路和京藏、连霍、青兰、兰海等国家高速公路交汇于此，随着兰州中川机场改扩建和客货运输能力不断提升以及西气东输、西油东送管道运输网的建设，兰白经济区的西北综合交通枢纽地位日益增强（李杨杨，2012）。

（2）经济持续增长

改革开放30年来，兰白都市圈经济保持持续增长、人民生活水平不断提高。随着经济的稳定增长，兰白在甘肃的中心地位更为牢固。2000～2010年，兰白经济区生产总值年均增长13.2%，2010年达到1395.4亿元，占甘肃全省的34%。人均GDP由2000年的8282元达到2010年的27 240元。

（3）产业稳步发展

兰白都市圈产业具有较好基础，兰州是"一五"期间国家确定重点建设的12个工业基地之一，白银是我国重点建设的资源型城市（赵丹，2011）。兰白都市圈石油化工、有色冶金等特色优势产业进一步壮大，快速发展文化、金融等现代服务业，发展支柱产业，成为西陇海兰新经济带发展的重要产业基地。

（4）科技实力雄厚

兰白经济区人力资源优势突出，集中了甘肃全省80%以上的科研机构和专业人才，拥有近700家科研开发机构，10个国家实验室以及31个国家级、省部级工程技术中心和实验基地，是西部地区重要的科研基地和甘肃省重要的技术研发和创新中心（石峰，2012）。

3. 兰白一体化发展面临的挑战

区域内传统产业比重高、链条短，新兴产业发展不足，资源环境约束增强；中心城市发展空间有限，城市带动能力弱，城乡二元结构矛盾突出。

随着东部地区产业转移，周边一些中心城市快速崛起，区域竞争日趋激烈，兰白经济区发展面临巨大的挑战和压力。

4. 兰白一体化发展机遇

（1）国家批准兰州保税区

2014 年 7 月 15 日，国务院正式批准设立兰州新区综合保税区，这为甘肃省进一步提升对外开放的层次和水平提供了一个新的政策平台。保税区规划面积达 2.86km^2，具有保税加工、保税仓储、保税物流、口岸作业和综合服务等功能（刘健和任雅坤，2014）。

（2）兰渝铁路即将通车

兰渝铁路建成后，兰州至重庆两地间的运费将降低约三分之一，时间缩短约三分之二，兰渝铁路将为疆煤、疆气入渝、入川提供运力支持，兰州与西南的合作将进一步加强。

（3）国家批准兰州新区

2012 年 8 月 20 日，国务院同意设立兰州新区。兰州新区的建设，对探索西北老工业城市转型发展和承接东中部地区产业转移的新模式，推动西部大开发，具有重要意义。兰州新区是国务院批复的第五个国家级新区，也是西北地区的第一个国家级新区（焦隆，2012）。

（4）国家扶持老工业基地转型发展

按照《国家发展和改革委员会办公厅关于编制资源枯竭城市转型规划的指导意见》，提出白银市以经济转型为根本，带动社会、生态、文化全面转型的总体构想。培育多元支柱产业，推进经济发展从粗放型、外延型向集约型、内涵型、低碳型转变，提高产业核心竞争力，提升城市的可持续发展能力。

（5）华夏文明传承示范区政策

甘肃在立足自身丰厚的文化底蕴和资源的基础上，提出"建设华夏文明保护传承和创新发展示范区"，国务院办公厅出台《关于进一步支持甘肃省经济社会发展的若干意见》，从资金、项目、人才、技术等方面予以支持，对甘肃充分挖掘整理、有效保护传承、充分展示利用这些宝贵的资源财富有重要的意义。这一政策的实施，对兰白都市圈文化产业的发展有积极带动作用。

（6）国家支持甘肃发展循环经济

国务院批准的《甘肃省循环经济总体规划》是全国首个省级循环经济规划。兰白经济区具有较强的产业支撑和技术研发实力，集中了一批骨干企业、示范园区、产业链和基地，成为甘肃全省发展循环经济的主战场，为河西走廊走循环低碳的新型发展之路提供了良好契机（贾卓，2013）。

（7） 城市创新和转型发展

兰州是国家创新型城市试点之一，白银是全国首批资源枯竭转型城市（贾卓，2013）。在国家政策支持下，发挥兰州、白银试点城市先行先试的优势，依托现有产业基础和人才技术优势，城市创新发展和产业转型升级相结合，积极探索兰白一体化发展新路。

10.2.3 兰白城镇体系结构

1. 空间布局整合：一核二副网络化新型都市圈

1）"一核二副"指以兰州主城区为主核心，兰州新区与白银市区为副中心。以主要交通通道和黄河河谷沿线连接县城、重点城镇和产业园区。

2）"网络化"发展指以兰州中心区、白银中心区、兰州新区为中心的区域交通和基础空间网络系统为主体，推进兰白地区城镇空间结构步入网络化发展新阶段。

3）"新型都市圈"是指不求大，追求合作协调和新型发展。优化城市空间布局，向新区疏解工业和人口，以科技为支持，实施绿色发展，发展物流产业。培育形成功能互补、分工有序、联系紧密的都市圈。兰州新区按照生态城镇和循环经济来建设，带动兰白都市区域城乡可持续发展（图 10-2）。

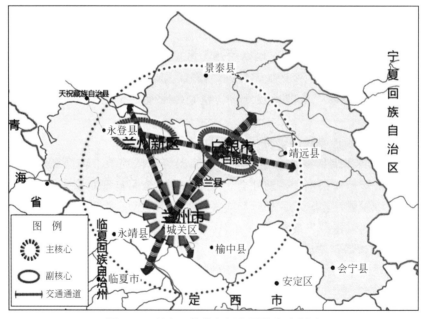

图 10-2　兰白一体化空间发展模式示意图

2. 兰白都市圈职能统筹

（1） 建设西北科教文化创新中心

支持兰白经济区高等院校、科研院所、大型企业等，通过联合开发、委托开发、相互参股、共建经济实体等形式，建设产学研战略联盟，共同推进核心技术攻关和关键应用技术研究。建设兰白经济区科技信息交换和共享平台，建立研发人才、科研设备、科技信息、知识产权服务共享机制，推动基础性科技教育资源开放融合。促进区域创新要素高效流动和优化配置，构建开放融合、布局合理、支撑有力的区域创新体系（石峰，2012）。

（2）加快兰白国家级高新区建设

兰州、白银高新技术区在全国属于起步较早者，基础良好。搞好兰州高新技术开发区、兰州经济技术开发区增容扩区和白银国家级高新技术产业开发区建设，充分发挥引领高新技术产业发展、支撑经济增长的集聚和辐射及带动作用（吕晟君和赵宝巾，2011）。白银高新技术产业园区是由白银市政府与中科院高技术研究与发展局在 2001 年 10 月 12 日第三届深高交会上签订协议组建的高科技园区，2010 年，经国务院批准已经升级为"国家高新技术产业开发区"，成为甘肃省继兰州高新技术开发区之后的第二个国家级高新技术产业开发区。

（3）发展西北商贸金融与旅游会展中心

大力发展商贸金融旅游中心，担当丝绸之路新型发展的支撑性中心区。抓住中川机场扩建和提升口岸契机，培育和引进大型专业物流与快递企业，形成以高附加值产品集散与分拨为主的兰州新区航空物流产业基地。建设以能源矿产物资及其加工产品集散为主的白银物流转运中心。以黄河文化、丝路文化、民族文化等特色旅游资源为重点，加大投入，强化管理，提升兰州旅游集散中心地位，建设西北商贸金融与旅游会展中心。

（4）建设循环经济兰州新区

兰州新区以永登县中川镇及其以南区域为中心，包括永登县秦川镇、中川镇、树屏镇、上川镇和皋兰县西岔镇、水阜乡部分区域。其中，中川空港以南为新区起步和核心功能区。建设兰州新区与改造主城区相结合，促进新区建设与高新技术开发区、经济技术开发区互动发展。通过新区建设推进兰州中心城市职能转变、新型发展。

（5）加强区域产业系统协调

提升和完善白银市区的综合服务能力和旅游组织能力，改造提升有色冶金等传统重工业，依托交通枢纽培育现代物流业，实现从传统重化工业基地向综合产业基地的升级，大力发展生物制药、现代化装备制造业基地等新型绿色产业。

10.2.4　支撑体系

1. 继续做好城市大气环境污染治理典范

兰州-白银两市均在转型发展和大气环境治理上做出了显著成就，成为全国雾霾治理的学习典范，还需要继续努力，全面建设生态宜居示范都市圈。

2. 切实加强城际交通建设与基础设施建设

建设兰州至白银、白银至中川、白银至景泰、兰州至中川等快速通道，形成连通"一主两副"的城际主干网。沿黄河建设兰州经白银至靖远、兰州至永靖公路等，打造"千里黄河风情线"。并加强区域能源、水利等基础设施系统建设（万海滢，2013）。

3. 建立兰白都市圈合作机制

1）健全区域合作机制。成立兰白一体化发展推进小组，成立具体办事机构（办公室），负责兰白区域合作的日常工作。建立市州和省直部门联席会议制度，负责研究、协调都市区发展重大事项。

2）建立区际利益协调机制。探索建立重大产业项目引进和建设、产业跨区域转移、产业配套协作、园区共建共享等跨区域协同管治，以及财税分成、节能减排等跨行政区利益分享机制。探索建立跨行政区水资源利用、生态环境补偿机制。

10.3 金武一体化发展：轴带融合双核城镇群模式

10.3.1 金武城镇群发展基础与规律机制分析

1. 金武城镇群发展基础

（1）武威市和金昌市同属石羊河流域

武威、金昌位于河西走廊东段，武威和金昌两市地缘相邻，同处河西石羊河流域绿洲盆地。

（2）武威市和金昌市原同属武威市

金昌原是武威市的一镇，由于特色矿产丰富促进企业的兴起而于1981年独立设市，因盛产镍被誉为"镍都"。

（3）两市性质差异大、互补性强

武威市为绿洲农业城市，辖1区3县，即凉州区、民勤县、古浪县和天祝藏族自治县。金昌市绿洲荒漠相间，是我国重要的镍、钴、铂族贵金属生产及有色金属工业基地，辖1区1县，即金川区和永昌县。

2. 金武城镇群发展规律机制分析

1）外流域水源的引入，推动武威东南部大靖、土门一带土地的开发利用。通过实施景电工程引水、土地开发、移民安置等措施，金武城镇群一体化得到快速发展。

2）金武东南部城镇门户地位加强。金武属四省交汇地带，地理位置优越。随着武威东南部交通的快速发展，与兰州、白银、中卫的联系得到加强。

3）兰白都市圈的迅速发展，也带动着金武城镇群的发展。

10.3.2 金武一体化发展条件与现状特征分析

1. 基本情况

金武地处河西走廊东段，南邻青海、北接内蒙古，范围包括金昌市的金川区、永昌县，武威市的凉州区、古浪县、民勤县、天祝藏族自治县，面积为4.2万 km²，2012年总人口为227.9万人。

金昌市是我国重要的镍、钴、铂族贵金属生产及有色金属工业基地，国家新材料高技术产业基地和循环经济示范区；武威市是全国历史文化名城、甘肃省重要的农产品生产和加工基地、国家级沙产业和防沙治沙生态恢复示范区（金昌–武威区域经济一体化发展规划）。

随着经济社会快速发展，两市产业关联日益紧密，经济社会联系不断增强，金武区域一体化发展步伐加快。

近些年来对石羊河流域"上保水源、中保城镇农田、下游节约用水防止沙漠化"的治理，人口"下山出荒"向山前融合带集聚，为金武地区一体化发展创造了良好的条件。

2. 金武发展优势

（1）连接多省区的区位条件

金武地处河西走廊东部，位于甘、青、蒙交汇处，毗邻省会兰州，也连接银川平原。

（2）跨区域交通枢纽地位越来越重要

金武是西陇海兰新经济带的重要节点，兰新铁路、高速公路 G30 线贯穿全境，区内交通四通八达，西北方向沿兰新铁路、国家高速公路 G30 与张掖市相通；西南方向沿连霍高速公路和京藏高速公路与西宁市相通；东南方向沿高速公路 G30 与京藏高速公路与兰州、白银相通；东北方向沿连霍高速公路、定武高速公路与阿拉善左旗相通。

（3）产业优势互补性突出

金武经济区是国家重要的有色金属工业基地，也是河西商品粮生产基地的重要组成部分。依托金昌有色工业基地和武威农产品加工基地的优势，发挥区内大企业和产业基地的龙头带动作用，有利于整合区内资源，加强产业关联配套，形成分工合理、优势互补的特色产业发展格局（刘建刚，2011）。

（4）风光热资源开发便于服务周边

金武光热风能资源丰富，由于距离白银、兰州等高用电城市很近，金武地区的风光热资源开发价值较高，便于将清洁能源输往高负荷中心。

3. 问题和挑战

1）如何让区域走出水资源枯竭带来的生态危机，是金武地区经济发展与传统农业发展面临的挑战。

2）如何走出历史文化遗产面临遭受破坏的局面、更好地传承华夏文明，是金武地区发展面临的另一挑战。

4. 发展机遇

1）新型城镇化、新丝绸之路经济带建设、新能源开发利用技术突破是金武地区发展的新机遇。金武地区需要抓住新时代赋予的新机遇，通过基础设施共建，建设节能、节约、低碳、绿色生态系统，发挥历史文化与现代科技文化的双重优势。

2）同时在发展过程中注重对太阳能、风能等清洁能源资源的利用，走内涵式、低碳化、集约化发展之路，打造河西走廊重要的门户和新型发展城镇群。

10.3.3　金武城镇一体化体系结构

1. 总体发展原则与方向

1）沿轴带集聚发展促进空间优化，发展循环、绿色、科技化产业，实现生态新型发展。

2）城镇相连，以城带乡，带动生态环境优化，经济转型提升，走出智慧化、生态化发展之路。

2. 空间整合：一带两核两翼

1）"一带"是指依托金（凉州区丰乐镇金太阳新能源高新技术集中区）大（古浪县大靖镇）快速通道发展城乡有机融合带（马顺龙，2011），金大通道途经凉州区、古浪县川区走廊带，沿线人口集中、经济发展速度较快，是经济发展集中区。

2）"两核"指金昌市金川区和武威市凉州区，金昌市发展优势集中在生产性服务业和先进制造业，武威市凉州区文化中心和传统服务业地位突出，形成"两核"互补、相向发展、协调推进的新格局，构建区域复合中心。

3）"两翼"指依托国道 G30 线及陇海兰新线，以永昌县城、古浪县城、天祝县城为重要节点的"南翼"，和以民勤县县城连接凉州区的"北翼民凉发展轴"（图 10-3）。

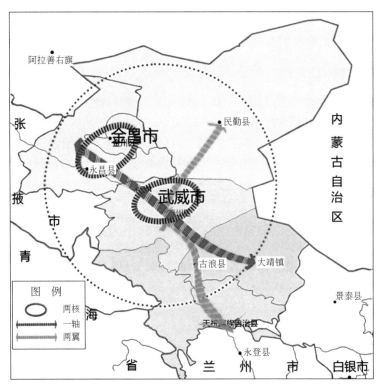

图 10-3　金武一体化空间整合模式

3. 金武城镇群职能一体化统筹

1）依托金武的优势资源和企业，突出新能源、农产品精深加工、无机化工和生物产业发展，提升产业竞争新优势。

2）提升金川区的有色金属材料研发等专业性生产服务能力，完善传统综合服务能力，重点发展以有色金属、新材料为特色的先进制造业基地，加强同武威的协同、互补发展。

3）武威是文化旅游、现代绿洲农业城市。加强武威市同金昌市的互补融合发展，打造以能源化工、农特产品加工为主导的先进制造业基地，依托金大通道加快现代物流业的发展。

10.3.4　支持系统

1. 水资源统一精细管理

石羊河流域地区属国家重要的河西商品粮基地，土地资源相对丰富，农业灌溉用水实行精细化管理，严格落实定额分配制度。考虑农田按农业人口人均 2.0 ~ 2.5 亩灌溉面积配水，其中永昌县、民勤县人均 2.5 亩配水，其他县区人均 2.0 亩配水（陈吉平，2013）。由于限水政策的实施，民勤县水量有富余，缓解了石羊河流域的生态危机。

通过对武威、金昌两市限地限水的控制，民勤县夹河乡 7 眼机井成自流涌泉，干涸 51 年之久的青土湖出现了季节性 $10km^2$ 的水面，说明石羊河下游生态系统有了初步好转，生态危机有所缓解，为金武发展第二、第三产业和绿色产业链提供了较大空间。

2. 生态环境一体化保护

绿洲系统永远是河西走廊存在的基础。通过水资源和生态环境管理一体化，保护、维护和修复被破坏的自然绿洲生态系统。通过集约化发展，推进水资源节约利用，引导人口向轴带集聚，优化人工绿洲系统格局，保护绿洲生态系统，改善人居环境。通过集约化的管理和空间上的管治，实现石羊河流域生态环境良性可持续发展。

3. 金武基础设施一体化共建

通过交通物流、水利、能源、信息等关键基础设施共建，改善区域发展条件和效率（金昌–武威区域经济一体化发展规划）。

（1）金武交通建设

加强区际联系，提升改造与兰西经济区交通通道。加快永登（徐家磨）至古浪、营盘水至武威（双塔）高速公路建设。择机对省道 212 线雅布赖至金昌、天祝至青海互助等重要国省干线和省际出口路改扩建，争取开工建设阿拉善左旗至武威至西宁高速公路。

（2）统筹水利设施建设

实施石羊河流域水资源调配工程，开工建设景电二期延伸向民勤调水工程、西（西大河）金（金川峡）干渠改扩建工程，积极争取石门河引水、红崖山水库清淤、武威城区供水、毛藏寺水库等工程建设，推进地表、地下水资源统一配置和管理，提高水资源调配能力。

（3）加强能源设施建设合作

利用建设永昌河西堡 750kV 变电站的有利条件，建设区域性电力枢纽中心，加大武威金太阳新能源高新技术集中区和武威新能源装备制造产业园基础设施配套建设力度。

（4）共建共用国家级保税物流中心

利用金武已有的国家级保税物流中心的优势及金武区域性交通枢纽的有利条件，围绕重大铁路、公路、机场项目建设和站场布局，推进金武经济区内物流节点、网络建设，构筑与省内其他功能组团以及周边省区对接的物流大通道。

（5）推进信息资源共建共享

统筹信息基础设施建设，深化电子商务、电子政务应用与信息资源整合，全力推动"数字金武"建设，推进信息基础设施和资源共建共享。

4. 公共服务资源共享

（1）促进区域教育共同发展

充分发挥金昌工业技能型人才培训和武威农业技能型人才培训优势，共同打造职业技能开发评价示范基地以及集课堂教学、就业培训、技能创业、职业介绍为一体的综合性技能人才培训基地。

（2）健全医疗卫生合作机制

全面推进医药卫生体制改革，坚持预防为主、以农村为重点、中西医并重的方针，着眼于实现人人享有基本医疗卫生服务的目标，统筹发展城乡医疗卫生事业，建立健全覆盖两地城乡居民的基本医疗卫生制度。

（3）推进人力资源统筹开发

实行积极的就业政策，拓展就业渠道、扩大就业容量。统筹推进两地城乡人力资源开发，大力提升区域劳务经济。加强人才队伍建设，在两地形成人才合理流动、资源共享的人才使用机制。

（4）加强区域社会保障体系建设

依托信息网络平台，在现阶段统筹的基础上，逐步实现两地社会保险制度对接。打造统一的社会保险信息平台，建立社会保险参保信息共享机制。

5. 建立金武协同管理机制

（1）加强协调管理

金昌、武威两市要建立联席会议制度，共同设立专门机构，抽调专门人员，具体牵头组织推进两市区域一体化的各项工作，加强对全省各区域经济功能组团和一体化发展的管理。

（2）建立常规化的协商制度

金武两市政府及相关部门要建立对口协商机制，定期或不定期召开联席会议，交流通报信息，讨论合作事宜，努力消除推进一体化的体制障碍，构筑共建同享的新机制（齐新明，2013）。

（3）开展统一规划

武威、金昌两市各部门、各县区要共同规划确定发展重点，对规划目标任务和重大项目安排进行细化分解，逐项落实，共同研究制定具体的实施意见和工作方案。

10.4　张掖组团发展：中心带动片区发展模式

10.4.1　张掖组团发展基础分析

（1）历史文化名城与生态城

张掖有着优美的自然风光、灿烂的文化、悠久的历史和独特的人文景观，是全国历史文化名城。张掖市域面积一半以上属于祁连山水源涵养区，近一半与黑河湿地相连，境内有张掖黑河湿地国家级自然保护区、张掖国家级湿地公园等保护区。

（2）河西地区旅游中心城市

张掖是国内闻名的旅游城市，自古就有"塞上江南"和"金张掖"之美誉，境内有着美不胜收的原生态城市湿地，气势磅礴的彩色丹霞地貌，独特的裕固族风情，祁连山旷野风光，戈壁滩冰川奇峰等自然景观，以及始建于西夏的大佛寺、隋代的万寿寺、唐代的铜钟，黑水国城遗址、马蹄寺石窟等人文古迹（邝明远，2014），特色旅游发展潜力巨大。

10.4.2　张掖组团发展条件与现状特征分析

1. 基本情况

张掖是沙漠戈壁中的绿洲城市，也是丝绸之路上的重要城市，全市面积为 4.2 万 km²，辖 1 区 5 县，总人口 128 万人。

张掖南枕祁连山，北依合黎山、龙首山，黑河贯穿全境，形成了特有的荒漠绿洲景象。境内地势平坦、土地肥沃、林茂粮丰、瓜果飘香。属大陆性气候，干燥少雨，年平均气温 6℃（邝明远，2014）。

改革开放以来，张掖经济社会发展迅速，产业结构发生了显著变化，逐步趋向合理，突出体现在第一产业比重持续下降，第二、第三产业比重不断上升。国民经济稳步增长，综合经济实力不断增强，整体经济水平已居甘肃省十四个地州市第八位。

2. 张掖组团发展优势

区位条件优越，交通条件良好。张掖地处河西走廊中东部，东连兰州、西通新疆、北达内蒙古、南至青海，地理位置"居中四向"，是古代丝绸之路的必经之地和东西经济文化交汇融合之处。境内兰新铁路、G312 国道东西贯穿，G227 国道南北贯通，县乡公路阡陌纵横，四通八达，交通十分便利，随着国家新丝绸之路经济建设，张掖的区位优势更加突出。

生态环境不断改善。张掖有黑河、酥油口河、大野口河、山丹河 4 条内陆河流和 26 条季节性小河。地下水资源丰富，在普遍缺水的西部城市中，有着得天独厚的优势。张掖市地貌多变，不同生态地域组成平原和山地森林、灌丛、草原、荒漠、草甸和沼泽等不同地貌地形，为旅游业发展提供了良好的景观条件。

历史悠久，人文资源丰富。自汉鼎六年（公元前 111 年）起，张掖就是历代西北重要的行政或军事政权机构的治所，已经有 2100 多年的历史。张掖绿洲由于地理位置重要，环境条件优越，历史上农业与文化一直较为发达，人民富庶，素有"金张掖"之称。国务院于 1986 年 12 月 8 日，将张掖市列为全国第二批 38 个历史文化名城之一。

国家级玉米制种基地。张掖农业基础良好，耕种条件优越，灌溉农业发达，农产品的品质好，有特色，加工潜力大，有较强的市场竞争优势，是全国重要的商品粮、瓜果蔬菜生产基地和甘肃省七大农产品加工循环经济基地之一，是我国重要的玉米制种基地。

3. 张掖组团发展面临挑战

农副产品资源丰富，但加工增值不足；工业基础薄弱，发展资金紧缺；人才、信息、技术、基础设施建设明显落后于沿海、沿江、沿边地区；产业结构层次仍旧较低，总体尚处在工业化初级阶段。

4. 张掖发展机遇

随着西部大开发战略的实施，地处西陇海兰新经济带甘肃段中心点的张掖获得了迈上新台阶的发展机遇。自 2002 年行政区划调整后，经济社会发展得以提速，呈现出前所未有的发展态势。

10.4.3 张掖组团城镇体系结构

1. 加强区域空间联系：一轴一心五片区

"一轴"指沿兰新铁路线交通发展轴。"一心"指张掖市甘州区，甘州区作为张掖市域的中心城区，是区域发展的主要极核，集聚区域的主要发展资源。"五片区"是指山丹县、民乐县、肃南裕固族自治县、张掖市、临泽县和高台县（图 10-4）。

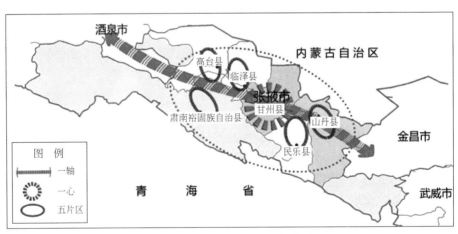

图 10-4　张掖组团空间组织模式

2. 职能统筹

张掖城镇组团是国家绿洲生态经济示范区，是"七彩丹霞、湿地之城、裕固家园、戈壁水乡"生态旅游明珠（张乃英和郑屹，2011）。

张掖还是新丝绸之路经济带上连接青藏和内蒙古两大高原的重要物流通道。

10.4.4　支持系统

1. 加快城市旅游文化发展

以甘州区历史文化名城为中心，打造丝绸之路历史文化旅游带和祁连山北麓腹地生态旅游带两大特色旅游带。

打造"一心两带"。"一心"是指打造张掖历史文化名城游客集散中心。"两带"指东起山丹的峡口古城，经甘州府城、临泽昭武故地至高台骆驼城的丝绸之路历史文化旅游带；以及东起肃南皇城，经山丹、民乐、肃南县城，至肃南七一冰川、嘉峪关的祁连山北麓腹地生态旅游带。

2. 加快基础设施建设

（1）交通建设

加快建设张掖至西宁高速公路，甘州经平山湖至阿右旗、甘州经小孤山至青海祁连县二级公路，高标准打造南北通道。建设高台元子至肃南高速公路，市内各县（区）实现高速公路连接。

（2）市政基础设施建设

在张掖组团范围内，依据城市用地、人口、工业发展规模及居住水平设施标准合理确定城市供水规模；考虑充分利用宝贵的雨水资源等因素，采用分流制的排水体制；做好电力电信工程、邮政及广电、燃气供热、公共安全与综合防灾、环保环卫规划的制定和实施。

3. 建立张掖组团管理机制

（1）完善城市规划体系

按照国家和地区有关规定，及时编制控制性详细规划、修建性详细规划或修建设计，以及各专项规划，以此深化城市总体规划。

（2）加强规划相关法规建设

逐步建立完善的地方管理规章，完善规划制定、实施和修订等相关法规，完善规划设计和管理的相应实施细则和技术规定，健全法制监督和执法机制。

10.5　酒嘉一体化发展：肃嘉城区一体联合发展模式

10.5.1　酒嘉区域发展现状与问题

1. 酒嘉城区辐射带动作用不强、整体发展处于失衡状态

酒泉和嘉峪关作为新丝绸之路的重要节点，对新丝绸之路经济带的战略支撑作用意义

重大。但由于酒泉市政府所在地肃州区和嘉峪关市区均位于两市行政区划的最东侧，对酒泉市域其他各市县的辐射、带动性不强，使酒嘉区域整体发展处于失衡状态。同时，由于酒嘉城区向东经济互动的驱使性，导致酒泉市域其他市县在整体区域经济关联中处于不利地位。

2. 市区紧邻，管理分割

嘉峪关是我国少数几个不设市辖区的地级市之一，2012 年人口不足 25 万人，辖区面积也只有 2935km²，历史上曾是酒泉市辖县。随着酒泉和嘉峪关两市发展，二者城区最近相距仅 19km，距离实在太近，且处于同一地形区，没有山体和河流阻隔，随着两市快速交通和产业园区相向发展，事实上已经形成一体化发展的格局。但酒嘉两市同为甘肃省地级市行政编制，管理分割，区域公共服务设施投入和建设存在严重的重复、浪费等问题。

3. 酒嘉地区公共资源投入不均衡，共享不足

在区域教育、文化、医疗、卫生、交通、行政服务等方面，政府投入过于集中，严重挤压对酒泉市域其他县市的投入；同时主要公共服务设施集中于酒嘉东部地区，西部城镇难以实现资源互利共享。

4. 产业结构单一，经济要素聚集度不高

市场和自然双重制约因素多，产业链条延伸较短。全球经济下行压力仍在持续，特别是对外向型农业的影响更大，产业及经济要素聚集度不高。工业园区基础设施建设和配套服务还相对滞后，部分项目布局分散化的趋势较为明显，产业链条较短、合作关联度较低、资源综合利用的程度不高等问题依然存在，园区承载能力和产业聚集度有待进一步提高（郭军，2013）。

10.5.2 酒嘉一体化的重要性

酒嘉区域经济一体化发展面临重要的历史机遇，也面临着周边区域竞相发展的挑战。尤其作为全省"两翼齐飞"战略的重要组成部分，事关全省发展大局（范宪伟，2013）。

1）有利于促进资源优化配置，优势产业有序分工协作，城乡互动协调发展，形成与兰白经济区等相互补充、协调发展的新格局；

2）有利于加快城镇化和工业化进程，缩小区域发展差距，提升酒嘉在西陇海兰新经济带的地位和作用；

3）有利于构建西北地区生态安全屏障、促进可持续发展，在酒嘉率先实现全面建设小康社会的奋斗目标。

10.5.3 酒嘉城镇一体化发展目标

到 2020 年，酒嘉合并设立酒嘉市，建成河西走廊大城市，打造区域增长极，建设丝绸之路黄金段西段区域中心城市。酒嘉中心城区发展实现同城化，成为支撑西陇海兰新经济带发展的区域性中心城市，强化对玉门、金塔等"一小时经济圈"的辐射带动；新能源等战略性新兴产业、冶金和石化等循环经济、特色农产品生产加工、现代旅游和物流业成

为区域经济跨越发展的重要支撑；生态环境恢复明显，可持续发展能力显著增强；城乡居民收入大幅提高，城乡差距进一步缩小，率先实现全面建设小康目标，成为甘肃省快速发展的重要区域（王尊，2014）。

10.5.4 酒嘉城镇一体化实现路径

1. 空间整合：两区一体–两轴驱动市县发展

"两区一体"指嘉峪关市和肃州区整合一体发展。构建新陇海兰新经济带上兰州以西、乌鲁木齐以东最大的中心城市，培育区域性中心城市。

"两轴"指西陇海兰新发展轴，连接带动玉门市发展；酒航发展轴带动金塔县和航天城（图 10-5）。

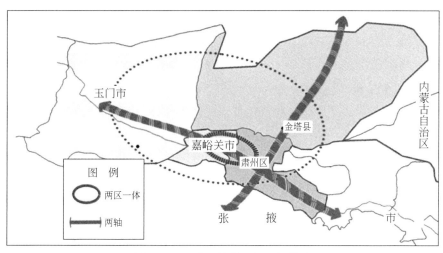

图 10-5 酒嘉一体化空间组织模式

2. 酒嘉行政区划调整

打破酒泉、嘉峪关两市现行的双地级市密集运行模式，将酒泉市和嘉峪关市合并为一个地级市，即酒嘉市，通过合并实现城市建设用地规划、产业发展方向和结构调整、交通线路和站点优化等方面的协调，避免重复建设，优化城市空间布局，形成酒嘉一体化的空间格局。调整后的酒嘉市域行政范围包括：肃州区、嘉峪关区、玉门市和金塔县。结合原县级市敦煌市升级为地级市，行政范围包括敦煌市、肃北蒙古族自治县、瓜州县及阿克塞哈萨克族自治县。在原有地级行政编制不变的情况下，通过重新划分行政管辖区域实现酒嘉区域在新丝绸之路经济带中承东启西的关键节点作用，实现地区经济发展的再平衡战略。

3. 加快基础设施建设

（1）交通建设

围绕国家高速公路 G30 连云港至霍尔果斯甘肃境内全线建设，完善路网布局，建设连霍与京藏线相连通的柳园—敦煌—格尔木高速公路，加快酒泉—航天城—策克口岸高等级公路改建工程、桥湾镇—马鬃山镇—马鬃山口岸二级公路改建工程。

（2）市政设施建设

加快市政基础设施一体化建设，促进酒嘉核心区城市道路、给排水、供热、供气、垃圾处理等市政基础设施网络衔接和互联互通，提升市政设施配套服务能力和水平。

（3）信息化建设

建设与区域经济一体化相适应的信息化体系，努力消除"数字鸿沟"，实现信息同享。

4. 实施可持续发展

（1）发展循环经济

坚持"减量化、再利用、资源化"原则，加快发展方式转变，建立健全以循环工业为主体、循环农业为基础、资源节约型社会全覆盖的循环经济体系。

（2）加强环境保护

坚持预防为主、综合治理、远近结合、环境同治的原则，统筹经济社会发展与环境保护。

（3）生态恢复工程

加强生态工程建设，实施生态修复治理，优化水资源管理和配置，开展南部山区水源涵养、中部发展绿洲农业、北部防沙治沙为主的生态环境建设工程，促进生态移民村和新农村建设。

5. 建立酒嘉一体化机制

（1）建立领导体制

切实加强组织领导，明确酒嘉合并的进程和方案，推进酒嘉一体化发展的目标责任，建立相应的工作机制。

（2）编制一体化发展规划

积极争取省政府及省有关部门的支持，尽快启动编制酒嘉经济一体化发展规划和酒嘉中心城市建设规划，对两市主导产业发展、基础设施建设、旅游资源开发、土地整合利用、城市品位提升等提出战略性目标和阶段性任务。

（3）健全协调互动机制

推进酒嘉经济一体化发展是一项长期复杂的系统工程，必须健全区域协调互动机制，形成区域间相互促进、优势互补的局面。酒嘉两市既要加快自身的经济一体化进程，又要主动加强与对方的经济合作与融合。

10.6　大敦煌一体化发展：多中心文化特色旅游城镇群模式

10.6.1　大敦煌一体化发展基础分析

（1）同属古敦煌郡

古敦煌郡，包括敦煌市、瓜州、肃北及阿克塞。大敦煌各县区历史渊源相同，地缘相近，文化相互影响，有一体化发展的历史文化基础。

（2）文化资源统筹管理具有基础

大敦煌内文化遗产等景区分散于各个县区，但文化资源统筹管理已有基础。例如，榆林窟虽然在瓜州，但是属敦煌研究院管理。

（3）城建经验在相互影响

敦煌市城市建设具有地方特色，如文化地砖、建筑立面、路灯的建设独具特色。敦煌的城建经验也在其他县得到利用，如文化地砖，但各个县区地砖文化内涵有所不同。

（4）瓜州为该区共同的门户

G30 连霍高速公路、G312 国道、G215 国道、S314 省道贯穿全境，在建的瓜敦快速通道即莫高窟支线工程加强了敦煌和瓜州的交通联系，使瓜州成为大敦煌的门户。

10.6.2　发展条件与现状特征

1. 基本情况

敦煌位于甘肃省河西走廊的西端，甘青新三省交界地，东北与安西县相邻，南与肃北、阿克塞两个民族自治县相接，历来为丝绸之路上的重镇，是国家历史文化名城。

大敦煌城镇群范围包括敦煌市、瓜州、阿克塞及肃北，总面积为 15.3 万 km²。敦煌市地势为南北高、中间低，海拔在 1091 ~ 1200m，南有祁连山，北有马鬃山和天山余脉，丘陵和戈壁等兼有，还有大量的盐碱地、盐原和雅丹地貌区。

2012 年，敦煌市实现地区生产总值 782 635 万元，同比增长 17.5%。第一、第二、第三产业结构由上年的 19.5:28.7:51.8 调整为 17.8:32.4:49.8。产业由第一产业向第二、第三产业转变，产业结构更加合理，经济快速增长。

2. 大敦煌一体化发展优势

（1）重要战略地位

优越的地理位置，使敦煌成为经营西域的基地，作为古丝绸之路上东西方贸易的中心和中转站控制着东来西往的商旅。历史上，敦煌多次被赋予较高的政治地位，曾经长期作为郡、州治所在，甚至还成为附近小国国都（成刚，2007）。

（2）文化底蕴深厚

敦煌是古代人类文明的交汇之地，华夏文明、美索不达米亚文明、古希腊文明、古印度文明等四大世界古典文明都曾经在敦煌相会相融。敦煌是佛教艺术圣地，敦煌文化一个重要载体便是以莫高窟为首的敦煌石窟，敦煌还是丝绸之路边关文化的集中体现，作为丝绸之路上的重镇和阳关、玉门关的所在地，敦煌还拥有其他地方所无法比拟的丝绸之路边关文化（董珍慧，2007）。

（3）旅游资源丰富

敦煌作为古丝绸之路的枢纽，是东西方经济与文化交流的必经之路，加之自身特殊的自然条件，造就敦煌丰富多彩的旅游资源。例如，享誉中外的莫高窟、玉门关、阳关、鸣沙山月牙泉、雅丹国家地质公园、西湖自然保护区等旅游景区。

（4）风、光热资源丰富

敦煌深居内陆，属典型的暖温带干旱性气候，晴天多，大气透明度高，是国内太阳能资源最为丰富的一类地区，仅次于西藏拉萨地区。敦煌市风能资源丰富，系酒泉四大风区之一。

3. 大敦煌一体化发展面临挑战

大敦煌地区长期以来以农业和旅游业为主，工业基础比较薄弱，工业化水平低于甘肃省和邻近地区（董晓莉等，2014），工业化落后进一步制约着城镇化进程和城镇组团的发展，通过工业化推动城镇化的传统道路并不适用于大敦煌地区。

生态环境脆弱限制大敦煌的发展。大敦煌地区降雨稀少，蒸发量大，属极端干旱区，自然生态脆弱。由于疏勒河上游开发，下游断流，也导致大敦煌一体化发展受到一定程度的限制。

县级市建制限制敦煌市实现跨越式发展。现敦煌市为县级市建制，在生态文化建设和保护、对外开放发展方面力不从心。随着临哈铁路建设，大敦煌地区将拥有兰新线、临哈线两条纵贯东西的通道，向西通过新疆走向中亚、西亚，向东与关中、华北相连，交通区位得到提升。

4. 大敦煌一体化发展机遇

（1）国际文化旅游名城建设

作为建设"华夏文明传承创新区"的重要举措，2013年10月，甘肃省委省政府大力支持和推进敦煌建设"国际文化旅游名城"，并通过《敦煌国际文化旅游名城建设发展规划纲要》，促使敦煌在华夏文明传承创新区建设上发挥着示范、引领和标杆作用，为敦煌更好的发展提供了极其重大的发展契机（吴文恒和黄晓峰，2003）。

（2）敦格铁路开工建设

敦格铁路北起敦煌铁路敦煌站，沿G215国道向西南方向，经过敦煌、肃北、阿克塞，线路全长约617km，已经于2012年开工建设，2015年敦格铁路甘肃段已经全线通车。敦格铁路的建设增强了大敦煌区内及区际的联系，可以更好地促进大敦煌一体化发展。

（3）国家扶持新能源产业

大敦煌地处大漠戈壁，风光热等新能源资源丰富。近年来国家扶持了较多的新能源产业发展重点项目，大敦煌新能源开发和利用迅速发展。

10.6.3 大敦煌城镇体系统筹发展

1. 加强区域空间联系："一心三副三辐"文化旅游特色城镇群

1）"一心"指以敦煌市中心沙州镇和七里镇为大敦煌一体化发展的核心。

2）"三副"是指以瓜州、肃北和阿克塞三个县城作为大敦煌一体化发展的三个副中心。

3）"三辐"是指依托敦煌沙州镇与三个副中心之间的放射状交通连线和基础设施联系，形成特色旅游村镇（图10-6）。

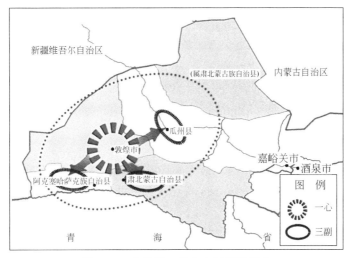

图 10-6　大敦煌一体化空间组织模式

2. 大敦煌城镇群职能一体化统筹

统筹大敦煌地区特色文化、旅游产业的发展，以敦煌为核心，合理引导产业布局，强化大敦煌一体化发展的联系。

整合形成大景区，努力构建经济发展与资源环境承载力相适应的可持续发展新格局，建设个性特色城市，增强区域整体魅力。

瓜州以发展特色农业、清洁能源、轻工、旅游、商贸为主，大力发展低碳经济。

肃北和阿克塞发展与生态保护相适宜产业，形成以畜牧、农业、旅游、矿产资源绿色采掘加工为主导的生态和水源涵养保护区。

10.6.4　支持系统

1. 大敦煌生态功能保护区系统建设

加强用地合理布局和节约集约利用，完善绿地系统，加强环境基础设施建设，改善大敦煌地区环境质量。

绿洲农林区对林草地实行管制，完善农田防护林网，实施土地生态治理，提高农业发展水平。生态景观区应注重自然和人文景观的保护，实现可持续开发利用。工业集中区应发展低污染、高效、节约的产业模式，减少对区域的生态环境影响。

强化水系廊道的保护和建设，保证水系畅通，管控各类污染源和周边城乡建设，形成特色廊道景观。加强交通防护廊道的绿化，形成对各个片区和外围戈壁沙漠的有效分割和防护，形成绿色景观带。

2. 大敦煌一体化基础设施建设

（1）大敦煌旅游交通建设

区内规划敦煌到瓜州、肃北及阿克塞间的旅游公路、铁路专线，建设大敦煌旅游交通服务节点，以交通联系带动大景区发展。区际规划大敦煌至"河西五市"（武威、金昌、张掖、酒泉、嘉峪关）的旅游专列，实现"丝绸之路"节点城市间的区域协调发展和旅游产业共荣。

（2）引水工程建设

规划建设"引哈济党"工程，逐步停止开采地下水，实现地下水源和地表水源置换和互补。建设再生水工程，加强雨洪利用。通过建设分散的雨洪排蓄设施，实现雨水的高效合理利用。

（3）高效配置市政基础设施

遵循高科技发展路径，积极实行宽带中国战略，加快"智慧敦煌"建设步伐，构建大敦煌数字化发展平台。构建城市消防、防风、防洪、抗震、地质灾害等应急预警系统，全面保障城市公共安全。

3. 完善公共服务体系建设

完善市、乡（镇）、社区（村）三级公共文化设施网络，重点加强基层文化设施建设；大力推进文化旅游公共服务体系建设，建立文化展示推介、旅游资讯服务、旅游统计管理、旅游目的地营销、旅游智能服务等应用服务体系；重点打造国际文化旅游名城公共服务中心，促进城市服务功能和服务品质的升级。

4. 完善大敦煌管理机制

（1）调整行政区划，建立敦煌地级市

调整甘肃省地级行政区划，将包括敦煌、瓜州、阿克塞、肃北的大敦煌升格为地级市，结合酒嘉两市合并，甘肃省地级市数量不变，在实操层面具有可行性。大敦煌升格为地级市，不仅有利于敦煌市吸引高水平管理和建设人才，为敦煌国际文化旅游名城建设提供更加坚实的管理支撑，还可以更好地统筹保护和利用周边相关的文化、生态等旅游资源，更好地统筹大敦煌地区的古文化风貌保护和生态环境治理。此外，将敦煌市升格为地级市，还有利于充分利用敦煌市所享有的国家优惠政策，更好地推进国家级文化产业示范园区、国家级旅游综合改革试验区、国家级文化生态保护实验区、国家级生态文明建设示范区和国家新型城镇化综合试点建设。

（2）统一规划，合理布局

深入调研，统一规划，打造大敦煌区内便捷交通网络，加强大敦煌各县区间的交流联系；合理统筹大敦煌基础设施共建，增加服务广度、提高服务水平；统一规划，加强大敦煌各县区特色文化、旅游产业的衔接。将大敦煌地区整合形成大景区，在旅游社团服务、价格、制度上统筹管理。

（3）建立国家级旅游发展示范区，探索新型发展之路

在目前省级旅游开发示范区的基础上申报国家级旅游发展示范区，成立管理委员会，全面统筹建设国际旅游示范区，探索一条以生态建设和文化生态旅游业为核心的新型城镇化发展之路，为我国西北地区以及其他相似地区发展提供良好的示范和借鉴。

10.7　河西走廊跨省区域合作

河西走廊地处丝绸之路经济带的核心地段，自古以来就是丝绸之路的黄金通道，与青海省、宁夏回族自治区、内蒙古自治区和新疆维吾尔自治区相邻。自古以来，河西走廊就是个向周边开放的地区，新时期新丝绸之路经济带建设更需要开展跨省区密切合作，以更好地发挥其区域中轴作用，推动河西走廊地区的新型城镇化进程，促进周边区域协同快速发展。目前河西走廊与四省区之间已经形成了以铁路、高速公路、省道为骨干的交通网络，将来随着宁夏回族自治区沿黄城际铁路以及河西走廊城际铁路的修建，从河西走廊到青海、新疆、宁夏、内蒙古主要城市之间将形成以高速公路、城际铁路、高速铁路为主体的快速交通网络，河西走廊与周边省区的合作将更加密切。

10.7.1　河西走廊与青海省的区域合作

河西走廊与青海交界线长，自古以来经贸与人员联系密切，合作机会多、潜力大。

1. 加快兰西城镇群协作发展

河西走廊东段与青海的西宁市和海东市为邻，通过兰西城市群或者经济带协同发展促进河西走廊与青海省的合作。一是要加强兰西格地区的合作发展，协调职能分工，优化产业组合。兰州市距西宁市216 km，可通过兰青线及国道等便捷的交通体系，建立走廊经济带。兰州、海东、西宁三市应准确定位，携手共进，建设兰西城市群（徐爱龙，2012）。二是强化兰州市在兰西地区的发展支撑作用。兰州作为西北地区中部的科教中心，应充分发挥兰州市科技文化教育资源优势，为青海发展提供技术与人才支撑；兰州市经济规模远比其他城市大，在城市规划、产业转型、环境治理、文化建设等方面具有丰富的发展经验，可以为其他城市发展提供借鉴。同时，兰州是进藏的门户，要发挥交通枢纽和口岸的作用，积极为青藏高原环境保护、物资供应、商业往来和公共事业发展提供良好支撑。三是推动兰州市红古区与海东市民和县的整合发展，搭建兰西格协调发展的桥梁和纽带。兰州的红古区与青海的海东市隔河相望，交通联系、经济联系、居民往来十分密切，通过川海大桥、团结桥、马聚垣大桥等重要基础设施建设，强化快捷交通通道的联通，通过两区县政府间协作机制的构建，推动一体化的区域空间管治，强化在生态建设、招商引资、产业协作、重大项目建设等领域的合作。

2. 加强通往青藏高原交通新通道等区域基础设施建设

河西走廊西北地区要强化与青藏地区的重要交通通道建设。河西走廊西部与青海西部相邻，敦煌市的七里镇本来就是青海油田的后勤基地和总部，随着敦格（敦煌—格尔木）铁路、柳格（瓜州柳园—敦煌—格尔木）高速等重要交通线路的修建，将打通甘肃西端与青藏高原的快捷联系通道，使兰新铁路中部与青藏线直接贯通，兰新高铁快速连接兰州–西宁–张掖–酒泉，将加强河西走廊与青海的人流、物流联系，结合甘青公路等级提高与交通网络建设，必将推进河西走廊与青藏地区的新合作。

在强调交通等硬件设施建设，构建交通为主的高水平的区域基础设施服务系统之基础上，还要提高相关地区的合作管理、技术交流和服务水平。

3. 开展生态环境保护协作与共建

河西走廊的生态环境建设需要与青海省开展广泛的合作。黄河自青海进入甘肃，河湟谷地山水相连，黄河兰州段的水源质量在很大程度上取决于青海省对于湟水河谷和上游黄河干流段的水源保护。青海应加强对黄河干流及其支流——湟水、大通河的污染治理，加强对黄河流域生态环境治理与水源涵养，而作为下游受惠区域，兰州都市圈应该对青海省环境保护和生态建设予以支持，形成合理的生态补偿机制。

此外，祁连山是河西走廊的生态屏障与水源地，目前环境退化严重，与青海省加强合作共同保护祁连山生态环境十分重要，任务也十分艰巨，必须高度重视和切实行动。

4. 促进区域资源共享与高效利用

青藏高原尤其是柴达木盆地具有多种矿产资源，具有明显的资源优势，而河西走廊具有良好的工业基础和相对较为先进的产业技术，今后可以加强资源的共同勘查与开发，共建工业园区或者基地，走协同发展之路。

10.7.2　河西走廊与新疆的区域合作

河西走廊地处西北地区的中心地带，作为交通要道，是联系新疆和中原地区的桥梁和纽带。新疆地广人稀，资源丰富，科技教育相对落后，但边贸口岸多，河西走廊与新疆合作发展的潜力很大。2008 年新疆与甘肃签署了《甘肃省人民政府新疆维吾尔自治区全面战略合作框架协议》，积极推动两省区在能源、经济、文化、科教等各领域的合作，促进向西开发新格局的打造，推动两省区实现跨越式发展。

1. 积极推进兰乌经济区建设

构建区域内各种合作交流平台，共同推动兰（州）乌（鲁木齐）经济区提升到国家层面，并争取早日得到批复和实施。该经济区主要指河西走廊与新疆东部及乌鲁木齐在内的天山北麓地带。在兰乌经济区框架内，从甘肃和新疆两省区层面到地方层面，积极鼓励形成友好、高效的合作管控机制，全面落实《甘肃省人民政府新疆维吾尔自治区全面战略合作框架协议》相关内容。

2. 深化经济技术战略合作

立足河西与新疆深厚的文化底蕴、丰富多样自然景观优势，深化文化旅游合作，共同开拓旅游市场，强化文化建设合作。基于强强合作和优势互补，加强有色金属、石油化工、煤电、农产品加工等传统产业和风电、太阳能发电及新能源装备制造领域的合作交流，促进产业链衔接和延伸。发挥河西地区的人力资源和科教优势，加强与新疆地区的合作。鼓励企业间的交流合作，以更好地开拓市场。

3. 加大新丝绸之路重要通道建设对接

紧紧抓住新丝绸之路经济带建设和新一轮西部大开发的战略机遇，立足向西开放大通道的区位优势，做好兰新通道、三北通道、西北电网、能源通道等基础设施建设的对接。加快两地区的综合交通运输体系以及电网建设，构建我国能源陆上通道，提升区域能源的外送能力。

4. 推动酒哈城镇群建设

酒泉与哈密位置相邻，随着林哈（巴彦淖尔市临河—哈密）铁路建设，该地区将成为新丝路的重要线路。鉴于酒泉与哈密两市规模小，辐射带动作用较弱，附近广大区域地广人稀，缺少具有影响力的中心城市，推动酒哈城镇群建设，将酒泉、嘉峪关、敦煌发展与哈密地区紧密联系起来，促进新型能源资源、特色农业资源的高效利用，实现信息的共享，加大人员与技术交流合作，合作开展环境治理与保护，带动周边地带的快速发展。

5. 促进资源配置优化和高效利用

河西走廊科技人才及人力资源优势相对突出，与新疆互补合作；河西走廊资源型城市多，与新疆一些资源协调利用促进其可持续发展；河西走廊的石化技术先进，两地区联合进行石油资源深度开发利用，推进区域资源合理开发，促进其高效利用。

6. 强化边贸合作

河西走廊地区实行"西出"发展战略，需要充分利用新疆的对外贸易口岸和地缘优势，助推河西优质特色农产品、传统特色食品和纺织品出口，合作发展出口中亚、西欧的贸易，共同打造对外开放格局。

10.7.3　河西走廊与宁夏、内蒙古的区域合作

内蒙古是古代草原丝绸之路的重要通道，也是当前新亚欧路桥北线的重要通道，正在建设的临哈线铁路将成为新丝绸之路的新线路，目前内蒙古已经开通了通往俄罗斯与欧洲的货运专列，正在积极融入新丝绸之路经济带建设。河西走廊的白银市、金昌市、张掖市、武威市、酒泉市与内蒙古带状相接，尽管相邻的内蒙古地区人口和城镇稀少，但是随着地区间交通等基础设施建设力度的加强，河西走廊与内蒙古的合作将具有重要的战略意义。2012 年甘肃省与内蒙古自治区签订了《蒙甘战略合作框架协议》，以更好地推动区域经济、社会、生态等各领域深入合作。

宁夏与甘肃省东部接壤，由于黄河的孕育而成为"塞上江南"，地理环境上因为黄河而与地处上游的兰白地区形成了密切联系。此外从宁夏到河西地区具有多条交通线路，不仅有包兰铁路、甘武铁路（甘武二线）等多条铁路相连，定武高速（G2012）的建成通车打通了从宁夏中宁、中卫向西到武威的高速快捷通道，并有多条省道（S308、S201）通往河西地区，这些交通线路不仅是新丝路通道的重要组成部分，包兰和甘武铁路还成为新疆煤炭外运的重要通道。

1. 开展广泛的城市和经济合作

充分发挥河西走廊的产业和城镇优势，依托京包、包兰铁路及 G109 国道，增强兰州、白银、包头、呼和浩特等主要城市间的联系，通过共建工业园区和物流基地，强化河西地

区与内蒙古西部的经济联系。

在国家宏观经济格局下，进一步加强河西地区与内蒙古的产业合作，明确产业分工，更好地与产业规划相衔接，扩大产业合作领域，明确合作方向和重点。在优势互补和合作共赢的原则下，加强文化旅游产业间的合作，培育文化旅游品牌，打造精品旅游线路，推动文化旅游产业快速发展；继续推进有色金属精深加工，提升有色金属产业核心竞争力；河西地区与内蒙古应共同争取风电政策支持，促进新能源产业发展；加强农畜产品的供销合作，增强农畜产品的销售渠道建设，提高其市场占有率；合作实施一批能源、产业、商贸、农牧、文化旅游、基础设施和生态环境项目，促进区域城镇发展质量；以合作促开发、促开放，在与内蒙古合作基础上共同开发利用蒙俄资源。

2012年国务院批复建立"宁夏内陆开放型经济试验区"，作为我国唯一的回族自治区，依托中阿博览会和综合保税区等对外开放平台，宁夏成为我国面向阿拉伯国家和伊斯兰世界开放的国家战略，近年来清真产业发展迅速，并成为我国最为重要的清真产业基地。河西走廊与宁夏开展合作，有助于河西农产品和特色产品出口阿拉伯国家，也有助于国际文化旅游业的发展。

2. 强化基础设施建设合作

河西走廊地区要加强与周边宁夏、内蒙古地区基础设施建设领域的合作，共同推进跨省区公路、铁路和航运建设。在河西走廊西段，加快酒泉与额济纳旗、金（昌）张（掖）与阿拉善右旗的公路建设，加快建设林哈（临河—哈密）、甘武二线等铁路线，加快建设基本通信设施，促进相关地区通信信息、科技商贸交流。

在河西走廊东段，为更好地对接宁夏沿黄经济带，加快建设甘武铁路二线，银西铁路，积极规划建设呼包银兰客运专线，形成覆盖宁夏、陇东和蒙西区域的高速铁路圈。

3. 加强生态环境保护

河西走廊地区与内蒙古交界地带生态环境脆弱，双方应当针对生态危险区，加大治理保护工程建设，河西地区也是石羊河及黑河流域下游的生态治理的关键，河西地区城镇发展需要直接关系到民勤、阿拉善右旗、额济纳旗等地的生存发展，河西需要与内蒙古一起开展紧密的生态保育和环境治理，从生态环境重大项目和重要基础设施建设、水资源优化配置和利用、城镇规模规划等方面开展广泛的合作。此外，内蒙古阿拉善盟发展生态产业的经验可以为河西地区发展提供良好的借鉴。

由于兰白地区是工业化城镇化水平较高的地区，地处黄河的上游地区，宁夏以及内蒙古的巴彦淖尔地处下游，生态环境发展需要与兰白地区的环境与水源治理相结合，因此河西应该与宁夏、内蒙古形成生态环境保护与治理的协同机制，建立黄河突发环境事件联防和共同应对机制。

4. 开展全方位的人才与科技合作

目前甘肃、内蒙古与宁夏已经形成了人才联席会议制度。河西走廊地区相对而言具有一定的劳动力和人才优势，每年具有一定的劳务输出量，每年大中专毕业生也多达十几万人，超出了当地企业的需求，可以为缺乏劳动力和技术人才的宁夏和内蒙古地区提供人力和技术支持。一是政府支持下形成跨省区的就业、人才信息平台，三省区可以联合发布人才供需信息，促进人才交流；二是合作开展人力资源培训，充分利用兰州市的科教资源，并形成技能培训结果互认机制，为跨省区培训和就业提供便利，节约培训成本；三是完善三省区的人才开发、引导和跟踪服务，让人才流动起来，服务于区域经济。

第 11 章　城镇生态环境与可持续发展战略

河西走廊是一个自然资源禀赋条件较差的地区，水资源短缺、可开发利用土地资源有限、生态环境脆弱是长期制约该地经济社会发展的突出矛盾。资源原材料为主的重型工业结构和粗放的增长方式加剧了资源"瓶颈"约束，严峻的生态环境限制着资源的开发利用空间，该地区经济社会发展面临资源保障支撑和生态环境约束的双重制约。因此，集约、高效利用国土空间和资源，是该地区实现可持续发展和全面建设小康社会的唯一选择。

11.1　城镇生态建设

11.1.1　生态环境状况现状

评价依据：原国家环保总局 2006 年 3 月发布的《生态环境状况评价技术规范》。

评价指标体系包括：①生物丰度指数，通过单位面积上不同生态系统类型在生物物种数量上的差异，间接地反映被评价区域内生物丰度的丰贫程度；②植被覆盖指数，被评价区域内林地、草地、耕地、建设用地和未利用地五种类型的面积占被评价区域面积的比重，用于反映被评价区域植被覆盖的程度；③水网密度指数，被评价区域内河流总长度、水域面积和水资源量占被评价区域面积的比重，用于反映被评价区域水的丰富程度；④土地退化指数，被评价区域内风蚀、水蚀、重力侵蚀、冻融侵蚀和工程侵蚀的面积占被评价区域面积的比重，用于反映被评价区域内土地退化程度；⑤环境质量指数，被评价区域内受纳污染物负荷，用于反映评价区域所承受的环境污染压力（表 11-1）。

表 11-1　生态环境状况评价分级

优	良	一般	较差	差
EI≥75	55≤EI<75	35≤EI<55	20≤EI<35	EI<20
植被覆盖度高，生物多样性丰富，生态系统稳定，最适合人类生存	植被覆盖度较高，生物多样性较丰富，基本适合人类生存	植被覆盖度中等，生物多样性一般水平，较适合人类生存，但有不适人类生存的制约性因子出现	植被覆盖较差，严重干旱少雨，物种较少，存在着明显限制人类生存的因素。	条件较恶劣，人类生存环境恶劣

各项评价指标权重及计算方法：

生物丰度指数 = Abio×（0.35×林地 + 0.21×草地 + 0.28×水域湿地 + 0.11×耕地 + 0.04×建设用地 + 0.01×未利用地）/区域面积

Abio 为生物丰度指数的归一化系数。

植被覆盖指数 = Aveg×（0.38×林地面积 + 0.34×草地面积 + 0.19×耕地面积 + 0.07×建设用

地+0.02×未利用地)/区域面积

土地退化指数=Aero×（0.05×轻度侵蚀面积+0.25×中度侵蚀面积+0.7×重度侵蚀面积）/区域面积

水网密度指数=Ariv×河流长度/区域面积+Alak×湖库（近海）面积/区域面积+Ares×水资源量/区域面积

环境质量指数=0.4×(100-Aso2×SO_2 排放量/区域面积)+0.4×(100-ACOD 排放量/区域年平均降雨量)+0.2×(100-Asol×固体废物排放量/区域面积)

生态环境质量指数=0.25×生物丰度指数+0.2×植被覆盖指数+0.2×水网密度指数+0.2×（100-土地退化指数）+0.15×环境质量指数

2005～2009 年，甘肃省生态环境状况指数（EI）介于 28.82～29.88，生态环境质量属于"较差"，变化幅度在-0.56～0.58，生态环境质量无明显变化。在影响生态环境状况指数（EI）年际变化的因素中，水网密度指数、环境质量指数贡献较大，其次是生物丰度指数。

生态环境质量"一般"的县主要分布在祁连山地，因为祁连山地地势高寒，降水较多，天然草场和森林、灌丛密布。生态环境属于"较差"的县主要分布在北山（马鬃山）山地、阿拉善高原南缘和河西走廊。北山山地干旱，降水极少，蒸发强烈，剥蚀严重，多大风与沙尘暴；阿拉善高原地表水流非常缺乏，地表多为沙砾或流沙覆盖；河西走廊呈北西东南走向的狭长低地带，在河西走廊的戈壁滩前缘，各大河流中、下游两岸形成大片地表平坦，组成细小的绿洲带，为荒漠环境中人类生产活动的中心。

2009 年甘肃省 14 个市州的 EI 值介于 14.52～67.81，生态环境评介结果为"良""一般""较差""差" 4 个等级。其中生态环境质量为"良"的是甘南，"一般"的有兰州、白银、张掖、天水，"较差"的有金昌、武威、嘉峪关，酒泉等级为"差"，没有"优"类（表 11-2）。

表 11-2　河西走廊沿途城市生态环境状况指数

地区	生物丰度指数	植被覆盖指数	水网密度指数	土地退化指数	环境质量指数	生态环境状况指数	评价分级
兰州	37.57	50.05	5.05	55.51	91.28	45.21	一般
嘉峪关	8.64	9.58	8.97	44.82	96.03	29.24	较差
金昌	16.49	19.84	6.15	40.08	91.24	31.02	较差
白银	31.00	40.01	4.85	26.85	94.63	36.29	一般
武威	21.23	25.22	5.37	4.61	97.34	26.95	较差
张掖	28.34	32.74	10.31	46.20	97.90	39.62	一般
酒泉	5.99	7.59	3.01	-13.23	90.35	14.52	差
天水	50.82	58.14	16.40	21.53	98.44	46.68	一般
甘南	71.06	76.06	20.07	79.63	99.27	67.81	良
银川						55.63	良
石嘴山						54.45	一般
中卫						34.46	较差

11.1.2 方向与展望

河西走廊各县（市）生态环境质量主要集中在一般及以下级别，说明该区整体生态环境质量处在一般水平。总体表现为林地、草地覆盖率低；水域、湿地面积较小，各种未利用土地面积大。说明实施退耕还林、退牧还草政策，积极开展大规模的植树造林活动，大力加强自然生态保护区建设，加强对黄河流域、石羊河流域和黑河流域的综合治理是该区一直坚持的方向。

目前河西走廊地区的自然保护区存在着缺乏统一的监督管理，部分保护区土地权属不明确、管理水平参差不齐、尚未形成自然保护与地方经济协调发展的机制，以及开发与保护的矛盾日益突出等问题。由于资金投入不足，导致保护区工作难以有效开展。有一些自然保护区建设资金未能列入财政预算，导致保护区内基础设施建设薄弱、管理机构建设不足；同时，由于资金的匮缺，使得保护区内的示范工程建设、科研项目和宣教工作等难以实施。

嘉峪关、金昌和酒泉近年来的植被覆盖指数变化率相对较大，说明人工种树种草的作用明显。但是生态环境质量的提升是一个漫长的过程。河西走廊作为我国西北地区重要的生态屏障，必须把生态环境保护摆在重要的战略地位，持之以恒常抓不懈。

11.1.3 对策措施

1. 完善生态保护与恢复机制

继续实施天然林资源保护工程，加强林区基础设施建设，加快公益林建设和培育后备森林资源。巩固退耕还林成果，加快坡耕地水土流失综合治理，加强基本口粮田和农村水电等清洁能源建设，加大荒山造林补植补造力度，按照国家政策逐步重点实施25°以上坡耕地退耕还林。加快三北防护林体系五期工程建设，实施兰州北部百万亩防护林基地建设。实施祁连山生态保护与综合治理规划，加快人工增雨雪体系建设，对冰川、湿地、森林、草原进行抢救性保护，加强河西走廊内陆河区地下水超采治理，维持合理的地下水水位。

2. 建立重点流域生态综合治理机制

实施敦煌水资源合理利用与生态保护工程，加强疏勒河中下游生态保护与修复。实施黑河流域综合治理，加强水资源统一管理和调度，推进张掖黑河湿地国家级自然保护区、国家级生态市和全国生态文明试点市建设。加快推进张掖水生态文明城市试点建设，实施石羊河流域重点治理和防沙治沙及生态恢复规划，通过灌区节水改造、高效节水灌溉、合理调配水源、工程治沙等措施，促进流域生态恢复。

3. 建立健全生态补偿机制

按照谁开发谁保护、谁受益谁补偿的原则，建立资源有偿使用制度和生态补偿机制。加大专项转移支付支持力度，完善重点生态功能区转移支付制度。继续推进河西内陆河水量初始水权分配，建立全省用水总量控制管理制度，明确水资源管理控制指标，严格执行规划和建设项目水资源论证制度。深化水权制度改革，探索完善水权转化制度和初级水权交易市场。推进祁连山生态补偿示范区建设，积极探索黑河流域上下游间的补偿机制，引导超载人口有序转移，增强水源涵养生态功能。探索建立横向补偿和市场化补偿机制。

11.2　城镇环境治理

11.2.1　大气环境治理

大气环境保护事关人民群众根本利益，事关经济持续健康发展，事关全面建成小康社会，事关实现中华民族伟大复兴中国梦。当前，河西走廊大气污染形势比较严峻，以可吸入颗粒物（PM_{10}）、细颗粒物（$PM_{2.5}$）为特征污染物的区域性大气环境问题日益突出，损害人民群众身体健康，影响社会和谐稳定。随着该地区工业化、城镇化的深入推进，能源资源消耗持续增加，大气污染防治压力继续加大。

1. 加大综合治理力度，减少污染物排放

（1）加强工业企业大气污染综合治理

全面整治燃煤小锅炉。加快推进集中供热、"煤改气"与"煤改电"工程建设，到2020年，除必要保留的以外，地级及以上城市建成区基本淘汰每小时 10 蒸吨及以下的燃煤锅炉，禁止新建每小时 20 蒸吨以下的燃煤锅炉；其他地区原则上不再新建每小时 10 蒸吨以下的燃煤锅炉。在供热供气管网不能覆盖的地区，改用电、新能源或洁净煤，推广应用高效节能环保型锅炉。在化工、造纸、印染、制革、制药等产业集聚区，通过集中建设热电联产机组逐步淘汰分散燃煤锅炉。

加快重点行业脱硫、脱硝、除尘改造工程建设。所有燃煤电厂、钢铁企业的烧结机和球团生产设备、石油炼制企业的催化裂化装置、有色金属冶炼企业都要安装脱硫设施，每小时 20 蒸吨及以上的燃煤锅炉要实施脱硫。除循环流化床锅炉以外的燃煤机组均应安装脱硝设施，新型干法水泥窑要实施低氮燃烧技术改造并安装脱硝设施。燃煤锅炉和工业窑炉现有除尘设施要实施升级改造。

推进挥发性有机物污染治理。在石化、有机化工、表面涂装、包装印刷等行业实施挥发性有机物综合整治，在石化行业开展"泄漏检测与修复"技术改造。限时完成加油站、储油库、油罐车的油气回收治理，在原油成品油码头积极开展油气回收治理。完善涂料、胶黏剂等产品挥发性有机物限值标准，推广使用水性涂料，鼓励生产、销售和使用低毒、低挥发性有机溶剂。

（2）深化面源污染治理，综合整治城市扬尘

加强施工扬尘监管，积极推进绿色施工，建设工程施工现场应全封闭设置围挡墙，严禁敞开式作业，施工现场道路应进行地面硬化。渣土运输车辆应采取密闭措施，并逐步安装卫星定位系统。推行道路机械化清扫等低尘作业方式。大型煤堆、料堆要实现封闭储存或建设防风抑尘设施。推进城市及周边绿化和防风防沙林建设，扩大城市建成区绿地规模。

开展餐饮油烟污染治理。城区餐饮服务经营场所应安装高效油烟净化设施，推广使用

高效净化型家用吸油烟机。

（3）强化移动源污染防治，加强城市交通管理

优化城市功能和布局规划，推广智能交通管理，缓解城市交通拥堵。实施公交优先战略，提高公共交通出行比例，加强步行、自行车交通系统建设。根据城市发展规划，合理控制机动车保有量。通过鼓励绿色出行、增加使用成本等措施，降低机动车使用强度。

加快淘汰黄标车和老旧车辆。采取划定禁行区域、经济补偿等方式，逐步淘汰黄标车和老旧车辆。

大力推广新能源汽车。公交、环卫等行业和政府机关要率先使用新能源汽车，采取直接上牌、财政补贴等措施鼓励个人购买。

2. 调整优化产业结构，推动产业转型升级

（1）严控"两高"行业新增产能

修订高耗能、高污染和资源性行业准入条件，明确资源能源节约和污染物排放等指标。有条件的地区要制定符合当地功能定位、严于国家要求的产业准入目录。严格控制"两高"行业新增产能，新、改、扩建项目要实行产能等量或减量置换。

（2）加快淘汰落后产能

结合产业发展实际和环境质量状况，进一步提高环保、能耗、安全、质量等标准，分区域明确落后产能淘汰任务，倒逼产业转型升级。

按照《部分工业行业淘汰落后生产工艺装备和产品指导目录（2010年本）》、《产业结构调整指导目录（2011年本）（修正）》的要求，采取经济、技术、法律和必要的行政手段，提前一年完成钢铁、水泥、电解铝、平板玻璃等21个重点行业的"十二五"落后产能淘汰任务。对布局分散、装备水平低、环保设施差的小型工业企业进行全面排查，制定综合整改方案，实施分类治理。

（3）压缩过剩产能

加大环保、能耗、安全执法处罚力度，建立以节能环保标准促进"两高"行业过剩产能退出的机制。制定财政、土地、金融等扶持政策，支持产能过剩"两高"行业企业退出、转型发展。发挥优强企业对行业发展的主导作用，通过跨地区、跨所有制企业兼并重组，推动过剩产能压缩。严禁核准产能严重过剩行业新增产能项目。

（4）坚决停建产能严重过剩行业违规在建项目

认真清理产能严重过剩行业违规在建项目，对未批先建、边批边建、越权核准的违规项目，尚未开工建设的，不准开工；正在建设的，要停止建设。地方各级政府要加强组织领导和监督检查，坚决遏制产能严重过剩行业盲目扩张。

3. 加快企业技术改造，提高科技创新能力

（1）强化科技研发和推广

加强脱硫、脱硝、高效除尘、挥发性有机物控制、柴油机（车）排放净化、环境监测，以及新能源汽车、智能电网等方面的技术研发，推进技术成果转化应用。加强大气污染治理先进技术、管理经验等方面的国际交流与合作。

（2）全面推行清洁生产

对钢铁、水泥、化工、石化、有色金属冶炼等重点行业进行清洁生产审核，针对节能减排关键领域和薄弱环节，采用先进适用的技术、工艺和装备，实施清洁生产技术改造；推进非有机溶剂型涂料和农药等产品创新，减少生产和使用过程中挥发性有机物排放。积极开发缓释肥料新品种，减少化肥施用过程中氨的排放。

（3）大力发展循环经济

鼓励产业集聚发展，实施园区循环化改造，推进能源梯级利用、水资源循环利用、废物交换利用、土地节约集约利用，促进企业循环式生产、园区循环式发展、产业循环式组合，构建循环型工业体系。推动水泥、钢铁等工业窑炉、高炉实施废物协同处置。大力发展机电产品再制造，推进资源再生利用产业发展。

（4）大力培育节能环保产业

着力把大气污染治理的政策要求有效转化为节能环保产业发展的市场需求，促进重大环保技术装备、产品的创新开发与产业化应用。扩大国内消费市场，积极支持新业态、新模式，培育一批具有国际竞争力的大型节能环保企业，大幅增加大气污染治理装备、产品、服务产业产值，有效推动节能环保、新能源等战略性新兴产业发展。鼓励外商投资节能环保产业。

4. 加快调整能源结构，增加清洁能源供应

（1）控制煤炭消费总量

制定国家煤炭消费总量中长期控制目标，实行目标责任管理。到 2020 年，煤炭占能源消费总量比重降低到 65% 以下。通过逐步提高接受外输电比例、增加天然气供应、加大非化石能源利用强度等措施替代燃煤。

（2）加快清洁能源替代利用

加大天然气、煤制天然气、煤层气供应。制定煤制天然气发展规划，在满足最严格的环保要求和保障水资源供应的前提下，加快煤制天然气产业化和规模化步伐。大力开发利用风能和太阳能。到 2020 年，非化石能源消费比重提高到 13%。

推进供热计量改革，加快北方采暖地区既有居住建筑供热计量和节能改造；新建建筑和完成供热计量改造的既有建筑逐步实行供热计量收费。加快热力管网建设与改造。

5. 严格节能环保准入，优化产业空间布局

（1）调整产业布局

按照主体功能区规划要求，合理确定重点产业发展布局、结构和规模，重大项目原则上布局在优先开发区和重点开发区。所有新、改、扩建项目，必须全部进行环境影响评价；未通过环境影响评价审批的，一律不准开工建设；违规建设的，要依法进行处罚。加强产业政策在产业转移过程中的引导与约束作用，严格限制在生态脆弱或环境敏感地区建设"两高"行业项目。加强对各类产业发展规划的环境影响评价。

（2）强化节能环保指标约束

提高节能环保准入门槛，健全重点行业准入条件，公布符合准入条件的企业名单并实施动态管理。严格实施污染物排放总量控制，将二氧化硫、氮氧化物、烟粉尘和挥发性有

机物排放是否符合总量控制要求作为建设项目环境影响评价审批的前置条件。

（3）优化空间格局

科学制定并严格实施城市规划，强化城市空间管制要求和绿地控制要求，规范各类产业园区和城市新城、新区设立和布局，禁止随意调整和修改城市规划，形成有利于大气污染物扩散的城市和区域空间格局。研究开展城市环境总体规划试点工作。

结合化解过剩产能、节能减排和企业兼并重组，有序推进位于城市主城区的钢铁、石化、化工、有色金属冶炼、水泥、平板玻璃等重污染企业环保搬迁、改造，到 2020 年基本完成。

6. 发挥市场机制作用，完善环境经济政策

（1）发挥市场机制调节作用

本着"谁污染、谁负责，多排放、多负担，节能减排得收益、获补偿"的原则，积极推行激励与约束并举的节能减排新机制。

分行业、分地区对水、电等资源类产品制定企业消耗定额。建立企业"领跑者"制度，对能效、排污强度达到更高标准的先进企业给予鼓励。

全面落实"合同能源管理"的财税优惠政策，完善促进环境服务业发展的扶持政策，推行污染治理设施投资、建设、运行一体化特许经营。完善绿色信贷和绿色证券政策，将企业环境信息纳入征信系统。严格限制环境违法企业贷款和上市融资。推进排污权有偿使用和交易试点。

（2）完善价格税收政策

根据脱硝成本，结合调整销售电价，完善脱硝电价政策。现有火电机组采用新技术进行除尘设施改造的，要给予价格政策支持。实行阶梯式电价。

推进天然气价格形成机制改革，理顺天然气与可替代能源的比价关系。

按照合理补偿成本、优质优价和污染者付费的原则合理确定成品油价格，完善对部分困难群体和公益性行业成品油价格改革补贴政策。

加大排污费征收力度，做到应收尽收。适时提高排污收费标准，将挥发性有机物纳入排污费征收范围。

研究将部分"两高"行业产品纳入消费税征收范围。完善"两高"行业产品出口退税政策和资源综合利用税收政策。积极推进煤炭等资源税从价计征改革。符合税收法律法规规定，使用专用设备或建设环境保护项目的企业以及高新技术企业，可以享受企业所得税优惠。

11.2.2 水环境治理

1. 加强饮用水水源保护

（1）严格饮用水水源环境执法

开展饮用水水源污染排查和整治，针对以往查处的水源环境违法行为开展后督察。2020 年年底前取缔农村集中式饮用水水源保护区内违法建设项目和活动。因地制宜在一级和二级水源保护区周边设置界限标志和隔离防护设施。

（2）解决饮用水水源超标问题

针对人为污染引起超标的集中式饮用水水源地，研究制定和实施水源地水质达标方案。对于检测出砷、六价铬、苯并(a)芘等致癌污染物的水源地，严格监控水源地上游化工、纺织印染、皮革和重金属制品等行业的污染物排放，确保上游来水水质达到功能要求。对总硬度、氟化物、硫酸盐等本底值超标的水源地，以及粪大肠菌群超标的水源地，强化供水厂处理工艺，落实除盐和消毒杀菌等措施。

（3）防范饮用水水源环境风险

严格水源地上游高污染高风险行业环境准入。建设和完善水源地保护区公路水路危险品运输管理系统。防范地下水型水源地补给径流区内垃圾填埋场、危险废物处置场、石化生产和销售区等典型污染源的环境风险。县级及以上地方政府要制定饮用水源污染应急预案，建立饮用水水源地风险评估机制，提高饮用水水源地应急能力，建立饮用水源地的污染来源预警、水质安全应急处理和水厂应急处理三位一体的饮用水源地应急保障体系。

（4）强化饮用水水源环境监测

地级市以上集中式饮用水水源每年至少开展一次水质全指标监测分析，县级城镇集中式水源地每三年开展一次全指标监测。有条件的地区要开展持久性有机污染物（POPs）、内分泌干扰物和湖库型水源藻毒素监测。建立城镇集中式饮用水水源达标公示制度，及时公布水源水质状况，促进公众参与并接受监督。

2. 提高工业污染防治水平

（1）加大工业结构调整力度

加大制浆造纸、印染、食品酿造、化工、皮革、医药等行业结构调整力度，合理控制行业发展速度和经济规模，推进老工业企业技术升级改造，提高产业技术水平。加大落后产能淘汰力度，依法关停一批高污染、高能耗的"低、小、散"企业，对于潜在环境危害风险大、升级改造困难的企业，也要逐步予以淘汰。鼓励有新技术、新产品的企业开展技术改造和产业结构调整升级。严格环境准入，不得新上或采用国家明令禁止的工艺和设备，新建项目必须符合国家产业政策，严格执行环境影响评价和"三同时"制度，严格入河湖排污口监督管理。综合考虑行政区和控制单元的水污染防治目标，从严审批产生有毒有害污染物的新建和扩建项目，暂停审批总量超标地区的新增污染物排放量建设项目，实行新建项目环评审批的新增排污量和治污年度计划完成进度挂钩机制。鼓励发展低污染、无污染、节水和资源综合利用的项目，严格控制新建、改扩建项目资源利用率和污染物排放强度，大中型项目的资源环境效率达到同期国际先进水平。强化承接产业转移区域的环境监管。

（2）积极推进清洁生产

按照循环经济理念，鼓励污染物排放达到国家或者地方排放标准的企业自愿组织实施清洁生产审核，推行工业用水循环利用，发展节水型工业。流域内所有超标排放和超总量排放的企业，直排干支流的化工企业、排放重金属等有毒有害物质的企业，要依法实行强制性清洁生产审核，并积极落实清洁生产中、高费技术改造方案。实施强制性清洁生产审核的企业，应在所在地主要媒体上公布主要污染物排放情况。

（3）提高工业污染深度治理水平

加强重点流域内上市企业水污染防治环保核查。继续加大制浆造纸、印染、食品加工等重污染行业企业的治理力度，鼓励企业在稳定达标排放的基础上集中建设污水深度处理设施。在黄河中上游流域主要缺水地区，鼓励开展中水回用设施建设，提高企业中水回用比例。大力推动煤炭开采矿井水处理回用工程。

（4）加强工业园区环境管理

大力发展工业园区循环经济，加强生态工业园区建设，加快节能减排技术示范和推广。新建园区必须配套建设集中处理设施，提高园区集中处理规模和排放标准，加强园区企业排水监督，确保集中处理设施稳定达标。可能对园区废水集中处理设施正常运行产生影响的电镀、化工、皮革加工等企业，应当建设独立的废水处理设施或预处理设施，满足达标排放且不影响集中处理设施运行的要求后才能进入废水集中处理设施。严格控制化工园区建设，严格审核进入园区的化工企业，进入园区的企业必须符合国家产业政策，严格执行"三同时"制度。

3. 系统提升城镇污水处理水平

（1）优先建设污水处理厂配套管网

要按照"厂网并举、管网优先"的原则，进一步加强城镇污水处理厂配套管网建设，因地制宜推进雨污分流和现有合流管网系统改造，系统提高城镇污水收集能力和处理效率，促进城市水域环境质量的改善。重点完善已建污水处理厂的配套管网。建成满三年的县级城镇污水处理厂负荷率要达到80%以上。

（2）继续推进污水处理设施建设

城镇污水处理厂要按照集中和分散相结合的原则，优化布局，继续提升污水处理能力，重点流域要县县建成污水处理厂，重点流域地级以上城市污水处理率达到85%以上，县级市及县城污水处理率达到75%以上，优先控制单元建制镇污水处理率达到40%以上。优先控制单元内农村推广应用成本低、运行稳定的污水处理技术。到2020年，重点流域内城镇污水处理厂确保达到一级B排放标准（GB 18918—2002）。排入封闭或半封闭水体、富营养化或受到富营养化威胁水域、下游断面水质不达标水域的城镇污水处理厂要达到一级A排放标准（GB 18918—2002）。部分控制单元可根据流域水质目标，进一步提高污水处理厂排放要求，加强生态湿地处理，推进污水再生利用。污水处理厂应强化消毒杀菌设备的管理，确保正常稳定运行。城市应因地制宜开展初期雨水处理。

（3）加强污泥安全处置和污水再生利用

城市污泥无害化处理处置率达到70%以上，县城和优先控制单元内建制镇污泥无害化处理处置率达到30%以上，确保建成的污泥处置设施稳定运行。

大力推进缺水地区的再生水利用工作，鼓励其他地区开展再生水利用工作。统筹考虑再生水水源、潜在用户分布情况、水质水量要求和输配水方式等因素，合理确定污水再生利用设施的规模，积极稳妥发展再生水用户，扩大再生水利用范围。

（4）强化污水处理设施运营监管

加快建立城镇污水处理系统效能评价指标体系，科学评估污水处理厂的运营状况。提高污水处理设施的自动化控制水平，实现污水处理厂的动态监督与管理。逐步推广设施运营专业化、社会化。城镇污水处理厂应安装进出水在线监测装置，加强对排入城镇污水收集系统的重点工业排放口水量水质的监督监测，实现污水处理厂进出水的实时监督与管理。

污水处理设施建设要注重政府引导和市场运作相结合，推行特许经营，多方筹集资金，加快污水处理设施建设进度。地方政府应制定合理的污水处理收费标准，并按照标准足额征收。收费尚未到位的市、县人民政府，应安排支持资金，确保污水处理和污泥处置设施正常运行。

4. 积极推进环境综合整治与生态建设

（1）着力抓好畜禽养殖污染防治

根据养殖场区土地消纳能力合理确定规模化畜禽养殖企业养殖规模，科学划分禁养区、控养区和可养区，优化养殖场布局。在饮用水水源地一级保护区和超标严重的水体周边等敏感区域内禁止新建规模化畜禽养殖项目，严格控制畜禽养殖规模。鼓励废水经处理后回用于场区园林绿化和周边农田灌溉，回用于农田灌溉的水质应达到农田灌溉水质标准。鼓励养殖小区、养殖专业户和散养户适度集中，统一收集和处理污染物，推广干清式粪便清理法，推进畜禽粪污的无害化处理。以肥料生产及沼气工程为主要途径，推进畜禽养殖废弃物资源化利用。优先控制单元内，规模在1000头标准猪以上的养殖场区要采用生物发酵床等清洁环保的养殖技术或采用干清粪、沼气工程、沼液处理、粪渣和沼渣资源化利用的全过程综合治理技术。

（2）逐步减少种植业污染物产生

积极推广农业清洁生产技术，加快测土配方施肥技术成果的转化和应用，提高肥料利用效率，鼓励使用有机肥。推广生物农药和高效低毒低残留农药，严禁高毒和高残留农药的使用，大力发展有机农业。调整种植结构和空间布局，发展节水农业。

（3）积极推进农村环境综合整治

重点解决影响群众健康和农村人居环境的突出环境问题，推进生活垃圾的定点存放、统一收集、定时清理、集中处理，改善村庄环境卫生状况和村容村貌，实现"清洁水源、清洁家园、清洁田园"。结合新农村建设，推广畜—沼—肥生态养殖方式，因地制宜实施集中式沼气工程，建设粪便、生活垃圾等有机废弃物处理设施。河西走廊地区要加快生态示范区建设步伐，积极开展生态镇、生态村等创建活动。

（4）积极开展水生态保护和修复

加强生态修复，在不影响行洪的前提下，在河道内、河堤上、湖泊周围有选择地种植水生、陆生植物，取消或改造硬质岸线，修复河道生态系统。调整用水结构，大力推广集工程节水、农艺节水、结构节水、管理节水于一体的综合节水技术，加强对自备水源特别是地下水的管理。优化实施多功能目标水库调度方案，保障河道生态需水量。

5. 提升流域风险防范水平

（1）增强环境监管能力

提高监察执法能力。全面提升各级环境监察机构的工作能力和标准化建设水平，重点推进县区级环境监察机构的标准化建设，强化仪器设备配置与基层环境监察执法业务用房建设，加强环境执法人员队伍建设，保障监察执法运行经费，落实设备更新机制。

加强重点污染源监督性监测。推动国家、省、市三级自动监控系统联网建设，实行实时监控、动态管理，强化污染源在线系统的运营与质量管理。根据区域污染特征，有针对性的补充专项监测仪器设备，在重金属及有毒有害污染重点区域增加相关指标执法取证设备。

加强水环境质量监测。优化调整现有国控断面，形成由环保部门国控、省控、市控以及水利部门监测断面组成的水环境监测体系。衔接水利部门入河排污口和省界断面的监控体系，建立污染源–入河排污口–断面水质的综合环境监控体系。大力推进区域（流域）监测站（中心）建设，加强重点流域水源源头站点、跨界水体监测断面（点位）的自动监测能力建设。逐步提高监测人员的业务水平，打造业务精良、作风过硬的高素质监测队伍。

建立流域水环境信息平台，加强跨区域、跨流域、跨部门的预警监测和信息通报。

（2）有效防范环境风险

强化日常监察执法。加强重点排污口及重点企业污水处理设施的监管，重点加强涉重金属和"双高"企业的日常监管和后督察，对环境安全管理基础薄弱的工业园区及重点企业实行全过程实时监控，整治环境违法行为。在黄河中上游以石油化工、合成氨、氯碱、磷化工、有色冶炼、油田开采、制浆造纸等行业及尾矿库为重点，开展环境风险源调查，筛选潜在的重大风险源，实施分级分类动态管理，建设流域风险监控预警平台。提高企业环境风险防范意识，督促企业落实环境风险隐患排查和治理的责任。对隐患突出又未能有效整改的，要依法实行停产整治或予以关闭。

完善环境风险防范制度。制订环境风险评估规范，完善环境风险防范相关技术政策、标准、工程建设规范，实现企业环境风险防范设施与主体工程同时设计、同时施工、同时运行，将环境风险纳入环境管理体系。规划环评和建设项目环评审批要对防范环境风险提出明确要求。开展环境与健康调查研究，加强非常规污染物风险管理，高度重视重金属、POPs 等有毒有害物质对人体健康的影响。探索环境风险管理的运行机制和体制，健全责任追究制度，严格落实企业环境安全主体责任，强化地方政府环境安全监管责任。

（3）强化环境应急管理

制订切实可行的环境应急预案。重点开展石油化工、危险化学品生产、有色金属冶炼等重点工业企业环境应急预案编制、评估、修订、备案等工作，实现预案的及时更新和动态管理。定期组织应急预案演练，做好演练的先期筹备、组织开展和后期总结归档工作，提高应急预案的针对性和可操作性。实行环境应急分级、动态和全过程管理，依法科学妥善处置突发环境事件。

提高应急反应能力。加强环境应急管理、技术支持和处置救援队伍建设，指导、协调、处置突发环境事件。建立健全以应急物资储备为主，社会救援物资为辅的物资保障体系。提高环境应急监测处置能力，加强流域上下游应急机制的统一协调，建立应急响应联动机制。及时准确发布信息，减少人民群众生命财产损失和生态环境损害。

11.2.3　土壤重金属污染治理

甘肃是全国 14 个重金属污染重点省份之一，被列入全国重点防治区域。甘肃省涉重企业较多，重金属产生量大，环保历史欠账多，污染防治难度大。目前还没有系统开展重金属污染调查与监测，对涉重企业重金属污染排放状况、企业周边地表水及土壤现状掌握不够，重金属污染防控体系还没有完全建立起来。目前还有大量历史遗留铬渣及铜、铅、砷等重金属污染废物，如果管理处置不慎，将会造成严重后果。

加强重金属污染防治，首先要摸清重金属底数与本底值。采取面点结合的办法，组织实施重金属污染源调查和评估，开展重金属污染源监测，尤其对重点企业、重点区域、重点河流进行监督性监测，建立基本资料数据库，为重金属污染防治提供科学依据。其次，建立重金属污染防控体系。加强重金属污染监督监察体系、预警监测体系和污染防治体系建设，提高环境预警响应能力和处置能力。再次，加大重金属污染源综合治理的力度。从源头预防、过程阻断、末端治理，实施全方位的综合防控措施。进一步加快历史遗留铬渣的处理，重点解决好金昌、白银等重点区域重金属及其他危险废物的储存、利用和处置，严防流失和违法排放，确保饮用水源地水质安全和土壤环境安全。最后，加强环境执法管理。坚决查禁违法违规和超标排放行为，对建在饮用水源地的涉重企业一律实行关闭，发现重大环境安全隐患及时限期整改。

11.3　城镇资源节约

11.3.1　节水

根据甘肃实际情况，河西走廊节水型社会建设的重点领域在农业、工业、城市生活和非常规水源利用，重点行业在农业，难点在非常规水利用，重点工作是通过制度建设、工程建设和能力建设，在各行业大力推广节水新技术，在机关、学校、居民住宅区推广使用节水器具。

1. 农业节水

河西走廊经过近几年的大中型灌区续建配套及节水改造、农业综合开发水利骨干工程建设规划以及实施，开展田间配套工程建设，同时加大对万亩以上灌区节水改造力度，以改造输水效率低的干支斗渠为重点，以提高灌溉水利用率和发展高效节水农业为核心，改善灌区引（提）、输、配水条件，减少渗漏损失，提高渠系水利用率，并结合新农村建设，调整农业种植结构，发展高效和特色农业，加快建设高效输配水工程等农业基础设施，逐步改变原有传统粗放的灌溉方式，建立完善的水资源管理制度，强化计量设施安装，优化配置水资源，推广和普及节水技术。根据实际调查，农业用水在河西走廊总用水量中占比重较大，每年需要大量的灌溉用水，所以节水重点应该放在农业。

（1）调整农业产业结构

发展高效节水农业与产业结构调整相结合，与发展高效特色优势产业相结合，坚持区域化布局，标准化生产。通过调整粮食作物、经济作物比例、夏秋粮比例及发展节水种植等措施，建立与水资源状况相适应的农业结构布局，促使农田灌溉与作物需水规律相吻合，进一步缓解用水矛盾，提高水资源的利用效率。适当压缩高耗水的粮食作物，发展日光温室瓜菜、马铃薯、枸杞等特色经济作物，构建粮经合理搭配的三元结构。优化粮食作物内部结构,适当压缩春小麦等夏粮面积,扩大玉米、马铃薯等高产秋粮面积。引导农民发展高效节水的经济作物,重点发展瓜菜种植及经济价值高的枸杞、马铃薯等作物。

根据沿黄灌区、高扬程提灌区和干旱半干旱山区区域资源禀赋,因地制宜,科学确定区域农业发展重点,形成优势突出和特色鲜明的产业带。沿黄高效农业经济带,大力推进设施农业建设,扩大规模设施养殖、优质瓜菜、现代制种等特色农产品基地,大力发展优质高效农业,走规模化、集约化高效立体农业经济发展路子,提升产业发展水平。

(2)加大科技节水力度

积极依靠科技进步,大力推广节水灌溉新技术。在抓好水资源综合利用和田间配水渠道配套建设的基础上,积极开展小畦灌、块灌、喷灌等工程节水技术措施,将工程节水、农艺节水、管理节水有机结合起来,大力推广以膜下滴灌、垄膜沟灌、垄作沟灌为主的高效农田节水技术。膜下滴灌技术主要在制种、瓜菜、水果等特色优势产业上应用,如枸杞、大枣、玉米、番茄制种、马铃薯等;垄膜沟灌技术主要在玉米、马铃薯、蔬菜、瓜类等作物上应用;垄作沟灌技术主要在小麦、大麦、蔬菜、果树等作物上应用。

通过建设基础设施齐全、技术集成程度高、技术显示度强的高效农田节水示范基地,不断完善、集成和创新农田节水技术,并大面积示范推广,能够有效建立节水农业技术体系,逐步改造传统农业,促进现代农业发展。

(3)建立并推广高效农田节水示范区

实施良种与良法配套推广,把高效农田节水技术与测土配方施肥、优良品种选育、病虫害综合防控、深松耕少免耕等保护性耕作技术有机结合起来,根据区域优势和种植作物,每县至少建立1~3个核心示范区,每个核心示范区面积不少于1000亩。总结创新高效节水生产技术体系和技术规程,指导农民科学灌水、规范种植,构建节水高效农业技术体系,完善灌区农业节水技术路线,形成灌区节水高效农业发展模式。

同时,按照《甘肃省河西走廊国家级高效节水灌溉示范区项目实施方案》,开展高效农田节水技术,按照"技术成熟,区域适应,管理便捷,运行高效"的原则,在进行水质处理的基础上,重点实施"水源(泵站)+渠道+沉淀设施+加压(变频)供水+管、喷、微灌系统"模式,充分利用泵站扬程和地形条件实现有压(或自压)供水,并重点配套应用测土配方施肥、抗旱品种、病虫害防治、保护性耕作等措施,大力推广覆膜保墒、垄膜沟灌、垄作沟灌等农艺节水技术。

(4)推进灌区节水改造工程

搞好大中型灌区续建配套与节水改造和大中型泵站更新改造工程。同时扩大节水灌溉面积,建设高标准农田。加快小型农田水利建设、高效节水示范、灌区次生盐碱地治理、灌区渠系改扩建、高效农业供水等项目。加强农田水利基础建设,加快灌区节水工程改造,提高输水效益和田间用水效率。

(5)发展"阳光产业"设施农业

大力发展以日光温室为主"多采光、少用水、高效益"的阳光产业,推进设施农业建设。重点实施以日光温室为主的反季节蔬菜、高原夏菜标准化种植及储运中心项目建设,逐步实现规模化种植、标准化生产、品牌化销售和产业化经营。

充分发挥光热资源丰富的优势和水资源生产的潜力,走出一条独具特色的节水型社会建设的路子。在大力发展日光温室的同时,要大面积压缩高耗水低效益的大田作物播种面积，在农业发展模式上，要大力发展高效农业和特色农业，以减轻农业生产对水资源的需求压力。

（6）逐步建立农业用水置换补偿机制

通过实施高效节水灌溉和加强管理，把农业节余下来的水权转让给城镇和工业，做到农村和城镇、农业和工业的协调发展。对农业生产用水要实行有偿转让制度，给予农民相应的补偿，如加大对农田水利设施的投入力度，以鼓励农民节水的积极性。

（7）改革传统的农村水资源管理模式

探索建立农民用水者协会，由用水户代表或相关利益团体来协商决定水资源分配、水市场价格等，实行民主决策管理，增强农民用水者参与水利工程建设和管理的积极性，增强水的商品观念，促进农民高效、科学用水和节约用水。

争取到 2020 年，初步建立覆盖省水利系统的水利信息网络，建设和完善一批水利基础数据库和专业数据库，逐步构建起全省水利信息化管理体系。

2. 工业节水

工业用水效率由重点行业和部分地域来拉动，一些部门和企业仍对资源型缺水危机缺乏必要的认识，对提高水资源利用效率和效益、节约水资源与实现区域水资源可持续利用的认识还不够清晰，缺乏全局意识。大部分工业主管部门没有把工业用水情况纳入工作考核，多数企业没有建立节约用水的管理制度。工业企业计划用水、节约用水方面的配套管理制度和措施还不健全，难以有效规范和监督管理用水活动，尤其对部分自备地下水源的企业用水状况监督检查不力。目前，由于多数企业经济效益状况不佳，企业自身无力开展结构调整优化，也难以进行技术装备改造，缺乏资金投入渠道和技术支持，造成企业用水技术工艺落后，用水效率低下。

鉴于以上情况，甘肃应积极发展低耗水、无污染行业，逐步关停现有高污染、高耗水行业，或进行技术改造和产业升级。减少自然资源的消耗，全面推行清洁生产，从生产和服务的源头减少污染物的产生，节约水资源，从而为资源高效利用和循环利用提供物质技术保障。通过实施以水定产业结构的发展战略，在工业结构调整上采取有保有压的政策，发挥政府调控和经济杠杆调节的作用，鼓励发展低耗水产业和行业的节水技术改造，限制高耗水、高污染项目。

开展清洁生产，推广清洁生产理念和技术，推广工业节水新技术，改变高耗水、高污染的传统生产模式，发展减量化、无害化、资源化的新型经济模式，提高水的重复利用率，建立起清洁、循环的节水型工业。

（1）制定节水管理措施，发展治污为本的节水机制

加强工业用水项目管理。对新建、改建、扩建工业项目严格落实水法规定的"三同时、四到位"制度。对没有节水方案或节水指标不先进的建设项目，有关部门不得批准立项，水务部门不得办理取水许可；对达不到节水技术标准的，不予验收，不准投入运行；对企业生产过程中擅自关停节水设施的要停止供水并加重惩罚；对现有工业企业加大节水技术改造力度，大力推广工业节水新技术、新工艺和新设备，维修漏水管网和设备器具，积极引导企业开展节水技术革新。严格实行总量控制、定额管理。制定节水规章制度，完善用水统计台账，配备节水监测设备，定期开展水平衡测试，加强职工节水教育，提高节水管理水平。

（2）大力提高工业用水重复利用率

在工业发展中严格实行准入制度，对水环境影响较大的企业严格审查、严格限制，对高耗水的企业要进行充分的论证，以水资源的承载力定规模，对现有高耗水企业加大节水改造，对污染大、效益低的企业进行关闭，加速淘汰浪费水资源、污染水环境的落后生产工艺、技术、设备，全面推行清洁生产，发展循环用水，促进节能降耗，提高工业水的重复利用率。

考虑各县区工业发展规划、结构布局、节水技术应用、工业水平改进等因素，结合近几年重复利用率的发展变化趋势，可以预见，河西走廊到2020年工业企业用水重复利用率能够达到90%以上的水平。

（3）发展循环经济

全面贯彻"减量化、再利用、资源化"原则，培育发展循环经济产业链，全面提高能源资源利用水平，形成循环经济产业集群。逐步构建有色、化工、建材、装备制造、能源及新能源、农产品深加工等多产业共同发展与资源再利用纵向延伸相结合的循环经济体系。城市生活垃圾无害化处理率达到100%，再生资源回收利用率达到90%，城市污水二级处理率达到75%以上，成为发展循环经济的示范区。

（4）优化工业空间布局

以特色工业园区建设为重点，实行分工协作，承接产业转移，发展特色经济，在工业集中区加大节水力度，促进节约用水，规范企业用水行为。

3. 生活节水

（1）城镇生活节水

城市生活节水主要措施是大力推广节水器具，加大计量设施改装力度，加快城市供水管网改造，实行城市计划用水和定额管理，加强节水型社会建设宣传工作，提高全面节水意识。

目前，城镇节水器具普及率还没有在正式发布的有关公报或在年报数据中有所显示，使得难以准确评价城镇节水器具普及率现状。但随着相关部门的宣传引导和人们节水意识的加强，近年来原有建筑将跑冒滴漏等浪费严重的用水器具逐渐淘汰或更换，同时新建民用建筑普及节水器具，有效减少生活用水量。结合城镇化发展水平，争取到2020年城镇节水器具普及率将达到70%以上。

（2）农村生活节水

推进乡镇集中供水，加强乡镇集中供水工程建设。在已实行自来水供水的乡镇，做到水表到户，计量收费。加快农村饮用水安全工程的建设，力争在2020年前解决农村的饮水不安全问题，农村自来水普及率达到75%，并结合新农村建设，推进农村生活垃圾处理，保护农村水环境，提高农村人民生活水平。

4. 非常规水源利用

在科学合理地利用地表水、地下水和过境水的同时，合理开发利用雨水，实施污水处理和中水回用工程，增加可供水量，缓解水资源瓶颈制约，加大污水集中处理和再生水回用力度。

（1）再生水利用

加大污水处理再生利用，根据再生水水源、水质水量条件，合理确定污水处理再生利用的布局、规模和途径。优化城市供水系统与配水管网，建立与城市水系统相协调的城市再生水利用管网系统，完善污水处理再生利用技术标准。再生利用设施的建设应遵循统一规划、分期实施、集中利用、优水优用、分质供水、注重实效、就近利用等原则。市政绿化灌溉、环境卫生和少量工业的冷却用水首先利用再生水；建筑业、洗车业等提倡循环用水和中水利用等技术。

（2）推广雨水集蓄利用技术

利用农村雨水集蓄利用技术，重点建设集雨水窖、水池、水塘等小型雨水集蓄工程，解决人畜饮水和旱作补水灌溉；在一些偏远山区建设有少量屋面集雨系统，蓄积的雨水主要用于家庭、公共等方面的用水，如饮用和庭院经济作物浇灌、冲厕、洗衣等中水系统，以缓解山区普遍存在的缺水问题。

5. 水生态与环境保护

在祁连山等天然林区林业，划定封育区，封禁管护，借助自然恢复，实现生态的良性循环；在山区陡坡耕地和宜林四荒地为主的干旱山区林业，利用退耕还林还草措施，按照"退一还二还三"的要求，避免水土流失；在高扬程灌区灌溉农区林业，积极引进先进的滴管、渗灌等节水灌溉技术；在防沙治沙为主的沙区林业，在治沙造林、水源涵养、水土保持林建设上广泛应用地膜覆盖、泥浆蘸根、秋季整地给雨（雪）等造林技术，并大量应用保水剂、根宝等保水材料，提高节水林业建设的科技含量；城市公园、单位院内绿化，选种耐旱性花草树木，尽可能利用雨水和中水，并采用滴管方式灌溉，实行生态用水定额配给制度。

11.3.2　节地

推进土地管理制度改革。实行最严格的耕地保护制度和集约节约用地制度，按照管住总量、严控增量、盘活存量的原则，创新土地管理制度，优化土地利用结构，提高土地利用效率，合理满足城镇化用地需求。

1）建立城镇用地规模结构调控机制。严格控制新增城镇建设用地规模，严格执行城市用地分类与规划建设用地标准，实行增量供给与存量挖潜相结合的供地、用地政策，提高城镇建设使用存量用地比例。探索实行城镇建设用地增加规模与吸纳农业转移人口落户数量挂钩政策。有效控制特大城市新增建设用地规模，适度增加集约用地程度高、发展潜力大、吸纳人口多的卫星城、中小城市和县城建设用地供给。适当控制工业用地，优先安排和增加住宅用地，合理安排生态用地，保护城郊菜地和水田，统筹安排基础设施和公共服务设施用地。建立有效调节工业用地和居住用地合理比价机制，提高工业用地价格。

2）健全节约集约用地制度。完善各类建设用地标准体系，严格执行土地使用标准，适当提高工业项目容积率、土地产出率门槛，探索实行长期租赁、先租后让、租让结合的工业用地供应制度，加强工程建设项目用地标准控制。建立健全规划统筹、政府引导、市场运作、公众参与、利益共享的城镇低效用地再开发激励约束机制，盘活利用现有城镇存量建设用地，建立存量建设用地退出激励机制，推进老城区、旧厂房、城中村的改造和保护性开发，发挥政府土地储备对盘活城镇低效用地的作用。加强农村土地综合整治，健全运行机制，规范推进城乡建设用地增减挂钩，总结推广工矿废弃地复垦利用等做法。禁止未经评估和无害化治理的污染场地进行土地流转和开发利用。完善土地租赁、转让、抵押二级市场。

3）深化国有建设用地有偿使用制度改革。扩大国有土地有偿使用范围，逐步对经营性基础设施和社会事业用地实行有偿使用。减少非公益性用地划拨，对以划拨方式取得用于经营性项目的土地，通过征收土地年租金等多种方式纳入有偿使用范围。

4）推进农村土地管理制度改革。全面完成农村土地确权登记颁证工作，依法维护农民土地承包经营权。在坚持和完善最严格的耕地保护制度前提下，赋予农民对承包地占有、使用、收益、流转及承包经营权抵押、担保权能。保障农户宅基地用益物权，改革完善农村宅基地制度，在试点基础上慎重稳妥推进农民住房财产权抵押、担保、转让，严格执行宅基地使用标准，严格禁止一户多宅。在符合规划和用途管制前提下，允许农村集体经营性建设用地出让、租赁、入股，实行与国有土地同等入市、同权同价。建立农村产权流转交易市场，推动农村产权流转交易公开、公正、规范运行。

5）深化征地制度改革。缩小征地范围，规范征地程序，完善对被征地农民合理、规范、多元保障机制。建立兼顾国家、集体、个人的土地增值收益分配机制，合理提高个人收益，保障被征地农民长远发展生计。健全争议协调裁决制度。

6）强化耕地保护制度。严格土地用途管制，统筹耕地数量管控和质量、生态管护，完善耕地占补平衡制度，建立健全耕地保护激励约束机制。落实地方各级政府耕地保护责任目标考核制度，建立健全耕地保护共同责任机制；加强基本农田管理，完善基本农田永久保护长效机制，强化耕地占补平衡和土地整理复垦监管。

11.3.3　节能

将生态文明理念全面融入河西走廊城镇发展，构建绿色生产方式、生活方式和消费模式。严格控制高耗能、高排放行业发展。节约集约利用土地、水和能源等资源，促进资源循环利用，控制总量，提高效率。加快建设可再生能源体系，推动分布式太阳能、风能、生物质能、地热能多元化、规模化应用，提高新能源和可再生能源利用比例。实施绿色建筑行动计划，完善绿色建筑标准及认证体系、扩大强制执行范围，加快既有建筑节能改造，大力发展绿色建材，强力推进建筑工业化。合理控制机动车保有量，加快新能源汽车推广应用，改善步行、自行车出行条件，倡导绿色出行。主要措施有如下。

1. 推广节能建筑和绿色建筑

建筑布局、设计要充分考虑气候条件，最大化利用自然采光通风。尽量采用当地建筑材料和低碳建筑材料，大力推广可再生能源建筑应用，鼓励采用低碳技术和低碳设备。执行更严格的绿色建筑和建筑节能标准。政府投资的公共建筑、保障性住房等要率先执行绿色建筑标准。新建建筑要严格执行强制性节能标准，推广使用太阳能热水系统、地源热泵、空气源热泵、光伏建筑一体化、"热—电—冷"三联供等技术和装备。

2. 建设高效低碳节能的基础设施

合理配置城镇内商业、休闲、公共服务等设施，提升社区总体服务效率，降低碳排放水平。科学布局公共交通、慢行交通设施，大力发展低碳公共交通工具。加强城镇低碳生活配套设施建设，统一规划建设城镇公共自行车租赁和电动车充电设施，鼓励在城镇内发展公共电动车租赁，建设社区配餐服务中心和自助洗衣店等生活服务设施。建设社区垃圾分类收集、分选回收、预处理和处理系统。鼓励社区采用太阳能公共照明系统。河西走廊太阳能资源非常丰富，可全年开发利用，在近期规划中，充分利用太阳能服务生产生活；中远期初步建成太阳能光伏电站。

3. 营造优美宜居的城镇环境

遵从自然规律，城镇绿化尽量采用原生植物，建设适合本地气候特色的自然生态系统。加强城镇生态环境规划设计，充分利用绿化带隔声减噪，建设满足居民休闲需要的公共绿地和步行绿道。加强城镇内生态环境用水节约、集约、循环利用，尽量采用雨水、再生水等非传统水源。加强社区公园、广场、文体娱乐场所等公共服务场所建设。

4. 开展节能技术改造，淘汰落后产能

以金川集团股份有限公司、酒泉钢铁（集团）有限责任公司、中国石油天然气股份有限公司兰州石化分公司等为代表的各大企业应积极采取措施进行节能技术改造，开展节能降耗，重视节电工作，力求开源节流。积极淘汰煤炭、有色、建筑等重点行业一批落后产能，有效遏制低水平重复建设，防止新增落后产能。

第 12 章   政 策 保 障

12.1   构建丝绸之路经济带河西走廊一体化协同发展机制

成立丝绸之路经济带河西走廊区域一体化工作领导小组，建立地市高层联席会议制度。领导小组将负责统一部署、整体筹划，统筹搞好交通、信息、电力、金融网络、产业结构与布局等长远规划和生态环境保护一体化规划与建设。同时，专题研究部署编制河西走廊一体化交通、电力、金融、信息、环保和产业发展的 6 个专题规划。将河西走廊一体化发展方案正式列入省委、省政府的重要议事日程，进入实质性操作阶段。在河西走廊地区积极开展"多规合一"试点。

12.2   加快户籍制度改革，完善农业转移人口市民化配套政策

以推进农业转移人口市民化为重点，分类指导，阶段推进户籍制度改革。在白银、金昌、武威、张掖、酒泉和嘉峪关全面放开户籍限制。2017 年完成六市人口户籍信息数据转换，取消农业户口与非农业户口性质划分，统称为"居民户口"。打破原有的迁移落户限制，调整为以"具有合法稳定职业或合法稳定住所（含租赁）"为基本条件，以"经常居住地登记、人户一致"为基本原则的户口登记制度。建立可操作的农业转移人口和其他常住人口落户标准，进一步消除农业转移人口进城落户的政策性、体制性障碍，实现本市籍农村居民进城落户"零门槛"。户口制度改革后，对暂不具备落户条件或不愿落户的新居民实施居住证制度。对外地农民工或产业工人，持居住证在子女教育、医疗等领域可享受本地居民同等待遇。在兰州市积极探索建立积分落户制度。

在户籍制度改革的基础上，与其他试点工作和体制机制创新相衔接，积极稳妥推进与户籍制度改革相关的社会保障、养老、医疗、教育、住房等综合配套制度改革，以居住证为载体，建立健全与居住证相挂钩的基本公共服务提供机制，加快城镇人口服务管理由户籍人口为主向常住人口为主转变。从 2018 年起，省财政设立专项资金，市县设立配套资金，用于建立城乡一体化的养老、医疗、教育、就业、住房等公共服务体系，着力提升城市的吸引力和承载力，有效吸纳更多的农业转移人口进城就业生活和产业移民，按照"就高不就低"的原则，逐步实现城乡公共服务的均等化。

12.3   创新投融资体制机制，破解城镇化资金难题

加大公共财政投入，设立专门城镇化投资引导基金和城镇化投资基金，重点保障人口

市民化所需的基本公共服务设施建设资金需求。充分发挥国有投融资公司在城镇化建设主力军作用，通过项目融资、发行债券、担保贷款等多种途径筹集城市建设资金，完善地方融资平台。积极吸收社会资金，开展民营经济在城市照明、排污、道路、供暖等建设领域PPP 模式试点。适时开展土地流转信托试点、农村"六权"（农村土地承包经营权、农村居民房屋产权、林权、日光温室产权、养殖场产权、农民在城镇的房屋产权）抵押贷款试点，盘活城乡存量资产。研究调动公积金在城镇化建设中的作用，服务公共租赁住房、廉租房等保障房建设。

12.4　制定并细化土地流转政策，切实保护农民权益

加快土地确权登记工作，明晰集体土地财产权，加快推进农村集体土地确权登记发证工作。适时探索集体土地内商业用地直接上市交易模式，对城镇边缘地区，鼓励集体土地内尝试规划建设公共租赁住房。通过农村集体土地确权登记发证，依法确认农民土地权利。允许农业转移人口进城后继续持有或以市场化方式流转其农村资产，并继续享受国家强农惠农扶持政策。鼓励农业转移人口将土地流转给政府、信托公司规模化经营。

12.5　实施开放的科技和人才战略，促进创业创新城市建设

实施智力引进工程，积极吸引发达地区科技、人才和先进技术，主动承接东部先进高科技扩散转移。借鉴中科白银高技术产业园建设经验，加强同中科院等知名科研机构紧密合作，利用"外脑"，促进技术创新和产业化，推进高科技支撑的新材料、新能源、生物育种等战略性新兴产业跨越式发展，增强城市综合竞争力。

积极开展小微企业创业创新基地城市试点，抢抓张掖市被列为"全国首批小微企业创业创新基地城市"示范机遇，从"创业创新基地建设、公共服务体系完善、投资融资机制创新、科技支撑与人才保障"4 个方面推进"大众创业，万众创新"。各城市建设小微企业集群注册与融资平台，促进小微企业和社会公众无门槛、低成本创业创新，培育科技小巨人企业和小微企业集群，提升城市产业就业支撑和人口集聚能力。

12.6　强化产业支持政策，促进新能源和大旅游产业尽快形成支柱

积极对接国家电力部门，促进分布式光伏发电、太阳能和风能发电企业与国家电网的衔接，切实破解新能源入网难题，突破新能源产业瓶颈。对于变电设施缺失的区域，建立合理的投资模式，使太阳能和风能发电尽早纳入国家电网系统；出台电价结算优惠政策，对电网与新能源发电站实行实时结算政策。积极构建清洁能源核算机制，探索清洁能源与碳权交易机制，促进绿色能源产业发展。

举全省之力办好丝绸之路（敦煌）国际文化博览会，申报创建国家级文化产业示范园区、国家级旅游综合改革试验区、国家级文化生态保护实验区和国家级生态文明建设示范区。由省委省政府争取国家层面优惠政策，支持敦煌建设国际航空口岸和综合保税区，在

文化"走出去、引进来"方面先行先试；落实文化旅游产业税收政策，在建设用地、财政专项资金安排、重大基础设施建设等方面给予倾斜；支持开展智慧城市、新型城镇化、大景区体制等省级层面改革和试点工作，形成推动国际文化旅游名城建设的政策叠加优势。

12.7 创新行政管理模式，提高行政效率

进一步优化行政区划，将酒泉市和嘉峪关市合并为一个地级市，即酒嘉市，调整后酒嘉市域行政范围包括：肃州区、嘉峪关区、玉门市和金塔县。原县级市敦煌市升级为地级市，行政范围包括：敦煌市、肃北蒙古族自治县、瓜州县及阿克塞哈萨克族自治县。在原有地级行政编制不变的情况下，通过重新划分行政管辖区域实现地区经济发展的再平衡战略，从而优化政府机构，提高办事效率，加快区域整体协调发展。

积极推进撤县建市、撤乡建镇、村改居工作，积极探索建立"市直管社区"扁平化管理新型设市模式，在条件成熟的地区将行政管理层级由原"县、镇、村"三级变为"市直管社区"模式。探索建立"两级四化"新型社区服务管理体制，两级为县级市、社区。四化包括网格化管理、精细化管理、信息化管理、规范化管理，提高城乡管理效率。

参 考 文 献

包锐，罗斌. 2008. 拯救河西走廊. 中国经济周刊，24：16-23.

柴强，黄高宝. 2011. 西北现代绿洲农业制现状与问题及其关键建设技术. 农业现代化研究，32（1）：102-106.

常益飞. 2010. 新型城镇化发展道路研究. 兰州：兰州大学硕士学位论文.

陈吉平. 2013. 石羊河水权分配的理论和实践. 中国水利，05：48-51.

陈建生，赵霞，盛雪芬，等. 2006. 巴丹吉林沙漠湖泊群与沙山形成机理研究. 科学通报，23（12）：2789-2796.

陈建生. 2009. 青藏高原冰川融水深循环及其地质环境效应. 科技导报，（14）：118-119.

陈乐，张勃，任培贵. 2014. 石羊河流域天然植被适宜生态需水量估算. 水土保持通报，34（1）：327-333.

陈绍愿，林建平，杨丽娟，等. 2006. 基于生态位理论的城市竞争策略研究. 人文地理，2：72-76.

陈明星，陆大道，刘慧. 2010，中国城市化与经济发展水平关系的省际格局. 地理学报，12：1443-1453.

成刚. 2007. 大敦煌的保护与发展研究. 兰州：兰州大学硕士学位论文.

程小旭，杨毅，郝小兵. 2014. 依托六大优势，打造丝绸之路经济带甘肃黄金段. 中国经济时报，01-08，001.

董锁成，黄永斌，李泽红，等. 2014. 丝绸之路经济带经济发展格局与区域经济一体化模式. 资源科学，36（12）：2451-2458.

董锁成，李岱，尤飞，等. 2003. 陕甘宁接壤区发展潜力评价和生态经济发展模式——以平凉地区为例. 干旱区资源与环境，01：1-7.

董晓莉，欧阳鹏，钟来天，等. 2014. 生态脆弱—文化资源富集地区城乡发展战略研究——以敦煌市城市总体规划为例//2014 中国城市规划年会论文集. 海口：中国城市规划学会，19-21.

董珍慧. 2007. 敦煌旅游文化深度开发研究. 兰州：兰州大学硕士学位论文.

凡秋霞. 2011. 石羊河流域水资源保护的制度经验及其局限. 兰州：西北师范大学硕士学位论文.

范宪伟. 2013. 酒嘉区域经济一体化红利效应. 兰州：兰州大学硕士学位论文.

方宝璋. 2006. 略论中国文化产业的内涵与分类. 当代财经，（07）：65-69.

方创琳，步伟娜. 2004. 水资源约束下河西走廊的城市竞争能力与扩张幅度研究. 地理科学，05：513-521.

甘肃发展年鉴编委会. 1999. 甘肃年鉴1999. 北京：中国统计出版社.

甘肃发展年鉴编委会. 2000. 甘肃年鉴2000. 北京：中国统计出版社.

甘肃发展年鉴编委会. 2001. 甘肃年鉴2001. 北京：中国统计出版社.

甘肃发展年鉴编委会. 2002. 甘肃年鉴2002. 北京：中国统计出版社.

甘肃发展年鉴编委会. 2003. 甘肃年鉴2003. 北京：中国统计出版社.

甘肃发展年鉴编委会. 2004. 甘肃年鉴2004. 北京：中国统计出版社.

甘肃发展年鉴编委会. 2005. 甘肃年鉴2005. 北京：中国统计出版社.

甘肃发展年鉴编委会.2006.甘肃年鉴2006.北京：中国统计出版社.

甘肃发展年鉴编委会.2007.甘肃年鉴2007.北京：中国统计出版社.

甘肃发展年鉴编委会.2008.甘肃年鉴2008.北京：中国统计出版社.

甘肃发展年鉴编委会.2009.甘肃年鉴2009.北京：中国统计出版社.

甘肃发展年鉴编委会.2010.甘肃年鉴2010.北京：中国统计出版社.

甘肃发展年鉴编委会.2011.甘肃年鉴2011.北京：中国统计出版社.

甘肃发展年鉴编委会.2012.甘肃年鉴2012.北京：中国统计出版社.

甘肃发展年鉴编委会.2013.甘肃年鉴2013.北京：中国统计出版社.

甘肃省统计局.2013.甘肃发展年鉴2013.北京：中国统计出版社.

甘肃日报评论员.2014-05-23.勇于担当主动作为.甘肃日报,001.

谷景祎,周廷刚,郭丽敏.2014.基于断裂点理论与加权Voronoi图的京津冀地区城市影响范围研究.地理与地理信息科学,30（1）：66-69.

谷树忠.2000.我国西部地区发展特色农业的基础问题与方向.中国农村经济,（10）,4-9.

郭军.2013-03-21.如何打好工业强市这张"牌".酒泉日报,002.

郭晓鸣,曾旭辉.2005.农民合作组织发展与地方政府的角色.中国农村经济,（6）,25-29.

郭艳红.2010.北京市土地资源承载力与可持续利用研究.北京：中国地质大学（北京）博士学位论文.

国家统计局城市社会经济调查司.2013.中国城市统计年鉴2013.北京：中国统计出版社.

贺灿飞,刘作丽,王亮.2008.经济转型与中国省区产业结构趋同研究.地理学报,63（8）：807-819.

胡惠林.2006.当前我国文化产业发展的特点与趋势.开发研究,（01）：1-5.

贾百俊,李建伟,王旭红.2012.丝绸之路沿线城镇空间分布特征研究.人文地理,02：103-106.

贾万里.2010.白银市贪贿类犯罪主体认定的调查报告.兰州：兰州大学硕士学位论文.

贾卓,陈兴鹏,杨金强.2013.青藏高原向黄土高原过渡带城市群功能定位和支撑路径研究——以兰白西城市群为例.兰州商学院学报,02：74-79.

贾卓.2013.中国西部城市群产业演变及优化路径研究.兰州：兰州大学博士学位论文.

蒋兴国.2011.河西走廊历史文化遗产的内涵与价值分析.河西学院学报,27（4）：27-31.

焦隆.2012.兰州新区正式成为第五个国家级新区.大陆桥视野,09：23.

焦世泰.2010.河西走廊区域旅游形象定位研究.干旱区资源与环境,24（8）：190-194.

解康健.2012.基于"微笑曲线"理论的中国服装企业转型升级研究.长春：吉林大学硕士学位论文.

金彦兆.2012.河西内陆区"十二五"农业节水途径及节水潜力分析.中国农村水利水电,1：73-76.

金毅.2005.全球化背景下民族文化产业发展的路径锁定.广东技术师范学院学报,（05）：12-14.

邝明远.2014.张掖以古丝绸之路重镇新亚欧大陆桥要道河西走廊腹地的声誉靓名天下.中国地名,03：72-73.

李丹,宫国鑫.2005.论我国文化产业发展中存在的主要问题及政府对策.辽宁行政学院学报,（05）：49-50.

李得禄.2011.河西走廊荒漠化及其防治对策研究.中国农业通报,27（11）：266-277.

李国英.2008.维持西北内陆河健康生命.郑州：黄河水利出版社.

李含琳.2014.建设河西走廊国家级节水农业示范区的研究.甘肃农业,3：44-47.

李慧,董晓峰,梁文钊,等.2013.新型城镇化与城乡一体化发展研究——以甘肃省为例.兰州：兰州大学出版社.

李俊霞.2012.西部特色文化产业集群发展战略研究.兰州大学学报：社会科学版,40（5）：87-90.

李俊霞.2013.甘肃文化产品走向世界的战略问题研究.甘肃社会科学,（01）,195-217.

李力.2009-11-27.促进西部地区农业农村经济又好又快发展.经济日报.

李兴江.2001.甘肃河西区域经济发展模式研究.兰州铁道学院学报（哲社版）,（2）,26-29.

李杨杨. 2012. 兰白都市圈经济辐射能力研究. 兰州：兰州大学硕士学位论文.

李玉忠, 胡秉安. 2011. 河西绿洲灌溉农业区发展节水农业探析. 中国农村水利水电, (2), 55-58.

李志刚. 2010. 环境伦理与干旱区人居环境发展——以河西走廊为例. 城市与区域规划研究, 03：167-180.

李志刚. 2010a. 河西走廊人居环境保护与发展模式研究. 北京：中国建筑工业出版社.

李志刚. 2010b. 环境伦理与干旱区人居环境发展：以河西走廊为例. 城市与区域规划研究, 3 (7)：167-180.

刘成玉. 2003. 对特色农业、产业化经营与农业竞争力的理论分. 农业技术经济, (4), 1-5.

刘海龙, 石培基, 李生梅, 等. 2014. 河西走廊生态经济系统协调度评价及其空间演化. 应用生态学报, 25 (12)：3645-3654.

刘建刚. 2011-09-07. 甘肃力推金昌武威区域经济一体化. 中国改革报, 001.

刘健, 任雅坤. 2014-08-08. 兰州新区综合保税区获国务院批准设立. 甘肃日报, 001.

刘新田. 2012. 西部文化资源产业可持续发展的建设工程研究. 西北师范大学学报（社会科学版）, (4)：126-132.

刘志民, 刘华周, 汤国辉, 等. 2002. 特色农业发展的经济学理论研究. 中国农业大学学报（社会科学版）, (1), 8-12.

陇言. 2012-04-21. 把河西走廊建设成千里文化长廊. 甘肃日报, 001.

陆大道. 2003. 中国区域发展的理论与实践. 北京：科学出版社.

吕晟君, 赵宝巾. 2011-05-18. 兰白核心经济区发展目标确定. 兰州日报, 001.

马如彪, 张旺林. 2002. 对河西走廊生态农业可持续发展的战略思考. 科学管理研究, 20 (6), 54-56.

马顺龙. 2011-10-16. 打造中心轴疏通主动脉. 甘肃日报, 003.

蒙吉军, 李正国, 吴秀芹. 2002. 河西走廊土地利用/覆被变化研究——以张掖绿洲为例//中国地理学会. 土地覆被变化及其环境效应学术会议论文集. 中国地理学会：7.

孟秀敬, 张士锋, 张永勇. 2012. 河西走廊57年来气温和降水时空变化特征. 地理学报, 67 (12)：1482-1491.

宁涛, 郭亚妮. 2013. 建设新能源绿色长廊——河西走廊风光电产业发展与生态修复的对策研究. 甘肃科技, 29 (14), 1-5.

蒲欣冬, 焦继荣, 蔺雪芹. 2005. 甘肃省小城镇发展战略研究. 甘肃科技, 03：4-7.

齐新明. 2013. 酒泉嘉峪关一体化城市总体规划方法与实施. 规划师, S2：105-109.

齐亚彬. 2005. 资源环境承载力研究进展及其主要问题剖析. 资源经济, 05：7-12.

钱莉, 刘明春, 杨永龙, 等. 2011. 1960年至2009年河西走廊东部太阳辐射变化规律及太阳能资源利用分析. 资源科学, 33 (5)：823-828.

钱莉, 杨永龙, 杨晓玲, 等. 2009. 河西走廊东部风能资源分布特征及开发利用. 气象科技, 37 (2)：198-204.

乔盛, 白宏涛, 张稚妍, 等. 2011. 生态导向的城市发展土地资源承载力评价研究. 生态经济, 7 (241)：33-37.

秦大河, 丁一汇, 王绍武, 等. 2002. 中国西部生态环境变化与对策建议. 地球科学进展, 2002, 17 (3)：314—319.

屈新平. 2010. 生态城市导向的张掖市城市总体规划调整研究. 兰州：兰州大学硕士学位论文.

沙武田. 2014. 丝绸之路黄金段河西走廊的历史地位——兼谈河西走廊在华夏文明传承创新区建设中的定位和宣传侧重. 丝绸之路, 12：16-19.

尚克臻, 刘学录. 2012. 河西走廊"三元"种植结构分析. 甘肃农业, 353 (23), 29-32.

施雅风, 沈永平, 胡汝骥. 2002. 西北气候由暖干向暖湿转型的信号、影响和前景初步研究. 冰川冻土,

24（3）：219-226.

石峰. 2012. 基于兰州白银区域经济一体化背景下的府际合作研究. 兰州：西北师范大学硕士学位论文.

宋振峰. 2014-06-17. 挥写绿色祁连梦. 甘肃日报, 001.

孙汉贤, 董德兰. 1997. 甘肃省风能资源及风电场场址的选择. 西北水电, 2：49-54.

万海滢. 2013. "兰白经济区"旅游空间结构分析及其优化研究. 兰州：西北师范大学硕士学位论文.

汪继年. 2013. 清洁能源产业创新利用发展研究——以甘肃省为例. 生产力研究, (5), 129-151.

王丁宏. 2006. 对构建河西走廊绿洲城镇体系的思考. 河西学院学报, 04：39-42.

王发曾, 吕金嵘. 2011. 中原城市群城市竞争力的评价与时空演变. 地理研究, 30（1）：49-60.

王根绪, 程国栋. 2002. 干旱内陆流域生态需水量及其估算——以黑河流域为例. 中国沙漠, 22（2）：129-134.

王航. 2007. 张掖市城乡协调发展研究. 兰州：西北师范大学硕士学位论文.

王化齐, 董增川, 权锦, 等. 2009. 石羊河流域天然植被生态需水量计算. 水电能源科学, 27（1）：51-53.

王建兵. 2013. 甘肃中西部干旱半干旱地区草原管理问题研究. 兰州：甘肃农业大学硕士学位论文.

王建勤, 张明海. 2012. 瓜州县高载能产业初具规模. 新华网甘肃频道, 12月6日.

王骏飞. 2011. 当代文化产业理论研究现状和发展趋势. 社会科学研究, (04)：189-192.

王生荣, 曾凡江. 2010. 河西走廊绿洲农业上地综合利用探析——以张掖市为例. 干旱区研究, (2)：176-181.

王毅荣, 林纾, 李青春, 等. 2007. 河西走廊风能变化及储量. 气象科技, 35（4）：558-562.

王政林, 王永芳. 2007. 河西走廊生态骤变的历史原因与启示. 甘肃农业, 4：46-47.

王尊. 2014-10-25. 推进嘉酒区域经济一体化的经过. 民主协商报, 006.

魏巍. 2014-08-14. 撑起转型跨越的脊梁. 白银日报, 001.

魏彦强. 2009. 新时期甘肃省城镇化发展研究. 兰州：兰州大学硕士学位论文.

吴文恒, 董晓峰. 2003. 浅谈甘肃省与周边地区未来20年重点发展协调. 甘肃科技, 19（10）：19-21.

胥宝一, 李得禄. 2011. 河西走廊荒漠化及其防治对策探讨. 中国农学通报, 27（11）：266-270.

徐爱龙. 2012-06-11. 甘新经济社会发展合作座谈会举行. 甘肃日报, 001.

许学强, 程玉鸿. 2006. 珠江三角洲城市群的城市竞争力时空演变. 地理科学, 26（3）：257-265.

杨吉华. 2006. 我国文化产业园发展现状、存在问题及对策. 北京市经济管理干部学院学报, (03)：15-18.

杨亮, 吕耀, 郑华玉. 2010. 城市土地承载力研究进展. 地理科学进展, 29（5）：593-600.

杨永春, 赵鹏军. 2001. 绿洲城镇体系研究——以甘肃省河西走廊为例. 人文地理, 03：6-10.

杨咏中, 张汉舟, 钱勇生. 2013. 交通运输业与现代物流业协同发展研究, 北京：科学出版社.

尹涛, 李明充. 2009. 城市文化产业发展的特征分析及对策. 城市观察, (03)：131-139.

于汉学. 2007. 黄土高原沟壑区人居环境生态化理论与规划设计方法研究. 西安：西安建筑科技大学博士学位论文.

原华荣, 周仲高, 黄洪琳. 2007. 上地承载力的规定和人口与环境的间断平衡. 浙江大学学报：人文社会科学版, 37（5）：114-123.

曾亮. 2012. 青海东部城市群培育研究. 西宁：青海师范大学硕士学位论文.

张广裕. 2013. 甘肃省服务业发展形势分析与预测. 当代经济管理, 35（12）：73-78.

张玲. 2006. 文化产业发展中存在问题及其对策. 科技和产业, (02)：11-16.

张乃英, 郑屹. 2011. "湿地之夏·金张掖旅游文化艺术节"剪影. 丝绸之路, 17：12-14.

张瑞民, 范鹏, 周下华, 等. 2010. 2009—2010年甘肃省文化产业发展报告. 兰州：甘肃人民出版社.

张小影, 徐涵, 李琛奇, 等. 2014-09-03. "反弹琵琶"奏金曲. 经济日报, 14.

张月平, 刘友兆, 毛良祥, 等. 2004. 根据承载力确定上地资源安全度: 以江苏省为例. 长江流域资源与环境, 13 (4): 328-33.

章志平, 朱述斌. 2004. 农业产业化系统组织运行机制研究. 江西农业大学学报, (4), 617-621.

赵丹. 2011. 兰州-白银经济区可行性研究. 西宁. 西北师范大学硕士学位论文.

赵菁, 苟颖萍. 2009. 论建立健全甘肃农村社会保障体制的必要性. 甘肃科技, 8: 1-3.

甄计国. 2001. 论西部内陆河流域土地资源科学管理的首要任务——以河西走廊地区为例. 国土资源科技管理, 02: 9-13.

郑元凯. 2007. 我国文化产业的发展现状与战略对策. 经济与社会发展, (02): 73-76.

中共中央办公厅, 国务院办公厅. 2012-02-16. 国家"十二五"时期文化改革发展规划纲要.

中国科学院地理科学与资源研究所, 甘肃省旅游局. 2009. 甘肃省旅游业发展规划. 北京: 中国旅游出版社.

中国社会科学院《城镇化质量评估与提升路径研究》创新项目组. 2013. 中国城镇化质量综合评估报告. 经济研究参考, 31: 3-32.

中国统计出版社. 2012. 甘肃发展年鉴 2011. 北京: 中国统计出版社.

中华人民共和国住房和城乡建设部. 2013. 中国城市建设统计年鉴 2012. 北京: 中国计划出版社.

朱飙, 李春华, 方锋. 2011. 甘肃省太阳能资源评估. 干旱气象, 28 (2): 217-221.

朱晓明, 许山白. 2007. 我国区域产业结构趋同问题研究综述. 人文地理, 2: 20-22, 86.

庄丽娟. 2004. 我国农业产业化经营中利益分配的制度分析. 农业经济问题, (4), 29-32.

祖廷勋, 刘澈元. 2007. 甘肃河西地区农业经济结构调整的产业定位与区域布局研究. 甘肃社会科学, (4), 211-213.

Dong Suocheng, Li Zehong, Li Yu, et al. 2015. Resources, environment and economic patterns and key scientific issues of the silk road economic belt. Journal of Resources and Ecology, 6 (2): 65-72.

Wang Zhe, Dong Suocheng, Li Zehong, 2015. Traffic patterns in the silk road economic belt and construction modes for a traffic economic belt across continental plates. Journal of Resources and Ecology, 6 (2): 79-86.